हरिमोहन झा

जन्म : १८ सितम्बर, १९०८। जन्मस्थान : कुमर बाजितपुर, जिला : वैशाली, बिहार। मैथिलीक विशिष्ट लेखक मे गिनल जायत छैथ। एहन लेखक, जे विनोद-विनोद मे एहन यथार्थ टिप्पणी करैत छैथ कि कर्मकाण्डी लोकनि कें लौंगिया मिरचाइ लगैत अछि। 'खट्टर कका'क जनक छैथ, आ हास्य-रस सम्राटक पदवी हासिल छैन। मुदा सामाजिक समस्या पर सेहो गम्भीर लेखन करैत रहलाह। बहुमुखी रचनात्मक अवदान सँ मैथिली साहित्य कें श्री-वृद्धि करबाक श्रेय प्राप्त रहलैन्ह। भारतीय दर्शन आ संस्कृत-काव्य साहित्य मे निष्णात छलाह। कहल जायत अछि कि जेना विद्यापति मैथिली काव्य कें शिखर धरि लऽ गेलथिन, मैथिली गद्यक ओ मुकाम बिना हरिमोहन झा कें सम्भव नहि छल।

सन् १९३२ मे पटना विश्वविद्यालय, पटना सँ दर्शनशास्त्र मे एम.ए. केलाह। तकर बाद पटना विश्वविद्यालय मे दर्शनशास्त्रक प्रोफेसर आ बाद मे विभागाध्यक्ष बनलाह। दर्शनक छाप हुनकर साहित्य पर रहल। गाम-घरक सामाजिक आ धार्मिक रूढ़ि और अन्धविश्वास पर ओ खूब प्रहार कैलेथ। लोक-मानस सँ जुड़ल विषय लेखन मे प्रिय रहल। पिता जनार्दन झा 'जनसीदन' मैथिली आ हिन्दी कें विद्वान आ लेखक छलैथ। ताहि लेल साहित्यिक बोध पिताक सान्निध्य मे बाल्यकाल सँ होमय लागल।

मूल मैथिली मे दू दर्जन धरि पोथी प्रकाशित। हिन्दी, गुजराती, तमिल आदि भाषा मे सेहो कहानी अनूदित भेल। लोक-विरोधी प्रसंगक दिलचस्प, मुदा गम्भीर आलोचक रहलाह। 'कन्यादान', 'द्विरागमन' (उपन्यास); 'प्रणम्य देवता', 'रंगशाला' (हास्य-कथा); 'खट्टर ककाक तरंग' (व्यंग्य-कृति); 'चर्चरी' (विधा-विविधा) आदि प्रमुख कृति। जीवन-यात्रा (आत्मकथा) क लेल सन् १९८५ मे मरणोपरान्त साहित्य अकादेमी पुरस्कार सँ सम्मानित।

निधन : २३ फरवरी, १९८४

D1832072

खट्टर ककाक तरंग

हरिमोहन झा

राजकमल पेपरबैक्स

खट्टर ककाक तरंगक पहिल संस्करण १९४८ ई. मे छपल छल।

राजकमल पेपरबैक्स में
पहला राजकमल संस्करण : 2023
दूसरा संस्करण : 2025

© रूपा झा

राजकमल पेपरबैक्स : उत्कृष्ट साहित्य के जनसुलभ संस्करण

राजकमल प्रकाशन प्रा. लि.
1-बी, नेताजी सुभाष मार्ग, दरियागंज
नई दिल्ली-110 002
द्वारा प्रकाशित

शाखाएँ : अशोक राजपथ, साइंस कॉलेज के सामने, पटना-800 006
पहली मंज़िल, दरबारी बिल्डिंग, महात्मा गांधी मार्ग, प्रयागराज-211 001
1, अनमोल सोराबजी संतुक लेन, धोबी तलाव, मरीन लाइंस, मुम्बई-400 002

वेबसाइट : www.rajkamalprakashan.com
ई-मेल : info@rajkamalprakashan.com

विकास कंप्यूटर एंड प्रिंटर्स
ट्रॉनिका सिटी-201 102
द्वारा मुद्रित

मूल्य : ₹250

KHATTAR KAKAK TARANG
Humours and Satires by Harimohan Jha

ISBN : 978-81-19028-20-7

समर्पण

जे भंगक तरंगमे काव्य-शास्त्र-विनोदक धारा बहा दैत छथि;
जनिक प्रवाहमे थोड़ेक कालक हेतु वेद-पुराण, धर्मशास्त्र,
सभटा भसिया जाइत अछि; जे बात-बातमे अद्भुत
रस ओ चमत्कारक चाशनी घोरि दैत छथि;
जे मर्मस्पर्शी व्यंग्य द्वारा लोकक अन्तस्तल
मे पहुँचि गुदगुदी लगा दैत छथि;
तेहन चिर आनन्दमूर्ति,
परिहास-प्रिय

खट्टर कका कैं—

त्वदीयं वस्तु पितृव्य! तुभ्यमेव समर्पितम्

खट्टर ककाक परिचय

खट्टर कका छथि मस्त जीव। सर्वदा आनन्दमूर्ति। हुनका ठंढइ धरि भेल चाहैन्ह। और कथू सँ प्रयोजन नहि। जखन लहरिमे आबि जाइत छथि तखन के हुनकर बराबरी कऽ सकैत अछि? तेहन विनोदक वर्षा करय लगै छथि जे आनन्दक बाढ़ि आबि जाइत अछि। और जहाँ कनेक बीचमे टोकारा दिऔन्ह कि फेर देखू जे केहन लुत्तीक फुलझड़ी उड़य लगैत अछि!

ओहि दिन देखै छी तऽ खट्टर कका पलथा लगौने कुसियारक रसमे दूध फेंटि रहल छथि। हमरा देखितहि बजलाह, "आबह, आबह! असली बेर पर जुमि गेलाह।"

हम कहलिऐन्ह, "खट्टर कका, हम एक काज सँ आएल छी।"

खट्टर कका बजलाह, "हमरा ओहिठाम केओ काज सँ नहि अबैत अछि। हँ, गप्प करबाक हो त आबह।"

हम कहलिऐन्ह, "एही लोभें त आएल छी। हम चाहै छी जे अपनेक गप्प-सप्प पुस्तकाकार छपा दी।"

खट्टर कका रसमे अणाचीक बुकनी छिटैत बजलाह, "हौ, केहन बलेल छह? बलहुँ अपनो गारि सुनबह, हमरो सुनैबह।"

हम पुछलिऐन्ह, "से किऐक, खट्टर कका?"

खट्टर कका रसमे गुलाबजल मिलबैत बजलाह, "हौ, हम छी मदक्की। तरंगमे कखन की बजा जाइत अछि तकर कोन ठेकान? एक तऽ ओहिना बदनाम छी। केओ नास्तिक कहैत अछि, केओ चार्वाक! पोथी छपा कऽ और किऐक दुर्नाम करैबह? हँ, रस पीबह!"

हम कहलिऐन्ह, "खट्टर कका, रस तऽ अहाँक गप्पेमे भेटैत अछि। तेहन रस, जे की उपन्यास-नाटकमे भेटत?"

खट्टर कका बजलाह, "आब तों काव्य करय लागि गेलाह। हौ, एतेक प्रशंसा जे करै छह ताहि सँ बरु एक साँझ नेओत दऽ कऽ खोआइए दैह।"

हम कहलिऐन्ह, "अहाँ कैं तऽ सभ बातमे विनोदे रहैत अछि!"

खट्टर कका रसमे केसर घोरैत बजलाह, "हौ, जीवनमे और छैहे की?

असारे खलु संसारे इष्टमेतच्चतुष्टयम्
मिष्टान्नं मिष्टपानं च मिष्टवाक् मिष्टभाषिणी।

हम कहलिऐन्ह, "खट्टर कका, अहाँक एक-एक टा गप्प लाख टकाक होइत अछि। यदि एहि समयमे राजा भोज सन गुणज्ञ रहितथि तऽ..."

खट्टर कका : "तऽ एक-एक बात पर एक-एक कलश अशर्फी उझीलि दितथि! परन्तु एखन तऽ एक-एक कोहा बर्फीओ उझिलयवाला केओ देखयमे नहि अबैत छथि। लैह, रस पीबह!"

खट्टर कका एक गिलास रस हमरा आगाँमे बढ़ा देलन्हि। पुछलन्हि केहन भेलैक अछि?

हम कहलिऐन्ह, "अपूर्व भेल अछि। परन्तु अहाँक गप्प छपि जायत तऽ एहू सँ बेसी अपूर्व हैत।"

खट्टर कका बजलाह, "हौ जी, हमर गप्प शुद्ध शरबते नहि होइत अछि। मरीचक बुकनीओ ओहिमे कम नहि रहैत छैक।"

हम कहलिऐन्ह, "खट्टर कका, ताही सँ तऽ ओ और बेसी चटकार होइत अछि।"

खट्टर कका बजलाह, "हँ, परन्तु ओकरा पचाबक हेतु सामर्थ्यो चाही। हमर बात होइ अछि ओलक टोंटी। कतेक गोटा कैं भक् दऽ लगतैन्ह। कतेक गोटा कैं आमाशय उखड़ि जैतैन्ह। तों कहाँ धरि सभक ठोरमे दही-चीनी लगबैत फिरबहुन! जिनका साहित्यिक मंदाग्नि होइन्ह से हमर गप्प नहिए पढ़थि।"

हम : "तऽ बेस, भूमिकामे ई बात हम लिखि देबैक।"

खट्टर कका : "तोरा लिखने की हैतौह? विशेषण जे सभ भेटबाक से भेटबे करत। खैर संज्ञा वा विशेषण सँ हमरा ततेक भय नहि होइ अछि, भय होइ अछि क्रिया सँ।...हौ जी, जौं गप्प छपाबहीक हो तऽ हमर असली नाम-गाम नहि खोलिहऽ से कहि दैत छिऔह।"

हम कहलिऐन्ह, "खट्टर कका, हमरा तऽ डर होइ अछि जे लोक कतहु हमरे ने खट्टर कका बूझि बैसय।"

खट्टर कका बजलाह, "अनका बुझने तऽ ततेक बेसी हर्ज नहि। हँ, तोहर काकी एना नहि बुझथुन्ह से देखिहऽ।"

हम : "खट्टर कका, अहाँ कैं तऽ सभ सँ हँसिए रहैत अछि।"

खट्टर कका : "हौ, हमर मुँह अपन सक्क नहि अछि। एही द्वारे तऽ सभा-सोसाइटीमे नहि जाइ छी। के जाने, कतय की बजना जाय? हम छी झनकाह लोक। झोंकमे कखन कोन दिस बहि जाएब तकर कोन ठेकान? तोहूँ तऽ ने मुँहमे झीक दैत छैह!"

हम : "खट्टर कका, जखन अहाँक प्रवाह चलैत अछि तखन के अहाँक रोकि सकैत अछि।"

खट्टर कका : "एही द्वारे तऽ ककरो सँ पटैत नहि अछि। सभ सँ झगड़ा ठनि जाइत अछि।"

हम : "परन्तु, अहाँक गप्प तेहन रोचक होइत अछि जे झगड़ो कैनिहार कैं रस भेटैत छैन्ह। जखन अहाँक गप्प छपत तऽ गारिओ देनिहार रातिमे चोरा कऽ पढ़बे करताह।"

खट्टर कका : "बेस। जौं हमरा गप्प सँ लोक कैं किछु रस भेटि जाइक तऽ छपाबह।"

खट्टर कका पुनः बजलाह, "हौ, हम छी मुहफट्ट। लाइ-लपटाइ जनबे नहि करै छी। तैं ठाँइ-पठाँइ बात लोक कैं कहि दैत छियैक। सम्भव जे किछु गोटा कैं बेस तीख-चोख लगैन्ह, परन्तु किछु गोटा कैं तेहन झँसिगर लगतैन्ह जे आँखि-नाक सँ पानि बहय लगतैन्ह। तैं सभटा गप्प जुनि छपाबह। जे बहुत उत्कट होइक से बात छपौनहि कुशल।"

हम कहलिऐन्ह, "बेस, तऽ हम चुनि चुनि कऽ खटमधुर गप्प दैत छिऐक।"

खट्टर कका बजलाह, "खटमधुरोमे लौंगिया मरचाइक बुकनी हैबे करतैक।"

हम कहलिऐन्ह, "बेस, तखन आशीर्वाद दियऽ।"

खट्टर कका हँसैत बजलाह, "आशीर्वाद यैह दैत छिऔह जे महापण्डित लोकनिक फराठी सँ कपार बाँचल रहि जाओ।"

और सैह खट्टर ककाक तरंग अपनेक हाथमे अछि।

खट्टर कका सँ भेट

खट्टर कका इनारक सब्जी पर बैसल कुरुड़ करैत रहथि। हम कहलिऐन्ह, "खट्टर कका! अहाँक नाम तऽ दूर-दूर धरि प्रख्यात भऽ गेल।"

खट्टर कका बजलाह, "हँ, सुक्रिये नाम कि कुक्रिये नाम! तों तेहन-तेहन गप्प छपौलह जे चारू कात पसरि गेल। सम्पूर्ण मिथिलामे।"

हम : "केवल मिथिले किऐक कहैत छिऐक? आनो आन भाषामे अहाँक अनुवाद छपि रहल अछि। हिन्दी, बङ्ला, गुजराती, मराठी..."

खट्टर कका बजलाह, "हौ, हम छी भङेरी! कखन की बाजि जाएब तकर कोनो ठेकान रहैत अछि? ताहि गप्प कैं कतहु एतेक महत्त्व देल जाइक!"

हम कहलिऐन्ह, "खट्टर कका, 'सत्यं वद' 'धर्मं चर' कहयबाला तऽ बहुत गोटे छथि। परन्तु अहाँ सन कहयबला एकटा अहीं मात्र छी। जे एकटा गप्प अहाँक सुनि लैत अछि से दोसर जोहने भेल फिरैत अछि। तैं जहिया सँ अहाँक गप्प छपल अछि, तहिया सँ लोक लालायित अछि जे खट्टर ककाक और-और गप्प कहिया बहराएत।"

खट्टर कका बजलाह, "एक बेर तों छपौलह तऽ तेहन बिहाड़ि उठल जे छौ मास धरि चलैत रहल।[१] आब फेर बवंडर उठैबाक इच्छा होइ छौह?"

हम कहलिऐन्ह, "खट्टर कका, पण्डित लोकनि जे सभ बजैत छथि तकर अहाँ ठीक उनटा कहैत छिऐक। तैं ओ लोकनि अहाँक नाम सँ हड़कैत छथि।"

खट्टर कका बजलाह, "हौ, की कहै छह! हम अपना स्वभावे सँ लाचार छी। जे बात बहुत गोटाक मुँह सँ सुनैत छिऐक से बिनु कटने हमरा रहले नहि जाइत अछि।"

हम कहलिऐन्ह, "खट्टर कका, किछु गोटे कहैत छथि जे अहाँ अपना तरंगमे एहि देशक संस्कृति कैं भसिया दैत छिऐक।"

खट्टर कका हँसैत बजलाह, "हौ बताह! एहि देशक संस्कृति की बताशा छैक जे हमरा भाङक लोटामे पड़ैत देरी गलि जैतैक? नखक्षत सँ कतहु पहाड़ ढहलैक अछि?"

हम कहलिऐन्ह, "खट्टर कका, किछु गोटाक आक्षेप छैन्ह जे अहाँ पर पाश्चात्य रंग चढ़ल अछि।"[२]

---

१. 'मिथिला-मिहिर' मे खट्टर कका कैं लऽ कऽ कइएक मास धरि मनोरंजक विवाद चलैत रहल। (१९५४, मइ सँ नवंबर धरि), २. मिथिला-मिहिर मे एक आलोचक खट्टर कका पर ई आक्षेप कैने छलथिन्ह।

खट्टर कका भभा कऽ हँसि पड़लाह। बजलाह, "हौ, हम धोती-अङपोछा बला आदमी। कहियो टाइ-टोप लगौने देखलह अछि?"

हम : "नहि।"

खट्टर कका : "हम आमिल देल राहड़िक दालि खाइ छी। कहियो छुरी-काँटा सँ खाइत देखलह अछि?"

हम : "नहि।"

खट्टर कका : "हम कान पर जनउ चढ़ा, लोटा लऽ कऽ, मैदान जाइ छी। कहियो कागतक व्यवहार करैत देखलह-देखबह कोना? सुनलह अछि?"

हम : "नहि।"

खट्टर कका : "तखन हम कथी सँ साहेब भेलहुँ? एहन एहन आलोचक कैं महाप्रणम्य देवता कऽ कऽ बूझक चाही।"

हम कहलिऐन्ह, "हुनकर कथ्य ई छैन्ह जे अहाँ केवल पाश्चात्य सभ्यताक समर्थक छी। परन्तु प्राच्य ओ पाश्चात्य-दूनूक समन्वय होमक चाही।"

खट्टर कका तरंगि कऽ बजलाह, "हौ, यैह बात तऽ हमरा बुझबामे नहि अबैत अछि। कोन प्रकारें समन्वय करय कहैत छह? आब सँ शिवजीक माथ पर 'सोडावाटर' ढारि दिऐन्ह? भगवानक नैवेद्यमे 'बिस्कुट' चढ़ा दिऐन्ह? भगवती कैं आँचरक बदला 'गाउन' ओढ़ा दिऐन्ह? कुल-देवता कैं 'लिपस्टिक' लगा दिऐन्ह? श्राद्धमे 'केक' लऽ कऽ पिंड दी? ब्राह्मण-भोजन करा कऽ हाथमे 'बिल' दऽ दिऐन्ह? जनउ धोबक हेतु 'लौंड्री' मे दऽ दिऐक? तोरा काकी कैं अङ्रेजीमे समदाउनि गाबय कहिऐन्ह?"

हम कहलिऐन्ह, "खट्टर कका, अहाँक मुँह सँ एहने गप्प सुनबाक हेतु आलोचको लोकनि कान पथने रहैत छथि।"

तावत काकी एक थार लाल-पीयर आम नेने ओहि ठाम पहुँचि गेलीह और हमरा दूनू गोटाक बीचमे राखि देलन्हि। पात पर सरिसोक पीयर चटनी सेहो।

हमरा संकोच करैत देखि खट्टर कका बजलाह, "हौ, आम सन अमृत फल केओ छोड़य? एहन फल पृथ्वी पर दोसर छैक? देखह केहन सुन्दर उत्प्रेक्षा कैल गेल छैक!

त्रपाश्यामा जंबूः स्फुटितहृदयं दाड़िमफलम्
भयादन्तस्तोयं तरुशिखरजं लांगलिफलम्
समाधत्ते शूलं हृदयपरितापं च पनसः
समुद्भूते चूते जगति फलराजे प्रभवति।

आमक उत्कर्ष देखि और-और फलक की हाल होइ छैन्ह? जामुनक मुँह कारी स्याह भऽ जाइ छैन्ह। अनारक छाती फाटि जाइ छैन्ह। नारिकेर पानि-पानि भऽ जाइ छथि। कटहरक हृदयमे शूल (नेढ़ा) पैसि जाइत छैन्ह।"

हम कहलिऐन्ह, "खट्टर कका! अहूँ कैं देखि कऽ किछु गोटाक यैह हाल भऽ जाइ छैन्ह।"

खट्टर कका बजलाह, "बेसी प्रशंसा नहि करह। आम खाह। ई गोपी थिकैक, ई मिठुआ, ई कपूरिया, ई मधुकुपिया। देखहौक, केहन विलक्षण सौरभ छैक!"

हम आस्वादन करैत कहलिऐन्ह, "वाह! एक सँ एक अपूर्व! जेहने अहाँक गप्प होइ अछि।"

खट्टर कका हँसैत बजलाह, "आइ बड्ड काव्य करैत छह! फेर किछु छपैबह की?"

हम कहलिऐन्ह, "खट्टर कका, दस-बारह टा और नव नव गप्पक आज्ञा दियऽ।"

खट्टर कका बजलाह, "हौ, हम मदक्की लोक! कखन की बाजि जाइ छी से कि मन रहैत अछि?"

हम : "परन्तु हम त अहाँक एक-एक टा बात नोट कैने जाइ छी?"

खट्टर कका : "हौ बाबू, तखन तऽ तोरा सँ डर मानक चाही। तोरा काकिओ कैं सावधान कऽ देबाक चाही। ऐ...कहाँ गेलहुँ?...सुनै छी?"

हम : "खट्टर कका, अहाँ कैं तऽ सभ बातमे परिहासे रहैत अछि। हम शास्त्र-पुराण, धर्म-कर्म, स्वर्ग-नरक, पाप-पुण्य पर अहाँक दृष्टिकोण राखय चाहैत छी।"

खट्टर कका चोभा लगबैत बजलाह, "हौ, हमर कि कोनो स्थायी विचार रहैत अछि? जखन जे सूरमे चढ़ि गेल। ई रस-लहरी सभक हेतु थोड़बे होइ छैक? जिनका ओतेक रस नहि पचतैन्ह से विष-वमन करथुन्ह। छौ-मसिया नेना कैं यदि एक बाटी आमक गारा पिया दहौक तऽ की हाल हैतैक?"

हम कहलिऐन्ह, "खट्टर कका, अहाँ अपना दिस सँ तऽ किछु बजितहि ने छी। सभमे शास्त्रक प्रमाण दैत छिऐक? तखन लोक अहाँ कैं किऐक दोष देत?"

खट्टर कका : "हौ, एहि देशक जानल नहि छौह?

मिथ्या ब्रूयात्, प्रियं ब्रूयात्
न ब्रूयात् सत्यमप्रियम्।

यदि हमरो घुमाफिरा कऽ बाजय अबैत तऽ लोक बड़का विद्वान कऽ कऽ बुझैत। परन्तु हम तऽ सोझ-सोझ कहि दैत छिऐक। तैं बदनाम भऽ जाइ छी! स्पष्टवक्ताक कतहु गुजर होइ छैक?"

हम कहलिऐन्ह, "खट्टर कका, एकटा बात कहू? अहाँ ई सभ भितरिया मन सँ कहैत छिऐक कि केवल लोक कैं हँसाबक हेतु?"

खट्टर कका मालदहक कतरा खाइत बजलाह, "आब तों हमर सभटा भेद एक्के दिनमे बुझि लेबह? हौ, हम गंगेश ओ गोनू झा-दूनूक वंशज छी। एहि बात कैं

किऐक बिसरि जाइत छह?...तों हाथ किऐक बारि देलह? एखन आमक बादशाह मालदह तऽ पड़ले छौह। बिना सुमेरुक माला की?"

हम एकटा मालद्दह लैत कहलिऐन्ह, "तखन आज्ञा दियऽ जे हम दोसर भाग छपाबी। परन्तु एहि बेर हम अहाँक असली नाम-गाम खोलि देब।"

खट्टर कका बजलाह, "अरे! एहन बात करबो जुनि करिहऽ। एहिठाम मेला लागि जाएत। घरमे जतबा चूड़ा-आम अछि से दुइए दिनमे निघटि जाएत। तोरा काकी कैं चूल्हि फुकैत-फुकैत प्रलय हैतैन्ह।"

हम कहलिऐन्ह, "बेस, तऽ आब आशीर्वाद दियऽ जे..."

खट्टर कका बाम हाथें अपन भङघोटना हमरा माथ मे ठेकबैत बजलाह, "हम आशीर्वाद दैत छी जे एहिबेर चुनल-चुनल गारि अहाँ कैं सुनऽ पड़य। डहकनो सँ बेसी।"

हम कहलिऐन्ह, "ई तऽ शाप भेल। आब उद्धार कहल जाओ।"

खट्टर कका सरिसोक चटनी मुँह मे दैत बजलाह, "उद्धार यैह जे जखन फेर हमरा दोसर सूर चढ़त तऽ एहि तरंगक जवाबो लिखा देबौह। हौ, खट्टरक उत्तर खट्टरे दऽ सकैत छथि। गजानां पंकमग्नानां गजा एव धुरंधराः।"

हम कहलिऐन्ह, "खट्टर कका, से जौं करी, तखन तऽ जयजयकार भऽ जाय! फूल, माला, आरती लऽ कऽ। और अहाँक संग हमरो।"

खट्टर कका मुस्कुराइत बजलाह, "ई कोन भारी बात छैक? दू-चारि दिन नेओत दऽ कऽ खूब चटकार भोजन करा दैह। और हमर बला बात सभ ककरो अनका बाजऽ कहौक। तखन देखह जे हम केहन थुर्री-थुर्री उड़ा दैत छिऐक!"

हम कहलिऐन्ह, "ताहिमे तऽ देरी लागत। तावत..."

खट्टर कका बजलाह, "वर्नी! छपौ! किछु रमन-चमन तऽ होय। परिहासविजल्पितं सखे! बिना हास-परिहासक जीवन की?"

निवेदन

खट्टर कका विनोदी व्यक्ति छथि। हुनकर प्रत्येक बात विनोदपूर्ण होइ छैन्ह। बल्कि सम्पूर्ण जीवने विनोदमय बूझू।

खट्टर कका कैं लोक अभिनव चार्वाक कहै छैन्ह। कारण जे हुनको सिद्धान्त छैन्ह-यावज्जीवेत् सुखं जीवेत्। सूर चढ़े छैन्ह तऽ स्वर्ग-नरक, आत्मा-परलोक, पुनर्जन्म-मोक्ष, धर्म-अधर्म, सभ के भंगक तरंगमे बहा दैत छथि। वेद-पुराण, धर्मशास्त्र, तंत्र-मंत्र, ज्योतिष, आयुर्वेद-सभक धज्जी उड़ा दैत छथि। भगवानो सँ परिहास करबामे नहि चुकै छथि। पाखण्डक खण्डनमे ततबा रस भेटैत छैन्ह जे सामाजिक रूढ़ि वा अंधविश्वास पर प्रहार करबाक हेतु सदा सोंटा नेने तैयार रहै छथि। तर्कक दाँवपेच लगा कऽ ओ प्रतिपक्षी कैं चित कऽ दैत छथि और बिनु 'हरदि चून' बजबौने नहि छोडै छथि।

किन्तु खट्टर कका शुष्क तार्किके टा नहि छथि। सरस साहित्यिको छथि। हुनकर बात-बातमे तेहन श्लेष, यमक, वक्रोक्ति आदिक चमत्कार भरल रहै छैन्ह जे श्रोता मुग्ध भऽ जाइ छथि। कोनो कोनो व्यंग्य तऽ तेहन होइ छैन्ह जे,

अर्थो गिरामपिहितः पिहितश्च कश्चित्
सौभाग्यमेति मरहट्टवधूकुचाभः।
नांध्रीपयोधर इवातितरां निगूढ़ः
नो गुर्जरीस्तन इवातितरां प्रकाशः।

खट्टर ककामे तीक्ष्ण तर्क ओ मृदुल परिहासक सम्मिश्रण देखि संस्कृत कविक ई गर्वोक्ति स्मरण भऽ जाइछ,

येषां कोमलकाव्यकौशलकला लीलावती भारती
तेषां कर्कशतर्कवक्रवचनोद्गारेऽपि किं हीयते
यैः कान्ताकुचमंडले कररुहाः सानन्दमारोपिताः
तैः किं मत्तकरीन्द्रकुंभशिखरे नारोपणीयाः शराः!

जे जेहन रसज्ञ, तिनका खट्टर ककामे ततेक अधिक रस भेटतैन्ह।

खट्टर कका स्वच्छंद चिन्तन ओ बुद्धिविलासक प्रतीक थिकाह। सामान्यतः जाहि बात कैं लोक ठीक कऽ कऽ बुझैत अछि, तकरा विलक्षण युक्ति सँ काटि, ओकर उनटा सिद्ध करबामे और अद्भुत बात कहि श्रोता कैं चकित करबामे, हुनका

बड्ड मन लगैत छैन्ह। एहि कलामे ओ तेहन प्रवीण छथि जे चुटकी बजबैत उनटे गंगा बहा दैत छथि। हँसी-हँसीमे तेहन मार्मिक बात कहि दैत छथिन्ह-हास्यक पुट दैत तेहन सूक्ष्म नश्तर लगा दैत छथिन्ह-जे श्रोता तिलमिला उठैत छथि और खट्टर कका हुनका विस्मयविमूढ़ देखि मुस्कुरा उठै छथि। यैह छैन्ह खट्टर ककाक विशेषता, जाहि सँ ओ लोक कैं आकृष्ट करै छथि।

खट्टर ककामे एक गुण किंवा अवगुण छैन्ह जे ओ स्पष्टवक्ता छथि। धाख-संकोच वा लाइ-लपटाइ नहि रखै छथि। तैं किछु गोटे हुनका पर ग्राम्यता वा अश्लीलताक दोषारोपण करैत छथिन्ह। परंच वैह यथार्थवादिता लऽ कऽ तऽ खट्टर ककाक 'खट्टरत्व' छैन्ह। यदि भिन्न-भिन्न प्रसंग सँ ओहन-ओहन अंश हटा देल जाइन्ह, तऽ ई तहिना हैत जेना ओलक चटनी सँ चुनि-चुनि कऽ हरियर मरचाइ ओ आदक खंड बहार कऽ देल जाय। अतएव हम खट्टर कका कैं यथावत राखि देने छिऐन्ह। आब हुनक गप्प सुनू और रस लियऽ।

खट्टर कका सर्वप्रथम एहि अभिनव रूपमे उपस्थित कैल जा रहल छथि।

प्रथम प्रवाहमे केवल बारह टा तरंग बहराएल रहैन्ह। दही चूड़ा चीनी सँ ब्रह्मानन्द धरि। द्वितीय प्रवाहमे बारह टा और तरंग बहरैलैन्ह।

एहि पुस्तकमे नव-पुरान मिला कऽ तीस टा तरंग छैन्ह। तीन टा परिशिष्टमे। पाठक ओही सँ प्रारम्भ करथि तऽ उत्तम। पहिनहिं खट्टर कका सँ परिचित भऽ जैताह। अन्तमे खट्टर ककाक टटका गप्प अर्थात वर्तमान काल (वा अकाल?) पर खट्टर ककाक विनोदपूर्ण विचार-लहरी छैन्ह, जे पाठकक विशेष रूप सँ मनोरंजन करतैन्ह।

नव-नव तरंग, यथा 'पुरातन सभ्यता', 'मिथिलाक संस्कृति', 'दर्शनशास्त्रक रहस्य' केर अतिरिक्त, पहिलुको तरंग सभमे ततेक परिवर्तन ओ परिवर्द्धन कैल गेल छैक जे ओहो सभ रस-मर्मज्ञ पाठक के नवे जकाँ लगतैन्ह।

खट्टर ककाक कलेवर प्राय: तेवर पुष्ट भऽ गेलैन्ह। वेश-भूषामे सेहो आधुनिकता आबि गेल छैन्ह। खट्टर कका कैं एहि आकर्षक रूपमे प्रस्तुत करबाक श्रेय 'भारती भवन' क उत्साही संचालक श्री मोहित मोहन बोस कें छैन्ह। हम समस्त मैथिली-साहित्य-प्रेमी समुदायक दिस सँ हुनका धन्यवाद प्रदान करैत छिऐन्हे। एहि प्रकाशन कैं सुन्दर बनैबामे 'तपन प्रिंटिंग प्रेस'क कर्मठ संचालक श्री निशीथ कुमार बोस, मित्रवर अयोध्यानाथ सिंह ठाकुर तथा प्रियवर गोपेश जी जे रुचि नेने छथि, तदर्थ हम आभारी छिऐन्ह।

आशा अछि, खट्टर ककाक ई नवीन, परिष्कृत ओ परिवर्द्धित तरंगावली पाठक लोकनि कैं और अधिक आनन्द प्रदान करतैन्ह।

रानीघाट, पटना — **लेखक**

१८-९-१९६७

क्रम

दही चूड़ा चीनी

खट्टर कका दालान पर बैसल भाङ घोटैत छलाह। हमरा अबैत देखि बजलाह, "हाँ-हाँ...ओम्हर मरचाइ रोपल छैक, घूमि कऽ आबह।"

हम कहलिऐन्ह, "खट्टर कका, आइ जयबारी भोज छैक, सैह सूचित करय आयल छी।"

खट्टर कका पुलकित होइत बजलाह, "वाह-वाह! तखन सोझे चलि आबह। दु एकटा धङैवे करतैक तऽ की हैतैक?...हँ, भोजमे हैतैक की सभ?"

हम : "दही चूड़ा चीनी।"

खट्टर : "बस, बस, बस। सृष्टि मे सभ सँ उत्कृष्ट पदार्थ यैह थीक। गोरसमे सभ सँ मांगलिक वस्तु दही-अन्नमे सभक चूड़मणि चूड़ा-मधुरमे सभक मूल चीनी। एहि तीनूक संयोग बूझह तँ त्रिवेणी-संगम थीक। हमरा तऽ त्रिलोकक आनन्द एहिमे बूझि पड़ैत अछि। चूड़ा भूलोक! दही भुवर्लोक! चीनी स्वर्लोक!"

हम देखल जे खट्टर कका एखन तरंग मे छथि। सभटा अद्‌भुते बजताह। अतएव काज अछैतो गप्प सुनबाक लोभे बैसि गेलहुँ।

खट्टर कका बजलाह, "हम तऽ बुझै छी जे एही भोजन सँ सांख्य दर्शनक उत्पत्ति भेल अछि।"

हम चकित होइत पुछलिऐन्ह, "ऐं! दही चूड़ा चीनी सँ सांख्य दर्शन! से कोना?"

खट्टर कका बजलाह, "एखन कोनो हड़बड़ी तऽ ने छौह? तखन बैसि जाह। हमर विश्वास अछि जे कपिल मुनि दही चूड़ा चीनीक अनुभव पर तीनू गुणक वर्णन कऽ गेल छथि। दही सत्त्वगुण। चूड़ा तमोगुण। चीनी रजोगुण।"

हम कहलिऐन्ह, "खट्टर कका, अहाँक तऽ सभटा कथा अद्‌भुते होइत अछि। ई हम कतहु नहि सुनने छलहुँ।"

खट्टर कका बजलाह, "हमर कोन बात एहन होइ अछि जे तों आनठाम सुनि सकबह?"

हम : "खट्टर कका, त्रिगुणक अर्थ दही चूड़ा चीनी, से कोना बहार कैलियैक?"

खट्टर कका : "देखह, असल सत्त्व दहिएमे रहैत छैक, तैं एकर नाम सत्त्व। चीनी गर्दा होइछ, तैं रज। चूड़ा रुक्षतम होइछ, तैं तम। देखै छह नहि, अपना देशमे एखन धरि 'तमहा' चूड़ा शब्द प्रचलित अछि!"

हम : "आश्चर्य! एहि दिस हमर ध्यान नहि गेल छल!"

खट्टर कका व्याख्या करैत बजलाह, "देखह, तमक अर्थ छैक अन्धकार। तैं छुच्छ चूड़ा पात पर रहने आँखिक आगाँ अन्हार भऽ जाइ छैक। जखन उज्जर दही ओहि पर पड़ि जाइ छैक तखन प्रकाशक उदय होइ छैक। तैं सत्त्वगुण कैं प्रकाशक कहल गेलैक अछि। 'सत्त्वं लघु प्रकाशकमिष्टम्'। तैं दही लघुपाकी तथा सभ कैं इष्ट (प्रियगर) होइत अछि। चूड़ा कोष्ठ कैं बान्हि दैत छैक। तैं तम कैं अवरोधक कहल गेल छैक। और बिना रजोगुणे तऽ क्रियाक प्रवर्तन हो नहि। तैं चीनीक योग वेत्रेक खाली चूड़ा दही नहि घोंटा सकैत छैक। आब बुझलहक?"

हम कहलिऐन्ह, "धन्य छी खट्टर कका। अहाँ जे ने सिद्ध कऽ दी!"

खट्टर कका बजलाह, "देखह, सांख्यक मत सँ प्रथम विकार होइ छैक महत् वा बुद्धि। दही चूड़ा चीनी खैला उत्तर पेटमे फूलि कय पसरैत छैक। यै महत् अवस्था थिकैक। एहि अवस्थामे गप्प खूब फुरैत छैक। तैं महत् कहू वा बुद्धि-बात एक्के थिकैक। परन्तु एकरा हेतु सत्त्वगुणक आधिक्य होमक चाही अर्थात दही बेसी होमक चाही।"

हम : "अहा! सांख्य दर्शनक एहन तत्त्व दोसर के कहि सकैत अछि।"

खट्टर कका बजलाह, "यदि एहिना निमन्त्रण दैत रहह तऽ क्रमशः सभ दर्शनक तत्त्व बुझा देबौह। त्रिगुणात्मिका प्रकृति द्रष्टा पुरुष कैं रिझबैत छथि। एकर अर्थ जे ई त्रिगुणात्मक भोजन भोक्ता पुरुष कैं नचबैत छथि। तैं-नृत्यन्ति भोजनैर्विप्राः।"

हम कहलिऐन्ह, "परन्तु खट्टर कका! पछिमाहा सभ तऽ दही चूड़ी चीनी पर हँसैत छथि।"

खट्टर कका अङपोछा सँ भाङ छनैत बजलाह, "हौ, सातु लिट्टी खैनिहार दधि-चिपटान्नक सौरभ की बुझताह! पश्चिमक जेहन माटि बज्जर, तेहने अन्न बजरा, तेहने लोको वज्र सन! अपना देशक भूमि सरस, भोजन सरस, लोको सरस! चूड़ा पृथ्वी तत्त्व। दही जल तत्त्व। चीनी अग्नि तत्त्व। तैं कफ पित्त वायु-तीनू दोष कैं शमन करबाक सामर्थ्य एहिमे छैक। देखह, अनादि काल सँ दही चूड़ा चीनीक सेवन करैत-करैत हमरा लोकनिक शोणित ठंढा भऽ गेल अछि। तें मैथिल जाति कैं आइ धरि कहियो युद्ध करैत देखलहक अछि?"

हम : "खट्टर कका, कहाँ से कहाँ शह चला देलहुँ! बीच-बीच मे तेहन मार्मिक व्यंग्य कऽ देत छिऐक जे..."

खट्टर कका : "व्यंग्य नहि, यथार्थे कहैत छिओह। देखह, भोजने सँ प्रकृति बनैत छैक। चाली माटि खा कऽ माटि भेल रहैत अछि। साँप बसात पीबि कऽ फनकैत अछि। साहेब सभ डबल रोटी खा कऽ फूलल रहैत अछि। मुर्गा खैनिहार मुर्गा जकाँ

लड़ैत अछि। और हम सभ साग-भाँटा खा कऽ साग-भाँटा भेल छी। हमरा लोकनि भक्त (भात)क प्रेमी थिकहुँ, तैं एक दोसरा सँ विभक्त रहैत छी। ताहू पर की तऽ द्विदल (दालि)क योग भेले ताकय! तखन एक दल भऽ कऽ कोना रहि सकैत छी?"

हम : "अहा! की अलंकारक छटा!"

खट्टर कका : "केवल अलंकारे नहि, विज्ञानो छैक। कोनो जातिक स्वभाव बुझबाक हो तऽ देखी जे ओकर सभ सँ प्रिय भोजन की थिकैक? देखह, बंगाली ओ पच्छाँहीक स्वभाव की अन्तर छैक?...जैह भेद रसगुल्ला ओ लड्डूमे छैक। रसगुल्ला सरस ओ कोमल होइछ, लड्डू शुष्क ओ कठोर। रसगुल्ला पूर्वक प्रतीक थीक, लड्डू पश्चिमक। तैं हम कहैत छिऔह जे ककरो जातीय चरित्र बुझबाक हो तऽ ओकर प्रधान मधुर देखी।"

हम : "खट्टर कका, अपना सभक प्रधान मधुर की थीक?"

खट्टर कका : "अपना सभक प्रधान मधुर थीक खाजा। देहातमे मिठाइ कहने ओकरे बोध होइछ। खाजा ने रसगुल्ला जकाँ स्निग्ध होइछ, ने लड्डू जकाँ ठोस। तैं हमरा लोकनिमे ने बंगालीवला स्नेह अछि, ने पंजाबीवला दृढ़ता।...तखन खाजामे प्रत्येक परत फराक-फराक रहैत छैक, से अपनो सभमे रहितहि अछि।"

हम : "वाह! ई तऽ चमत्कारक गप्प कहल! मौलिक!"

खट्टर कका : "ऐंठ वा बासि बात हम बजितहिं ने छी।"

हम : "वास्तवमे खट्टर कका! अहाँ ठीक कहै छी। गाम-गाममे गोलैसी, घर-घर मे पट्टीदारी झगड़ा। कचहरीमे पागे पाग देखाइत अछि। से किऐक?"

खट्टर कका : "एकर कारण जे हमरा लोकनि आमिल मरचाइ बेसी खाइत छी। तीख चोख भेले ताकय। तीतोमे कम रुचि नहि। नीम-भाँटा, करैल, पटुआक झोर...हौ, जैह गुण कारणमे रहतैक सैह ने कार्यमे प्रकट हैतैक! कटुता, अम्लता ओ तिक्तता हमरा लोकनिक अंग बनि गेल अछि। स्वाइत हम सभ अपनामे एतेक कटाउझ करैत छी!"

हम : "परन्तु बंगाली सभमे एतेक प्रेम किऐक?"

खट्टर कका भाङमे एक आँजुर चीनी मिलबैत बजलाह, "ओ सभ प्रत्येक वस्तुमे मधुरक योग दैत छथि। दालिओ मीठ, तरकारिओ मीठ, माछो मीठ, चटनिओ मीठ! तखन कोना ने माधुर्य रहतैन्ह? अपनो जातिमे एहिना मीठक व्यवहार होमय लागय तखन ने! तैं हम कहैत छिऔह जे अपना जातिमे जौं संगठन करबाक हो तऽ मधुरक बेसी प्रचार करह। केवल सभा कैने की हैतौह? 'भोज ने, भात ने, हरहर गीत!' गाम सँ दुगोला दूर करबाक हो तऽ 'दही चूड़ा चीनी लवण कदली लाडू बरफी'क भोज करह।"

ई कहि खट्टर कका भाङक लोटा उठौलन्हि और दू-चारि बून्द शिवजीक नाम पर छीटि घट्ट-घट्ट कय सभटा पीबि गेलाह।

चाणक्यक जन्म-भूमि

खट्टर कका कैं ओहि दिन भाङ घोटैत घोटैत पुरातत्त्वक सनक सवार भऽ गेलैन्ह। दूर-दूरक बात फुरय लगलैन्ह। हमरा देखितहि सोर कैलन्हि, "हो, कहाँ जाइ छह? एम्हर आबह।"

हम कहलिऐन्ह, "खट्टर कका, एकटा जरूरी काज अछि।"

खट्टर कका : "जरूरी काज पाछाँ कऽ हैतैक। एखन एकटा टटका आविष्कार कैल अछि से सुनने जा।"

हमरा बैसला उत्तर खट्टर कका बजलाह, "हमर अनुमान अछि जे चाणक्य मैथिल रहथि।"

हम : "एहि अनुमानक आधार की?"

खट्टर कका भाङ घोरैत बजलाह, "सभ सँ पहिल आधार हुनक जीवनी। देखह, विवाह करय जाइत रहथि, पैरमे कुश गड़ि गेलैन्ह। आन रहैत तऽ दोसर बाटे जा कऽ विवाह कऽ अबैत। परन्तु ई तिल-कुश गंगाजल लऽ कऽ संकल्प कैलन्हि जे आब कुशक अस्तित्वे निर्मूल कऽ देब। विवाह तऽ गेल कोठी-कान्ह पर। ई कुशक जड़ि उखाड़ि उखाड़ि मट्ठा पटाबय लगलाह। और अन्तमे जड़िमूल सँ ओकरा साफे कऽ देलन्हि। हौ, हम पुछत छिऔह जे एहन रगड़ियल, मैथिल छोड़ि कऽ और के भऽ सकैत अछि? राजाक भोजमे अपमान भेलैन्ह। आब 'जावत नन्दवंशक विनाश नहि करब ताबत टीक नहि बान्हब!' ई प्रतिज्ञे कहि रहल अछि जे हुनक जन्म तिरहुतमे भेल छलैन्ह। और एहि ठामक प्रधान गुण जे थिकैक कूटनीति, तकरा बलें ओ नन्दवंश के लेपभागभुजस्तृप्यन्ताम् स्वाहा' कऽ देलन्हि। हौ, एहन ब्रह्मतेज दोसर कोन जातिमे भेटतौह?"

हम : "परन्तु बहुत गोटाक मत छैन्ह जे चाणक्य काश्मीरी ब्राह्मण छलाह।"

खट्टर कका बिगड़ि कऽ बजलाह, "कथमपि नहि। काश्मीरी गोर होइत अछि और चाणक्य कारी छलाह। दोसर, जे काश्मीरमे साँपक बेसी उपद्रव नहि। यदि चाणक्यक घर ओहि देशमे रहितैन्ह त 'ससर्पे च गृहे वासो मृत्युरेव न संशयः' ई नहि लिखितथि।"

हम : "परन्तु..."

खट्टर कका : "परन्तु की? चाणक्य-नीति-दर्पण मिथिलामे प्रारम्भे सँ नेना कैं अभ्यास कराओल जाइत छैक। तकर कारण की? ई हमरा लोकनिक खास अपन वस्तु थीक। जेना शङ्कर मिश्रक,

बालोऽहं जगदानन्द न मे बाला सरस्वती।
अपूर्णे पञ्चमे वर्षे वर्णयामि जगत्त्रयम्॥

ई श्लोक मिथिलाक घर-घरमे नेना कैं कंठस्थ कराओल जाइत छैक।"

हम : "परन्तु चाणक्यक श्लोक तऽ आनो-आनो प्रान्तमे प्रचलित छैन्ह।

खट्टर कका : "रहौन्ह, परन्तु जड़ि मिथिलेमे छैन्ह। एहि ठाम तऽ चाणक्यक नामो हमरा सभक भाषामे घुलि मिलि कऽ भाववाचक शब्द बनि गेल अछि। देखह, मैथिलीमे एकटा शब्द प्रयुक्त होइछ-चानकि! जेना, 'हुनका तेहन चानकि (शिक्षा) भेटि गेलैन्ह जे आजीवन नहि बिसरतैन्ह'। यैह 'चानकि' कालक्रमे 'चाँकि' बनि गेल। जेना 'अहाँ कैं एहि बातक चाँकि (ध्यान) रहक चाही'। ई दूनू शब्द और कोनो टा भाषामे नहि भेटतौह। एहि सँ की सिद्ध होइत अछि?"

हम देखल जे खट्टर कका आब भाषाविज्ञानक धारामे बहल जा रहल छथि। परन्तु तरंगोमे जे बात कहि रहल छथि से ततेक असम्बद्ध नहि।

खट्टर कका बजलाह, "सोचैत छह की? श्लोकक गंधे सँ बुझा जाइत अछि जे चाणक्य मैथिल छलाह। देखह,

हस्ती हस्तसहस्रेण शतहस्तेन वाजिनः

हाथी देखितहि हजार हाथ दूर पड़ा जाइ। घोड़ा देखितहि सै हाथ फराक हटि जाइ। हौ, एहन वीर हमरा लोकनि कैं छोड़ि और के भऽ सकैत अछि?"

हम : "खट्टर कका, ई तऽ भारी कटाक्ष कैल!"

खट्टर कका भाङमे चीनी दैत बजलाह, "हौ, हमर तऽ अनुमान अछि जे चाणक्य खाँटी बिकौआ वंशक छलाह।"

हम : "से कोना?"

खट्टर कका : "देखह, चाणक्य कहै छथि,

आत्मानं सततं रक्षेत् दारैरपि धनैरपि।

'टका लऽ कऽ हो, स्त्री लऽ कऽ हो, अपन रक्षा सदैव करक चाही'। एहन परिपक्व विचार भलमानुस छोड़ि और किनका मनमे उदित भऽ सकै छैन्ह?"

हम : "खट्टर कका, तखन चाणक्यक वासस्थान कतय मानल जाय?"

खट्टर कका : "एकर उत्तर चाणक्य स्वयं दऽ गेल छथि,

धनिकः श्रोत्रियो राजा नदी वैद्यस्तु पंचमः।
पंच यत्र न विद्यन्ते वासं तत्र न कारयेत्॥

एहि श्लोक सँ सूचित होइछ जे चाणक्य सोतिपुराक वासी छलाह। किऐक तऽ श्रोत्रिय अन्यत्र भेटब दुर्लभ। अपना देशमे चनौर-चानपूरा-चनका, ई तीन टा गाम हुनका नामसँ मेल खाइत अछि। सम्भव जे एही तीनूमे कतहु हुनक डीह होइन्ह।"

हम : "परन्तु ओ अपना देशक छलाह तकर अन्यान्य प्रमाण?"

खट्टर कका भाङ घोटैत बजलाह, "प्रमाण एक दू नहि, अनेक। देखह, चाणक्य कहै छथि-नराणां नापितो धूर्तः। अपना देशक नौआ तेहन चलाक होइत अछि जे गोनूझा कैं पर्यन्त छका देलक। पुनः एक ठाम ओ लिखै छथि 'भृत्यश्चोत्तरदायकः'। एहन उतराचौरी करयबला खबासो तिरहुतेमे भेटत। चाणक्यक उक्ति छैन्ह—'वस्त्रपूतं पिबेज्जलम्'। औखन अंगपोछा सँ छानि कऽ जल पीबाक प्रथा मिथिलेमे अछि। और प्रमाण लैह—'निमन्त्रणोत्सवाः विप्राः'। एहन उत्सव और कोन देशमे भेटतौह? 'शतं विहाय भोक्तव्यम्'। भोजनक प्रति एहन अगाध प्रेम और कोन जातिमे छैक? 'न विप्रपादोदकर्दमानि'...नेओतल ब्राह्मणक हेराओल पानि सँ पिच्छड़ आँगन औखन धरि अपने देशक शोभा बढ़बैत अछि! 'आतिथ्यं शिवपूजनं प्रतिदिनं मिष्टान्नपानं गृहे'। एहिमे जेना कोनो मैथिलक आत्मा स्पष्ट बाजि रहल हो। घरमे महादेवक पूजा, मधुर भोजन, बीच-बीचमे पाहुनक सत्कार! एहि सँ बेसी और की चाही? मिष्टान्न ओ महादेवक प्रेम मिथिला सँ बढ़ि और कतय भेटत? एक प्रकारें बूझू तऽ मिथिलामे 'म' अक्षरैक माहात्म्य अछि! माछ, मखान, मधुर, महादेव..."

हम : "खट्टर कका, ई तऽ खूब मिलाओल! परन्तु एकटा शंका हमरा मनमे उठैत अछि। मैथिल तऽ मुख्यतः शाक्त होइत छथि। तखन मिथिलामे एतेक महादेवक मन्दिर किऐक? गाम-गाममे शिवालय; घर-घरमे चतुर्दशीक व्रत, प्रत्येक काज तिहारमे महेशवानी ओ नचारी! एतेक तऽ कोनो देवताक नहि होइत छैन्ह। एकर कारण की?"

खट्टर कका पुनः नोसि लैत बजलाह, "एकर कारण जे महादेव मैथिल छलाह।"

हम : "ऐं! महादेव?"

खट्टर कका : "हँ, साक्षात महादेव। पार्वतीपति, दक्ष प्रजापतिक, जमाय।"

हम : "ओ मैथिल छलाह, तकर प्रमाण की?"

खट्टर कका लाल-लाल आँखि सँ हमरा दिस तकैत बजलाह, "प्रमाण? भाङधतूर खाइते छलाह, भोलानाथ छलाहे, ससुर-जमायमे झगड़ा भेबे कैलैन्ह। तथापि तों और प्रमाण जोहैत छह! की एतवा लक्षण मैथिलत्व सिद्ध करबाक हेतु पर्याप्त नहि?"

हम : "धन्य छी खट्टर कका! बीच-बीचमे तेहन शह चला दैत छिऐक जे..."

खट्टर कका : "हमर शह घोड़ाक होइत अछि जाहिमे तह नहि देल जाय। हँ, की कहैत छलिऔह?"

हम : "यैह जे महादेव मैथिल..."

खट्टर कका : "हँ, हमरा तऽ बूझि पड़ैत अछि जे महादेव झा पाँजि हुनके नाम पर चलल छैन्ह। दड़िभंगा जिलोक नाम तऽ हुनके कारण पड़ल अछि।"

हम : "से कोना?"

खट्टर कका : "महादेवक द्वार पर भाङक अकाय जंगल रहैन्ह ताहि सँ हुनक वास-भूमि 'द्वारभंगा' वा दड़िभंगा बनि गेल। औखन धरि प्रायः एको टा घर एहि जिलामे नहि भेटतौह जकरा आगाँ वा पाछाँ भाङक गाछ नहि होइक।"

हम : "परन्तु खट्टर कका! यदि हमरा लोकनि सरिपहुँ महादेवजीक वंशज छी तऽ हुनकरवाला गुण हमरा सभमे किऐक ने अछि?"

खट्टर कका लोटो भरि भाङ गट्ट-गट्ट पीबि गेलाह। तखन बजलाह, "गुण तऽ अछिए। देखह; महादेव त्रिलोचन छलाह। हमरो लोकनि त्रिलोचन छी। तेसर आँखि सँ केवल अनकर छिद्र टा सुझैत अछि। महादेव नीलकण्ठ रहथि। हमरो लोकनिक कंठमे केहन विष रहैत अछि से टू गोटाक विवाद भेला पर प्रत्यक्ष देखि लैह। महादेवक छाती पर साँप लोटाइत रहैन्ह। हमरो लोकनि कैं स्वजातीयक अभ्युदय देखि छाती पर साँप लोटाय लगैत अछि। महादेव त्रिशूलधारी रहथि हमरो लोकनि कैं अपना भाइबन्धुक उत्कर्ष देखि मस्तकशूल, हृदयशूल ओ उदरशूल-ई तीन प्रकारक शूल उत्पन्न भऽ जाइत अछि। महादेव सभ सँ एकौर भऽ कऽ रहैत छलाह। हमरो लोकनि फुट्ट भऽ कऽ रहैत छी। महादेवक कपारमे अर्द्धचन्द्र छलैन्ह। हमरो लोकनिक कपारमे जतय जाउ अर्द्धचन्द्रे लिखल रहैत अछि।"

हम : "अहा! की अलंकारक छटा! अहाँ तऽ खट्टर कका! रूपक बान्हि दैत छिऐक! परन्तु वास्तवमे हमरा लोकनिक स्वभाव एहन किऐक अछि?"

खट्टर कका : "ई सीताजीक शाप थिकैन्ह,

रणे भीताः गृहे शूराः परस्परविरोधिनः।
कुलाभिमानिनो यूयं मिथिलायां भविष्यथ॥

हमरा लोकनिक समस्त वीरता अपनेमे लड़बाक हेतु होइत अछि। हमरा सभ कैं संगठित करब तहिना असम्भव जेना तीन टा जीवित ढाबुस कैं एक पाँतीमे बैसाएब।"

हम : "तखन एकर उपाय?"

खट्टर कका : "उपाय यैह जे हम कऽ रहल छी।"

हम : "अर्थात?"

खट्टर कका : "अर्थात भाङक सेवन।"

हम : "अहाँ कैं तऽ सभ बातमे हँसिए रहैत अछि।"

खट्टर कका : "हँसी नहि करैत छिऔह। सरिपहुँ कहैत छिऔह। देखह सीताजीक इष्ट रामचन्द्र। रामचन्द्रक इष्ट महादेव। महादेवक इष्ट भाङ। तैं हिनके सेवन कैला सन्ताँ ओहि शाप सँ उद्धार भऽ सकैत अछि। यदि सभ इनारमे भाङ पड़ि जाय, तऽ

आइए मेल भऽ जाय। हमरा लोकनि बेसी बुद्धिमान छी आपसमे लड़ैत छी!...हौ, कोनो अनठेकनगर बात तऽ ने बहराएल अछि? तालु सुखा रहल अछि।"

हम : "खट्टर कका, दू टा बाङक टुस्सी नेने आउ?"

खट्टर कका : "हौ, 'ब' नहि, 'भ'। 'ब' अक्षर बुड़िबक होइत अछि-बूढ़, बताह, बकलेल, बहीर, बाकल...। 'भ' भागवन्त होइ अछि भोज-भात, भार-दोर, भोग-राग और यैह..."

ई कहैत खट्टर कका अवशिष्ट भाङ उठा कऽ पीबि गेलाह।

माछक महत्त्व

ओहि दिन माछ पर शास्त्रार्थ बजरि गेल। बात भेलैक जे खट्टर कका पोखरि सँ स्नान कैने चल अबैत रहथि। हम पुछलिऐन्ह, "की खट्टर कका, माछ खाइ?"

खट्टर कका बजलाह, "अवश्य, अवश्य। कोन माछ छौह? नेबो छौह कि बाड़ी सँ नेने चलू?"

हम कहलिऐन्ह, "केवल सिद्धान्तक दृष्टिएँ पूछल अछि।"

खट्टर कका बजलाह, "तखन महा अनर्थ कैल अछि। भोजन काल ककरो पुछिऐक जे की, दही खाइ? और पाछाँ कहिऐक जे केवल सिद्धान्तक दृष्टिएँ पूछल अछि। ई कोनो नीक बात थीक? जौं माछक गप्प करवाक हो तऽ सिद्धान्तक दृष्टिएँ करक चाही।"

हम : "एकटा वैष्णवजी आएल छथि से सभ लोक कैं कंठी बान्हय कहैत छथिन्ह।"

खट्टर कका : "पहिने हुनक इष्टदेवता रामचन्द्र कहियो कंठी बन्हलथिन्ह? देखह विवाहमे,

मीन पीन पाठीन पुराने। भरि-भरि भार कहारन आने॥

महाराज रामचन्द्र कैं तऽ मृगयो सँ प्रेम छलैन्ह। क्षत्रिय भऽ कऽ शिकार नहि करितथि, मांस नहि खैतथि तऽ कि बकरीक दूध पीबि कऽ रहितथि?

अन्नशाक-प्रियः शूद्रो वैश्यो दुग्धदधिप्रियः।
मत्स्यमांस-प्रियः क्षत्री ब्राह्मणो मधुरप्रियः॥

और सीताजी तऽ आजन्म सौभाग्यवती रहलीह। माछ किऐक छोड़ितथि?"

हम : "वैष्णवजीक सिद्धान्त छैन्ह जे माछ ककरो नहि खैबाक चाही।"

खट्टर कका : "तखन की खैबाक चाही? काँट?"

हम : "ओ माछ कैं अखाद्य बुझैत छथि।"

खट्टर कका : "से किएक?"

हम : "ओहिमे जीव छैक तैं।"

खट्टर कका : "जीव तऽ वनस्पतिओमे होइत छैक। तखन माटि खाथु।"

हम : "अन्न और फलक दोसर बात होइत छैक।"

खट्टर कका : "दोसर बात की होइ छैक?"

हम : "ओकर चैतन्य प्रस्फुटित नहि रहैत छैक।"

खट्टर कका : "से तऽ अंडोमे नहि रहैत छैक।"

हम : "वैष्णवजीक कथ्य छैन्ह जे मनुष्य स्वभावतः निरामिषभोजी थीक।"

खट्टर कका : "कदापि नहि। यदि मनुष्य स्वभावतः निरामिषभोजी रहैत तऽ माछ कैं देखितहि मालजाल जकाँ सूँघि कऽ छोड़ि दैत। खैबाक चाही कि नहि, ई प्रश्ने नहि उठैत।"

हम : "तखन अपनेक की विचार?"

खट्टर कका : "विचार यैह जे हमरा लोकनि भेड़ी-बकरीक श्रेणी मे नहि छी।"

हम : "अर्थात मांसाहारी छी, शाकाहारी नहि?"

खट्टर कका नोसि लेलन्हि, तखन कहय लगलाह, "एक ठाम पहुनाइमे गेलहुँ तऽ पुछलक जे दही खाएब कि दूध?"

हम उत्तर देलिऐक, "दही-दूधमे परस्पर विरोधक सम्बन्ध तऽ छैक नहि। हो तऽ दूनू आनि सकैत छी। तहिना मांस और शाकमे तऽ कोनो विरोध छैक नहि। हमरा लोकनि उभयभोजी प्राणी थिकहुँ। दूध माछ दूनू मे कोनो बाँतर नहि। झिंगो बेस, झिंगुनिओ बेस।"

हम : "वैष्णवजी दाँतक रचना सँ सिद्ध करैत छथि जे मनुष्य वानर जकाँ शुद्ध फलाहारी जीव थीक। मांस खैबा योग्य दाँत हमरा लोकनि कैं अछिए नहि।"

खट्टर कका : "अछिए नहि, तखन खाइ छी कोना? हम जे माछ खाइ छी से कि बिलाड़िक दाँत पैंच लऽ कऽ? जहाँ धरि दाँतक प्रश्न छैक, वैष्णवजी कैं चिन्ता करबाक कोनो प्रयोजन नहि। हँ, वेदाँतक भऽ गेला उत्तर तऽ लोक वेदांती बनिए जाइत अछि।"

हम : "परन्तु शास्त्रक दृष्टिएँ त मांसाहार..."

खट्टर कका : "परम विहित। 'यज्ञार्थं पशवः सृष्टाः'। कोन स्मृतिक प्रमाण चाहैत छह? मनु याज्ञवल्क्य आदि तऽ खैबा योग्य माछक नामो गना गेल छथि।"

हम : "स्मृतिक बात जाय दियऽ। जीव-दयाक दृष्टि सँ विचार करू।"

खट्टर कका : "हम जौं माछ पर दये करबैक ताहि सँ की? बगुला तऽ दया नहि करतैक। चिल्होड़ि तऽ नहि छोड़तैक। ओकरा खायबला बहुत जन्तु छैक। हमरा मुँह सँ छूटि कऽ सोंस-घरियारक मुँहमे जाएत। एहि सँ माछक की उपकार हैतैक?"

हम : "ओकर उपकार होउक वा नहि, किन्तु हमर अपन उपकार तऽ हैत।"

खट्टर कका : "हमर उपकार की हैत?"

हम : "माछ-मांस उत्तेजक पदार्थ होइत अछि। ओ खैला सँ मनमे नाना प्रकारक विकार उत्पन्न होइत छैक। ताहि सभ सँ बाँचब।"

खट्टर कका : "तखन तऽ सुन्दरी युवती सँ विवाह नहि कय लोक अस्सी वर्षक कुरूपा वृद्धा सँ विवाह करय, जकरा देखि कऽ मनमे कोनो विकार नहि उठैक।"

हम : “वैष्णवजीक आशय छैन्ह जे माछ तामस भोजन थीक-हानिकारक।”

खट्टर कका : “आब तों आयुर्वेद पर ऐलाह। तखन निघंटु उठा कऽ देखह जे रोहु, कतरा, माङुर आदि मत्स्यक की गुण छैक।”

हम : “किन्तु खटाइ-मरचाइ आदि पड़बाक कारण माछ गुरुपाकी भोजन भऽ जाइत अछि।”

खट्टर कका : “तखन तऽ सभ सँ लघुपाकी वस्तु होइत अछि साबुजदाना। सैह उसीनि कऽ दूनू साँझ खैबाक चाही?”

हम : “वैष्णवजी एकटा और युक्ति दैत छथि। माछक उत्कट गंधे सिद्ध करैछ जे ओ मनुष्यक स्वाभाविक खाद्य नहि। लोक जबर्दस्ती तेल-मसालाक योग दय ओकरा खैबा योग्य बना लैत अछि। माछमे यथार्थ स्वाद रहितैक तऽ लोक ओहिना किऐक ने खाइत?”

खट्टर कका : “तखन वैष्णवजी ओहिना काँच ओलक टोंटी किऐक नहि चिबबैत छथि? एतेक विन्यास कऽ कऽ जे हलुआ-पूड़ी बनबैत छथि से सोझे गहूंम किऐक ने फाँकि जाइत छथि? तेल-मसाला केवल माछे मे पड़ैत छैक कि तरकारी मात्रमे? तखन सभ पित्त माछे पर किऐक?”

हम : “वैष्णवजीक कथ्य छैन्ह जे माछ अपवित्र स्थानमे रहैत अछि, अपवित्र वस्तु खाइत अछि, तैं अखाद्य थीक।”

खट्टर कका : “तखन वैष्णवजी मधु किऐक खाइ छथि? मधुमाछी कहाँ-कहाँ जाइत अछि, कथी-कथीपर बैसैत अछि, तकरा देह सँ निचोड़ि कऽ जे मधु बहराइत अछि, से जखन हविष्य, तऽ माछ तऽ भला जलक जीव थीक।”

हम : “तखन अहिंसामे अहाँ कैं विश्वास नहि अछि?”

खट्टर कका : “कोना रहौ? संसारमे यैह देखबामे अबैत अछि जे ‘जीवो जीवस्य भक्षणम्’। प्रकृतिक नियमे छैक जे छोटका जीव कैं बड़का जीव खा जाइत छैक। इचना कैं पोठा, पोठा कैं सौरा, सौरा कैं बोआर, बोआर कैं तिमि, तिमि कैं तिमिंगल...यैह ‘मत्स्य न्याय’ सर्वत्र दृष्टिगोचर होइत अछि। सृष्टिक चक्रे हिंसा पर चलैत छैक। यदि भक्षक अपना भक्ष्य सँ प्रीति करत तऽ खाएत की?”

हम : “परन्तु एहि देशमे तं ‘अहिंसा परमो धर्मः’...”

खट्टर कका : “यैह ‘धर्मः’ तऽ हमरा लोकनि कैं चौपट कय देलक! पृथ्वी पर वैह जाति जीवित रहि सकैत अछि जकरामे भक्षण करबाक सामर्थ्य छैक। यदि अहिंसाक अर्थ होइक भक्ष्य बनि कऽ रहब, त सभ सँ बड़का अहिंसक थिक जनेरक गाछ, जे ककरो किछु नहि बिगाडैत छैक। जकरा मनमे अबैक छोपि लेओ। हौ बाबू, हम तऽ एहन जनेर बन'क हेतु तैयार नहि छी।”

हम : “वैष्णवजीक तात्पर्य छैन्ह जे कोनो जीव कैं निरर्थक क्लेश नहि पहुँचाबक चाही।”

खट्टर कका : "हम कहाँ क्लेश देबऽ जाइत छिऐक? परन्तु जखन झोर बनि कऽ आगाँमे आबि जाइत अछि, तखन ओकरा छोड़ने की लाभ? ओकरा कर्ममे तऽ जे क्लेश सहबाक से भइए गेलैक, तखन अपनो आत्मा के क्लेश पहुँचाबी, एहिमे कोन बुद्धिमानी?"

हम : "परन्तु अपना देशक जलवायु, संस्कृति ओ परम्परा कैं देखैत..."

खट्टर कका : "माछ खाएब परमावश्यक। खास कऽ मिथिला ओ बंगालक आर्द्र भूमिमे। एही द्वारे मैथिल ओ बंगाली कुशाग्रबुद्धि होइत छथि। कंठी बन्हने बुद्धि कुण्ठित भऽ जाइत छैक। तें अधिकांश १११ नम्बरवाला संठी सन भेल रहैत छथि। यदि सभ ओहने भऽ जाय तऽ बड़का-बड़का पोखरिक अधमन्ना रोहु की हैत? धार ओ चौर सभमे जे एतेक माछ होइत अछि से व्यर्थ भऽ जाएत। देश कैं केहन भारी आर्थिक क्षति पहुँचत! लाखो गोटाक जीविका बन्द भऽ जैतैक। मलाह कथी पर चाँचर उठौताह? मलाहिन कथी पर मूङाक माला पहिरतीह? कवि लोकनि की खा कऽ रस भरल पदावलीक रचना करताह? माछ गरीबक आहार ओ अमीरक श्रृंगार थीक। ई छूटि गेने अनेको सनातनी प्रथा टुटि जाएत। दही-माछक भार बन्द भऽ जाएत। पितृ-कर्ममे माछ-मांसक भोज उठि जाएत। लोक की देखि कऽ यात्रा करत? स्त्रीगण जितियामे मडुआक रोटी कथी संग खैतीह? तखन सधवा ओ विधवामे भेद की रहत? लोक बाड़ीमे जमीरी नेबो किऐक रोपत? सरिसो आमिल लऽ कऽ की करत? माछ तरबा काल जे दिव्य सुगन्ध वायुमण्डलमे उड़ि पड़ोसियाक जी सिहबैत अछि, से सौरभ कतय भेटत? समाज कैं तेहन भारी धक्का लगतैक जे मैथिल संस्कृतिक आधारशिला चूर्ण भऽ जाएत। दड़िभंगा बोधगयामे परिणत भऽ जाएत। और हमरा लोकनि बुद्धू (बुद्धदेवक अनुयायी) बनि जीवन यापन करब। तखन भगवतीक पूजा के करतैन्ह? भगवान ने करथु जे मिथिला कैं एहन दिन देखय पड़ैन्ह!"

खट्टर कका हाथ जोड़ि कऽ प्रार्थना करय लगलाह, "हे भगवती! भगत लोकनि रामचन्द्रजीक प्रिय निषाद कैं विषादक सिन्धुमे डुबाबय चाहैत छथिन्ह। हुनका लोकनि कैं सुबुद्धि दिऔन्ह।"

पुनः हमरा दिस ताकि कऽ बजलाह, "हम छी दुद्धा शाक्त। परम्परा सँ मीनावतारक उपासक। हमर पित्ती मट्टर कका एकटा भजन गबैत रहथि तकर किछु पद सुना दैत छिऔह।

हरि हरि! जनम किऐक लेल?
रोहु माछक मूड़ा जखन पैठ नहि भेल?
मोदिनीक पलइ तरल जीभ पर ने देल!
घृत महँक भुजल कबइ कंठमे ने गेल!
लाल-लाल झिंगा जखन दाँत तर ने देल!

माङुरक झोर सँ चरणामृत ने लेल!
माछक अंडा लय जौं नैवेद्य नहि देल!
माछे जखन छोड़ि देब, खाएब की बकलेल!
सागपात चिबैबाक छल तऽ जन्म किऐ लेल! हरि हरि."

हम : "धन्य छी, खट्टर कका! एकादशीओ कैं छोड़ैत छिऐक कि नहि?"

खट्टर कका : "हौ, हमर शास्त्र चलय तऽ एकादशीक कोन कथा, एकादशा पर्यन्त कैं नहि छोड़ी। हमरा पतड़ामे त दुइए टा तिथि अछि। जाहि दिन माछ भेटल से पूर्णिमा, जाहि दिन नहि भेटल से अमावस्या।"

हम : "अलबत्त! शाक्त हो त अहाँ सन।"

खट्टर कका : "परन्तु हौ जी, हम केवल शाक्ते नहि छी। थोड़ेक-थोड़ेक सभ पटलमे छी। पञ्चामृत लेबऽ काल वैष्णव। भगवतीक प्रसाद काल शाक्त। शिवजीक बूटी बेर शैव।"

ई कहि खट्टर कका बूटीक आराधनामे तत्पर भऽ गेलाह।

आयुर्वेद

खट्टर कका : भाङ धोइत रहथि। हमरा संग एक व्यक्ति कैं देखि पुछलथिन्ह, "ई के थिकाह?"

हम कहलिऐन्ह, "ई थिकाह वैद्यजी।"

खट्टर कका हुनका हाथमे एक पुस्तक देखि पुछलथिन्ह, "ई कोन पोथी थीक?"

वैद्यजी : "भावप्रकाश।"

खट्टर कका : "अहा, की सुन्दर काव्य थीक-भावप्रकाश!"

वैद्यजी विस्मित होइत बजलाह, "भावप्रकाश आयुर्वेदक प्रामाणिक ग्रन्थ थिकैक। तकरा अपने काव्य कहैत छिऐक?"

हम पुछलिऐन्ह, "खट्टर कका, अहाँ कैं भाङ तऽ ने लागल अछि?"

खट्टर कका भाङक पानि पसबैत बजलाह, "भाङ तऽ हमरा सदिखन लागले रहैत अछि। नहि तँ गोनूझाक भिन्न वथान किऐक रहैत? हमरा तऽ आयुर्वेदो काव्ये बुझना जाइत अछि।"

हम : "से कोना?"

खट्टर कका (वैद्य सँ) : "कहू तऽ, ज्वरक उत्पत्ति?"

वैद्य : " 'दक्षापमानसंक्रुद्धः रुद्रनिःश्वाससंभवः'। अर्थात जखन दक्ष प्रजापतिक ओहि ठाम महादेवजीक अपमान भेलैन्ह तखन जे ओ खिसियाकऽ फुफकार छोड़लन्हि, ताहि फुफकार सँ जे रोग उत्पन्न भेल सैह ज्वर थीक!"

खट्टर कका (हमरा सँ) : "आब कहह। कोनो डाक्टरक मगज मे एहन बात आबि सकैत छैन्ह? एही द्वारे हम आयुर्वेद कैं काव्य कहैत छिऐक।"

वैद्य : "परन्तु आयुर्वेदमे जे एतेक रास द्रव्य-गुणक विवेचना भरल छैक?"

खट्टर कका : "ताहूमे वैह अलंकार। कहू तऽ, पारा की थीक?"

वैद्य : " 'शिवाङ्गात् प्रच्युतं रेतः पतितं धरणीतले'। शिवजीक धातु पृथ्वी पर खसि पड़लैन्ह, सैह पारा थीक।"

खट्टर कका : "तैं उज्जर! तैं चिक्कन! तैं रसराज। और गन्धक की थीक?"

वैद्य : *"श्वेतद्वीपे पुरा देव्याः क्रीड़न्त्याः रजसाप्लुतम्*
दुकूलं तेन वस्त्रेण स्नातायाः क्षीरनीरधौ
प्रसृतं तद्रजस्तस्माद् गन्धकः समुदीरितः।

अर्थात एक समय श्वेतद्वीपमे क्रीड़ा करैत-करैत देवी स्खलित भऽ गेलीह। तखन जाकऽ क्षीर समुद्रमे स्नान कैलन्हि। ओहिमे नूआ सँ धोखरि कऽ जे रज खसलैन्ह, सैह गन्धक थीक।"

खट्टर कका : "तैं ललौन! तैं गन्धयुक्त! तैं ओकरे टा मे पारद के शोधबाक सामर्थ्य। की औ वैद्यजी! (हमरा दिस ताकि) कहह, एहन सरस कल्पना कोनो साइंस (विज्ञान) मे भेटि सकैत छौह?"

हम : "वास्तवमे खट्टर कका! आब तऽ हमरो बूझि पड़ैत अछि। आयुर्वेदमे एहि तरहक बात कोना ऐलैक?"

खट्टर कका : "हौ, एहि देशक जलवायुक कण-कणमे रसिकता सन्हियाएल छैक। जहाँ विज्ञान कनेक माथ उठौलक कि तुरन्त कविता-कामिनी आबि कऽ छाती पर सवार भऽ जाइत छथिन्ह। बूझह तऽ अपना देशक विज्ञान कैं खा गेल काव्य। 'काव्येन गिलितं शास्त्रम्'। आयुर्वेद कैं काव्य तेना भऽ कऽ ग्रसित कैने छैक जे भावप्रकाश ओ भामिनी-विलासमे विशेष अन्तर नहि। एही द्वारें हम वैद्य लौकनि कैं कवि कहैत छिऐन्ह। कवियोमे साधारण कवि नहि, कविराज!"

हम : "वाह! खट्टर कका। ई त नवीने कहल। वैद्य कैं कविराज किऐक कही से कारण हमरा नहि भेटैत छल।"

खट्टर कका : "हमरा सँ त सभटा नवीने सुनबह। महादेव के वैद्यनाथ किऐक कहल जाइ छैन्ह से जनैत छह?"

हम : "नहि।"

खट्टर कका : "तखन सुनह। महादेवक श्वास सँ ज्वर बहराएल जाहि सँ वैद्य लोकनिक जीविका चलैत छैन्ह। हुनके धातु सँ पारा बहराएल जाहि सँ वैद्य लोकनि मकरध्वज बनबैत छथि। हुनके बूटी (भाङ) सँ वैद्य लोकनि मदनानन्द मोदक बना रुपयामे तीन अठन्नी बनबैत छथि। तखन महादेव जौं वैद्यनाथ नहि कहाबथि, तऽ के वैद्यनाथ कहाबय?"

हम : "धन्य छी, खट्टर कका।"

खट्टर कका : "हौ, बूझह तऽ वैद्यो एक प्रकारक महादेवे होइ छथि। हुनके जकाँ भस्मक प्रेमी। बूटीक पाछाँ बेहाल। हुनका कंठमे विष छैन्ह, हिनका पुड़ियामे विष रहैत छैन्ह। दूनू, हर वा संहारकर्त्ता। ओ भस्मासुरक संहार कैलन्हि, इहो भस्मक रोगक संहार करैत छथि। ओ त्रिपुरक अन्त कैलन्हि। ई कतेक पुरक अन्त करै छथि, से नहि जानि।"

वैद्यजी खिसियाकऽ बजलाह, "परन्तु वैद्य रक्षो तऽ करैत छथि। आयुर्वेदमे एक सँ एक चमत्कारी रस भरल छैक।"

खट्टर कका : "सभ सँ बढ़ि श्रृंगार रस।"

हम : "ऐं! आयुर्वेदमे श्रृंगार रस!"

खट्टर कका : "किछु एहन-ओहन? भरि ठेहुन। की औ वैद्यजी! लोलिम्बराज धाहक केहन रसगर उपचार देखबैत छथि!

हारावलीचंदनशीतलानां सुगन्धपुष्पाम्बरशोभितानाम्।
नितम्बिनीनां सुपयोधराणामालिङ्गनान्याशु हरन्ति दाहम्॥

और सूनू,

जघनचक्रचलन्मणिमेखला सरसचन्दनचन्द्रविलेपना।
वनलतेव तनुं परिवेष्टयेत् प्रवलदाहनिपीड़ितमङ्गना॥"

हम : "खट्टर कका, कनेक अर्थो बुझाकऽ कहियौक।"

खट्टर कका : "तों भातिज थिकाह। बेसी खोलिकऽ कोना कहिऔह? आशय तऽ बुझिए गेल हैबहक। आब कहह, एहि रसिकताक धार कैं की नाम देबक चाही? चिकित्साशास्त्र अथवा कोकशास्त्र?"

वैद्य : "परन्तु आन रोगक एहन उपचार देखाउ तऽ?"

खट्टर कका : "महाराज! घबराइ छी किऐक? सर्दिओक उपचार तेहने छैक। भावप्रकाशमे देखियौक—

तं स्तनाभ्यां सुपीनाभ्यां पीवरोरुर्नितम्बिनी।
युवतिर्गाढमालिंगेत् तेन शीतं प्रशाम्यति॥

विशेषण सभ देखैत छिऐक? एहन उपचार कोनो डाक्टरी ग्रन्थमे भेटत? जाड़ो मे युवती! गर्मो मे युवती! ई युवती की भेलीह, चाहक प्याली भेलीह। औ महाराज! जखन युवतिओ औषधे वर्गमे छथि तखन और और दवाइक संग हुनको आलमारीमे किऐक नहि रखैत छिऐन्ह?"

हम : "खट्टर कका, एहन-एहन नुसखा आयुर्वेदमे कोना आबि गेलैक?"

खट्टर कका भाङक पत्ती छनैत बजलाह, "हौ, बात ई छैक जे आयुर्वेद मुख्यतः राजा लोकनिक हेतु बनल अछि, जनिक एकमात्र व्यायाम छलैन्ह नखक्षत करब। मन कैं उत्तेजना देबय पर कवि रहथिन्ह, तन कैं उत्तेजना देबय पर कविराज। एक रस द्वारा, दोसर रसायन द्वारा। काव्य और आयुर्वेद, दूनू मसिऔत एक्के दरबारमे पोसाएल अछि। तैं जैह रंग जगन्नाथराज पर छैन्ह, सैह लोलिम्बराज पर। कालिदासक ऋतुसंहार पढ़ह वा सुश्रुतक ऋतुचर्याएके बात थीक।"

वैद्य : "से कोना?"

खट्टर कका : "देखू—

कस्तूरीवरकुंकुमागरुयुतामुष्णाम्बुशौचं तथा।
स्निग्धं स्त्रीषु सुखं गुरूष्णवसनं सेवेत हेमन्तके॥

ई हेमन्तचर्या ककरा हेतु छैक? जे केसर-कस्तूरी-चर्चित कामिनीक झुण्ड सँ घेरल रहय। हमरा सभक हेतु तऽ 'अग्रहणे' नाम सार्थक। आयुर्वेद राजामहाराजक वस्तु थिकैक। तैं ऋतुचर्याक अर्थ जे कोन समयमे कोन रूपें भोग करी।"

वैद्य : "एकर अभिप्राय छैक जे भोग कैं मर्यादाक सीमामे राखल जाय।"

खट्टर कका सोंटा कंडी कैं धोइत बजलाह, "एही सीमा लऽ कऽ तऽ आचार्य लोकनिमे घोंघाउजि मचैत छैन्ह। एक गोटा कहैत छथि,

त्रिभिस्त्रिभिरहोभिर्हि रमेयत् प्रमदां नरः।

अर्थात तीन-तीन दिन पर रमण करबाक चाही।

दोसर आचार्य कैं एतबा सँ सन्तोष नहि। कहैत छथि,

प्रकामं तु निषेवेत मैथुन शिशिरागमे।

जाड़कालामे कोन हिसाब-किताब! जतेक मन हो ततेक बेर रमण करी।

तेसर आचार्य हुनको सँ टपैत छथि,

नित्यं बाला सेव्यमाना नित्यं वर्धयते बलम्।

जाड़काला की और गर्मी की? प्रतिदिन बालाक सेवन करक चाही।

चारिम आचार्य समयोक तालिका बना दैत छथि,

शीते रात्रौ दीवा ग्रीष्मे वसन्ते तु दिवानिशि।
वर्षासु वारिदध्वान्ते शरत्सु सरसस्मरः।

जाड़क रातिमे, गर्मीक दिनमे, वसन्त ऋतुमे राति वा दिन कोनो बेर, वर्षाऋतुमे जखन मेघक गर्जन हो, शरदऋतमे जैखन इच्छा हो तैखन रमण कर्त्तव्य थीक।

पाँचम आचार्य हुनको सँ बेसी गुरुघंटाल बहराइत छथि,

निदाघशरदोर्बाला हिता विषयिणां मता।
तरुणी शीतसमये प्रौढ़ा वर्षावसन्तयोः।

गर्मी ओ शरदमे बाला (१६ वर्ष धरिक), जाड़कालामे तरुणी (३२ वर्ष पर्यन्तक), और वर्षा तथा वसन्त ऋतुमे प्रौढ़ा (३२ वर्ष सँ ऊपरवाली) पथ्य होइत छथि। आब ई तीन-तीन टा 'सेट' प्रतिवर्ष राखल जाय तखन ने ऋतुचर्याक पालन हो। ई केवल राजा-महाराजक हेतु सम्भव छैन्ह, जनिका उद्यानमे बारहो मास बदरीफल सँ लय श्रीफल पर्यन्त विद्यमान रहैत छैन्ह। तैं हम कहैत छिऔह जे आयुर्वेद रोगशास्त्र नहि, भोगशास्त्र थीक। बूझह तऽ आयुर्वेदक जन्मे एही निमित्त भेल छैक।"

वैद्य : "अहाँ जे ई कहै छी तकर की प्रमाण?"

खट्टर कका : "प्रमाण आयुर्वेदक इतिहासे,

भार्गवश्यच्वनः कामी वृद्धः सन् विकृतिं गतः।
वीर्यवर्णस्वरोपेतः कृतोश्विभ्यां पुनर्युवा॥

जखनः वृद्ध च्यवन भोग करबामे असमर्थ भऽ गेलाह तखन आदिवैद्य अश्विनीकुमार रसायनक जोर सँ हुनका पुनः युवा बना देलथिन्ह। जेना आदिकवि कैं क्रौंच पक्षीक मैथुनेच्छा सँ काव्यक प्रेरणा भेटलैन्ह, तहिना आदिवैद्य कैं वृद्ध मुनिक भोग-तृष्णा सँ आयुर्वेदक प्रेरणा भेटलैन्ह। एक अनुष्टुप छंदक आविष्कार कैलन्हि, दोसर च्यवनप्राशक। तहिया सँ आयुर्वेदक विकास एही दृष्टिएँ होमय लागल जे रतिमल्लताक संग्राममे राजाक विजयपताका फहराइत रहैन्ह। राजाक ध्वजा-भंग नहि होइन्ह से देखबा पर राजमंत्री रहथिन्ह, ध्वज-भंग नहि होइन्ह से देखबा पर राजवैद्य रहथिन्ह।"

हमरा मुस्कुराइत देखि खट्टर कका बजलाह, "हँसी नहि करैत छिऔह। राजा लोकनि कैं जीवनमे दुइएटा वस्तु सँ तऽ प्रयोजन रहैन्ह। आहार ओ विहार। तैं वैद्य लोकनि बूझह तऽ दुएटा वस्तु बनाबय पर रहथि—पाचक कि मोदक। भोजन शक्ति कैं उद्दीप्त करबाक हेतु क्षुधाग्निसंदीपन। भोगशक्ति कैं उद्दीप्त करबाक हेतु कामाग्नि-सन्दीपन। तेसर वस्तु सँ प्रयोजने की? ओ लोकनि निश्चिन्त भय कुमारिकासव पान कैल करथि।"

खट्टर कका भाङ घोटैत बजलाह, "हौ, राजा लोकनि कैं एतबे तऽ काजे रहैन्ह। नित्यप्रति वैह दिनचर्या। कहाँ धरि सकताह? तैं बेचारे वैद्यलोकनि राति-दिन वाजीकरणक पाछाँ बेहाल रहथि। एक सँ एक स्तम्भनवटी, वानरीगुटिका, कामिनी-विद्रावण...एही बातक 'रिसर्च' मे समस्त बुद्धि खर्च होमय लागल।"

हम : "की औ वैद्यजी! अहाँ नहि किछु बजैत छी!"

खट्टर कका : "बजताह की? हिनको तऽ वैह सभ रटाओल गेल छैन्ह। एक आचार्य केहन खीर बनौने छथिन्ह जे,

भुक्त्वा हृष्यति जीर्णोपि दश दारान् व्रजत्यपि।

वृद्धो खाथि तऽ दश टा प्रमदाक मानमर्दन कऽ सकथि।

दोसर आचार्य तेहन चूर्ण बनबैत छथिन्ह जे,

एतत्समेतं मधुनावलीढं, रामाशतं सेवयतीव षण्ढः।

नपुंसको फाँकि जाथि तऽ एक सै कामिनीक दर्प चूर्ण कऽ सकथि।

द्रव्योगुणक जे अनुसंधान भेल अछि से मुख्यतः एही दृष्टि सँ। देखह, निघंटुकार अवरख दऽ की कहैत छथि,

तारुण्याढ्यं रमयति शतं योषितां नित्यमेव।

अर्थात एकरा जोर सँ नित्य एक सै स्त्री सँ संभोग कैल जा सकैत अछि! जेना स्त्रीक भोगे जीवनक चरम लक्ष्य होइक और तकरे साधन उपयोगिताक मानदण्ड! कनेक विचारि कऽ देखह, जे नित्य एक सै बेर भोग करत से दोसर काज कोन बेर करत? ओ ठहरत कतेक दिन? तैं राजा लोकनि कैं तुरन्त क्षय धऽ लैन्ह, और वैद्य लोकनि ओकरा कहथिन्ह राजरोग! आब तोंही कहह, एहन शास्त्र कैं आयुर्वेद कहक चाही अथवा आयुर्भेद?"

वैद्य : "परन्तु आनो आन रोगक निदान ओ चिकित्सा तऽ आयुर्वेदमे छैक।"

खट्टर कका : "छैक! परन्तु ताहूमे तेहन-तहन मुरखाहा टोना भरल छैक जे चिकित्सामे विचिकित्सा (संशय) भऽ जाइत छैक।"

वैद्य : "से कोना? एकोटा दृष्टान्त दियऽ।"

खट्टर कका भाङमे सौंफ-मरीच दैत बजलाह, "वन्ध्यारोगक चिकित्सा लियऽ,

पुष्योद्धृतं लक्ष्मणायाः मूलं दुग्धेन कन्यया।
पिष्टं पीत्वा ऋतुस्नाता गर्भं धत्ते न संशयः॥

ऋतुस्नाता स्त्री पुष्य नक्षत्रमे उखाड़ल लक्ष्मणाक जड़ि कैं कुमारि कन्या सँ दूधमे पिसबाकऽ पिबथि तऽ निश्चय गर्भ धारण करथि, ताहिमे सन्देह नहि। आचार्य कैं सन्देह नहि छैन्ह, परंच हमरा अवश्य अछि। प्रथम प्रश्न तऽ ई उठैत अछि जे गर्भ धारण करैबाक शक्ति कथी मे छैक? लक्ष्मणाक जड़िमे? अथवा पुष्य नक्षत्रमे? अथवा कुमारि कन्याक हाथमे? अथवा तीनूक योगमे? एहि प्रयोग कैं वैद्यक कही? वा ज्योतिष? अथवा तंत्र? अथवा तीनूक खीचड़ि?"

वैद्य : "परन्तु एहनो-एहनो उपचार तऽ छैक, जाहिमे नक्षत्रक बन्धन नहि छैक?"

खट्टर कका : "हँ छैक! जेना,

पत्रमेकं पलाशस्य पिष्ट्वा दुग्धेन गर्भिणी।
पीत्वा पुत्रमवाप्नोति वीर्यवन्तं न संशयः॥

पलाशक एकटा पात दूधमे पीसि कऽ पीबि लेला उत्तर गर्भिणी कैं निश्चय पुत्र होइन्ह, सेहो साधारण नहि, बलवान! औ, हम कहैत छी, जौं बलवान पुत्रक प्राप्ति एतेक सुगम छैक तऽ डंका पीटि कऽ प्रचार करू जे ई भारतवर्षक आविष्कार थीक और सम्पूर्ण संसारमे एहि वस्तु कैं खिरा कय देशक गौरव बढ़ाउ। और यदि ई फूसि थीक तऽ आइए एहि वचन के काटि कऽ आयुर्वेद सँ बहार करू। एहन-एहन मूर्खता, पाखण्ड ओ धूर्ततावला बात जौं आयुर्वेदमे भरल रहत, तऽ कोन वैज्ञानिक एकर आदर कऽ सकैत अछि?"

क्रोध सँ खट्टर ककाक आँखि लाल भऽ गेलैन्ह। ओ जोर सँ भाङ रगड़य लगलाह। थोड़ेक कालमे गोला तैयार भऽ गेलैन्ह।

हम हुनका शान्त करबाक उद्देश्य सँ कहलिऐन्ह, "खट्टर कका! ठीक कहै छी। एहि देशमे अन्धपरम्परा बड्ड छैक। कोनो शास्त्र बनल कि तुरन्त क्षेपकक भरमार होमय लागि जाइत छैक। जकरा मनमे ऐलैक से दूटा श्लोक जोड़ि कऽ घुसिया देलक। और वैह कालक्रमे प्रमाण बनि जाइत अछि।"

खट्टर कका लोटामे अङपोछा लगा भाङ घोंरैत बजलाह, "से नहि होइतैक त आयुर्वेदक प्रामाणिक ग्रन्थमे कतहु एहन-एहन श्लोक पाओल जाइत?

कृष्णवर्णाश्वपुच्छस्य सप्तकेशेन वेणिका।
तां बध्वा च गले दन्तकड्मडीं हन्ति मानवः।

कारी रंगक घोड़ाक नाङड़िमे सँ सातटा केशक लट बनाकऽ नेनाक गरमे बान्हि दिऐक तऽ दाँत कटकटाएब दूर भऽ जाइक! ई बात जौं कोनो डाक्टर सुनय तऽ कतेक हँसत? परन्तु एखन धरि आयुर्वेदक आचार्य लोकनि ई सभ श्लोक पढ़बैत छथि और आयुर्वेदक विद्यार्थी लोकनि घोंटि जाइत छथि। एहि सँ बेसी उपहासक बात और की भऽ सकैत अछि?"

खट्टर कका भाङमे चीनी मिलबैत बजलाह, "आन देशमे चिकित्साक विकास वैज्ञानिक प्रणाली पर भेल छैक। परन्तु एहि देशमे तऽ सभ बात गुपचुप रीति सँ होइ छैक। जे केओ शास्त्रक परीक्षा करय चाहैत अछि, तकरा नास्तिक कहि कऽ तिरस्कार कैल जाइत छैक। तैं जहाँ डाक्टरी विद्या आइ उन्नतिक शिखर पर पहुँचि गेल अछि, तहाँ आयुर्वेद एखन धरि प्रदरान्तक रसमे डूबल अछि। जहाँ आइ-काल्हुक सर्जन धन्वन्तरिक कान कतरि रहल अछि, तहाँ वैद्य लोकनि मरिचादि मलहम सँ आगाँ नहि बढ़ि सकलाह अछि।"

हम : "वास्तव मे अपना शास्त्रक पुनः परिष्कार होमक चाही। की औ वैद्यजी! अहाँ लोकनि एहि दिस किऐक ने ध्यान दैत छिऐक?"

खट्टर कका लोटामे भाङ घोंरैत बजलाह, "'गद' नाम रोगक थिकैक। तकरा अंधाधुंध हनन करबाक काज जे राति-दिन करैत छथि से एहि दिस कोना कऽ ध्यान देताह? ओतेक समय कहाँ छैन्ह? शास्त्रक भार-वहन सँ अवकाश भेटैन्ह तखन ने?"

हम देखल जे वैद्यजी अप्रतिभ भेल छथि। हुनक तोषार्थ बजलहुँ, "खट्टर कका! अहाँ आइ वैद्य पर लागि पड़लिऐन्ह! परन्तु बेचारे के राजकीय आश्रय प्राप्त नहि छैन्ह। की करथु?"

खट्टर कका व्यंग्यपूर्वक बजलाह, "हँ! एक बेर राजकीय आश्रय भेटलैन, तऽ हजारो वर्ष धरि मुसलीपाक ओ चोपचीनीक मोदक बनबैत रहलाह। आब पुनः राजकीय सहायता भेटतैन्ह तऽ पाक ओ चीनीक गोली बनौताह।"

एकाएक खट्टर ककाक ध्यान वैद्यजी पर गेलैन्ह। ओ सकदम्म भेल बैसल

छलाह। ई देखि खट्टर ककाक 'मूड' (धारा) बदलि गेलैन्ह। बजलाह, "हौजी! और जे कहह, वैद्य लोकनि पाचक धरि बेस चटकार बनबैत छथि। लवणभास्कर! हिंग्वष्टक! दाड़िमाष्टक! एक सँ एक स्वादिष्ट! एहन-एहन वस्तु डाक्टरीमे कहाँ पाबी! तैं वैद्य सँ हमरा मित्रता रहैत अछि। जखन पाचक खा कऽ पानि पिबैत छी तऽ वैद्यक सभटा दोष बिसरि जाइत अछि। और दोसर दवाइक तऽ हमरा प्रयोजने नहि पड़ैत अछि। जखन वैद्यनाथेक बूटी सधने छी, तखन वैद्यक कोन नेहोरा?"

ई कहि खट्टर कका भाङ्क लोटा ऊपर अलगौलन्हि और किछु छिटका शिवजीक नाम पर दय घट्ट-घट्ट सौंसे लोटा चढ़ा गेलाह।

रामायण

खट्टर कका रामनवमीक हेतु फलाहारक ओरिआओन करैत रहथि। पूछलिऐन्ह, "आइ पुरना पोखरि पर रामलीला छैक। चलब कि ने?"

खट्टर कका बजलाह, "तोरा लोकनि छौंडा-माड़र छह। तमाशा देखह गऽ। बूढ़-सूढ़ कैं एहि सभ सँ कोन प्रयोजन?"

हम : "से किऐक, खट्टर कका? एहिमे तऽ सभ कैं जैबाक चाही। मर्यादा पुरुषोत्तम रामचन्द्रजीक लीला छैन्ह। ओ एक सँ एक आदर्श देखा गेल छथि।"

खट्टर कका : "हँ, से तऽ देखाइए गेल छथि। कोना अबला पर पराक्रम देखाबी। कोना स्त्री पर तीर छोड़ी। कोनो स्त्रीक नाक-कान काटि ली। कोनो स्त्री कैं जंगलमे छोड़ि दी। बूझह तऽ स्त्रीएक हत्या सँ रामक वीरता प्रारम्भ होइत छैन्ह। और स्त्रीएक हत्या सँ अन्तो होइत छैन्ह। जीवनमे एतबे तऽ काजे कैलन्हि।"

हम : "परन्तु..."

खट्टर कका : "परन्तु की? असलमे बूझह तऽ हुनका आदिए सँ नीक शिक्षा नहि भेटलैन्ह। विश्वामित्र सन गुरु भेटलथिन्ह, जे ताड़काक वध सँ श्रीगणेश करौलथिन्ह। नहि तऽ अबला पर कतहु क्षत्रियक बाण छुटय? एहिमे विश्वामित्रक दोष छैन्ह। परन्तु विश्वामित्रक तऽ सभ टा बात उनटे होइन्ह। ब्रह्माक सृष्टि कैं उनटौलन्हि, पाणिनिक व्याकरण कैं उनटौलन्हि, वर्णाश्रमधर्म कैं उनटौलन्हि। तखन यदि नीति-मर्यादा कैं उनटौलन्हि तऽ से कोन आश्चर्य!"

हम : "खट्टर कका, रामचन्द्रजी न्यायक मर्यादा देखा गेल छथि। एही न्यायक हेतु सीता समान पत्नीयो कैं वनवास देबामे कुण्ठित नहि भेलाह।"

खट्टर ककाक मुँह तमतमा गेलैन्ह। बजलाह, "हौ, न्याय कि यैह थिकैक जे ककरो कहि देला पर ककरो फाँसी चढ़ा दी? न्याये करबाक छलैन्ह तऽ वादी-प्रतिवादी दुनू कैं राजसभामे बजाबितथि, दूनू पक्षक वक्तव्य सुनि, न्यायसभाक जे निष्पक्ष निर्णय होइतैक से सुना दितऽथिन्ह। परन्तु से तक कैलन्हि नहि। चुपचाप जंगलमे पठबा देलथिन्ह। सेहो की, तऽ छल सँ। ई कोन आदर्श भेलैन्ह? एक साधारण प्रजा कैं जतबा अधिकार भेटक चाही सेहो सीता महारानी कैं नहि भेटलैन्ह!"

हम : "परन्तु हुनका तऽ प्रजारंजनक आदर्श देखैबाक रहैन्ह..."

खट्टर कका : "फूसि बात। अयोध्याक प्रजा ई कथमपि नहि चाहैत छल। तैं रातोराति चोरा कऽ रथ हाँकल गेल। और लक्ष्मण तऽ सभमे हाजिर। शूर्पनखाक नाक काटह, तऽ चाकू लऽ कऽ तैयार! सीता कैं वनमे धऽ अबहुन, तऽ रथ लऽ कऽ तैयार! भोर भेने प्रजा कैं खबरि भेलैक तऽ हाहाकार मचि गेल। सम्पूर्ण अयोध्या क्रन्दन करय लागि गेल! परन्तु रामचन्द्र अपना जिद्दक आगाँ प्रजाक नेहोरा सुनबे कहिया कैलन्हि? अपना वनवासक समयमे प्रजाक कोन तोष रखलन्हि जे सीताक वनवासमे रखितथि?"

खट्टर कका मखान छोड़बैत बजलाह, "मानि लैह, जौं अयोध्याक प्रजा एक स्वर सँ यैह कहितैन्ह जे सीता कैं राज्य सँ निर्वासित कय दियौन्ह तथापि हिनक अपन कर्त्तव्य की छलैन्ह? जखन ई जनैत छलाह जे महारानी निर्दोष थिकीह, अग्निपरीक्षामे उत्तीर्ण भऽ चुकलि छथि-तखन संसारक कहनहि की? ई अपना न्याय पर अटल रहितथि। यदि प्रजा-विद्रोहक आशंका बूझि पड़ितैन्ह तऽ बरु पुनः भरत कैं गद्दी पर बैसाय दूनू प्राणी वनक बाट धरितथि। तखन आदर्शपालन कहबितैन्ह। परन्तु राजा राम केवल राज्ये टा बुझलन्हि, प्रेम नहि। सीता तऽ अपन पत्नीधर्मक आगाँ संसारक साम्राज्य तुच्छ बूझि कऽ ठोकरा दितथि, परन्तु रामचन्द्र पतिधर्मक आगाँ अयोध्याक मुकुट नहि छोड़ि सकलाह!"

हम : "खट्टर कका, बूझि पड़ै अछि, सीताक वनवास सँ अहाँ कैं बड्ड क्षोभ अछि।"

खट्टर कका : "कोना ने हो? सीताक जन्म विरोगे गेल! बेचारी कैं कहियो सुख नहि! कहाँ-कहाँ रने-बने स्वामीक संग फिरलीह। और जखन सुखक बेर ऐलैन्ह तऽ स्वामी दूधक माछी जकाँ फराक कय देलथिन्ह। वनमे तऽ-हाय सीता! हाय सीता! हुनका हेतु आकाश-पाताल एक कैल गेल। समुद्र पर पुल बान्हल गेल। और से सीता ऐलीह तऽ घरमे रहय नहि पौलन्हि! स्वाइत लोक कहैत अछि जे पच्छिम भर कन्या नहि देबक चाही।"

हम देखल जे खट्टर ककाक आँखिमे नोर भरि ऐल छैन्ह। ओ कनेक काल क्षुब्ध भऽ गेलाह। पुनः कहय लगलाह, "सीता सन देवीक एहन करुण अन्त! ओ भरि जन्म राम कैं सेवलन्हि। हुनके तोषार्थ आगि पर्यन्तमे कूदि पड़लीह। परन्तु ओहि सर्वश्रेष्ठ सतीक प्रति हुनका लोकनिक केहन व्यवहार भेलैन्ह? आठम मासमे घर सँ निकालि बाहर कऽ देलथिन्ह। एहन बेइज्जती सँ तऽ कंठ दबा कऽ मारि दितऽथिन्ह से नीक! बेचारी मिथिलाक कन्या छलि। सी अक्षर बाजयवाली नहि, तैं। दोसरा ठामक रहितैन्ह तऽ बुझा दितैन्हि। हौ, हम पुछैत छिऔह, जौं सम्बन्धे तोड़बाक छलैन्ह तऽ बापक घर जनकपुर पठा दितऽथिन्ह। ओहन घोर जंगलमे कोना पठाओल गेलैन्ह? एहन निष्ठुरता पच्छिमहे सँ हो। बलिहारी कही ओहन हृदय कैं। बेचारी कैं एहि पृथ्वी पर न्यायक आशा नहि रहलैक तऽ पाताल प्रवेश कऽ गेलि। जाहि माटिक कोखि सँ

बहराइलि ताहीमे विलीन भऽ गेलि। विश्वक इतिहासमे आइ धरि एहन अन्याय ककरो संग नहि भेलैक अछि! स्वाइत पृथ्वी फाटि गेलीह।"

हम सान्त्वना देबाक निमित्त कहलिऐन्ह, "खट्टर कका, असलमे ओ धोबी-घोबिनियाँ फसादक जड़ि भेल।"

खट्टर कका लाल-लाल आँखि सँ हमरा दिस तकैत बजलाह, "हम तोरा सँ पूछैत छियौह जे कोनो धोबी कैं अपना घरमे झगड़ा होइक, ओ रूसि कऽ गदहा पर सँ खसि पड़य, तऽ कि हम तोरा काकी कैं नैहर पठा देबैन्ह? हम राजा रहितहुँ तँ ओकरा धरबा मङबितहुँ, और दू-चारि सटका लगवा कऽ पुछितिऐक-की रौ नङटा! छोट मुँह, खोट बात! तों अपना बहु कैं सीता सँ परतर देमय चललैंह अछि! कनेक अपनो बहु के आगिमे पैसय तऽ कह। कहाँ राजा भोज, कहाँ भोजवा तेली!...परन्तु रामचन्द्र कँ तऽ सदाय छोटके लोक सँ बेसी संग रहलैन्ह। निषाद-मलाह, शवरी-भिल्लनी, जटायु-गिद्ध, भालु-वानर—एही सभक बीच तऽ रहलाह। नीक लोकक संगति कहाँ भेलैन्ह? तखन धोबीक बात कोना ने सुनथु? बाप नौड़ीक बात पर अपना वनवास देलथिन्ह, अपने धोबीक बात पर स्त्री कैं वनवास देलन्हि। हुनका वंशमे सोलकन्हेक युक्ति चलैत छलैन्ह। घरमे मंथरा, बाहरमे दुर्मुख!"

हम : "खट्टर कका, नीतिक रक्षार्थ..."

खट्टर कका हमरा डँटैत बजलाह, "नीति नहि, अनीति। जखन क्षत्रिय-धर्मक आदर्श देखैबाक छलैन्ह तखन बालि कैं ओना गाछक ओट सँ किऐक मारलथीन्ह? आमने-सामने लड़ि कऽ मारितथिन्ह। ओहि बेर 'कालहु डरै न रन रघुवंशी' बला वचन कहाँ गेलैन्ह? यदि मर्यादाक रक्षा करबाक छलैन्ह तऽ वैह अनीति करबाक कारण सुग्रीवो कैं किएक नहि दण्ड देलथिन्ह? विभीषण कैं किऐक नहि मारलथिन्ह? प्राणदण्ड देलथिन्ह ककरा तऽ बेचारा शम्बूक कैं जे चुपचाप सात्त्विक वृत्ति सँ तपस्या करैत रहय।"

हम : "परन्तु मर्यादा पुरुषोत्तम कैं..."

खट्टर कका : "तों मर्यादा-पुरुषोत्तम कहुन्ह, परन्तु हमरा तऽ हुनका सन अगुताहे नहि भेटैत अछि। जंगलमे हरिणक पाछाँ की दौड़लाह? सीताक वियोगमे गाछ धऽ धऽ कऽ की कनलाह? कहाँ तऽ सुग्रीव सँ घुट्ठीसोहार मित्रता, और जहाँ बेचारा कैं सीताक खोजमे दु-चारि दिन देरी भेलैक कि लगले धनुषबाण लऽ कऽ तैयार! ने समुद्रक पूजे करैत देरी, ने ओकरा पर प्रत्यंचे कसैत देरी! और जखन लक्ष्मण कैं शक्तिबाण लगलैन्ह तऽ रणभूमिमे विलाप करय लगलाह। एहन अधीरता कतहु लोक कैं शोभा देलकैक अछि? ताहूमे क्षत्रिय कैं?"

हम : "खट्टर कका, ओ मनुष्यक अवतार लऽ कऽ ई सभ लीला देखौने छथि। तैं हेतु..."

खट्टर कका किशमिशक काठी बिछैत बजलाह, "असलमे बुझह तऽ रामक दोष नहि छैन्ह। हुनक बापे अगुताह रहथिन्ह। महाराज दशरथक सभटा काज तऽ तेहने भेल

छैन्ह। शिकार खेलाय गेलाह। घाट पर शब्द सुनलन्हि। चट दऽ तीर छोड़ि देलन्हि। ई नहि विचारय लगलाह जे लोको तऽ पानि भरि सकैत अछि। बेचारा श्रवणकुमार कैं बेधि देलथिन्ह। आन्हर पिता कैं पुत्र-वियोगमे प्राण गेलैक। तकर फल भेटलैन्ह जे अपनो पुत्र-वियोगमे प्राण गेलैन्ह। हौ, दू टा पटरानी रहबे करथिन्ह। तखन बुढ़ारी वयसमे तेसर विवाह करबाक सौख की भेलैन्ह? और 'वृद्धस्य तरुणी भार्या प्राणेभ्योपि गरीयसी!' कैकेयीमे तेहन लिप्त भऽ गेलाह जे युद्धक्षेत्रोमे हुनका बिना रथ पर नहि चलथि। और रथो केहन रहैन्ह जे असले बेर पर टुटि गेलैन्ह। नाम की तऽ दशरथ! और एको टा रथ काजक नहि। नहि तऽ कैकेयी कैं पहियाक धुरीमे अपन पहुँचा किऐक देबय पड़ितैन्ह? और बलिहारी कही ओहि पहुँचो कैं! तैं ने करेजो ओहन सक्कत छलैन्ह। कोनहुना पत्नीक प्रतापें वृद्ध राजाक प्राण बाँचि गेलैन्ह। स्त्री कैं आँखि मूनि कय वचन देलन्हि—'अहाँ जे माङब से हम देब'। एतबा विचार नहि जे जौं आकाशक तारा माङि बैसतीह तऽ कहाँ सँ देबैन्ह? और जखन ओ राम-वनवास मङलथिन्ह तऽ राजा कैं छटपट्टी छूटय लगलैन्ह। कैकेयी तऽ बहुत रक्ष रखलथिन्ह। जौं कतहु कोढ़-करेज माङि बैसितऽथिन्ह तखन सत्यपालक दशरथ महाराजक की अवस्था होइतैन्ह? हौ, जखन राजपूती शानमे एक बेर वचन दइए देलथिन्ह तखन पाछाँ कऽ एतेक विलाप किऐक? चौदह वर्षक बाद तऽ फेर बेटाक राज होयबे करितैन्ह। ताबत बुझितथि जे कोरट लागल अछि। धैर्य सँ प्रतीक्षा करितथि। नहि, जौं बहुत अधिक पुत्रस्नेह छलैन्ह तऽ अपनो संग लागल वन जैतथि। से सभ त कैलन्हि नहि। 'हा राम! हा राम!' करैत छाती पीटि कऽ मरि गेलाह। क्षत्रियक हृदय कतहु एहन कमजोर होइक!"

हम देखल जे खट्टर कका जकरा पर लगै छथिन्ह तकरा शोधि कऽ छोड़ि दैत छथिन्ह। एखन दशरथजी पर लागल छथिन्ह। प्रकाश्यतः कहलिऐन्ह, "और लोक सभ रामायणक चरित्र सँ शिक्षा ग्रहण करैत अछि..."

खट्टर कका : "शिक्षा तऽ हमहुँ ग्रहण करितहि छी। बिनु देखने तीर नहि चलाबी। बिनु विचारने वचन नहि दी। वचन दी तऽ छाती नहि पीटी।"

हम : "खट्टर कका, अहाँ केवल दोषे टा देखैत छिऐक।"

खट्टर कका : "तखन गुण तोही देखाबह।"

हम : "देखू, महाराज दशरथ केहन सत्यनिष्ठ छलाह जे..."

खट्टर कका : "जे फुसिए श्रवणकुमार बनि अन्ध कैं परतारय गेलाह।"

हम : "रामचन्द्रजी केहन पितृभक्त छलाह जे..."

खट्टर कका : "जे पिताक मृत्युओक समाचार सुनि सोझे दक्षिण भर बढ़ल चल गेलाह। पाछाँ फिरिओ कऽ नहि तकलन्हि।"

हम : "लक्ष्मण केहन भ्रातृभक्त छलाह जे..."

खट्टर कका : "जे एक वैमात्रेयक दिस सँ दोसर वैमात्रेय पर धनुष तनबामे एको रत्ती कुण्ठित नहि भेलाह।"

हम : "भरत केहन त्यागी छलाह जे..."

खट्टर कका : "जे चौदह वर्ष धरि भाइक कहियो खोज-खबरि नहि लेलन्हि। राजधानीक राजकाज सँ फुरसति भेटितैन्ह तखन ने जंगलक पता लगबितथि। हौ, यदि ई अयोध्या सँ सेना साजि कऽ लऽ जैतथि तऽ कोन दुःखे राम कैं वानरक नेहोरा करय पड़ितैन्ह।"

हम : "हनुमानजी केहन स्वामिभक्त छलाह जे..."

खट्टर कका : "जे अपन स्वामी सुग्रीव कैं छोड़ि अनका गहि लेलन्हि।"

हम : "विभीषण केहन आदर्श छलाह जे..."

खट्टर कका : "जे घरक भेदिया लंका डाह करौलन्हि। एहन विभीषण सँ भगवान देश कैं बचावथु।"

हम : "तखन अहाँक जनैत रामायणमे एकोटा पात्र आदर्श नहि?"

खट्टर कका : "हमरा सौंसे रामायणमे एकेटा पात्र आदर्श बूझि पड़ैत अछि।"

हम : "के?"

खट्टर कका केसौर सोहैत बजलाह, "रावण।"

हम : "अहाँ कैं तऽ खट्टर कका! सभ बातमे हँसिए रहैत अछि।"

खट्टर कका : "हँसी नहि करैत छिऔह। तोही रावणमे एकोटा दोष देखाबह।"

हम : "धन्य छी खट्टर कका! सभ लोक कैं रावणमे दोषेदोष सुझैत छैक और अहाँ कैं एकोटा दोष नहि सुझैत अछि।"

खट्टर कका : "तखन तोंही सुझाबह।"

हम : "सीता कैं जे हरि क लऽ गेलैन्ह..."

खट्टर कका : "से मर्यादा-पुरुषोत्तम कैं शिक्षा देमक हेतु जे 'ककरो बहिनिक नाक-कान नहि काटी। परदेशमे रहि रारि नहि बेसाही। मृगमरीचिकाक पाछाँ नहि दौड़ी। कोनो स्त्रीक अपमान नहि करी'। देखह, लंको लऽ जा कऽ रावण नाक-कान नहि कटलकैन्ह, रनिवासमे नहि लऽ गेलैन्ह, अशोक-वाटिकामे रखलकैन्ह। लोक राक्षस कहौक, परन्तु ओकर व्यवहार तेहन सभ्यतापूर्ण भेलैक अछि जे मनुष्यो कैं शिक्षा लेबाक चाही।"

हम : "खट्टर कका, अहाँ तऽ उनटे गंगा बहा दैत छिऐक। रावण सन अन्यायीक पक्ष ग्रहण कय सीतापति सुन्दर श्याम कैं..."

खट्टर कका : " 'सीतापति निष्ठुर श्याम' कहह। विदेहक कन्या अवध गेलीह, तकर फल भेलैन्ह जे कहियो सासुरक सुख नहि भोगि सकलीह और ने फिरि कऽ नैहरैक मुँह देखि सकलीह। स्वाइत हमरा लोकनि पछिमाहा सँ हड़कैत छी। कोन लग्नमे विवाह भेलैन्ह से नहि जानि। दिन तऽ वशिष्ठे तकने रहथिन्ह-अगहण-शुक्ल-पंचमी। परन्तु कहाँ धारलकैन्ह? एही द्वारे मिथिलामे आब केओ अगहण मासमे कन्यादान करक हेतु जल्दी तैयार नहि होइत अछि।"

हम : "खट्टर कका, अहाँ कैं सीता-वनवास लऽ कऽ हार्दिक पीड़ा अछि। बूझि पड़ैत अछि, जौं रामचन्द्रजी सँ अहाँ कैं भेंट होइत तऽ बिना झगड़ा कैने नहि रहितिऐन्ह। प्रणामो करितिऐन्ह कि नहि?"

खट्टर कका : "प्रणाम कोना करितिऐन्ह? हम ब्राह्मण, ओ क्षत्रिय। तखन आशीर्वाद दितिऐन्ह—नीक बुद्धि हो। दोसर अवतारमे एना जुनि करी। कोनो हमरे सन ब्राह्मण के मंत्री बनाबी। एहन काज नहि करी जाहि सँ लोक 'ए राम!' कहय।"

हम : "खट्टर कका, तखन अहाँ रामनवमी व्रत किऐक करैत छी? मनमे तऽ देवता कऽ कऽ बुझिते हैबैन्ह।"

खट्टर कका : "बुझैत छिऐन्ह से कोनो अपना गुण पर नहि। सीता सन भगवतीक पति, तैं भगवान। यदि ओ महारानी नहि भेटितथिन्ह तऽ सोझे दशरथक बेटा वा अयोध्याक राजा कहबितथि। जे जे काज ओ कैने छथि से सभ तऽ क्षत्रिय राजा करितहि अछि। केवल एकटा कार्य ओ विशेष कैने छथि जे दोसर विवाह नहि कैलन्हि। जानकीक प्रतिमा बना कऽ शेष जीवन बितौलन्हि। एही बात पर हम हुनकर सभटा कसूर माफ कऽ दैत छिऐन्ह। सीते लऽ कऽ रामक महत्त्व। तैं पहिने सीता तखन राम।"

हम : "खट्टर कका, अहाँ कैं सीताजीमे एतेक स्नेह अछि तखन रामचन्द्रजी कैं एना किऐक कहैत छिऐन्ह? हुनका पुरुखा समेत कैं अहाँ नहि छोड़लिऐन्ह।"

खट्टर कका प्रसादक थारमे तुलसीदल रखैत बजलाह, "हौ, तों एतबो नहि बुझैत छह? हम हुनक सासुरक लोक छिऐन्ह कि ने! सासुरक हजामो गारि पड़ैत छैक से प्रियगर लगैत छैक और हम तऽ ब्राह्मण छिऐन्ह। दोसर एना कहतैन्ह से दर्प छैक? परन्तु मिथिलावासी तऽ कहबे करतैन्ह। मैथिलक मुँह बन्द कऽ देथिन्ह, एतबा सामर्थ्य भगवानोमे नहि छैन्ह।"

दुर्गापाठ

खट्टर कका विजयाक नशामे मस्त रहथि। आँखि लाल रहैन्ह। हमरा दुर्गापाठ करैत देखि बजलाह, "तोरा लोकनि पाठ की करैत छह, 'तूफान मेल' छोड़ैत छह। जेना चटिया सभ पहाड़ा पढ़ैत अछि। कनेक स्थिरता सँ श्लोक बाँचह जे नीक जकाँ अर्थ बूझऽ मे आबय।"

"हम पढ़य लगलहुँ,

रूपं देहि, जयं देहि, यशो देहि..."

खट्टर कका बिचहि मे टोकन्हि, "बस, खाली देहि-देहि-देहि। यैह भिक्षुक मनोवृत्ति तऽ हमरा लोकनि कैं पंगु बना देलक। हौ, विजय कतहु भीख मङला सँ भेटैत छैक? जे जाति बेसी पराक्रमी होइत अछि तकरे विजयलक्ष्मी वरण करैत छथिन्ह। से पराक्रम त करबह नहि। केवल आँखि मूनि, आसन पर पलथी लगा, 'जयं देहि, जयं देहि' घोषबह। ताहिसँ की हैतौह?"

"हम आगाँ बढ़लहुँ,

पत्नी मनोरमां देहि, मनोवृत्तानुसारिणीम्"

आब खट्टर ककाक ठोर पर कनेक हँसी आबि गेलैन्ह। बजलाह, "हौ, हम तऽ पाठ करैत-करैत बूढ़ भऽ गेलहुँ, परन्तु मनोवृत्तानुसारिणी कहाँ भेटलीह। भेटलीह केहन तऽ साक्षात चंडिकाक अवतार, तेहने प्रतिज्ञावाली जे,

यो मां जयति संग्रामे, यो मे दर्प व्यपोहति।
यो मे प्रतिबलो लोके, स मे भर्त्ता भविष्यति।

से हुनक युयुत्सा शान्त करवाक सामर्थ्य हमरामे नहि। तैं भर्त्ताक स्थानमे भाँटाक भर्त्ता बना कऽ राखि दैत छथि। चंडिका तऽ मधुपान कैला उत्तर सिंहगर्जन करैत छलीह

गर्ज गर्ज क्षणं मूढ! मधु यावत् पिबाम्यहम्।

परन्तु ई त बिना पिउनहि तेहन दर्पदलन करैत छथि जे हमहीं टा जनैत छी।"

हम देखल जे खट्टर कका भंगक तरंगमे भसियाएल जा रहल छथि। अतएव टोकलिऐन्ह, "खट्टर कका!"

परन्तु के सुनैये? ओ अपना तरंगमे बहैत रहलाह, "हो बाबू! हुनका वशीभूत करबाक निमित्त कामबीज सँ सम्पुट कय एकैस दिन धरि नित्य बारह आवृत्ति पाठ कैल। परन्तु ओ वशीभूत की होइतीह जे और प्रचंड भऽ उठलीह। तहिया सँ विश्वास उठि गेल।"

एकाएक खट्टर कका पूछि बैसलाह, "तों कथी सँ सम्पुट करैत छह?"

हम कहलियैन्ह, "इत्थं यदा यदा बाधा..."

खट्टर कका बजलाह, "'इत्थं यदा यदा बाधेति श्लोकजपे महामारी-शान्तिः'। अहा! केहन-केहन उपाय हमरा लोकनिक पूर्वज देखा गेल छथि! देशमे केहनो भारी मरकी उठौ, एक श्लोक सँ ओकरा भगा दिअऽ। हैजा-प्लेगक दवाइ बहार करबाक प्रयोजने की? कोनो देश कैं एहन युक्ति फुरल हैतैन्ह? परन्तु हौ! तखन एकटा काज किऐक नहि करैत छह? एखन मलेरियाक द्वारे गामक गाम साबुजदानाक भोज भऽ रहल अछि। से 'रोगानशेषान्' बला श्लोक सँ सम्पुट करह जे एके बेर मलेरिया-फलेरिया आदि समस्त रोग देश सँ पड़ा जाय।"

हम किछु अप्रतिभ होइत कहलियैन्ह, "खट्टर कका! श्रद्धापूर्वक पाठ कैने अवश्य फल प्राप्त हैत-विश्वासः फलदायकः। परन्तु से विश्वास रहय तखन ने!"

खट्टर कका बजलाह, "हौ! विश्वास तऽ तेहन रहय जे जखन महाजन सभ तगादा करय लागल तऽ सभ काज छोड़ि 'अनृणी अस्मिन्नित्यृचम्' पाठ करय लगलहुँ जे कर्ज सधि जाएत। परन्तु कर्ज सधत की, और बढ़ले गेल। तखन 'कांसोस्मीत्यृचम्'क पाठ प्रारम्भ कएल जे लक्ष्मीप्राप्ति हैत तऽ एके बेर सधा देबैक। परन्तु भेल की? लक्ष्मी तऽ नहि ऐलीह, एकटा कन्या अवश्य जन्म लेलन्हि। तहिया सँ पाठ कैनाइ छोड़ि देलहुँ।"

हम कहलियैन्ह, "खट्टर कका! तखन तऽ फल भेटिए गेल। कन्या तऽ लक्ष्मी होइते छथि।"

खट्टर कका व्यंग्य करैत बजलाह, "अवश्य। तखनै ने लगले दरिद्र-नारायणो घरमे पहुँचि जाइत छथि।"

पुनः कहय लगलाह, "हौ, ई सभ बात किछु नहि। एहि देशमे लोक कैं मनमोदक खैबाक अभ्यास छैक। आन-आन देशमे जे वस्तु लोक बाहुबल वा बुद्धिबल सँ प्राप्त करैत अछि से हम बैसल-बैसल मन्त्रबल सँ पैबाक आशा रखैत छी। यैह अकर्मण्यता तऽ देश कैं चौपट कैलक। खेतमे पानि पटाएब नहि, आसन पर बैसि कय वरुणक जप करब जे ऊपर सँ वर्षा बरसि जाय! ताहि निमित्त महादेव पूजब, इन्द्र कैं गोहराएब, दुर्गाजी कथी पर चढ़ि कऽ अबै छथि, से विचार करब, लाखो रुपैया स्वाहा कऽ कऽ यज्ञ करब, किन्तु असली काज जे अछि-खेतमे पानि पटाएब, से नहि करब। सालोसाल रौदी-दाही सँ तबाह होइत जाइ छी, तथापि नहर चीरब से

उद्योग पार नहि लगैत अछि। तैं जहाँ अमेरिका बिनु जपे कैने धन-धान्य ओ अतुल ऐश्वर्यक अधिकारी भऽ रहल अछि, तहाँ हमरा लोकनि जप कैलो सन्ताँ अन्न वेत्रेक हकन्न कानि रहल छी।"

हम क्षुब्ध होइत पुछलिऐन्ह, "खट्टर कका! तखन अहाँक की अभिप्राय जे पूजापाठ सभ व्यर्थ थीक?"

खट्टर कका नोसि लैत बजलाह, "नहि। से हमर तात्पर्य नहि। पूजापाठक उपयोग छैक, किन्तु अपना स्थान पर। जहाँ एकाग्रता तथा मनः शुद्धिक प्रश्न छैक, तहाँ पूजा-पाठ सुन्दर वस्तु थीक। परन्तु एकर अर्थ ई नहि जे सभ साध्यक हेतु एकरे साधन बनाबी। यैह तऽ हमरा लोकनिमे भारी आपत्ति अछि। जहाँ कोनो बढ़ियाँ वस्तु हाथ लागल कि मोहान्ध बनि ओकरे लऽ कऽ 'त्वमर्कस्त्वं सोमः' करय लागब। पाश्चात्य देशक लोक कार्य-कारण-शृंखलाक अनुसन्धान करैत अछि तैं कोनो वस्तुक अन्धभक्त नहि होइ अछि। पूजा चित्तशमनक हेतु बढ़ियाँ साधन थीक। परन्तु हम एहि साधन कैं साध्यक सिद्धिमे नहि लगा, साध्यान्तरमे नियोजित करै छी, यथा शत्रुशमन, रोगशमन, दुर्भिक्षशमन। यैह तऽ मूर्खता थिक। तुलसीमे बहुत गुण छैक। एकर अर्थ ई नहि जे तुलसीएक गाछ उखाड़ि शत्रु सँ युद्ध करी। गाँधीजी बड्ड पैघ लोक छलाह, तैं कि गामा सँ कुश्तीओ लड़बाक हेतु हुनके ठाढ़ कऽ दितिऐन्ह? प्रत्येक वस्तुक महत्त्व ओकर अपने क्षेत्रमे सीमित रहैत छैक। हमर कथ्य ई जे जँ शत्रु आबय तऽ लाठी लियऽ, रोग पहुँचय तऽ दबाइ करू। परन्तु यदि लाठी सँ कोष्ठबद्धता दूर करक चाही वा मदनानन्द मोदक सँ शत्रु कैं पछाड़ऽ चाही, तऽ की हाल हैत? सैह हाल हमरा लोकनिक भऽ रहल अछि। हम अर्गला ओ कील-कवचक पाठ द्वारा शत्रु सँ अपन रक्षा चाहै छी। हौ, शत्रु कैं पछाड़बाक छौह तऽ लोहक कील कवच तैयार करह। यदि श्लोके सँ शत्रु मरि जइतैक तऽ अपना देशमे विधर्मीक राजे किऐक होइतैक? आबहु आँखि फोलह। परन्तु से ज्ञान तोरा लोकनिमे कहाँ हैतौह? तोरा तऽ एकटा 'भानुमतीक पेटारी' चाहिऔह जाहि सँ धन, धान्य, सन्तति, आरोग्य, लाभ, यश, सौभाग्य, स्त्री, घर, द्वार, स्वराज्य सभ एके बेर भेटि जाओ।"

हमरा मुँह तकैत देखि खट्टर कका बजलाह, "हम कि फूसि कहैत छिऔह? ओही दुर्गाक पोथीमे स्वराज्यो लेबक उपाय छैक 'ततो बव्रे नृपो राज्यमिति मन्त्रस्य जपे पुनः स्वराज्यलाभः'। हौ, बेचारे गाँधीजी कैं ई बूझल रहितैन्ह तऽ किऐक एतेक हरान होइतथि? दस टा पण्डित कैं बैसा कय पाठ करा लितथि। अपनहिं अङ्गरेज सभ राज छोड़ि पड़ा जाइत।"

खट्टर कका पुनः विरक्त स्वरमे बाजय लगलाह, "छिः! हमरो लोकनि केहन मूर्ख छी जे एहन-एहन बात पर आँखि मूनि विश्वास कऽ बैसेत छी। एही अज्ञानक कारण हमर अजिया ससुरक प्राण गेलैन्ह। ओ चंडीक परम भक्त रहथि। एक बेर पीठमे भयंकर घाव भेलैन्ह। हुनका विश्वास रहैन्ह जे बीस आवृत्ति दुर्गापाठ कैने घाव

स्वत: छूटि जाएत। 'महाव्रणविमोक्षार्थ विंशावृत्तिं पठेन्नर:'। बस, लगलाह पाठ करय। परन्तु व्रणक व्यथा बढ़ले गेलैन्ह। पाठ समाप्त होइतहि जीवनलीला समाप्त होमय लगलैन्ह। परन्तु वाह रे हमर ससुर! मरितो काल विश्वास नहि हटलैन्ह। लोक कैं कहलथिन्ह-निश्चय एक आवृत्ति बेसी पाठ कैना गेल हैत। तैं प्राण छूटि रहल अछि। किऐक तऽ लिखलकैक अछि 'एकविंशति-पाठेन भवेद्वन्धविमोचनम्'। ई धर्मान्धता कतेक गोटाक प्राण नेने हैत तकर कोन ठेकान?"

हम डेराइत-डेराइत कहलिऐन्ह, "खट्टर कका! अहाँ कैं दुर्गाक माहात्म्य पर विश्वास नहि अछि?"

खट्टर कका छुटैत पुछलन्हि, "दुर्गाक माहात्म्य पर अथवा दुर्गा पोथीक पाठक माहात्म्य पर?"

हम कनेक काल सोचि कहलिऐन्ह, "दूनूक विषयमे कहू।"

खट्टर कका बजलाह, "यदि दुर्गा सँ शक्तिक बोध हो, तऽ अवश्य हुनक आराधना करक चाही। परन्तु ओहि पोथी कैं हजार बेरि सुग्गा जकाँ रटने अर्थ, धर्म, काम वा मोक्ष प्राप्त भऽ जाएत से विश्वास हमरा नहि अछि।"

हम कहलिऐन्ह, "खट्टर कका, अहाँ तऽ नास्तिक जकाँ बजैत छी। दुर्गामे जे कथा वर्णित छैक से अहाँ मानैत छी कि नहि?"

खट्टर कका बजलाह, "ओहि कथा कैं हम एक सुन्दर रूपक बुझैत छी जाहिमे सम्मिलित शक्तिक महिमा देखाओल गेल छैक। दुर्गा की थिकीह? 'नि:शेषदेवगणशक्तिसमूहमूर्ति:'। जे कार्य देवता सभ पृथक रूपें नहि कय सकलाह से हुनक सामूहिक शक्ति द्वारा सम्पन्न भऽ गेल। तात्पर्य ई जे संगठन सँ एहन अजेय शक्ति बहराइछ जकरा आगाँ केहनो प्रभावशाली व्यक्ति नहि ठहरि सकैछ।

यस्या: प्रभावमतुलं भगवाननन्तो
ब्रह्मा हरश्च नहि वक्तुमलं बलं च।

सैह शक्ति एखन पाश्चात्य देशमे आबि गेल छैक जाहि सँ समस्त भूमंडल पर ओकर विजयपताका फहराइत छैक। हमरा लोकनि तऽ केवल शक्तिपूजाक स्वाँग मात्र रचैत छी। दुर्गाक मूर्ति बना पानिमे भसा दैत छी। असली दुर्गा देखबाक हो तऽ यूरोप-अमेरिका जा कऽ देखह।"

हम कहलिऐन्ह, "किछु हो, दुर्गा छथि तऽ हमरे,

दुर्गे स्मृता हरसि भीतिमशेषजन्तो:
स्वस्थै: स्मृता मतिमतीव शुभान्ददासि।
दारिद्र्यदु:खभयहारिणि का त्वदन्या
सर्वोपकारकरणाय सदार्द्रचित्ता॥

खट्टर कका डँटैत बजलाह, "यैह तऽ गलती छौह। दुर्गा, लक्ष्मी ओ सरस्वती ककरो पोस नहि मानैत छथिन्ह। मन्दिरमे पट बन्द कऽ कऽ अथवा धूप-आरतीक लोभ देखा कऽ केओ हुनका नहि राखि सकैत छैन्ह। ओ तकरे होइत छथिन्ह जे हुनका हेतु सभ सँ अधिक तपस्या करय। दुर्गा, लक्ष्मी, सरस्वती, तीन पश्चिम गेलीह। जे हजार वर्ष सँ अनवरत साधनामे लीन अछि तकरा छोड़ि ओ हमर कोना हैतीह? कतबो आँचर वा छागरक प्रलोभन देला उत्तर ओ हमरा दिस नहि तकै छथि। किएक तकतीह? चिनबार पर नौ दिनक जनमल यव कैं दसम दिन कटने जनिक साधना समाप्त भऽ जाइन्ह अथवा निरीह अजापुत्र पर पराक्रम देखेबामे जनिक वीरता निःशेष भऽ जाइन्ह, तनिका लग दुर्गा जैथिन्ह किऐक?"

हम कहलिऐन्ह, "की खट्टर कका! तखन अहाँक विचार जे दुर्गापूजा उठि जाओ?"

खट्टर कका बजलाह, "दुर्गाक पूजा हमरा लोकनि करिते कहाँ छिऐन्ह? पूजा करे छैन्ह यूरोप-अमेरिका। हमरा लेकनि तऽ खेल करै छी। नाच-तमाशा सँ चित्त बहटबैत छी।"

हम : "परन्तु संगहि संग पाठो तऽ करैत छिऐन्ह। अहाँ ओकरो खेले बुझैत छिऐक की?"

खट्टर कका : "यैह बात तऽ हमरा आइ धरि बूझऽ मे नहि आएल जे आखिर दुर्गापाठ लोक करैत अछि किऐक? मानि लियऽ, अहाँ कथा नहि, इतिहासे बुझू। परन्तु इतिहासो तऽ जपबाक वस्तु नहि छैक। एक बेरि पढ़ि कऽ बूझि लिअऽ जे दुर्गा एना महिषासुरक वध कैलन्हि, चंड-मुण्ड कैं निर्मुण्ड कैलन्हि, शुंभ-निशुंभ कैं मारलन्हि, रक्तबीजक संहार कैलन्हि। ओहि सँ किछु शिक्षा भैटय तऽ ओहि पर मनन करू और जीवनमे चरितार्थ करू। परन्तु वैह 'सावर्णिः सूर्यतनयो यो मनुः कथ्यतेऽष्टमः' सँ लऽ कऽ 'सूर्याज्जन्म समासाद्य सावर्णिर्भविता मनुः' एतवा श्लोक कैं हजार, दस हजार वा लाख बेर उच्चारण कैने की लाभ होएत से हमरा बुद्धिमे नहि अबैत अछि।"

हम कहलिऐन्ह, "खट्टर कका! धर्म मे तर्क नहि चलैत छैक। धर्मग्रन्थ कैं आँखि मुनि कऽ मानक चाही। ई आलोचना सँ बहिर्भूत विषय थिकैक। अहाँ आर्यसमाजी जकाँ तर्क करैत छी।"

खट्टर कका बजलाह, "बेस, आब तर्क नहि करबौह। तों पाठ करह। हमरा जनैत एकेटा श्लोक ओहि मे छैक जे बारम्बार हमरा लोकनि कैं पाठ करक चाही।"

"हम पुछलिऐन्ह, से कोन?"

खट्टर कका नशा सँ भेर होइत बजलाह,

या देवी सर्वभूतेषु निद्रारूपेण संस्थिता।
नमस्तस्यै नमस्तस्यै नमस्तस्यै नमो नमः॥

हम कहलिऐन्ह, "खट्टर कका, आइ विजयादशमी छैक।"

खट्टर कका बजलाह, "विजयादशमीक एकेटा अर्थ हमरा लोकनिक हेतु भऽ सकैत अछि। विजय तऽ जेहन हमरा लोकनि प्राप्त कऽ रहल छी से दैवे जनैत छथि। तखन विजयाक सेवन अलबत्त कऽ सकैत छी। से एखनो एक गिलास छानह तऽ दिमाग तर भऽ जाय।"

हम कहलिऐन्ह, "अहाँ तऽ खट्टर कका पिउनहि छी। आओर बेसी लागि जाएत।"

खट्टर कका बजलाह, "हौ, पाँचो कर्मेन्द्रिय तऽ शिथिल भइए चुकल अछि। पाँच टा ज्ञानेन्द्रिय बाकी अछि। सेहो जखन लुप्त भऽ जाय, तखन ने 'दशहरा' नाम सार्थक!"

ब्राह्मणभोजन

खट्टर कका भाङ घोटैत रहथि कि हम जा कऽ कहलिऐन्ह, "खट्टर कका, निमंत्रण दैत छी।"

खट्टर कका अत्यन्त प्रसन्न होइत बजलाह, "अहा हा! आबह, बैसह। आइ कोनो नीक लोकक मुँह देखि उठल छलहुँ। कथीक उपलक्ष्यमे खोऐबह?"

हम कहलिऐन्ह, "आइ हमरा ओहि ठाम ब्राह्मणभोजन अछि।"

खट्टर कका बजलाह, "वाह, अत्यन्त सुन्दर! एहि देशक मर्यादा कथीमे छैक से जनै छह?"

हमरा मुँह तकैत देखि खट्टर कका बजलाह, "एहि देशक मर्यादा छैक ब्राह्मणभोजनमे। पृथ्वी पर आन कोनो देशमे ई बात नहि। एही पुण्यक प्रसादात भगवानक सभटा अवतार एही भूमि पर भेल छैन्ह।"

हम : "परन्तु ब्राह्मण कैं भोजन करैबाक विधान किऐक?"

खट्टर कका : "किऐक तऽ 'ब्राह्मणोऽस्य मुखमासीत्'। हमरा लोकनि ब्रह्माक मुँह थिकहुँ। मुख कैं त भोजन सँ प्रयोजन। जे सभ हाथ-पैर छथि से सभ काज करथु। हमरा लोकनि मुखक जे काज थिकैक-भोजन और भाषण-सैह टा करबाक हेतु उत्पन्न भेल छी। जखन आदिपुरुष ब्रह्मे चारिटा गुँह बौने प्रकट भेलाह, तखन हमरा लोकनि हुनक सन्तान भऽ अपना वंशक टेक कोना छोड़ि सकैत छी? तैं ब्राह्मण लोकनि खैबाक हेतु सतत मुँह बौने रहै छथि।"

हम : "परन्तु जौं हमरा लोकनि सरिपों ब्रह्माक मुँह सँ बहराएल छी तऽ ओ तेज कहाँ अछि।"

खट्टर कका : "तेज अछि उदरकुंडमे। ओहिमे निरन्तर ब्रह्मतेज धधकैत रहैत अछि। बेसी ज्वाला भेला उत्तर जिह्वाक बाटें बहराइत अछि। तैं हमरा लोकनिक बातमे लुत्तीक असर रहैत अछि। जिनके पर लगैत छिऐन्ह तनिका भस्म कऽ कऽ छोड़ि दैत छिऐन्ह।"

हम : "परंच ताहि दिनक ब्राह्मणमे विशेष सामर्थ्य रहैन्ह।"

खट्टर कका : "औखन क्षीरसमुद्र कैं सोखयबला अगस्त्य हमरे लोकनिमे

विद्यमान छथि। हौ, जाही धातु सँ 'ब्रह्म' बनल छथि ताही सँ 'ब्राह्मणो' बनल छथि। तैं 'ब्रह्माण्ड' ओ 'ब्रह्मोदर' दूनू कैं सहोदरे बूझक चाही। दूनू विराट, दूनू पृथुल, दूनू गोलाकार, दूनूक पार पायब असम्भव।"

हम : "परन्तु ताहि दिनक ब्राह्मणमे वरदानो देबाक शक्ति रहैन्ह।"

खट्टर कका : "औखन वर ठीक करबाक भार ब्राह्मणे पर रहैत छैन्ह। पूर्वक ब्राह्मण सिद्धान्तक परिपाक करैत छलाह, आबक ब्राह्मण सिद्धान्नक परिपाक करैत छथि। ओ लोकनि अग्निहोत्री छलाह, इहो लोकनि दूनू साँझ अग्निहोत्र करितहि छथि। अन्तर एतबे जे पूर्वज लोकन 'बाबा' कहबैत छलथिन्ह वंशज सभ 'बाबाजी'! एक अक्षर वृद्धिए भेलैन्ह!"

हम : "खट्टर कका, अहाँ तऽ व्यंग्य करैत छी। परन्तु वास्तवमे ब्राह्मण जातिक एहन दुर्दशा किएक भेलैक?"

खट्टर कका : "बेसी तेजक कारण।"

हम : "से कोना?"

खट्टर कका : "देखह, एक ब्राह्मण खिसिया कऽ लक्ष्मीक स्वामी कैं एक चरण लगा देलथिन्ह। तहिया सँ लक्ष्मी ब्राह्मण सँ हड़कि गेलीह और हमरा सभक कप्पार पर जे दरिद्रा सटि गेलीह से सटले छथि। ई तऽ धन्य सरस्वती जे हमरा लोकनिक पुरुखा लक्ष्मीवाहन सभ सँ किछु-किछु झिटैत ऐलाह अछि।"

हम : "परन्तु समस्त धर्मशास्त्रक निर्माण त ब्राह्मणे द्वारा भेल अछि।"

खट्टर कका : "धर्मशास्त्र नहि कहह, अर्थशास्त्र। आन-आन जाति हर-फार लऽ कऽ खेती करैत छल। ब्राह्मण केवल बुद्धिएक खेती करैत छलाह। यजमान कैं बड़द सँ काज चलैत छलैन्ह। ब्राह्मण कैं यजमाने सँ काज चलि जाइत छलैन्ह। तखन ओ बड़द किऐक पोसथु?

श्रमजीवी भवेच्छूद्र: धनजीवी कृषी वणिक।
बलजीवी भवेत्क्षत्री, बुद्धिजीवी हि ब्राह्मण: ॥

एही बुद्धिक प्रसादात हमरा लोकनिक पुरुखा भोजनक समस्या कैं जेना हल कैलन्हि-सेहो बिना हलक सहायता सँ-तेना आइ धरि केओ कय सकल अछि?"

हम पुछलिऐन्ह, "ई बात कोना भेलैक, खट्टर कका?"

खट्टर कका भाङक गोला चिकनबैत बजलाह, "हौ, ताहि दिनक लोक बुड़िबक रहय। भूदेव जेना कऽ चाहथिन्ह, ठकि लेथिन्ह। आइ देवता निमित्त खोआ। काल्हि पितर निमित्त खोआ। शुभ होउ तऽ खोआ। अशुभ होउ तऽ खोआ। पुण्य कर, ताहिमे खोआ। पाप कर, ताहिमे खोआ। केओ जनमौ, ताहिमे खोआ। मरौ, ताहूमे खोआ। अगहनमे नव धान होउक, तऽ चूड़ा खोआ! वैशाखमे रब्बी तैयार होउक, तऽ पूड़ी-बड़ी खोआ। माघमे गरमागरम घी-खीचड़ि खोआ। आर्द्रा नक्षत्रमे आम

खोआ। उपजाबी केओ, परन्तु भोग लगाबय काल 'अग्रे-अग्रे विप्राणाम्'। हौ, एहन 'परमुण्डे फलाहार' करबाक बुद्धि और ककरोमे छैक?"

हम कहलिऐन्ह, "खट्टर कका, बारहो मास तऽ किछु ने किछु लगले रहैत छैन्ह।"

खट्टर कका चीनी घोरैत बजलाह, "हौ, बारहो मास की थीक जे ब्राह्मणक बारह टा मास (मिलकीयत) बूझह। आश्विनक कृष्णपक्षमे पितृपक्ष। शुक्लपक्षमे देवीपक्ष। दूनू पक्ष लड्डू। कार्त्तिकोमे अन्नकूटे रहैत छैन्ह। अमावस्यामे लक्ष्मीपूजा। पूर्णिमामे सत्यदेवक पूजा। एकादशी कैं विष्णुक नाम पर। चतुर्दशी कैं महादेवक नाम पर। चौठ कैं चन्द्रमाक नाम पर। षष्ठी कैं सूर्यक नाम पर। हौ, एक-दू टा रहय तखन ने! कहाँ धरि गनाओल जाय! सभटा पर्व तऽ भोजने करक हेतु बनल अछि।"

हम : "तखन एतबा रास जे व्रतक विधान कैल गेल छैक तकर आशय की?"

खट्टर कका भाङमे चीनी मिलबैत बजलाह, "'वृणोति सुन्दरभोजनम् अनेन इति व्रतम्' हम तऽ यैह अर्थ बुझैत छी। छठिक अर्थ ठकुआ। चौठ-चन्द्रक अर्थ पिड़ुकिया। तिलासंक्रान्तिक अर्थ चुड़लड़ु। होलिकाक अर्थ पूआ। ध्वजाक अर्थ रोट। सत्यदेवक अर्थ शीतलप्रसाद। दुर्गाक अर्थ महाप्रसाद।"

हम : "तखन एतेक उपवासक जे नियम छैक..."

खट्टर कका : "से पहिने सँ लोक उदर-दरी कैं सोन्हा कऽ रखैत अछि।

विशेषभोजनलोभात् सामान्यभोजनविरहः उपवासः।

दोसर ई, जे पवनैतिन सभ कतहु पहिने अपनहि नहि भोग लगा लेथि, से ब्राह्मण देवता कठोर सँ कठोर नियम बना देलथिन्ह अछि।

अन्नाहारात् शूकरी स्यात् फलभक्षे तु मर्कटी।
जलपाने जलौकाः स्यात् पयःपाने भुजंगिनी॥

अर्थात जौं व्रत काल अन्न खा लेथि तऽ सुगरनी भऽ कऽ जन्म हैतैन्ह; फल खाथि तऽ वनरनी भऽ कऽ। पानि पिबथि तऽ जोंक होथि, दूध पीबथि तऽ साँपिन। कोनो पवनैतिनक दर्प छैन्हि जे हरतालिका व्रतमे एको घोंट पानि पिउतीह? और एहन-एहन वचन पर हरताल फेरऽ बला केओ नहि। पवनैतिन सभ तीन-तीन दिन सहि कऽ हरिवासर करथु और खैबाक बेर पहिने ब्राह्मण देवता पैर धो कऽ तैयार! एही द्वारे खरना-परनाक एतेक जाल रचल गेल अछि। हौ, जखन सोमवारीमे झुण्डक झुण्ड लाल पीयर स्त्रीगण कैं १०८ बेर पीपरक चारू कात घुमैत देखै छिऐन्ह तऽ दौनीक दृश्य मन पड़ि जाइत अछि। एहि सँ सोझे किऐक नहि कहब जे दे। ओतेक घुमा कऽ नाक छुइबाक कोन प्रयोजन? परन्तु सोझ आँगुरे तऽ घी बहराय नहि। तैं 'माघ मास यजमानिनी भोरे स्नान करथु और गर्मी मे निर्जला एकादशी!' ब्राह्मण देवता तेना कऽ सधने छथिन्ह जे की 'सरकस' बला अपना जानवर कैं साधत?"

हम : "परन्तु ज्योतिषी-पुरोहितक बिना लोकक काजो तऽ नहि चलि सकैत छैक, खट्टर कका!"

खट्टर कका लोटामे भाङ घोरैत बजलाह, "ओ कर उगाहब छोड़ि और काजे कोन करैत छथिन्ह? यजमानक घरमे प्रसवो नहि भेलैन्ह कि पहिनहि सँ ढकना लऽ कऽ तैयार। जन्म होइत देरी बही-खाता लऽ कऽ तैयार। नौ टा ग्रह की भेल, नौ टा हुण्डी भेलैन्ह। किछु राहुक नाम पर दे, किछु केतुक नाम पर दे। शनिक नाम पर उड़ीद दे। मंगलक नाम पर मसुरी दे। जाहि-जाहि वस्तुक व्यग्रता रहतैन्ह से भिन्न-भिन्न ग्रहक नाम पर उगाहि लेताह। जेना सभ ग्रहक ठीकेदार यैह रहथि। धन्य नवग्रह जे ज्योतिषिआइनक बाँहिमे नवग्रही पड़ैत छैन्ह। धन्य कुंडली जे नेनाक कानमे कुंडल पड़ैत छैन्ह। यदि यजमानक सोरहो संस्कार नहि होइन्ह तऽ पुरोहितक पत्नीक सोरहो शृंगार कथी पर चलैन्ह? मुण्डन होइ छैन्ह यजमानक नेना कैं और मुड़ा जाइ छथि स्वयं यजमान। दशकर्म करैत-करैत बेचारे कैं सभ कर्म भऽ जाइ छैन्ह। ब्राह्मण देवता तेना ने नथने छथिन्ह जे बात-बातसे कर ओसुलैत छथिन्ह! जन्म पर कर! मृत्यु पर कर! विवाह पर कर! द्विरागमन पर कर! यजमान कैं कहियो उसास नहि। जन्मे सँ जे ऋणपत्र गर मे लटकि जाइ छैन्ह से श्राद्ध पर्यन्त नहि उतरैत छैन्ह। बिनु ब्राह्मणे उद्धार नहि।"

हम : "परन्तु ब्राह्मण कैं दान देवामे फलो कतेक छैक, खट्टर कका!"

खट्टर कका : "हँ, से तऽ अवश्य। ब्राह्मणक पेट 'लेटरबॉक्स' छैन्ह। हुनका लड्डू खोआ दिऔन्ह और सोझे पितर कैं पैठ भऽ जाएत। ब्राह्मण कैं कहिया की दान करी सेहो मोसविदा तऽ ब्राह्मणेक बनाओल छैन्ह। जाड़काला मे तुराइ दान करिऔन्ह। गर्मी मे पंखा दान करिऔन्ह। बरसातमे छाता दान करिऔन्ह। सोन भेटि जाय तऽ ब्राह्मण कैं दान करू, सोन हेराय तैयो ब्राह्मण कैं दान करू। गाय बियाय तऽ पहिल दूध ब्राह्मण कैं दियऽ। आम फरय तऽ प्रथम फल ब्राह्मण कैं दियऽ। हौ जी, ई लोकनि भारी चलाक छलाह। सरकार एतेक सिपाही बन्दूक रखलो उत्तर ओतेक मालगुजारी नहि वसूल कय सकैत अछि। ब्राह्मण देवता तऽ केवल एक शापक बल पर असंख्यो कर वसूल करैत आबि रहलाह अछि। तैं कहलकैक अछि जे,

धिग्बलं क्षत्रियबलं, ब्रह्मतेजो बलं बलम्।"

हम देखल जे खट्टर कका कैं सूर चढ़ल छैन्ह। एखन ब्राह्मण पर लागल छथि। कहलिऐन्ह, "खट्टर कका, एतेक शास्त्र पुराण तऽ ब्राह्मणेक बनाओल छैन्ह।"

खट्टर कका बजलाह, "तैं तऽ ओहूमे केवल वसुलवाधार कैनेछथि। ब्राह्मण कैं अमुक वस्तु दान करी तऽ अश्वमेध यज्ञक फल हो, अमुक वस्तु दान करी तऽ सोझे बैकुण्ठ प्राप्त हो। मनु, याज्ञवल्क्य, सभमे तऽ यैह भरल अछि। कतहु एकादशीक माहात्म्य, कतहु द्वादशीक माहात्म्य। परन्तु सभ तीर्थ-व्रतक उद्‌देश्य एकेटा-ब्राह्मण कैं

दान! अन्नदान, वस्त्रदान, शय्यादान, गोदान, स्वर्णदान, भूमिदान, वृक्षदान, फलदान, कन्यादान! ब्राह्मण कैं चारू वर्णक कन्यामे अधिकार। ओ हत्यो करथि तऽ फाँसी नहि पड़थि। अपने हाथमे कलम रहैन्ह। जे जे कानून मनमे ऐलैन्ह, बना लेलन्हि। पुराणोमे त केवल अपने 'प्रोपगंडा' भरल छैन्ह। राजा हरिश्चन्द्र स्वप्नोमे ब्राह्मण कैं समस्त राज्य दान कऽ देलन्हि तऽ ओही सत्य पर दृढ़ रहि गेलाह। राजा नृग ब्राह्मण कैं दान कैल धेनु पुनः लय लेलथिन्ह तऽ हजारो वर्ष धरि इनारमे गिरगिट भऽ कऽ रहय पड़लैन्ह! सभ पुराणमे तऽ एहने-एहने कथा भरि देने छथिन्ह।"

हम कहलिऐन्ह, "परन्तु खट्टर कका, समस्त धर्मशास्त्रक विवेचन तऽ ब्राह्मणे कैने छथि,

धृतिः क्षमा दमोऽस्तेयं शौचमिन्द्रियनिग्रहः।
धीर्विद्या सत्यमक्रोधः दशकं धर्मलक्षणम्॥"

खट्टर कका हमरा डँटैत बजलाह, "तों एखन नेना छह। धर्मक रहस्य की बुझबहक? ई सभ स्त्री, शूद्र और यजमान कैं परतारक हेतु छैक।"

खट्टर ककाक भाङ तैयार भऽ गेल रहैन्ह। ओ दु-चारि बुन्द शिवजीक नाम पर छीटि गट्ट-गट्ट सौंसे लोटा पीबि गेलाह। तखन हमरा दिस साकांक्ष होइत बजलाह, "देखह, ई दशो धर्म ओकरा हेतु बनाओल छैक जकरा सँ अपन सेवा लेबाक रहय। जेना ब्राह्मण लोकनि खबास सँ काज लैत रहथि। आब ओकरा ई उपदेश देब जरूरी छलैन्ह जे 'तों धैर्य (धृति) राख, अर्थात मड़ुआक रोटी खाय पड़ौक तथापि सन्तोष कर। हम गारियो दिऔक तऽ क्षमा कर। मनमे विकार नहि आन। अर्थात क्षोभ कैं दमन कर। हमरा घरमे कतेको नीक-नीक वस्तु देखबैं से चोरबिहें जुनि। किऐक तऽ चोरी करबैं तऽ पाप लगतौक। मलिन रहबैं तऽ तोहर भरल पानि कोना पीबि हैत? तैं सफाइ (शौच) राख। तौं बाहर-भीतर सभ ठाम जाइ छैं, तैं इन्द्रिय-निग्रह राख। एकदम बुड़िबक भऽ कऽ हमर सेवा करबैं तऽ नहि उजिऐतौक। तैं किछु बुद्धि (धी) सेहो राख। अपन धर्म (अर्थात ब्राह्मणक सेवा) बुझबाक हेतु थोड़ेक ज्ञान (विद्या) सेहो राख। और फूसि बाजय लगबैं तखन तऽ हमरा कतेक बेर ठक, हानि करबें, तैं सत्य बाज। और हम मारबो करियौक तऽ तों क्रोध नहि कर'। हौ, यैह दशो धर्मक तात्पर्य छैक। जैह बात शूद्रक हेतु लागू छै, सैह स्त्रीओक हेतु, सैह यजमानोक हेतु।"

हम कहलिऐन्ह, "खट्टर कका, परन्तु ब्राह्मण अपनो तऽ एहि सभ धर्मक पालन करैत रहथि।"

खट्टर ककाक आँखि लाल भऽ गेलैन्ह। बजलाह, "फूसि बात। जे सामर्थ्यवान अछि तकरा लेल धर्म की? ई सभ उपदेश अनका हेतु होइत छैक। जौं ब्राह्मण क्रोध कैं त्याज्य कऽ कऽ बुझितथि तऽ विष्णु भगवान कैं लाते मारितथिन्ह! भृगु, दुर्वासा, परशुराम सभ तऽ ब्राह्मणे छलाह। जौं ब्राह्मण के धैर्य रहितैन्ह तऽ लगले तिल-

कुश-गंगाजल लऽ कऽ शाप देबऽ पर उद्यत भऽ जैतथि? जौं ब्राह्मण क्षमाक पाठ पढ़ने रहितथि तऽ नन्दवंश कैं ओना समूल नाश करितथि? जौं विद्या कैं आवश्यक बुझितथि तऽ 'अविद्यो वा सविद्यो वा ब्राह्मणो मामकी तनुः' एहन वचन बनबितथि! और यदि ब्राह्मण सत्य पर कायम रहितथि तऽ समाजक ई दुर्दशा होइत? जहिया सँ ब्राह्मण लोभमे पड़ि गेलाह तहिये सँ छल, क्षुद्रता, स्वार्थ, पाखण्डक सृष्टि होमय लागल। हौ, जखन माथेमे मवाद भरि जैतैक तऽ शरीरक की दशा हैतैक?"

हम कहलिऐन्ह, "तखन अहाँ असली ब्राह्मण ककरा बुझैत छियैक, खट्टर कका!"

खट्टर कका बजलाह, "असली ब्राह्मण आइ-काल्हि यूरोप-अमेरिकामे छथि।"

हम कहलिऐन्ह, "अहाँ कैं तऽ हँसिए रहैत अछि, खट्टर कका!"

खट्टर कका बजलाह, "हँसी नहि करैत छियौह। ब्राह्मण-वृत्तिक अर्थ छैक ज्ञानोपार्जनमे अपन जीवन लगा देब। से सैकड़ो हजारो वर्षक अनवरत तपस्या सँ जे जाति विद्या प्राप्त कय रेल, तार, बिजली आदि वस्तु संसार कैं देलक अछि सैह यथार्थमे ब्राह्मण जाति थीक। हम तों तऽ केवल 'उदरम्भरिः ब्राह्मणः' शब्द कैं सार्थक करै छी।"

हम कहलिऐन्ह, "खट्टर कका, एहन-एहन बात लोक सुनत तऽ ब्राह्मणभोजनो उठा देत।"

खट्टर कका बजलाह, "हौ, हम एहने बताह छी जे अनका आगाँ एहन बात कहबैक। और एगोटाक बजनहि की? तेहन कऽ पक्का नीव गाड़ल छैक जे एहि देश सँ ब्राह्मण-भोजन नहि उठि सकैत अछि। 'चार्वाक' चिचिया कऽ रहि गेलाह। 'कम्युनिस्टो' चिचिया कऽ रहि जैताह। हँ, खोऐबह कखन?"

हम : "अपने स्नान-पूजा कैल जाओ। हम सबेरे बिझौ कराबय पहुँचि जाएब।"

खट्टर कका बजलाह, "पूजा तऽ पाते पर हैतैक। तखन नहा-सोन्हा कऽ तैयार अवश्य रहबौह। परन्तु बिझौ किछु देरिये सँ करबिहऽ। कारण जे भोजमे हम तीन साँझक हिसाब-किताब बेबाक कैने अबैत छी। एक साँझ पहिने उपसर्ग रूपमे, एक साँझ बाद प्रत्यय रूपमे। किऐक तऽ-परान्नं दुर्लभं लोके शरीरं तु पुनः पुनः।"

ई कहि खट्टर कका कान पर जनउ चढ़ौलन्हि और लोटा लऽ कऽ बाध दिस बिदा भेलाह।

सत्यदेवक कथा

खट्टर कका भाङक हेतु सौंफ-मरीच बिछैत रहथि। हम कहलिऐन्ह, "खट्टर कका! पूजाक हँकार देने जाइ छी।"

खट्टर कका : "कथीक पूजा?"

हम : "आइ हमरा ओहि ठाम सत्यदेवक पूजा छैन्ह।"

खट्टर कका : "सत्ते?"

हम : "सत्य नहि तऽ फूसि?"

हमरा मुँह तकैत देखि खट्टर कका बजलाह, "परन्तु, हौजी, हमरा तऽ सन्देह होइ अछि जे सत्यक नाम पर कतहु असत्य..."

हम बात कटैत कहलिऐन्ह, "खट्टर कका, सत्यनारायण महाराजक विषयमे हँसियो सँ एहन बात नहि बाजक चाही, नहि तऽ..."

खट्टर कका : "नहि तऽ ओ रुष्ट भऽ कऽ अनिष्ट कऽ देताह। जेना महाजन कैं बन्हबा देलथिन्ह। सैह ने? यदि ओ सरिपों एहन दुष्ट होथि तऽ फेर नर और नारायणमे अन्तर की?"

हम : "परन्तु जे हुनक पूजा करैत छैन्ह तकरा फलो तऽ दैते छथिन्ह।"

खट्टर कका : "तखन ई कहह जे ओ खुशामदी छथि। जे हुनक दरबार करतैन्ह तकर उपकार करथिन्ह। जे नहि करतैन्ह तकरा कुन्नह चढ़ा डाँड़ लगौथिन्ह। एहन भगवान और बबुआनमे भेदे की?"

हम : "खट्टर कका, भगवानक प्रभुता अनन्त छैन्ह।"

खट्टर कका : "परन्तु यदि सत्यनारायणक कथा प्रमाण तऽ हुनक हृदय अत्यन्त संकीर्ण छैन्ह। बेचारा महाजन कैं पूजा करब बिसरि गेलैक तऽ फुसिए चोरीक तोहमति लगा कऽ सिपाही सँ धरवा देलथिन्ह। और एहन प्रपंच करयवला कैं तों कहैत छहुन्ह 'सत्यनारायण'!"

हम : "खट्टर कका, हमही कहै छिऐन्ह कि संसारे कहैत छैन्ह।"

खट्टर कका : "तैं त संसारे कैं हम बताह कऽ कऽ बुझैत छिऐक। हौ, हम पुछैत छिऔह जे नारायण अपने छद्म वेषमे छल करय गेलथिन्ह से तऽ असत्य नहि

भेल और बेचारा महाजन कनेक बाजल जे नावमे लतापत्रादि छैक तऽ से असत्य भऽ गेल। ई कोन न्याय?"

हम : "खट्टर कका, हरि अनन्त हरि कथा अनन्ता।"

खट्टर कका : "हँ, जै अनन्त तैं ने महाजन के बन्हबाइयो देलथिन्ह। और जखन ओकर बेटी पूजा चढ़ौलकैन्ह तऽ फेर छोड़बाइयो देलथिन्ह। ई भगवान की भेलाह, जमींदार भेलाह!"

हम : "खट्टर कका, ओ आदर्श देखौलन्हि अछि।"

खट्टर कका सौंफक काठी फेंकैत बजलाह, "हौ, कलावती राति भरि दोसरक आङनमे हिनक पूजा देखैत रहि गेल से तऽ हिनका बड़ पसिंद पड़लैन्ह। परन्तु एक बेर बेचारी कैं हड़बड़ीमे प्रसाद खाएब छूटि गेलैक तऽ ई ओकरा पतिए कैं डुबा देलथिन्ह। ओ छौंड़ी अपना स्वामीक आगमन-वार्ता सुनि दौड़लि तऽ हिनका एतेक डाह किऐक भेलैन्ह? एतेक काट तऽ सढ़ुआरियोमे नहि चलैत छैक।"

हम : "खट्टर कका, अहाँ भगवान कैं मनुष्य सँ किऐक तुलना करैत छिऐन्ह?"

खट्टर कका : "हौ, मनुष्य सन रहितथि तखन तऽ रहबे करितथि। ई तऽ बिकौओ भलमानुसक कान कटलन्हि। 'हमर पूजा कर तऽ सुख-संतति-सौभाग्य सभटा हैतौक नहि तऽ तेहन कऽ देबौक जे भरि जन्म हकन्न कनैत रहि जैबें'। ने ढरैत देरी ने बिगड़ैत देरी। कनेको धैर्य नहि। एहन अगुताह कतहु लोक होय?"

हम : "खट्टर कका, अहाँ एना किएक कहैत छिऐन्ह?"

खट्टर कका : "कोना ने कहिऔन्ह? पहिने तऽ निर्दोष वणिक कैं जामाता समेत बन्हबा देलथिन्ह और जखन कलावतीक कला सँ वशीभूत भऽ गेलाह तऽ उनटे चन्द्रकेतुए पर बिगड़ि गेलथिन्ह। स्वप्न देलथिन्ह-भोरे दूनू ससुर-जमाय कैं छोड़ि दहीक, यथेष्ट विदाइयो करहीक। नहि तऽ राज-पाट नाश कऽ देबौक। बेटाक संहार कऽ देबौक। आब सँ तोरे पर लागि जेबौक। जेना घुसखोर दरोगा डरवैत छैक-'दे, नहि तऽ फंसा देबौक, जेर कऽ कऽ छोड़ि देबौक। लुटवा लेबौक। जे डाला चढ़ौलक तकर सै खून माफ। जे नहि चढ़ौलक से फाँसी पड़ी। और एहन चरित्र कैं तों कहै छह सत्यनारायणक कथा! नारायण! नारायण!"

हम कान मुनैत कहलिऐन्ह, "खट्टर कका, भगवानक एना निन्दा नहि करक चाही।"

खट्टर कका भाङ घोटैत बजलाह, "हौ, हम भगवानक निन्दा थोड़बै करैत छियैन्ह? जे ई कथा गढ़ि कऽ हुनका नाम पर चलौने छैन्ह तकर आलोचना करैत छिऐक। एहि कथामे आदि सँ अन्त धरि भगवानक छलक्षुद्रता ओ स्वार्थपरता देखाओल गेल छैन्ह। सुनला उत्तर यैह लगैत छैक जेना नारायण एक नम्बरक लोभी, दुष्ट ओ ईर्ष्यालु रहथि। एहन कथा सँ लोकमे भक्ति की हैतैक? उनटे अभक्ति भऽ जाइत छैक।"

हम : "खट्टर कका, कथा सुनने लोक कैं हृदयमे भय होइत छैक।"

खट्टर कका : "एही द्वारे तऽ कथा रचले गेल छैक। सत्यनारायणक पूजा करहुन, नहि तऽ शनैश्चर जकाँ पाछा पड़ि जैथुन्ह। बारह वर्ष धरि डिरियाइत रहि जैबह। हुनका प्रसाद खोअबहुन, नहि तऽ राहु जकाँ टप्प दऽ गिड़ि जैथुन्ह। जेना बनिया कैं धऽ लेलथिन्ह, तहिना तोरो धऽ लेथुन्ह। नारायण की भेलाह बुइया भेलाह! एहन भगवान सँ लोक कैं की प्रेम हैतैक?"

हम : "खट्टर कका, कहल छैक 'बिनु भय होहि न प्रीति'।"

खट्टर कका : "ई प्रीति नहि भीति। हमर एक पिउसा छलाह-लुट्टी झा। तेहन खिसियाह जे लोक 'खटाँस झा' कहैत छलैन्ह। जहाँ कनेक जलखइमे देरी होइन्ह कि हड़कम्प उठा देथि। एक दिन पीसीक नाक खैबा पर उद्यत भऽ गेलथिन्ह। और जहाँ आगाँ कैं दही चूड़ा चीनी केरा पड़लैन्ह कि शान्त। पीसी कैं पुछलथिन्ह जे, 'कहू, कै भरिक नकमुन्नी चाही?' तैं जखन हम सत्यदेवक कथा सुनैत छिऐन्ह तऽ लुट्टी झा मन पड़ि जाइत छथि। एहन देवता कैं डेबब बड्ड कठिन।"

हम : "परंच ओहि कथामे इहो तऽ देखाओल गेल छैक जे एहि पूजा सँ की सभ लाभ होइत छैक।"

खट्टर कका भाङक गोला बनबैत बजलाह, "हँ, कथा की थिक, बीमा कम्पनीक विज्ञापन थीक!

दुःखशोकादिशमनं सर्वत्र विजयप्रदम्।
धनधान्यसन्ततिकरं सर्वेषामीप्सितप्रदम्॥

एक लकड़िहारा पूजा कैलक तऽ बिक्रीमे दुन्ना नफा भेलैक। एक ब्राह्मण दरिद्र सँ धनिक भऽ गेलाह। एक महाजन कैं बेटी भेलैक। एक राजा कैं बेटा भेलैक। यैह ने चारू कथाक सारांश छैक? हौ, ई सभ बात तऽ राति-दिन संसारमे होइतहि रहैत छैक। चाहे लोक पूजा करौ वा नहि करौ। एही ठाम अब्दुल्ला मियाँ कहिया कथा बँचबौलक जे हाँजक हाँज बेटा-बेटी छैक। और जकरा नहि हैबाक रहैत छैक तकरा कतबो शंख फुकने नहिए होइत छैक। एही ठाम मुसाइ झा मासेमास पूजा करैत छलाह, परन्तु स्त्रीक पेट सँ एकटा मुसरियो नहि बहार भेलैन्ह। हौ, मासिक पूजा सँ कतहु मासिक धर्म बन्द होइ? नेनमनि झा भरि जन्म पूजा करैत मरि गेलाह तथापि कहियो चार पर खपड़ा नहि चढ़लैन्ह और दमड़ी साहु लकड़ीक रोजगार सँ दुइए वर्षमे पक्का मकान उठा लेलक। लकड़िहारा कैं सत्यनारायणक कृपा सँ दुगुन्ना नफा भेलैक। दमड़ी साहु कैं चोरनारायणक कृपा सँ दसगुन्ना नफा भेलैक। आब तोही कहह-कोन बेसी तेज?"

हम : "खट्टर कका, केवल लैकिके लाभ नहि। पूजा सँ पारलौकिको लाभ छैक।"

खट्टर कका, "हँ, से त छैहे। दलाल पक्का छथि। कहै छथि,

धनधान्यसुतारोग्यदाता मोक्षप्रदस्तथा।
न किंचिद्विद्यते लोके यन्न स्यात्सत्यपूजनात्॥

रुपैया कैंचा सँ लऽ कऽ मोक्ष पर्यन्त एहन कोनो वस्तु नहि जे एहि पूजा सँ उपलब्ध नहि हो। लकड़िहारा पूजा कैलक और सोझे बैकुण्ठ चल गेल।

इह लोके सुखं भुक्त्वा चान्ते सत्यपुरं ययौ।

लोक एक बेरि सत्यदेव-कथा सुनि लेबय और सभ प्रकारक दुःख सँ मुक्त भऽ जाय।

यत्कृत्वा सर्वदुःखेभ्यो मुक्तो भवति मानवः।

हौ, यदि मोक्षक प्राप्ति एतेक सुगम रहितैक तऽ गामक गाम एखन धरि जीवन्मुक्त भऽ गेल रहैत। कतहु दुःख देखहिमे नहि अबैत।"

हम : "तऽ कि अहाँक विचारें ई कथा बनौनिहार फूसि लिखलक अछि?"

खट्टर कका : "हमरा तऽ यैह देखबामे अबैत अछि जे आदि सँ अन्त धरि केवल फुसिए छैक-यजमान कैं फँसाबक हेतु। जेना हमरा लोकनि नेना कैं परतारैत छिऐक—'रौ बाउ कान छेदा ले, तऽ गुड़ भेटतौक, मिसरी भेटतौक, किशमिश भेटतौक'। तहिना ओहू मे लोभ दैत छैक-'रौ बाउ! ई पूजा कर तऽ बेटा भेटतौक, धन भेटतौक, स्वर्ग भेटतौक। बस, लोभीशिरोमणि लोकनि भक्तराज बनि जाइत छथि। परन्तु हम ने ओहन लोभी छी, ने बच्चाबला बुद्धि रखैत छी।"

हम : "खट्टर कका! तखन अहाँक जनैत जे पूजा करैत अछि से बच्चाबला बुद्धि रखैत अछि?"

खट्टर कका भाङ गोला चिकनबैत बजलाह, "से कोना कहिऔह? एक बेर क्षेत्रक मेलामे गेलहुँ। ओहि ठाम रंग-बिरंगक खेलौना बेचैत रहय। 'सस्ता वाला आ गया, जापान वाला आ गया, हाथी ले लो दस पैसा, घोड़ा ले लो दस पैसा, मोटर ले लो दस पैसा, हरएक माल दस पैसा'। चारू कात सँ लोकक झुण्ड टूटि पड़ल। हमरो संगमे एक टा नेना रहय। ओ जा कऽ एकटा घड़ी लऽ आएल, 'देखू ककाजी, दसे पाइमे घड़ी'। परन्तु जहिना हाथमे पहिरय लागल कि रबरक फीता टूटि गेलैक और गोल कऽ काटल कागत नीचाँ खसि पड़लैक। हम कहलिऐक, 'देखह! दस पाइक घड़ी एहने होइत छैक। नकली मालक फेरमे नहि पड़ी'। तहिना दू चारि पातिल केरा गुड़ घोरि कऽ जे ओकरा बदलामे स्वर्ग वा मोक्ष पैबाक आशा रखैत छथि, तनिका और ओहि बच्चाक बुद्धिमे हमरा विशेष अन्तर नहि बुझि पड़ैत अछि।"

हम : "खट्टर कका, जौं सत्यनारायणक कथामे किछु तत्त्व नहि छैक तऽ लोकमे एतेक प्रचार किऐक छैक?"

खट्टर कका : "किऐक तऽ अधिकांश लोक लोभी और मूर्ख होइत अछि। लोक चाहै अछि जे कम्मे खर्चमे, कम्मे समयमे कम्मे प्रयासमे सभ किछु भऽ जाय।

स्वल्पश्रमैरल्पवित्तैरल्पकालैश्च सत्तम।
यथा भवेन्महापुण्यं तथा कथय सूत नः॥

एही द्वारे नकली मालवाला पहुँचि जाइत छैक। एक गोटे कोनो दिस से ठाढ़ भऽ गेल और बाजि देलक,

सत्यनारायणस्यैतत् व्रतं सम्यगांवधानतः।
कृत्वा सद्यः सुखं भुक्त्वा परत्र मोक्षमालभेत्॥

बस सभ केओ आँखि मूनि कऽ ओकरे पाछाँ दौड़ताह। एहन सस्ता माल और कतय भेटत? सवा टका खर्च करू और मोक्ष लऽ लियऽ। तैं कागतवला घड़ीक परि होइत छैन्ह। ई मोक्ष की भेल, साग-भाँटा भऽ गेल। हौ! एहन सस्तौआ मोक्ष हमरा नहि चाही।"

हम : "परन्तु लिखै छैक 'व्रतं सम्यग्विधानतः' यदि पूजाक फल नहि भेल तऽ बुझी जे विधानपूर्वक नहि भेल।"

खट्टर कका : "हौ, यैह त चलाकी छैक। यदि तंत्र-मंत्र सँ फल नहि हैत त तांत्रिक कहताह जे प्रयोगमे कतहु त्रुटि रहि गेल। परन्तु सत्यदेवक कथामे ई चलाकी कोना चलतैन्ह? ओहिमे जे विधान देल छैक से तऽ लोक करितहि अछि।

रम्भाफलं घृतं क्षीरं गोधूमस्य च चूर्णकम्।
अभावे शालिचूर्णं वा शर्करा च गुडं तथा॥

पाकल केरा, घृत, दूध, शक्कर, गुड़, गहूमक आँटा, नहि तऽ चौरटे घोरि कऽ...। हौजी, जे ब्राह्मण ई बनौलक से छल धरि बेस चटकारी। हमरे सन मधुरक प्रेमी! बढ़िया प्रसाद चला गेल अछि।...हँ, की कहैत छलिऔह?"

हम : "वैह प्रसाद।"

खट्टर कका : "हँ, तखन,

प्रसादं भक्षयेत् भक्त्या नृत्यगीतादिकं चरैत्।
ततस्तु स्वगृहं गच्छेत् सत्यनारायणं स्मरन्॥

लोक प्रेमपूर्वक प्रसाद पावय, किछु नाच-गान होय और भगवानक स्मरण करैत आनन्दपूर्वक सभ केओ अपन-अपन घर जाय। बेचारा ब्राह्मण बनौलक बेजाय नहि। और अन्तमे अपनो उपाय कऽ गेल अछि,

विप्राय दक्षिणां दद्यात् कथां श्रुत्वा जनैः सह।
एवं कृते मनुष्याणां वांछासिद्धिर्भवेद्ध्रुवम्॥

यजमानक वांछा सिद्ध होउन्ह वा नहि किन्तु पुरोहितक वांछा धरि तऽ तत्काले सिद्ध भऽ जाइत छैन्ह।"

हम : "खट्टर कका, प्रसाद ओ नृत्यगीत तऽ उपांग मात्र थीक। मुख्य वस्तु थीक भगवानक पूजा।"

खट्टर कका कैं हँसी लागि गेलैन्ह। बजलाह, "भगवानक जे पूजा कैल जाइत छैन्ह से तऽ भगवाने जनैत हैताह। हमरा तऽ ओ खेले जकाँ बुझना जाइत अछि।"

हम : "खट्टर कका, ओतेक विन्यास सँ भगवानक षोडशोपचार पूजा कैल जाइ छैन्ह से अहाँ कैं खेल बुझि पड़ैत अछि?"

खट्टर कका भाङक गोला एक कात रखलन्हि, तखन कहय लगलाह, "भगवानक पूजा तोरा लोकनि कोना करैत छहुन? पहिने आवाहन करैत छहुन जे 'इहागच्छ' अर्थात-आएल होओौ। तखन 'इह तिष्ठ' अर्थात-बैसल होओौ। तखन 'पाद्यार्घः' अर्थात-पैर धोएल जाओ। तदुत्तर हाथ मुँह धोबक हेतु आचमनीयम्। ततः पर स्नान कराय, नव वस्त्र, नव यज्ञोपवीत पहिरा दैत छहुन। चंदन, पुष्पमाला, धूप ओ कर्पूरक सुगन्ध सँ हुनक मन प्रसन्न करैत आगाँमे मधुर नैवेद्य राखि दैत छहुन। भोजनक उपरान्त आचमन कराय, मुखशुद्धि दय, जैबाक घंटी बजाय दैत छहुन- 'पूजितोऽसि प्रसीद। स्वस्थानं गच्छ'। 'सत्कार जे हैबाक छल से भऽ गेल। आब अपन घर गेल जाओ'। ठाढ़ भऽ कऽ आरती देखाय अरियाति दैत छहुन। हौ! ई सभ खेल नहि तऽ और की थीक? हमरा तऽ एहिमे काव्यक आनन्द भेटैत अछि। कथा-उपन्यास, पूजा-नाटक!"

हम : "खट्टर कका, तखन नर्मदेश्वर पर अहाँ कैं विश्वास नहि?"

खट्टर कका : "नर्मदेश्वरक अर्थ हम बुझैत छी 'नर्म परिहासं ददाति इति ईश्वरः' अर्थात हँसी खेलवला भगवान। तोरा लोकनि हुनका सँ खेलाइ छह। छौंड़ी सभ कनेया-पुतरा सँ बहिनपा जोड़ि कऽ खेलाइ अछि। तों सभ नर्मदेश्वर कैं समधि बनाकऽ खेलाइ छह।"

हम : "से कोना, खट्टर कका!"

खट्टर कका लोटाक मुँहमे अङपोछा लगबैत बजलाह, "देखह, समधिक ऐला पर जे सभ सत्कार होइ छैन्ह सैह सभ तऽ भगवानो के होइ छैन्ह। आसन, पानि, धूप, चंदन, माला, भोजन, नव धोती, जनउ, सुपारी। तखन भेद यैह जे शालग्राम कैं एक चूरू जलमे स्नानीय, आचमनीय सभ किछु भऽ जाइ छैन्ह। दू जोड़ धोतीक स्थानमे दू टा सूतो धऽ देने काज चलि जाइत छैन्ह। और प्रसाद जे चढ़ाओल जाइत छैन्ह से घरवैया कैं अनामति बाँचि जाइत छैन्ह। एहन पाहुन के ने चाहय! आधे घंटामे सभ विधि समाप्त कय बिदा कऽ दियौन्ह 'स्वस्थानं गच्छ'। असली समधि देवता कैं एना कहल जाइन्ह त अनर्थे भऽ जाय। परन्तु भगवान तऽ ककरो समधि छथिन्ह नहि। समधीक अर्थ समान बुद्धिबाला। यदि भगवानोमे एतवे बुद्धि रहितैन्ह तऽ एतबि टा सृष्टि कोना चलबितथि?"

हम : "खट्टर कका, एना बजबैक तऽ लोक नास्तिक कहत।"

खट्टर कका : "से तऽ कहितहि अछि। परन्तु के आस्तिक, के नास्तिक, एकर मीमांसा कैनिहार के अछि? जखन हम भारी-भारी धोधिवला यजमान कैं प्रसादक पातिल

दूनू हाथें उठा कऽ अधपौआ शालग्राम पर चढ़बैत देखैत छिऐन्ह वा गुलाबजामुन सन नर्मदेश्वर कैं पहिरावक हेतु पुरोहित कैं अपना बाँहि सँ नापि कय जनउ गेठियबैत देखइ छिऐन्ह, तऽ हुनका सभक बुद्धि पर दया आबि जाइत अछि। परन्तु बड़का-बड़का पण्डित कैं ई नहि बूझि पड़ै छैन्ह जे ई सभ केवल स्वाँग मात्र भय रहल अछि।"

खट्टर कका अङपोछामे भाङ घोरय लगलाह।

पुछलिऐन्ह, "खट्टर कका, अपना देशक पण्डित लोकनि एहि पर विचार किऐक नहि करैत छथि?"

खट्टर कका भाङ घोरैत बजलाह, "एकर कारण छैक जे अपना देशमे संस्कृतक विद्यार्थी लघुकौमुदी सँ प्रारम्भ करैत छथि। 'नत्वा सरस्वती देवी' सँ श्रीगणेश होइत छैन्ह। आदिए सँ जे 'अहं वरदराजभट्टाचार्यः' रटय लागि जाइत छथि से संस्कार आजन्म बनल रहि जाइत छैन्ह। एही द्वारे ओ पण्डितो भेला उत्तर अपना बुद्धि सँ सोचि नहि सकैत छथि। परन्तु हौजी! ई बात बजिहह जुनि। नहि तऽ देशमे तहन-तेहन महावैयाकरण छथि जे हमर कपारे भाङि देताह।"

हम कहलिऐन्ह, "खट्टर कका, अहाँक बात लुत्तिए सन होइत अछि।"

खट्टर कका बजलाह, "तै तऽ हमरा ककरो सँ नहि पटैत अछि। हँ, 'रम्भाफलं घृतं क्षीरं गोधूमस्य च चूर्णकम्' से सभ सामान पर्याप्त छौह कि ने? 'अभावे शालिचूर्णम्' त ने करवह?"

हम : "नहि खट्टर कका! मालभोग केराक शीतलप्रसाद बनतैक।"

खट्टर कका : "अहा! तखन तऽ हम अवश्ये आएब। कथा तऽ जनले अछि। शंख बाजय लगतौह तऽ पहुँचि जैबौह। हम केवल प्रसादेक लोभ सँ पूजामे जाइत छी। से हम अपन बड़का कलगइयाँ लोटा नेने ऐबौह।"

खट्टर कका भाङ तैयार कऽ दू बुन्द इष्टदेवताक नाम पर छिटैत बजलाह, "वाह, आइ तरावटिक सामान भऽ गेल। जे हो, ई पूजा जे परचारलक से छल धरि बुद्धिमान, ताहिमे सन्देह नहि।"

ई कहि खट्टर कका भरलो लोटा भाङ चढ़ा गेलाह।

ज्योतिष

ओहि दिन ज्योतिषी मुसाइ झा हमरा ओहिठाम पतड़ा देखैत रहथि कि खट्टर कका भङघोटना नेने पहुँचि गेलाह। हुनका देखितहि मुसाइ झा अपन पोथी-पतड़ा समेटय लगलाह। परन्तु खट्टर कका पुछिए बैसलथिन्ह, "की औ मुसाइ झा, की होइ छैक?"

मुसाइ झा सिटपिटाइत बजलाह, "दिन ताकि रहल छी।"

खट्टर कका : "एकर की अर्थ? दिन तऽ एखन छैहे। चारू कात सूर्यक प्रकाश पसरल छैन्ह। से अहाँ कैं नहि सुझैत अछि की?"

ज्योतिषी : "से नहि। हिनका आङन सँ एखन नैहर छथिन्ह। ओ कहिया औथिन्ह सैह..."

खट्टर कका : "जहिया मन हैतैन्ह तहिया आबि जैथिन्ह। ओहि खातिर अहाँ किऐक व्यग्र भऽ रहल छी?"

ज्योतिषी : "परन्तु औथिन्ह तऽ नीके दिनमे?"

खट्टर कका : "हँ, जाहि दिन बदरी-विकाल नहि रहतैक ताहि दिन आबि जैथिन्ह। 'मेघाच्छन्नं हि दुर्दिनम्'। से दुर्दिनमे तऽ नहिएँ चलतीह।"

ज्योतिषी : "परंच एहि मासमे तऽ एको टा दिन नहि हैतैन्ह।"

खट्टर कका : "एहि मासमे तीस टा दिन हैतैन्ह। जहिया सुविधा हैतन्ह, आबि जैथिन्ह।"

ज्योतिषी : "परंच काल जे एखन पूब छथिन्ह?"

खट्टर कका : "औ मुसाइ झा! हमरा जुनि ठकू। काल कि अहाँक चितकबरी घोड़ी छथि जे एखन पुबरिया हत्तामे चरय गेल छथि? काल कोन घड़ी कोन ठाम नहि रहै छथि से तऽ कहू।"

ज्योतिषी : "अहाँ तऽ शास्त्र मानितहि नहि छी। एखन सूर्य दक्षिणायन छथि।"

खट्टर कका : "जाड़कालामे तऽ सूर्य दक्षिणायन रहबे करैत छथि। गर्मीमे अपने उत्तरायण भऽ जैताह। एहिमे हिनकर दूनू गोटाक कोन अपराध छैन्ह, जे बिदागरी रोकबा रहल छिऐन्ह?"

ज्योतिषी : "हम की करिऔन्ह? एखन तीन मास दिन नहि बनैत छैन्ह।"

खट्टर कका : "से किऐक?"

ज्योतिषी : "देखू, पूसमे तऽ बिदागरी हो नहि।"

खट्टर कका : "किऐक नहि हो?"

ज्योतिषी : "पूस प्रशस्त नहि।"

खट्टर कका : "पूस मास कोन दोष कैने अछि?"

ज्योतिषी : "आब अहाँ सँ के झगड़ा करौ? माघ-फागुनमे सम्मुख काल पड़ि जाइत छथिन्ह। चैतमे चन्द्रमा वाम भऽ जैथिन्ह।"

खट्टर कका : "हिनकर विधाते वाम छथिन्ह जे अपन दिन अहाँक हाथमे देने छथि। नहि तऽ फागुन मास कतहु कालक विचार होइक? चैतक चन्द्रमा कतहु वाम होथि?"

ज्योतिषी : "तकरा उपरान्त भदबे पड़ि जाइत छैन्ह।"

खट्टर कका : "भारी भदवा तऽ छिऐन्ह अहाँ। हमरा कहथि तऽ कल्हुके दिन बना दिऐन्ह।"

ज्योतिषी : "काल्हि तऽ दिक्शूले लागि जैतैन्ह!"

खट्टर कका : "कोना लागि जैतैन्ह। बाटमे कि कतहु खुट्टी गाड़ल छैक?"

ज्योतिषी : "अहाँ तऽ नास्तिक जकाँ बजैत छी। 'शनौ सोमे त्यजेत् पूर्वाम्...'"

खट्टर कका : "किऐक त्यजेत्? यदि सरिपों त्यजेत् त ओहि दिन सकरी सँ निर्मली वाली गाड़ी किऐक चलेत? मंगल दिन दरभंगा सँ जयनगरक ट्रेन किऐक फुजेत?"

ज्योतिषी : "जे दिक्शूलमे चलै अछि से अनुचित करै अछि। दिग्बलमे चलक चाही।"

खट्टर कका : "अहाँक बात हम सोरहो आना मानि लितहुँ जौं दिग्बलमे चलने कतहु रुपैयाक तमघैल बाटमे भेटि जाइत। परन्तु हम तऽ सभ दिन सभ दिस जाइत छी। ने दिक्शूलमे कहियो शूल गड़ल अछि, ने दिग्बलमे फूल झरल अछि।"

ज्योतिषी : "तखन अहाँक लेखे दिक्शूल किछु नहि?"

खट्टर कका : "ओ केवल अहाँक दृक्शूल अर्थात आँखिक दोष थीक।"

ज्योतिषी : "तखन अहाँक लेखे वार-दोष किछु नहि? जौं कनियाँ काल्हि यात्रा करतीह तऽ हुनका वार-दोष नहि लगतैन्ह?"

खट्टर कका : "रोंइयो भरि दोष नहि लगतैन्ह।"

ज्योतिषी : "जखन शास्त्रे उठा दी, तखन तऽ कोनो बाते नहि। एतेक रास जे कालक विचार कैल गेल छैक..."

खट्टर कका : "सैह काल तऽ हमरा सभक काल भऽ गेल। आइ मासान्त, काल्हि संक्रान्ति, परसू भदबा। एकटा टाट बान्हक हो तऽ नौ दिन पतड़ा देखैत बैसल रहू। औ, संसारक और कोनो देश भदबा मानैत अछि? भद्रा महारानी मे वास्तविक सामर्थ्य छैन्ह तऽ ओकरा सभ कैं किऐक नहि धरैत छथिन्ह? पृथ्वी पर और-और

जाति के दिक्शूल किऐक नहि लगैत छैक? यूरोप-अमेरिका बला अधपहरा किऐक नहि धरैत छैक? सभ सँ बुड़िबक दीनानाथ हमरे लोकनि छी?"

खट्टर कका ई बजितहि छलाह कि ओम्हर सँ दीनानाथ चौधरी पहुँचि गेलाह। मुसाइ झा कैं कहलथिन्ह, "औ ज्योतिषीजी, हमरा आङनमे ऐखन नेनाक जन्म भेलैन्ह अछि। तैं अहाँक घर गेल छलहुँ। दौड़ले आबि रहल छी।"

खट्टर कका बिहुँसैत कहलथिन्ह, "तखन एहि खातिर आब तोरा अपस्याँत हैबाक कोन काज? तोहर जे काज छलौह से पहिनहि सम्पन्न भऽ चुकलौह।"

दीनानाथ बजलाह, "केहन लग्न-कर्म छैक से देखथिन्ह।"

खट्टर कका बजलाह, "हाय रे कर्म! यैह बुद्धि तऽ हमरा लोकनि कैं चौपट कऽ देलक। हौ, कर्म करत अपना बुद्धिएँ। एहिमे मुसाइ झा की देखथिन्ह?"

ज्योतिषीजी अप्रतिभ भऽ चुपचाप पतड़ा देखय लगलाह। दीनानाथ सँ पुछलथिन्ह, "कतेक काल पहिने नेनाक जन्म भेलैक अछि?"

दीनानाथ बजलाह, "यैह करीब दस मिनट होइ छैक।"

ज्योतिषीजी हिसाब जोड़ैत-जोड़ैत एकाएक छिलमिला उठलाह, "अरे बाप!"

हम पुछलिऐन्ह, "की ज्योतिषीजी? की भेल? बिढ़नी तऽ ने काटि लेलक?"

ज्योतिषीजी माथ पर हाथ दय बजलाह, "नहि महाराज, बिढ़नी कटैत तऽ कोन बात छल! ई तऽ भारी अनर्थ भेलैक!"

दीनानाथक मुँह सुखा गेलैन्ह। हुनकर पहिनहि सँ करेज धड़कैत छलैन्ह। थरथर कपैत पुछलथिन्ह, "झट दऽ कहू औ ज्योतिषीजी!"

ज्योतिषीजी बजलाह, "कहू की कपार? सर्वनाश भऽ गेल। मूल नक्षत्रक प्रथम चरणमे जन्म भेलैक अछि-गंडयोगमे। से अहीं पर जा कऽ बिसाएत।"

दीनानाथ पर वज्र खसि पड़लैन्ह। ओ पुक्की फाड़ि कऽ कानय लगलाह।

ज्योतिषी गम्भीर भाव सँ कहय लगलथिन्ह, "एकर दुइएटा उपाय छैक। या तऽ नेना के कतहु फेकि दी अथवा बारह वर्ष धरि ओकर मुँह नहि देखी। नेना कैं आइए माइक सँग मातृक पठा दियौक। नहि तऽ अहाँक प्राण बाँचब कठिन अछि 'मूलाद्यपादे पितरं निहन्यात्'। ई अहींक नाश करबाक हेतु जन्म लेलक अछि।"

ई कहि ज्योतिषी पुनः गम्भीर भऽ गेलाह। दीनानाथ हाथ जोड़ि पुछलथिन्ह, "किछु शान्तिक उपाय?"

ज्योतिषीजी कहलथिन्ह, "से सभ तऽ एखन सँ करहि पड़त। 'दद्याद् धेनुं सुवर्ण च ग्रहांश्चापि प्रपूजयेत्' गोदान, स्वर्णदान, नवग्रहपूजा..."

आब खट्टर ककाक ब्रह्म तेज भेलैन्ह। ओ भङघोटना पटकैत बजलाह, "जे केओ ई सभ लिखने अछि से पाखण्डी थीक।"

ज्योतिषी बजलाह, "परन्तु मुहूर्त्तचिन्तामणि..."

खट्टर कका डँटैत कहलथिन्ह, "मुहूर्त्तचिन्तामणि नहि, धूर्त्तचिन्तामणि!"

ज्योतिषी गोङियाइत बजलाह, "तखन ग्रह-नक्षत्रक जे एतबा विचार कैल गेल अछि से जाल थीक?"

खट्टर कका : "जाल नहि महाजाल। जाहिमे बड़का सँ बड़का महाजन फँसय। नक्षत्रक अढ़मे ज्योतिषी अपन नक्षत्र बनबैत छथि।"

ज्योतिषीजी विषण्ण होइत बजलाह, "तखन भृगु पराशर आदि जे एतबा रासे लिखि गेलाह अछि से सभटा फूसि थीक?"

खट्टर कका फेर डँटलथिन्ह, "यैह नाम बेचि कऽ तऽ अहाँ सभ हजारो वर्ष सँ ई ठक-विद्या चला रहल छी। जे अपना मनमे आबय से श्लोक गढ़ि कऽ जोड़ि दिऔक और ठोकि दिऔन्ह पराशरक माथ पर। औ, हमहूँ भृगुसंहिता, पाराशर होरासार देखने छी। तेहन-तेहन वचन ओहिमे भरल छैक जेना यजमान कैं जानि बुझि कऽ बूड़ि बनाओल गेल होइक।"

ज्योतिषी अविश्वासक भाव सँ पुछलथिन्ह, "अपने प्रमाण दऽ सकैत छी?"

खट्टर कका कहलथिन्ह, "एक-दू नहि, अनेको।"

ताबत भाङ तैयार भऽ चुकल छल। हम खट्टर ककाक आगाँ लोटा बढ़बैत कहलिऐन्ह, "पहिने ई भऽ जाय तखन..."

खट्टर कका एक्के छाकमे लोटा खाली कऽ गेलाह। तत्पश्चात ज्योतिषी कैं कहय लगलथिन्ह, "आब सुनू। चु चे चो ला ओ गोलाध्यायमे लटकल धूर्तराज सभ केहन ढोंग रचने छथि!

उपपदे बुधकेतुभ्यां योगसम्बन्धके द्विज।
स्थूलांगी गृहिणी तस्य जायते नात्र संशयः॥

यजमानक पत्नी मोटाइलि होइथिन्ह सेहो ज्योतिषी कुंडली देखि कऽ बुझि जाइत छथिन्ह। एतबे नहि, यजमानिनीक स्तन केहन छैन्ह सेहो पर्यन्त पतड़ा सँ ज्ञात भऽ जाइत छैन्ह

कठिनोर्ध्वं कुजाचार्ये श्रेष्ठस्थूलोतमस्तना।

यजमानक टीपनि देखला सँ हुनका पता लागि जाइ छैन्ह, जे यजमानक स्त्री अनका सँ फँसलि छथिन्ह।

जामित्रे मंदभौमस्थे तदीशे मंदभूमिजे।
वेश्या वा जारिणी वापि तस्य भार्या न संशयः॥

नेनाक टीपनिए देखि कऽ ओ जानि जाइत छथिन्ह जे ओ बापक जनमल नहि थीक।

भग्नपादर्क्षसंयोगाद् द्वितीया द्वादशी यदि।
सप्तमी चार्कमंदारे जायते जारजो ध्रुवम्॥

ततबे टा नहि। देवरक वीर्य सँ ओकर उत्पत्ति भेल छैक सेहो गन्ध हुनका लागि जाइ छैन्ह।

ग्रहराजे स्थिते लग्ने चतुर्थे सिंहिकासुते।
स्वदेवरात् सुतोत्पत्तिर्जाता तस्या: न संशय:॥

हौ, ई सभ लंठइ नहि तऽ और की थीक? और एहन-एहन पाखण्डी कैं एहि देशमे उपाधि की देल जाइत छैन्ह—ज्योतिर्विद्यार्णव! छि:! एहन मूर्ख देश पृथ्वी पर और कतहु भेटतौह?"

हम कहलिऐन्ह, "खट्टर कका, जौं ज्योतिष सत्य नहि तऽ ग्रहणक हाल ई लोकनि पहिनहि कोना जानि जाइ छथि?"

खट्टर कका बजलाह, "हौ, समुद्रक कात जे मल्लाह रहैत अछि से ज्वार-भाटाक हाल पहिनहि कहि देतौह। परन्तु तकर अर्थ ई नहि जे तोरा काकीक जाँघमे कोन ठाम तिलवा छैन्ह सेहो ओ कहि देत। जे आकाशक निरीक्षण करैत अछि से पहिनहि कहि देतौह जे आइ राति भुरुकबा कखन उगत। परन्तु ओकरा सँ जौं हम पुछियै गऽ जे भुरकुरवा वाली कैं नेना कहिया हैतैन्ह तऽ ई केहन भारी मूर्खता हैत! सैह मूर्खता एहि देशक लोक कऽ रहल अछि। और धूर्तराज सभ एहि मूर्खता सँ लाभ उठा रहल छथि। ग्रहणक हाल कहैत-कहैत पाणिग्रहणक हाल सेहो कहय लागि जाइत छथिन्ह। एही विश्वास पर यजमान-यजमानिनी मूँड़ल जाइ छथि।"

हम कहलिऐन्ह, "खट्टर कका, अहाँ जे सभ वचन कहलिऐक अछि से सभ कि वास्तवमे ज्योतिषक ग्रन्थमे लिखल छैक?"

खट्टर कका बजलाह, "नहि तऽ कि हम अपना दिस सँ गढ़ि कऽ कहलिऔह अछि? ज्योतिषक आचार्य तऽ एहि ठाम बैसले छथुन्ह। पूछि लहुन्ह जे ई सभ श्लोक ग्रन्थमे छैन्ह कि नेहि। सेहो ग्रन्थ केहन त 'पाराशर होरासार'!"

ज्योतिषीजी माथ कुड़ियबैत बजलाह, "हँ, वचन तऽ अवश्ये ग्रन्थमे छैक। परञ्च ओकर सत्यता पर अहाँकैं विश्वास किऐक नहि होइत अछि? जातकविचार कैं अहाँ मिथ्या बुझैत छिऐक?"

खट्टर कका लाल-लाल आँखि कय बजलाह, "मिथ्ये नहि, लंठपनी। तेहन-तेहन अश्लील गारि ओहिमे भरल छैक जेहन आइ-काल्हि बरियातोमे नहि होइ छैक।"

मुसाइ झा पुछलथिन्ह, "अपने दृष्टान्त दऽ सकै छी?"

खट्टर ककाक स्पिरिट और तेज भऽ गेलैन्ह। बजलाह, "तखन सुनू,

धनेशे सप्तमे वैद्य: परजायाभिगामिक:।
जाया तस्य भवेद्वेश्या माताऽपि व्यभिचारिणी॥

की डहकनमे एहि सँ बेसी गारि होइत छैक?"

हुनका निरुत्तर देखि खट्टर कका बजलाह, "एतबहिमे चुप्प भऽ गेलौंह! देख सहोदरा बहिन दऽ की कहैत छैक?

सहोदरासंगममाहुरन्ये दारेश्वरे क्रूरयुते सुखस्थे।
पापेक्षिते पापसमानमेव क्रूरादिषष्ठ्यंशसमन्विते वा॥

औ, एहन हँसी-मसखरी तऽ आब सारो-बहिनोइमे नहि होइत छैक।"

हम कहलिऐन्ह, "खट्टर कका, ज्योतिषमे एहनो-एहनो बात सभ हैतैक से हमरा नहि अन्दाज छल।"

खट्टर कका बजलाह, "तों ज्योतिष पढ़लह कहिया? वृहज्जातक, पाराशर आदि देखह तखन पता लगतौह।"

आब मुसाइ झा के नहि रहि भेलैन्ह। बजलाह, "ई सभ फूसि थीक तकर प्रमाण?"

खट्टर कका शास्त्रार्थक मुद्रामे उत्तर देलथिन्ह, "प्रमाण स्वयं हमही। हमरा टीपनिमे राजयोग लिखल अछि।

वाहनेशस्तथा माने मानेशो वाहने स्थितः।
लग्नधर्माधिपाभ्यां तु दृष्टो चेदिह राज्यभाक्॥

परन्तु राज भेटबाक कोन कथा जे टाट लेबक हेतु एकटा राज पर्यन्त नहि भेटैत अछि।"

मुसाइ झा पुछलथिन्ह, "तखन अहाँ कैं टीपनिमे विश्वास नहि अछि?"

खट्टर कका कहलथिन्ह, "मड़ुओ भरि नहि। अहाँ जे लाल मोसि लऽ कऽ लंझार चक्र बनबै छी से सरासर जाली दस्तावेज थीक! चाहे राजयोग लिखिऔक वा जारयोग, दूनू फर्जी थीक!"

ज्योतिषी पुछलथिन्ह, "से कोना?"

खट्टर कका कहलथिन्ह, "राजयोगक असत्यता तऽ प्रत्यक्षे देखा देलहुँ। रहल जारजयोग। से कनेक तर्कशास्त्रक योग लगा कऽ देखिऔक। औ, व्यभिचार पतड़ा देखि कऽ नहि होइ छैक। और ओहि सँ जे गर्भ होइत छैक सेहो कोनो लग्नक हिसाब जोड़ि कऽ पेट सँ नहि बहराइत छैक। तखन ज्योतिषी अनकर कोन कथा जे अपनो सन्तानक जारजयोग नहि पकड़ि सकैत छथि।"

मुसाइ झा एहि चोट सँ तिलमिला उठलाह। बजलाह, "ज्योतिषक सभटा वचन सत्य और प्रामाणिक थीक। शास्त्रकार लोकनि स्पष्टवादी छलाह।"

खट्टर कका : "तखन अहाँ कैं अपना जन्मकुंडलीक फल पर पूर्ण विश्वास अछि?"

ज्योतिषी : "अवश्य।"

खट्टर कका : "बेस, तऽ अपन जन्मकुंडली कनेक हमरा देखऽ दियऽ।"

ज्योतिषीजी किछु धखाइत अपन कुंडली बस्तामे सँ बाहर कऽ खट्टर ककाक हाथमे देलथिन्ह।

खट्टर कका कुंडली देखि कऽ कहलथिन्ह, "की औ ज्योतिषी! हम फल कहू? अहाँ पड़ाएब तऽ नहि?"

ज्योतिषी : "पड़ाएब किऐक?"

खट्टर कका : "बेस तऽ सुनू। पाराशर होरासाक वचन छैक,

भौमांशकगते शुक्रे भौमक्षेत्रगतेऽपि च।
भौमयुक्ते च दृष्टे च भगचुम्बनभाग् भवेत्॥

ई वचन छैक कि नहि? आब अपन शुक्रक स्थान देखू। ई योग अहाँमे लगैत अछि की नहि? आब यदि अहाँ कही तऽ हम भाषा-टीका कय सभ कैं अर्थ बुझा दिऐक।"

ई सुनैत देरी मुसाइ झा अपन पोथी-पतड़ा समेटैत बिदा भऽ गेलाह। खट्टर कका बारम्बार सोर करैत रहि गेलथिन्ह, "औ ज्योतिषीजी! औ ज्योतिषीजी! मुखशुद्धि लऽ लियऽ।"

परन्तु के घुरैये!

महाभारत

हम प्रात:कालक श्लोक सभ पढ़ैत चल अबैत रही,

पुण्यश्लोको नलो राजा पुण्यश्लोको युधिष्ठिर:

आकि बाटेमे भेटलाह खट्टर कका। बजलाह, "की भोरे भोरे अगत्ती सभक नाम लैत छह!"

हम कहलिऐन्ह, "खट्टर कका, धर्मराज..."

खट्टर कका टोकैत बजलाह, "धर्मराज नहि, बुड़िराज। एहन बूड़ि आइ धरि संसारमे केओ भेल अछि जे जुआक पाछाँ अपन राजपाट ओ स्त्री पर्यन्त हारि वने-वन छिछिआएल फिरय? हुनकर जोड़ा एकेटा छथिन्ह-राजा नल। ओहो तेहने छलाह। जुआक पाछाँ अपन सर्वस्व गमा जंगलमे हकन्न कानय गेलाह और ओहू ठाम स्त्री के सुतले छोड़ि कऽ पड़ैलाह। जेहने युधिष्ठिर अथाह, तेहने नल नकडुब्बा! दूनू एके जूआमे जोतय योग्य। तैं जे ई श्लोक बनौलक अछि से खूब जोड़ा लगौलक अछि।"

हम : "खट्टर कका, ई लोकनि महाभारतक आदर्श महापुरुष थिकाह, जनिक जीवनी सँ लोक असंख्य शिक्षा ग्रहण कऽ सकैत अछि।"

खट्टर कका : "हँ, युधिष्ठिरक जीवन सँ तीन बातक शिक्षा भेटैत अछि। प्रथम त ई जे जुआ नहि खेलाइ। दोसर, जौं बेइमानीक लूरि नहि हो तऽ और नहि खेलाइ। तेसर, जौं खेलबै करी तऽ स्त्री कैं दाँव पर नहि चढ़ाबी। एकरा अतिरिक्त औरो कइएक टा उपदेश भेटैत अछि। जेना संसारमे फूसि सँ केओ नहि बाँचल अछि। जे धर्मराज कहबैत छथि तिनको 'अश्वत्थामा हत:' कहि कऽ छल करय पड़लैन्ह। संसारमे केहनो शुद्ध व्यक्तिक विश्वास नहि करक चाही। सभ सँ बड़का तऽ ई शिक्षा भेटैत अछि जे कुलमे एकटा बुड़ि उत्पन्न भेने सम्पूर्ण देश कैं संहार कऽ दैत छैक। यदि युधिष्ठिर जुआरी नहि बहरैतथि तऽ महाभारतक युद्ध किऐक होइत?"

हम : "खट्टर कका, अहाँक तऽ सभटा अद्‌भुते बात होइत अछि। सभ लोक कहैत अछि जे कौरवक अन्याय सँ महाभारतक युद्ध भेल और अहाँ उनटे युधिष्ठिर कैं दोष दैत छिऐन्ह!"

खट्टर कका : "तों अपने विचारि कऽ देखह। यदि युधिष्ठिर महाराज जुआ खेलाय नहि जैतथि तऽ एतेक होइत किऐक? और हारि गेलाह, एहिमे अनकर कोन दोष? ललकारा पर पासा भजैत गेलाह। हौ, बुड़िबक कैं तऽ लोक ललकारा देबे करैत छैक। एहिमे दुर्योधन और शकुनिक कोन दोष? और जखन हारिए गेलाह तखन अपना बात पर रहितथि। ई की जे हारियो जाएब आ राज्यो चाहब?"

हम : "खट्टर कका, द्रौपदीक ओतेक अपमान कैलकैन्ह, चीरहरण कैलकैन्ह, और अहाँ कहै छी..."

खट्टर कका : "हौ, द्रौपदी रहबे तेहने करथि। हुनका कहियो भैंसुरक विचार रहलैन्ह? महल बनबौने रहथि। दुर्योधन देखय ऐलथिन्ह। संगमरमर तेहन झलकैत रहैक जे देखला उत्तर हुनका सन्देह भेलैन्ह जे ई जल थीक कि स्थल थीक। एहिमे हँसबाक कोन बात रहैक? परन्तु द्रौपदी ऊपर सँ खिलखिला उठलीह। ओतबे नहि, सुना कऽ कहलथिन्ह, 'आन्हरक बेटा आन्हरे होइ छैक!' कहू तऽ, ई केहन मर्मवेधी वाक्य भेलैन्ह! वृद्ध ससुर धृतराष्ट्रक प्रति हुनका एहन बात बाजब उचित छलैन्ह? और कौरव सभ तऽ पाण्डव सन भुसकौल छल नहि जे अपमान घोंटि कऽ पीबि जइतैन्ह। ओ सभ अगिया-बैताल छल। द्रौपदी अपनहि बिढ़नीक छत्ता खोंचारय गेलीह। तखन ओ सभ जे कैलकैन्ह से ठीके कैलकैन्ह। बूझह तऽ महाभारतक जड़ि द्रौपदीए थिकीह।"

हम : "खट्टर कका, अहाँ पाण्डव सभ कैं भुसकौल किऐक कहैत छिऐन्ह?"

खट्टर कका : "भुसकौल तऽ रहबे करथि। भरल सभामे द्रौपदीक देह सँ साड़ी खींचि कऽ नग्न कऽ देलकैन्ह और पाँचो पाण्डव मूड़ी गाड़ने बैसल रहि गेलाह। ओहि काल भीमक गदा और अर्जुनक गांडीव कहाँ गेलैन्ह?"

हम : "खट्टर कका, ओहि ठाम मौका नहि रहैन्ह।"

खट्टर कका : "हौ, आब ओहि सँ बेसी मौका केहन होइ छैक? बूझह तऽ पाण्डव सभ भारी गैयाह छलाह।"

हम : "परन्तु अर्जुन भीम केहन रहथि?"

खट्टर कका : "हौ, अर्जुन पुरुष रहितथि तऽ मोछ-दाढ़ी मुड़ा, साड़ी पहीरि, स्त्री बनि कऽ राजकन्या कैं नाचे सिखाबय पर रहितथि? एहि सँ बरु घोड़ाक सईसी करितथि तऽ से नीक। अपना जिबितहिमे द्रौपदी कैं अनका महलमे रहि नौड़ीक काज करैत देखि जिनका कौर घोंटल जाइन्ह से पाण्डव धन्य छलाह। भीम तऽ सोझे भनसीये छलाह। 'भोनू भाव न जाने पेट भरन सों काम'। खाली मोटाइ भेने की हैतैन्ह?"

हम : "खट्टर कका, ओ लोकनि अज्ञात-वासमे छलाह।"

खट्टर कका : "अज्ञात-वास करबाक छलैन्ह तऽ तेहन ठाम जैतथि जतय केओ मुँह नहि देखितैन्ह। हौ, ई लोकनि वास्तवमे मुँह देखाबय योग्य नहि छलाह।"

हम : "खट्टर कका, अर्जुन सन वीर कैं अहाँ एना कहैत छिऐन्ह?"

खट्टर कका : "हौ, माछे चिड़इ पर निशान लगौने लोक वीर कहाबय तऽ मलाहो सभ वीर थीक। यदि अर्जुन यथार्थमे वीर रहितथि तखन गोआर गोढ़ि सभ स्त्री-गण कैं घेरिकऽ छीनिए लितैन्ह? ओहि बेर गाण्डीवक घमण्ड कतय गेलैन्ह? 'वैह धनुषा वैह पारथ, हरि बिनु को पुरिहैं पुरुषारथ?' असलमे अर्जुन कृष्णक बले कुदैत छलाह। जेना खुट्टाक बलें पड़रू चुकड़ैत अछि। यदि कृष्ण सन सारथी नहि भेटितथिन्ह तऽ कर्णक हाथ सँ अर्जुनक प्राण कहियो बचितैन्ह? कर्ण असली वीर रहय। परन्तु ओकरा संग जे अन्याय भेलैक से किऐक ककरो संग हैतैक? अर्जुन कैं ओ अपना सामने कहियो टेरलकैन्ह? धर्मयुद्ध भेला उत्तर देखा दितैन्ह। परन्तु छलिया कृष्ण से नहि होमय देलथिन्ह। कुन्ती सन दू रंग करय बाली माय भगवान ककरो नहि देथुन्ह। एक बेटाक प्राण बचैबाक हेतु दोसराक संग घोर अन्याय कैलन्हि। जौं ओ कर्णक कवच-कुण्डल घोखा दऽ कऽ नहि लऽ लितऽथिन्ह तऽ अर्जुन कथमपि कर्ण सँ नहि जीति सकितथि। परन्तु ई बात जानियो कऽ वीर कर्ण अपन अमोघ अस्त्र स्वार्थी माय केर हाथमे प्रदान कऽ देलन्हि। वीरता सराही तऽ एकरा। कर्ण सन वीर पुत्र और कुन्ती सन घातिनी माय ने आइ धरि भेल, ने हैत। अर्जुन जेहन धोखा दऽ कऽ जयद्रथ कैं मारलथिन्ह से संसार जनैत अछि। यदि ओहि दिन कृष्ण अपन चक्रचालि नहि लगबितथि तऽ अर्जुन कैं जरि कऽ भस्म भऽ जाय पड़तैन्हि। परन्तु हुनका खातिर की की ने जाल कैल गेल! और जे कृष्ण अर्जुनक हेतु एतेक कैलथिन्ह-गीता सन उपदेश देलथिन्ह-तिनके बहिन सुभद्रा कैं ओ अर्जुन हरण कय लऽ गेलथिन्ह। ईहो विचार नहि जे मामक बेटी ममिऔत बहिन थीक। एहने कैं तों प्रशंसा करैत छह? हौ, पाण्डव सन पतित केओ भेल? अर्जुन अपन ममिऔत बहिन कैं लऽ ऐलाह और भीम अपना मसिऔत बहिन कैं। सैहो द्रौपदी सन पत्नी अछैत!"

हम : "मसिऔत बहिन कोना?"

खट्टर कका : "हौ! शिशुपालक माय और कुन्ती दूनू सहोदरा बहिन। भीम शिशुपालक बहिन सँ विवाह कैलन्हि। से मसिऔत भेलैन्ह कि नहि? हिनका लोकनि कैं कोनो विचार रहैन्ह?"

खट्टर कका पुनः बजलाह, "विचार रहितैन्ह कोना? पाण्डव लोकनि कैं ओरे सँ बिगड़ल छलैन्ह। ई लोकनि जारज सन्तान छलाह। पाण्डु तऽ भरि जन्मक रोगी। हुनका विवाह करबाक सौखे की भेलैन्ह? सेहो दू टा! कुन्ती ओ माद्री। हौ, जकरा एक सै भातिज रहैक तकरा कतहु एतेक वंश बढ़ाबक चिन्ता होइक? सेहो अनके भरोसे। यदि पाण्डु भीष्म जकाँ अविवाहित रहि जैतथि त राजगद्दीक हेतु झगड़े नहि उठैत। धृतराष्ट्रक वंशज राष्ट्र कैं धारण कैने रहितऽथिन्ह। परन्तु पाण्डुक वर्णसंकर सन्तान देश कैं चौपट्ट कऽ देलथिन्ह। कुलमे दाग लगने यैह परिणाम होइत छैक। परन्तु कुन्तिए-माद्रीक कोन दोष? पाण्डुक अपनो जन्म तऽ नियोगे सँ भेल छलैन्ह।

'यद्यदाचरति श्रेष्ठः तत्तदेवेतरोजनः'। जाहि पाण्डवक पुरखे विचित्रवीर्य छलथिन्ह, तिनका कुलखूटमे एना भेलैन्ह से कोन आश्चर्य!"

खट्टर कका सँ के बहस करौ! हम अपन प्रातःश्लोक पढ़ैत आगा बढ़लहुँ,

अहल्या द्रौपदी तारा कुन्ती मन्दोदरी तथा।
पंचकन्याः स्मरेन्नित्यं महापातकनाशनम्॥

खट्टर कका टोकलन्हि, "केवल श्लोके टा पढ़ैत छह कि अर्थो बुझैत छहौक? अहल्या, द्रौपदी, तारा, कुन्ती, मन्दोदरी-पाँचो तऽ विवाहिता छलीह। तखन 'पंचकन्या' किऐक कहैत छहुन? और कोन बात लऽ कऽ हिनका लोकनि कैं प्रातःस्मरणीय बुझैत छहुन? अहल्या तेहन कर्म कैलन्हि जे पाथरे भऽ गेलीह। तारा ओ मन्ददोदरी एक कैं धऽ कऽ नहि रहलीह। कुन्ती कुमारिएमे पाँच टा कैं आवाहन कैलन्हि। और द्रौपदी महारानी बरावरि पाँच पुरुषक दुलरुआ बनल रहलीह। जखन सासुए ओहन शीलवन्त छलथिन्ह तखन ई कोना ने पाँच गोटाक तोष राखथु!

पंचभिः कामिता कुन्ती पंचभिः द्रौपदी तथा।
संती वदति लोकोऽयं यशः पुण्यैरवाप्यते॥

हिनका लोकनिक देखाउस तोहर काकी करथुन्ह से हम करय देबैन्ह? देखह, हमरा आँगनमे ई श्लोक नहि पढ़िहऽ से कहि दैत छिऔह।"

हम : "खट्टर कका, बूझि पड़ैछ जे ओहि समयमे स्त्रीगण कैं किछु अधिक स्वतंत्रता रहैन्ह।"

खट्टर कका : "किछु किऐक? बहुत अधिक। आइ हमर बेटी जौं सावित्री जकाँ करय तऽ हम जीबय देबैक? मानि लैह जे हम ओकरा वैद्यनाथधाम लऽ जइऐक और ओठि ठाम तपोवनमे कोनो विद्यार्थी कैं देखि कऽ ओ अड़ि जाय जे हम विवाह करब तऽ एकरे सँ, चाहे जे भऽ जाय, तऽ हमरा केहन लागत? तैं हम सती-सावित्रीक उपाख्यान ओकरा नहि पढ़य दैत छियैक। सती वा सावित्री केओ अपना बापक कथा मानलन्हि? हौ, हमर बेटी जौं आइ द्रौपदी वा दमयन्ती जकाँ स्वयंवरा भऽ कऽ जकरा जी मे अबैक तकरे माला पहिरा दैक, तऽ हमर पाग रहत? ओ यदि दमयन्ती जकाँ कुमारिएमे अनका सँ चिट्ठी-चपाती करय लागि जाय तऽ हमरा नीक लागत? तैं हम सावित्री वा दमयन्तीक कथा अपना घरमे नहि जाय दैत छी।"

हमरा मुँहठाह देखि खट्टर कका बजलाह, "महाभारत पढ़ह तखन बहुतो बातक पता लगतौह। ताहि दिन कन्या खूब युवती भेला पर विवाह करथि। देखह, अम्बा, अम्बिका, अम्बालिका-तीनू बहिन केहन समर्थ रहथि, तखन हरण भेलैन्ह। द्रौपदी स्वयंवर-कालमे पूर्णयौवना रहथि। सुभद्रो खूब सेयानि रहथि। उत्तरा कैं विवाह सँ सातमे मास पर परीक्षित जन्म लेलथिन्ह। और कुन्ती कैं तऽ सन्तान भऽ चुकला पर

विवाह भेलैन्ह। ओहि समय एक सँ एक प्रौढ़ा कन्या रहैत छलीह। शकुन्तला तेहन जुआइलि छलीह जे प्रथमे साक्षात्कारमे दुष्यन्त सँ गर्भाधान भऽ गेलैन्ह। देवयानी ओ शर्मिष्ठा तेहन पकठोसि छलीह जे कच और ययाति के तंग-तंग कय छोड़लथिन्ह। शल्यपर्वमे तऽ एक एहन कुमारिक कथा आएल छैन्ह जे यौवन ढरि गेलाक बाद स्वेच्छा सँ अपन विवाह कैलन्हि। हौ, ताहि दिनमे कोनो पर्दाक बन्धन तऽ रहैक नहि। कुमारि कन्या सभ स्वच्छन्द भऽ कऽ घूमथि। सुभद्रा रैवतक पर्वत पर मेला देखय गेलि रहथि, ओठी ठाम हरण भेलैन्ह। एक बेर द्रौपदी केश फोलने बाहर ठाढ़ि रहथि, ओही काल जयद्रथ हरण करय लगलैन्ह। चोली तऽ ओ लोकनि पहिरबे नहि करथि। स्वाइत दिनदहाड़े हरण कऽ लऽ जाइन्ह।...और एक बात कहिऔह? कुमारि सभ कैं अपनो प्राय: सैह नीक लगैन्ह। सुभद्राक हरण भेलैन्ह से अपने इच्छा सँ। रुक्मिणीओक हरण तहिना भेलैन्ह। भाय रोकऽ गेलथिन्ह त हुनका रथेक पहियामे बन्हबा देलन्हि। बूझह तऽ ताहि दिन कन्या लोकनि विवाहक हेतु खेखनियाँ कटैत छलीह। अनुशासन-पर्वमे तऽ साफे लिखलकैक अछि..."

हम : "खट्टर कका, अहाँ जौं कतहु व्यासगद्दी लगा कऽ महाभारत बाँची त अनर्थे हो।"

खट्टर कका : "हौ, व्यासक नाम नहि लैह। ओ खुशामदी छलाह। आदि सँ अन्त धरि पाण्डवक पक्षपात कैने छथि।"

हम : "एकर कारण की?"

खट्टर कका हमरा कान लग आबि नहूँ-नहूँ बजलाह, "कारण यैह जे व्यास अपनो वर्णसंकर छलाह। 'व्यासो मत्स्योदरीय:' तखन जारज पाण्डव सभक पक्ष कोना ने लेथुन्ह?"

हम : "खट्टर कका, अहाँक तऽ सभ बाते अद्‌भुत होइत अछि।"

खट्टर कका : "परन्तु कहै छिऔह यथार्थ। सौंसे महाभारत देखने यैह बूझि पड़ैछ जे कुरुक्षेत्रमे धर्मयुद्ध नहि भेल। पाण्डव लोकनि अन्याय ओ छल-कपट सँ काज नेने छथि। कर्ण, द्रोण, भीष्म, जयद्रथ सभक वध तऽ अधर्मे सँ कैल गेलैन्ह। और ताहि पर व्यास कहैत छथि 'यतो धर्मस्ततो जय:'। हौ, हमरा तऽ महाभारत देखला उत्तर यैह बूझि पड़ैत अछि जे-'यतोऽधर्मस्ततो जय:'।"

खट्टर कका थोड़ेक काल चुप रहि पुन: बजलाह, "परन्तु ओतेक अन्याय जे करय से अन्तमे गलबे करय। स्वाइत ई लोकनि हिमालयमे गलि गेलाह! युधिष्ठिरक संग राज-पाट तऽ गेलैन्ह नहि, एकटा कुकुर मात्र संग गेलैन्ह! भ्रातृविरोध कैने की फल भेलैन्ह? परन्तु तैयो तऽ हमरा लोकनिक आँखि नहि फुजैत अछि!"

देवताक चरित्र

खट्टर कका भाङ पिउने बुत्त रहथि। हमरा हाथमे लोटा देखि पुछलन्हि, "आइ भोरे भोर कहाँ चललाह अछि?"

हम : "आइ शिवरात्रि थिकैक। महादेव पर जल ढारय जाइत छिऐन्ह।"

खट्टर कका : "ई जाड़ मास। कनकन करैत। ताहिमे तों भोरे-भोर पानि ढारय जाइत छहुन। से महादेव तोहर की बिगाड़लथुन्ह अछि?"

हम : "खट्टर कका, अहाँ कैं तऽ सभ बातमे हँसिए रहैत अछि।"

खट्टर कका : "हँसी नहि करैत छिऔह। शिवजी तऽ अपने शीतवीर्य थिकाह। हुनका पर जल ढारबाक कोन प्रयोजन? ताहि सँ बरु एक लोटा पानि हमरा नेबोक गाछमे पटा देल करितह तऽ फलो बहराइत।"

हम कहलिऐन्ह, "खट्टर कका, अहाँ कैं देवतामे भक्ति नहि अछि?"

खट्टर कका बजलाह, "कोन देवतामे भक्ति राखय कहै छह?"

हम : "सभ देवता तऽ पूज्ये छथि।"

खट्टर कका : "कोन बात लऽ कऽ?"

हम : "धर्म लऽ कऽ।"

खट्टर कका : "तखन कोन देवता अधर्म सँ बाँचल छथुन्ह? हम तऽ सभक उतेढ़ि जनैत छिऐन्ह। जिनकर बखिया कहह, उघारि कऽ राखि दिऔह! बल्कि बूझह तऽ देवता सँ दैत्यक चरित्र उत्तम।"

हम : "खट्टर कका, अहाँ धन्य छी! सभ ठाम उनटे गंगा बहा दैत छिऐक।"

खट्टर कका : "तखन देवासुर-संग्राम पढ़ह। दैत्य सभ वीर छल और वीर जकाँ लड़ि कऽ मरैत छल। देवता लोकनि केवल छल सँ जितैत छलाह। ई लोकनि अन्यायी तेहन छलाह जे समुद्र-मंथन सँ जे अमृत बहराएल से अपने सभ पिबैत गेलाह और विष बहराएल से ओकरा सभक आगाँ परसि देलथिन्ह। भीरु हद सँ बेसी। जहाँ असुर सभ चढ़ाई करैन्ह कि लगले त्राहि-त्राहि कऽ दौड़थि ब्रह्माक ओतय सँ विष्णुक ओतय, विष्णुक ओतय सँ महेशक ओतय। स्वार्थी एक नम्बरक। अपने गरजें आन्हर। एतबा विवेक नहि जे ककरा सँ कोन वस्तु माङी। दधीचि मुनि सँ पीठक हड्डी माङि लेलथिन्ह। स्वाइत ओ वज्र बनि गेल। एहन ठाम तऽ वज्र खसि पड़य!

हम : "खट्टर कका, अहाँ एकतरफा फैसला करैत छी। देवता लोकनि केहन-केहन काज कैने छथि से ने देखिऔन्ह।"

खट्टर कका पित्तें कपैत बजलाह, "हौ, काज तऽ तेहन-तेहन कैने छथि जे हुनका जल सँ लघुशंका नहि करी। देवताक राजा इन्द्र, से तेहन कर्म कैलन्हि जे देहमे सहस्र टा छेद भऽ गेलैन्ह। दुष्ट तेहन भारी जे जहाँ ककरो तपस्या करैत देखथिन्ह कि हिनका पेटमे हर बहय लगैन्ह जे कतहु इन्द्रासन ने छिना जाय। जहाँ कोनो यज्ञकार्य होमय लागल कि लगले विघ्न करक हेतु तैयार! एखनो धरि कि ई बानि छुटलैन्ह अछि?"

हम : "परन्तु ओ वीर केहन रहथि?"

खट्टर कका : "तेहन वीर रहथि जे मेघनाद बान्हि कऽ लऽ गेलैन्ह। जे रातिदिन अमरावतीमे पड़ल-पड़ल अप्सरा सभक अधरासव पिबैत रहताह से युद्धमे की ठठताह? सहस्राक्ष भेने की हेतैन्ह? लड़बाक खातिर सहस्रबाहु होमक चाही। परन्तु ई तऽ केवल सिंचन करबामे बहादुर। 'अहल्या' कैं उर्वरा बनैबामे चोख!"

हम : "खट्टर कका, देवते लोकनिक पुण्य-प्रताप सँ पृथ्वी स्थिर छथि। जावत पर्यन्त सूर्य चन्द्रमा..."

खट्टर कका : "सूर्य-चन्द्रमाक नाम नहि लेह। सूर्यक प्रताप सैह छैन्ह जे हनुमानजी मुँहमे धऽ लेलथिन्ह। केतु कतेक बेर उगिलि कऽ छोड़ने छैन्ह तकर ठेकान नहि। बूझह तऽ सूर्य ऐंठ छथि। और पुण्य जे छैन्ह तकर हाल ऊषा और कुन्ती जनैत छथिन्ह। स्वाइत ज्योतिषमे हिनका पापग्रह कहैत छैन्ह! तखन गायत्री मन्त्रमे तेज कहाँ सँ आबौ? कतबो 'धियो योन: प्रचोदयात्' कैने किछु फल नहि बहराइत अछि। जौं 'सविता'क कोनो गुण हमरा लोकनिमे अबैत अछि तऽ यैह जे 'प्रसविता'क कार्य बढ़िया जकाँ सम्पादन करैत छी। और चन्द्रमा तऽ तेहन कीर्ति कऽ गेल छथि जे अद्यावधि मुँहमे विद्यमान छैन्ह। ई लांछन 'यावच्चन्द्रदिवाकरौ' छूटयबला नहि। स्वाइत क्षयरोग सँ ग्रसित भेलाह! गुरुपत्नीओक विचार नहि। एहन महापातकमे तऽ गलित-कुष्ठ भऽ जाय। पाण्डुरोग भेलैन्ह से कोन आश्चर्य!"

हम : "खट्टर कका, देवतागण अज अविनाशी होइत छथि..."

खट्टर कका : "हँ, 'अज' कहीं बकरा कैं और 'अवि' नाम भेड़ाक छैक। तकर नाशक तऽ अवश्य होइ छथि। 'अजापुत्रं बलिं दद्यात् देवो दुर्बलघातक:'। से यज्ञक भाग लेबा काल ई लोकनि अपनामे तेना उपरौंझ करै जाइ छथि जे की महापात्र (कंटाह) सभ करताह!"

हम : "खट्टर कका, छोटका-छोटका देवता कैं छोड़ू। बड़कामे तीन टा छथि-ब्रह्मा, विष्णु, महेश।"

खट्टर कका बजलाह, "तखन बड़कोक सुनिए लैह। ब्रह्मा सोझे बोका थिकाह। चारिटा मुँह रहने की हैतैन्ह? कहियो कोनो काज हुनका बुतें पार नहि लगलैन्ह।

जखन-जखन देवता सभ सहायतार्थ पहुँचल छथिन्ह तखन-तखन की तऽ विष्णुक ओतय जाउ अर्थात हमरा सँ किछु नहि हैत। ई अपने साक्षी-गोपाल जकाँ पद्मासन लगौने बैसल! एहन भुसकौल तऽ कोनो देवता नहि।"

हम : "खट्टर कका, सृष्टिक आदि मूल कैं अहाँ एना कहैत छिऐन्ह?"

खट्टर कका : "आदि मूल की रहताह? ओ तऽ अपने विष्णुक ढोंढ़ी सँ बहराएल छथि-कमलनाल सँ। और नहिए बहरैतथि सैह नीक-छल। सत्ययुगमे जन्म लऽ कऽ ओ जेहन कृत्य कैलन्हि तेहन कलियुगोमे केओ नहि कैलक। चारू वेदक कर्ता और से कतहु अपना कन्याक..."

हम : "खट्टर कका, ओ सभक पितामह थिकाह।"

खट्टर कका : "यदि ओ वास्तवमे सभक पितामह तऽ सौंसे संसार छगरेगोत्र बुझह। नामो तऽ 'अज' (बकरा) छैन्ह। बूझह तऽ ई सृष्टिए वर्णसंकर थीक। एही द्वारे ब्रह्मा एखन धरि बारल छथि। पंचदेवतोक पूजामे हिनका स्थान नहि छैन्ह। मिथिलामे ब्रह्माक मन्दिर कतहु देखलहुन अछि? सभ देवताक पूजा भऽ चुकला उत्तर दू चारि टा अक्षत जे शेष बचैत छैक से हिनका पर छीटि देल जाइ छैन्ह। जेना अछोपक पात पर भात!"

हम : "खट्टर कका, सभमे पैघ छथि विष्णु भगवान।"

खट्टर कका बजलाह, "ओहन छलिया तऽ केओ नहि। कतहु मोहन रूप बनि स्त्री कैं फुसियबैत छथि। कतहु मोहिनी रूप बनि पुरुष कैं परतारैत छथि। मधुकैटभ, सुन्द-उपसुन्द; सभ कैं तऽ छले सँ मारलन्हि अछि। जालंधरक स्त्री वृन्दा सँ तेहन जाल कैलथिन्ह जे अन्तिम बिन्दु धरि पहुँचा देलथिन्ह। एहन जालिया दोसर के हैत?"

हम : "परन्तु ओ अवतार लऽ कऽ केहन-केहन काज कैने छथि से नहि देखैत छिऐन्ह?"

खट्टर कका : "सभ काज तऽ तेहने छैन्ह। छल, कपट ओ स्वार्थ सँ भरल। बेचारा बलि सँ तेहन छल कैलथिन्ह जे ओ बलिदाने पड़ि गेल। हमरा तऽ बूझि पड़ै अछि जे ओही सँ 'बलिदान' शब्द बनल अछि। एहन प्रपंची कतहु लोक भेल अछि? कतहु भाइ सँ भाइ कैं फुटका लेब, कतहु बाप सँ बेटा कैं। कतहु स्वामी सँ स्त्री कैं। कशिपु सँ बैर, प्रह्लाद सँ नाता! रावण कैं मारि विभीषण कैं राज! वृषभानुक जमाय सँ संगे नहि, और हुनका बेटी सँ रास! दु:शासन एक टा चीरहरण कैलक ताहि पर तऽ महाभारत मचि गेल और जे एतेक चीरहरण कैलन्हि से भागवते भऽ कऽ रहि गेल! हमरा तऽ बूझि पड़ैत अछि जे वैह चोरौलहा साड़ी सभ द्रौपदीक आगाँ ढेरी लगा देने होइथिन्ह। जावत अपन स्वार्थ रहलैन्ह ता धरि तऽ वृन्दावनविहारी बनल रहलाह और काज निकसि गेला पर सोझे मथुराक बाट। फेर किऐक एको बेर घुरि कऽ पुछारी करथिन्ह जे राधा वा ललिता कोना छथि। जे यशोदा ओतेक माखन-मिसरी खोऐलथिन्ह तिनके कोन यश देलथिन्ह? बूझी तऽ ई ककरो दोस्त नहि। अपन

मतलबक यार। अपन काज साधक हेतु माछ, काछु, वराह-कोन-कोन रूप ने धारण कैलन्हि अछि! एहन बहुरुपिया के हैत? ने नरसिंह रूप धारण करैत देरी, ने बुद्धदेव बनैत। राम बनि धनुषा तोड़ैत छथि, परशुराम बनि फरुसा भजैत छथि। कहियो स्त्री कैं घरमे छोड़ि वनक बाट धरताह। एहने-एहने अड़बेङल काज करयमे तऽ मने लगैत छैन्ह। एक अवतारमे माइक घेंट छोपै छथि, दोसरमे मामकैं पटकि कऽ मारैत छथि। आब कल्कि अवतार लऽ कऽ नहि जानि की करताह!"

हम : "खट्टर कका, ई सभ तऽ भगवानक लीला थिकैन्ह।"

खट्टर कका : "हँ, भगवान खेलाइत रहै छथि! असलमे केओ 'गार्जियन' तऽ ऊपरमे छैन्ह नहि। जेना-जेना मनमे अबै छैन्ह से करै छथि। ई नेनमति कि कहियो छुटयबला छैन्ह! भरि जन्म बूझह तऽ नाबालिगे रहताह। एही द्वारे राम वा कृष्णक मूर्तिमे कतहु दाढ़ी-मोंछ देखलहुन अछि?"

हम : "खट्टर कका, ई तऽ बेस कटगर गप्प कहल। परन्तु विश्व कैं पालन करबाक भार तऽ हुनके ऊपर छैन्ह?"

खट्टर कका : "पालन की करताह? तेहन भारी आलस्यविलासी जे सदा क्षीरसागरशयन! सदिखन सासुरेमे पड़ल! देवता सभ बहुत गोहारि करथिन्ह तऽ एक बेर गरुड़ पर चढ़ताह और जा कऽ सुदर्शन चक्र सँ काज कऽ औताह, तकरा बाद फेरि वैह लक्ष्मी-मुखकमल-मधुव्रत! राति-दिन सासुरमे पड़ल-पड़ल लोक मौगियाह भऽ जाइत अछि। हौ, जकरा पर संसार भरिक हिसाब-किताब करबाक भार होइक से कतहु एहन अहदी भेल रहय? परन्तु हिनका डाँटौ के? कहियो भृगु सन ब्राह्मण सँ पाला पड़ि जाइत छैन्ह तखन बुझैत छथि। असलमे तैं ई ब्राह्मण सँ हड़कलो रहैत छथि। जौं हिनकामे कनेको ब्राह्मणक भक्ति रहितिन्ह तऽ हमरा कपार पर दरिद्रा किऐक रहितथि?"

हम : "तखन तऽ आब एकेटा बाँकी रहलाह-महेश!"

खट्टर ककाक आँखि और लाल भऽ गेलैन्ह। बजलाह, "महेश तऽ सहजे अलबटाहे छथि। आक-धथूर चिबौने, बेमत्त भेल! हुनका ने जाति-गाँतिक ठेकान, ने छुआ-छूतिक विचार। भूत-प्रेत-बैतालक संग डाँड़मे चाम लपेटने, हाड़मुण्ड लऽ कऽ श्मशानमे क्रीड़ा करैत! लोक एना करय त अघोरी कहावय। एही द्वारे महादेवक प्रसाद केओ खाइत छैन्ह!"

हम : "वास्तवमे महादेवक प्रसाद लोक नहि खाइत छैन्ह। परन्तु हमरा ई कारण नहि ज्ञात छल।"

खट्टर कका : "कारण यैह जे महादेव नास्तिक छलाह। ई ने कहियो टीक रखलन्हि ने जनउ। माथ पर जटा, गरमे साँप। हौ, बड़द पर केओ चलैत अछि? ई तऽ सभटा धर्म-कर्म डुबा देलन्हि। बूझह तऽ हिनका सन नास्तिक आइ धरि केओ नहि भेल। स्वाइत सभ मिलि कऽ हिनका जहर दऽ देलकैन्ह!"

हम : "खट्टर कका, महादेवजी निर्विकार छथि।"

खट्टर कका : "सोझे निर्विकार नहि बुझहुन। ससुर नेओत नहि देलकैन्ह तऽ

गर्दनिए छोपि लेलथिन्ह। एम्हर ससुरक तऽ ई हाल और ओम्हर ससुरक बेटी कैं सदिखन माथे पर चढ़ौने! ई तऽ कलियुगो कैं जितलन्हि।"

हम : "परन्तु महादेवजी आशुतोष छथि। हुनका प्रसन्नो होइत ने देरी।"

खट्टर कका : "हँ, जहाँ केओ दूटा बेलपात चढ़ा देलकैन्ह कि लगले-वरं ब्रूहि। वर देमय काल औढर ढरन। तैं की भेलैन्ह जे भस्मासुर अपने माथ पर हाथ देमय लगलैन्ह। सभ दैत्य बूझी तऽ हिनके सहकाओल अछि। देवतामे एहन भोलानाथ दोसर भेटबे कोन करितैक? औखन धरि 'धनिकक बुड़िबक शिव अवतार' कहबैत छथि। हौ, हम तऽ अपना भरि चेष्टा कैल जे बमभोला सँ किछु झीटी, परन्तु कहाँ एखन धरि हाथ लगलाह अछि? एहन मदक्कीक कोन भरोस?"

हम : "खट्टर कका, तखन सभ देवतामे श्रेष्ठ अहाँ किनका बुझैत छिऐन्ह?"

खट्टर कका : "कोना कहिऔह? स्वयं देवतो लोकनि एकर मीमांसा नहि कय सकलाह अछि। महादेव विष्णु कैं पेघ मानैत छथिन्ह। विष्णु महादेव कैं पैघ मानैत छथिन्ह। रामजी रामेश्वर महादेव बना कऽ पुजैत छथि। महादेव राम नाम कैं गुरुमंत्र बूझि जप करैत छथि। सीताजी गौरीक पूजन करैत छथि। गिरिजा सीताजीक ध्यान धरैत छथि। पार्वती महादेवक आराधना करैत छथि। महादेव दुर्गाक स्तुति करैत छथि! तेहन गड़बड़ाध्याय छैक जे देवतो लोकनि कैं नहि बूझि पड़ैत छैन्ह जे के छोट के पैघ। नहि तऽ महादेवक विवाहमे कतहु गणेशक पूजन हो! बापक विवाहमे बेटाक पूजा! देवताक बाते सभ उटपटांग होइत छैन्ह।"

हम : "ई देवता लोकनिक सौजन्य थिकैन्ह। जे जेहन पैघ से ततेक विनयी।"

खट्टर कका : "तों 'देवानां प्रियः' थिकाह! हौ, देवता सन झगड़ाहु के भेटतौह? ई लोकनि अपनामे तेना लड़ैत गेलाह अछि जे की बटेर लड़त! पहिने तऽ 'अहाँ हमर पूज्य त अहाँ हमर पूज्य'। और जहाँ केओ कनेक सनका देलक कि लगले भिड़न्तो होइत देरी नहि। इन्द्र और कृष्णमे, कृष्ण और महादेवमे, महादेव और गणेशमे, कोना-कोना उठापटक भेल छैन्ह से बुझवाक हो तऽ पुराण देखह। और अन्तमे फेर वैह स्तुति। 'अहाँ पैघ तऽ अहाँ पैघ! हौ', ई लोकनि असाध्य छलाह।"

हम : "खट्टर कका, सभ देवता कैं तऽ अहाँ अकार्यके बुझैत छिऐन्ह, तखन सृष्टिक काज कोना चलैत छैक?"

खट्टर कका भङघोटना हाथमे लैत बजलाह, "असलमे बूझह तऽ एक्के टा देवता तेज छथि। और ओ छथि कामदेव। ब्रह्मा, विष्णु, महेश-तीनू हुनका सँ हारल छथि। जखन बड़केक ई हाल तऽ 'कुत्र गण्यो गणेशः!' हिनका पछाड़यबला आइ धरि केओ नहि जन्म लेलक। तैं हिनका हम सभ सँ प्रबल देवता मानैत छिऐन्ह। जावत पर्यन्त सृष्टिक प्रवाह चलैत छैक तावत पर्यन्त कामदेवक सत्ता कैं अस्वीकार कय सकैत अछि? ई पंचभूतमय शरीर हिनके पंचशरक प्रसाद थीक। और जाहि दिन ई देवता अपन बाण तरकसमे राखि प्रस्थान करताह ताहि दिन प्रलये बूझह। सृष्टिक लोपे कैं तऽ प्रलय कहैत छैक!"

हम : "तखन कामदहनक जे उपाख्यान छैक?"

खट्टर कका : "तकर उनटे अर्थ पौराणिक लोकनि बुझैत छथि। कामदहनमे तृतीया-तत्पुरुष छैक-कामेन दहनम्। चौरासियो लाख योनि हिनका अग्नि सँ दग्ध होइत अछि। देखह, हिनक जतेक नाम छैन्ह सभ सँ यैह बात सूचित होइ अछि। सभ कामना सँ प्रबल-तैं कामदेव। लोक कैं मत्त कैनिहार-तैं मदन। मन कैं मथि कऽ छोड़ि दैत छथिन्ह-तैं मन्मथ। विरहिणीक जान मारैत छथिन्ह-तैं मार। आनन्दक स्वामी थिकाह-तैं रतिपति।"

हम : "तखन महादेवजी हुनका नहि जितने छथिन्ह?"

खट्टर कका : "महादेव हुनका की जितथिन्ह? वैह महादेव कैं जितने छथिन्ह। जाहि सँ एखन धरि महादेवजी अर्द्धनारीश्वर कहबैत छथि। पौराणिक बुझै छथि जे शिवजी मदन कैं भस्म कऽ देलथिन्ह। हम बुझैत छी जे मदने हुनका भस्ममय बनौने छथिन्ह। नहि तऽ स्त्रीक वियोगमे दोसर केओ किऐक ने भस्म रमबैत अछि? हौ, यदि ओ वास्तवमे मदन-विजय कैने रहितथि तऽ गणेशक श्रीगणेश कोना होइतैन्ह?"

हमरा निरुत्तर देखि खट्टर कका पुनः अपना तरंगमे बहय लगलाह। बजलाह, "हौ, असलमे बुझह तऽ कामदेव महादेव, सभ एक्के थिकाह। जैह हर, सैह मार। जैह अनंग, सैह दिगम्बर। मनमे उत्पन्न होइ छथि तैं मनोभव। हिनके सँ सृष्टि उत्पन्न होइ अछि तैं भव। बूझह तऽ असल सृष्टिकर्ता यैह थिकाह। ब्रह्मा, विष्णु, महेश-सभ हिनके भिन्न-भिन्न स्वरूप थिकथिन्ह। अपने सँ उत्पन्न भऽ जाइत छथि तैं स्वयंभू। देखऽमे नहि अबै छथि तैं निराकार। सभ ठाम व्याप्त छथि तैं सर्वव्यापी। अन्त नहि छैन्ह तैं अनन्त। 'भग' सँ संयुक्त तैं भगवान। एखन शिवलिंग पर जे जल ढारऽ लेल जाइ छहुन से हिनके पूजा होइ छैन्ह कि अनकर?"

हम : "खट्टर कका, अहाँक तऽ सभ टा बात अद्भुते होइ अछि।"

खट्टर कका : "ठीक कहैत छिऔह। असली देवता थिकाह कामदेव। वैह सृष्टिक मूलकर्ता छथि। सर्वदा सँ हुनके पूजा होइत आएल छैन्ह। केओ एक अंगक पूजा करैत अछि, केओ दोसर अंगक। परन्तु विचारि कऽ देखने तत्त्व एक्के-चाहे शैवमे देखह वा शाक्तमे। लिंगपूजाक मर्म बुझबाक हो तऽ लिंगपुराण देखह,

लिंगवेदी उमादेवी लिंगं साक्षान्महेश्वरः।
तयोः सम्पूजनादेव देवी देवश्च पूजितौ॥

मूलतत्त्व सैह थिकैक। आब लोक ओकरा द्वैतवाद कहौ वा अद्वैतवाद अथवा विशिष्टाद्वैत। ताहि सँ हमरा झगड़ा नहि।

हमरा मुँह तकैत देखि खट्टर कका बजलाह, "तों भातिज थिकाह। बेसी खोलि कऽ कोना कहिऔह? एखन शिवालयमे जा कऽ ध्यान सँ देखह गऽ तऽ शिवलिंग ओ जलढरी-दूनूक रहस्य बुझबामे आबि जैतोह!"

ब्रह्मानन्द

ओहि दिन फगुआ रहैक। खट्टर कका केसर-बादाम दऽ कऽ भाङ छनैत रहथि। हमरा देखितहि बजलाह, "आबह-आबह। आइ केसरिया छनैत छैक। एक गिलास तोहूँ पीबि लैह।"

हम कहलिऐन्ह, "खट्टर कका, हम तऽ नहि पिबैत छी।"

खट्टर कका : "तखन किऐक जिबैत छी? नोनकाढ़ा पीबक हेतु? हौ, ई मानव जन्म बारम्बार नहि भेटतौह।"

हम : "खट्टर कका, हमरा डर होइ अछि।"

खट्टर कका बजलाह, "हौ, आर्यकुलक नाम किऐक हँसबैत छह? अपना वंशक सनातन धर्म केओ छोड़य?"

हम : "ई सनातन धर्म कोना भेल?"

खट्टर कका : "वेद पढ़ह तखन बुझबहौक जे हमरा लोकनिक पूर्वज कोना सोमपान करैत छलाह। ऋग्वेदक प्रथमे मंडल सँ जे सोमक स्तुतिगान आरम्भ भेल अछि से किऐक सम पर आओत? नवम मंडलमे तऽ तेहन सोमरसक प्रवाह छूटल छैक जे सभ किछु ओहीमे डूबि गेल अछि।"

हम : "परन्तु सोमरस भाङे थीक तकर प्रमाण?"

खट्टर कका : "प्रमाण एक दू नहि, अनेको! देखह, ओ कुंडी सोंटा सँ घोटल जाइ छल'।[1] लोढ़ा लऽ कऽ पीसल जाइ छल।[2] वस्त्र सँ छानल जाइ छल।[3] दूध वा पानिमे घोरल जाइ छल।[4] ओहिमे कइएकटा मसाला पड़ैत छलैक।[5] ओ तीन रंगक छानल जाइत छल-हरियर, उज्जर ओ पीयर अर्थात सादा, दुधिया ओ केसरिया। एहि तीनू रंगक वर्णन वेदमे आएल अछि।...यदि एतबो पर तोरा सन्देह हो जे ओ भाङ नहि थीक तखन बुझबाक चाही जे तोरा बुद्धिएमे भाङ पड़ल छौह।"

हम : "परन्तु किछु गोटा सोमरसक अर्थ ज्ञान अथवा चन्द्रमाक किरण लगबैत छथि।"

खट्टर कका : "हुनका लोकनि कैं बुद्धिक अजीर्ण हैतन्ह। जेना कतेक गोटा कैं विद्यापतिक विपरीत वर्णनमे आत्मा परमात्माक संयोगक भेटि जाइत छैन्ह। परन्तु

१. ऋग्वेद (१।२८।७), २. (१।२७।१), ३. (९।६६।९), ४. (९।६६।१६), ५. (८।२।११)।

हौजी? हम तऽ सोझ-सोझ बात बुझैत छी। यदि सोमक अर्थ ज्ञान तऽ ओ मूसर सँ कोना कूटल जाइत छल? यदि चन्द्रमाक किरण, तऽ लोढ़ा सँ कोना पीसल जाइत छल?"

हम : "तखन सोम भाङ छल।"

खट्टर कका : "अवश्य। अध्यायक अध्याय तऽ एकरे वर्णन सँ भरल अछि। कतहु छानबाक वर्णन"[१]। कतहु घोरबाक वर्णन[२]। द्रष्टा लोकनि कैं एहिमे अपूर्व आनन्द भेटैत छलैन्ह। देखह, देवताक राजा इन्द्र ततेक पिबैत छथि जे बुत्त भऽ जाइत छथि।[३] तेना पिबैत छथि जे दाढ़ी-मोंछ पर्यन्त रस सँ भीजि जाइ छैन्ह[४]। दाढ़ी सँ चुबैत रस कैं झाड़ैत छथि।[५] आबक लोक की पिउत?"

हम : "परन्तु यदि सोमरस वास्तवमे भाङ छल तखन मनीषी लोकनि ओहन गम्भीर तत्त्व..."

खट्टर कका : "हौ, गाढ़ रंग छनले उत्तर तऽ गम्भीर तत्त्व सुझैत छैक। तैं वैदिक ऋचाकार लोकनि सोमरसक प्रवाहमे तेहन रस बहा देने छथि जे कलम-कलमा तऽ नहिए रहैन्ह-काठी तोड़ि देने छथि। वेदमे जेहन श्रृंगार रस छैक तेहन संसारक कोनो साहित्यमे नहि भेटतौह।"

हम चकित होइत पुछलिऐन्ह, "ऐं! वेदमे श्रृंगार-रस? हमरा तऽ होइ छल जे वेदमे केवल भगवानेटाक चर्चा हैतैन्ह।"

खट्टर कका बजलाह, "तों वेद देखलह कहिया? जे वेदक नामे टा सुनने छथि से एहिना बुझैत छथि। परन्तु वेद खोलि कऽ देखह तखन ने बुझबहौक जे ओहिमे की सभ छैक। सहस्रशीर्षा मन्त्र सँ लऽ कऽ सौतिन कैं मारबाक उपाय पर्यन्त ओहिमे भेटि जैतौह।"

हमरा मुँह तकैत देखि खट्टर कका बजलाह, "हमरा लोकनिक वेद की थीक जे भानुमतीक पेटारी थीक। जे चाही से ओहिमे सँ निकालि लियऽ। तैं वेद सँ केओ हवाइ जहाज बाहर करैत छथि, केओ रेडिओ बाहर करैत छथि। हम भाङ बाहर कऽ लेल तऽ कोन अनुचित कैल?"

हम कहलिऐन्ह, "खट्टर कका, एकटा बड़का महामहोपाध्याय सिद्ध करैत छथि जे रेलोगाड़ी बनैबाक मन्त्र वेदमे छैक।"

खट्टर कका बादाम घोरैत बजलाह, "हैं, लेकिन ओहि रेलगाड़ीक एंजिन हुनके दिमागक भीतर सीटी दैत छैन्ह। हौ, हम पुछैत छिऔह जे देशमे हाँजक हाँज पण्डित भरल छथि जे राति-दिन 'गणपतिग्वं हवामहे' करैत रहैत छथि। किऐक ने सभ गोटा मिलि कऽ 'शुद्ध वैदिक रेलवे' चला लैत छथि? रेलक कोन कथा, एकटा साइकिलो ई लोकनि आइ धरि बाहर कय सकलाह अछि? और जखन एक विलायतक बच्चा 'एटम बम' आविष्कार कऽ संसारक दिग्विजय कऽ लैत अछि तऽ हिनका लोकनिक

१. ऋग्वेद (९।६८।७), २. (९।७७।७), ३. (७।१८।७), ४. (१०।२६।४), ५. (२।११।१७)।

निंद टुटै छैन्ह। हाफी लैत, चुटकी बजबैत गलथोथी करय लागि जाइत छथि—'आ:! ई वस्तु तऽ हमरा अथर्ववेदक थीक'। हौ, एकरे कहै छैक थेथरपनी 'एकां लज्जां परित्यज्य सर्वत्र विजयी भवेत्!'"

हम कहलिऐन्ह, "खट्टर कका, वास्तवमे रेल, तार, बिजली, रेडिओ, ग्रामोफोन, टेलीफोन, एरोप्लेन, रौकेट सभ किछु तऽ वैह सभ बाहर कैलक। अपना देशक पण्डित की कैलन्हि?"

खट्टर कका भाङमे मलाइ मिलबैत बजलाह, "अपना देशक पण्डित केवल घोंघाउज कैलन्हि। कहियो जितिया लेल। कहियो छठि लेल। कतहु 'घटो घट:' लऽ कऽ। कतहु 'नीलो घट:' लऽ कऽ। अतीचार कहिया परैत अछि? दुर्गाजी कथी पर चढ़ि कऽ अबैत छथि? एहि सभ बात सँ फुरसति होइतैन्ह तखन ने हेलिकोप्टर वा टेलिभिजन बाहर करितथि?"

हम कहलिऐन्ह, "परन्तु आध्यात्मिक विषयमे..."

खट्टर कका बजलाह, "आब बेसी तामस जुनि उठाबह। 'आध्यत्मिक' शब्द सुनि कऽ हमर देह जरि जाइत अछि।"

हम : "से किऐक खट्टर कका?"

खट्टर कका : "यैह 'आध्यात्मिक' हमरा लोकनि कैं चौपट्ट कऽ देलक।"

हम : "से कोना?"

खट्टर कका : "'ब्रह्म सत्यं जगन्मिथ्या' यैह वेदान्त तऽ हमरा लोकनि कैं अकर्मण्य बना देलक। संसार मिथ्या, शरीर मिथ्या, धन मिथ्या, जन मिथ्या, जीवन मिथ्या, सुख मिथ्या-सर्वं मिथ्या। बस, वस्तुमात्र कैं स्वप्नवत् कऽ कऽ बुझैत रहू। चीनमे हफीम, भारतमे वेदान्त! हौ, एशियाक बीये बताह छैक।"

हम : "परन्तु, आनोआन देशक लोक तऽ वेदान्तक प्रशंसा करैत अछि?"

खट्टर कका : "हँ, हमरा लोकनि जतेक अधिक वेदान्ती बनल रही ततेक आन देशक कैं फायदा छैक।"

हम : "से कोना?"

खट्टर कका : "जखन ओ सभ चढ़ाइ कऽ देत तऽ हमरा लोकनि 'सोऽहम्' जपैत रहि जाएब। यैह 'सोऽहम्' करैत-करैत त हम सभ 'सोहल सुथनी' भऽ गेलहुँ।"

हम : "परन्तु पारमार्थिक दृष्टिएँ..."

खट्टर कका : "फेर वैह बात? हौ, पारमार्थिक दृष्टिएँ हमरा लोकनि कोन जग जितने छी? किनका ब्रह्मक साक्षात्कार भेलैन्ह अछि? हमरा तऽ आइ धरि केओ ब्रह्मज्ञानी नहि भेटलाह अछि। जौं गप्प सुनबाक हो तखन त 'बढ़मथान' मे बढ़म बाबा पूजयबला भगतो एहि देशमे वेदान्त छटैत अछि! 'कलौ वेदान्तिन: सर्वे फाल्गुने बालका इव'।"

हम : "परन्तु जकरा ब्रह्मानन्दक रस प्राप्त भऽ गेल छैक से..."

खट्टर ककाक दुधिया भाङ तैयार भऽ गेल छलैन्ह। बजलाह, "ब्रह्मानन्दक रस यैह थिकैक। हम तऽ रस, आनन्द ओ ब्रह्म, एहि तीनू कैं एक्के कऽ बुझैत छी।"

ई कहि खट्टर कका लोटा उठौलन्हि और पिबैत-पिबैत आनन्दमे विभोर भऽ गेलाह।

हम पुछलिऐन्ह, "खट्टर कका, अहाँ रसक अनन्य प्रेमी थिकहुँ। परन्तु षट्रसमे बेसी आनन्द भेटैत अछि कि नवरसमे?"

खट्टर ककाक आँखिमे लाली आबि गेलैन्ह। बजलाह, "हम दूनूमे कोनो भेद नहि बुझैत छी। साहित्यक नवो रस हमरा षट्रसमे भेटि जाइत अछि। श्रृंगार और मधुर एक्के थीक। जैह रस विद्यापतिक 'वरयौवति' मे छैन्ह, सैह रस हमरा मालदह आम मे भेटि जाइत अछि। हास्यक स्वाद हमरा अम्मटमे भेटि जाइत अछि। जैह गोनू झाक चुटकुल्ला, सैह तेतरिक खटमिट्ठी। वीर ओ रौद्रक अनुभव हमरा लौङिया मरचाइमे भऽ जाइत अछि। और वीभत्सक अनुभूति तीतमे। करुण रसक तत्त्व लवणमे भेटि जाइत अछि और शान्त रसक तत्त्व कषायमे। वैराग्यशतक पढ़ू अथवा त्रिफलाचूर्ण फाँकू, एक्के बात थीक। अद्‌भुत रसक आनन्द हमरा पिपरमिंटमे भेटे जाइत अछि।"

हम पुछलिऐन्ह, "खट्टर कका, अहाँ कैं कोन रसमे विशेष आनन्द भेटैत अछि?"

खट्टर कका बजलाह, "हमरा रस मात्रमे आनन्द भेटैत अछि। चाहे ओ रस अनारक हो या कविताक। साहित्यक रस हो वा कुसियारक। विचारि कऽ देखल जाय तऽ सभ रस एक्के थीक। चाहे ओ मदिरामे हो वा मदिराराक्षीमे! मृगनैनीमे वा नैनी माछमे। कंचुकमे वा कंचुक पातमे! गोपीमे अथवा गोपी आममे।"

खट्टर कका तरंगमे आबि गेलाह। बजलाह, "रस की वस्तु थीक? जलक सूक्ष्मतम कण। वैह कण पुष्पमे जा मधु बनि जाइत अछि, अंगूरमे जा आसव बनि जाइत अछि, मोतीमे जा 'आभा' बनि जाइत अछि, तरुणीक गाल पर जा ओज बनि जाइत अछि। अरुणाइ पर अबैत काश्मीरी सेब और तरुणाइ पर अबैत काश्मीरी गाल एक्के उपादानक दू भिन्न स्वरूप थीक। तैं तात्त्विक दृष्टिएँ डंभक लताम और मुग्धा नायिकामे कोनो भेद नहि। एहि विषयमे हम शुद्ध अद्वैतवादी छी। काव्य-रस ओ द्राक्षा-रसमे, गंगाजल ओ गुलाबजलमे, चरणामृत ओ अधरामृतमे हमरा भेद नहि बूझि पड़ैत अछि। छेनाक संदेश हो वा प्रियतमाक, दूनू मे हमरा समान माधुर्य भेटैत अछि। कविता ओ कामिनीक पदमे हमरा एक्के कोमलताक अनुभव होइछ। बेला फुला गेल, इजोरिया छिटकि गेल, सुन्दरी मुस्कुरा उठलीह। बात एक्के थीक। कलकंठी खिलखिला उठलीह वा शेफालिकाक फूल झहरि गेल अथवा चाशनीमे बुनिया उझिला गेल—एहि तीनूमे भेद की?"

हम कहलिऐन्ह, "अहा! माधुर्यक बाढ़ि आबि गेल। खट्टर कका, आब अहाँ असली रंग पर आबि गेलहुँ।"

खट्टर कका अपना प्रवाहमे बजैत गेलाह, "हौ, एही रस कैं सच्चिदानन्द, परब्रह्म वा भगवान आदि नाना नाम देल गेल छैन्ह। ई 'नाना रूपधरो हरिः' थिकाह। कतहु वैखरी रूपमे योगी कैं नचबैत छथि, कतहु किन्नरी रूपमे भोगी कैं नचबैत छथि। कतहु सरोज बनि भ्रमर कैं रिझबैत छथि, कतहु उरोज बनि रसिक कैं रिझबैत छथि। कतहु सुरालय (देवालय) बनि आस्तिक कैं मोहैत छथि, कतहु सुराऽलय (मदिरालय) बनि नास्तिक कैं। कतहु कंचन रूपमे लोभबैत छथि, कतहु कंचनी रूपमे। कतहु वारांगना रूपमे, कतहु वीरांगना रूपमे।

ई रस नित्य ओ शाश्वत थिकाह। अनादि कालसँ हिनक उपासना होइत आबि रहल अछि। वैदिक युगक सोम वा आधुनिक युगक चाय, हिनके रूप थीक। सत्ययुगक रंभा, उर्वशी ओ मेनका एखन चित्रपटक तारिका रूपमे अवतीर्ण भेल छथि। एहि परम्पराक कहियो अन्त होमयबला नहि। ई रस अक्षय ओ अनन्त थिकाह।

यैह रस सृष्टिकर्ता थिकाह। सृष्टिक मूल थीक रसवृष्टि। अंडज, पिंडज, उद्भिज-सभक उत्पत्ति रसेक बिन्दु सँ छैक। और पालन-पोषण-सभ किछु तऽ रसे पर निर्भर छैक। जन्म होइतहि शिशु पयोधर दिस लपकैत अछि। और तरुणो भेला उत्तर सैह संस्कार बनल रहि जाइत छैक। रस मूलतः एक्के थीक, चाहे ओ उमड़ल पयोधर सँ बरसौ अथवा उभड़ल पयोधर सँ। मयूर सँ हजूर पर्यन्त ओ देखि कऽ नाचि उठैत छथि। अतएव यैह रस ब्रह्मा ओ विष्णु दूनू थिकाह।

और संहारकारी महेशो यैह थिकाह। जे मधु चुट्टी कैं अमृतकण पियबैत छैक सैह अपनामे लपटा कऽ प्राणो लैत छैक। दीपक ज्योति पतंगक हेतु जीवन-मरण दूनू थिकैक। विषय-रस जिऐबो करैत छैक, मारबो करैत छैक। तैं ओकरा अमृत कहू वा विष। बात एक्के थीक।

यैह रस ब्रह्म वा ब्रह्मानन्द थिकाह। चौरासी लक्ष योनि हिनके पाछाँ नाचि रहल छथि। भिन्न-भिन्न व्यक्ति भिन्न-भिन्न रूपें हिनक आराधना करैत अछि। केओ राजा बनि पृथ्वीक सुख भोगैत छथि। केओ तपस्वी बनि स्वर्गक सुख लूटय चाहै छथि। वेदान्ती कैं मोक्षमे चरम आनन्द भेटैत छैन्ह। चार्वाकपंथी कहै छथि 'नीविमोक्षो हि मोक्षः'।"

हम कहलिऐन्ह, "खट्टर कका, अहाँ चरम आनन्द कथीमे मानैत छी?"

खट्टर कका बजलाह, "सुनह। संसारमे पाँच टा आनन्द मुख्य थीक। शास्त्रानन्द, काव्यानन्द, संगीतानन्द, विषयानन्द, भोजनानन्द। एहिमे कोन ककरा सँ बलवान से एहि श्लोक सँ बूझह—

काव्येन हन्यते शास्त्रं, काव्यं गीतेन हन्यते।
गीतं नारी-विलासेन, क्षुधया सोऽपि हन्यते॥

शास्त्रक चर्चा प्रियगर लगैत छैक। परन्तु जहाँ काव्यामृतक वर्षा होमय लागल कि लोक ओकरे रसास्वादनमे लागि जाइत अछि। और जखन मधुर रागिणीक स्वरलहरी

झंकृत भेल तखन फेर कविता कैं सुनैत अछि? परन्तु ओहू सँ बेसी प्रबल होइ छथि कामिनी हुनक नूपुर-झंकारक आगाँ कोन गीत-वाद्य ठहरि सकैत अछि? परन्तु एक शक्ति एहन अछि जे हुनको पछाड़ि दैत छैन्ह।

ओ थीक उदरक ज्वाला। तैं भोजनानन्द के हम सभ सँ प्रबल मानैत छी! रसना कैं जाहि वस्तु सँ तृप्ति भेटय, सैह ब्रह्म थिक। अन्नं ब्रह्म। मधुरं ब्रह्म।

दधि मधुरं मधु मधुरं द्राक्षा मधुरा सितापि मधुरैव।
तस्य तदेव हि मधुरं यस्य मनो यत्र संलग्नम्॥

अतएव हमरा सँ यदि केओ पूछय जे जीवनक चरम आनन्द की थीक? तऽ हमर उत्तर अछि रसो वैस: अर्थात रसगुल्ला। रसगुल्ला कैं हम साकार ब्रह्मक प्रतीक मानैत छी, जकर सायुज्य सँ सद्य: अनिर्वचनीय आनन्दक प्राप्ति होइछ। निर्गुण निराकार ब्रह्म लऽ कऽ कि चाटब? तैं हम सगुण ब्रह्मक उपासना करै छी,

अखण्डमण्डलाकारं श्वेतवर्णं रसान्वितम्।
सर्वानन्दकरं दिव्यं रसगोलं भजाम्यहम्॥

परन्तु ओहि ब्रह्मक पूर्ण आनन्द लेबक हो तऽ भंग-भवानीक आराधना करब आवश्यक। तैं हम भंग-भवानी कैं मोक्षक साधन बुझैत छी। यैह भवानी हमर आराध्य देवी थिकीह।

सदा रसमयी देवी मधुरानन्ददायिनी।
यस्या: चुम्बनमात्रेण ब्रह्मानन्द: प्रजायते॥

हमरा लोकनिक पूर्वज पिउबाक आनन्द जनैत छलाह।

एकेन शुष्कचणकेन घटं पिबामि
वापीं पिबामि सहसा लवणार्द्रखंडै:
संलभ्यते यदि च रोहितमत्स्यखंड:
गंगां पिबामि यमुनां सह सागरेण।

हुनका लोकनिक सिद्धान्त छलैन्ह

पीत्वा पीत्वा पुन: पीत्वा यावत्पतति भूतले...

हौ, आब ब्रह्मानन्दमे लीन भऽ रहल छी..."

एतबा कहैत खट्टर कका अचेत भऽ गेलाह।

ओम्हर दुरुखा सँ काकी आबि कऽ बजलीह, "ताबत किछु काल हुनका ओहिना छोड़ि दियौन्ह। हम अबि कऽ सम्हारि देबैन्ह।"

शास्त्रक वचन

ओहि दिन खट्टर कका सँ शास्त्रचर्चा छिड़ि गेल। बात ई भेलैक जे खट्टर कका चार छरबैत रहथि। हम कहलिऐन्ह, "खट्टर कका, भदबेमे छावनी करबैत छिऐक?"

खट्टर कका बजलाह, "हौं, अनदिना जन नहि भेटैत अछि। तैं घरहठक काज हम भदबेमे करा लैत छी।"

हम कहलिऐन्ह, "खट्टर कका, अहाँ शास्त्रक वचन नहि मानैत छिऐक?"

खट्टर कका बजलाह, "कोन-कोन वचन मानय कहैत छह?"

हम कहलिऐन्ह, "शास्त्रमे जे किछु लिखल छैक से हमरा लोकनिक कल्याणार्थे। सभमे किछु ने किछु अभिप्राय भरल छैक। मनु, याज्ञवल्क्य, पराशर आदि कि एकोटा वचन निरर्थक लिखने छथि?"

खट्टर कका मुस्कुरा उठलाह। बजलाह, "तखन हम एकटा पुछैत छिऔह। मनुक वचन छैन्ह

न दिवीन्द्रायुधं दृष्ट्वा कस्यचिद्दर्शयेद्बुधः।

जौं आकाशमे इन्द्रधनुष देखी तऽ दोसरा कैं नहि देखाबी। एहिमे कोन अभिप्राय छैक? और उदाहरण लैह। स्मृतिसमुच्चयमे लिखैत छैक—

स्वगृहे प्राक्शिराः स्वप्यात्, श्वाशुरे दक्षिणाशिराः।
प्रत्यक्शिराः प्रवासे च न कदाचिदुदङ्मुखः।

अर्थात अपना घरमे पूब मुहें सूती। सासुरमे दक्षिण मुहें सूती। परदेशमे पश्चिम मुहें सूती। एहिमे की तात्पर्य छैक?"

हमरा निरुत्तर देखि खट्टर कका बिहुँसैत बजलाह, "एहि वचनक अनुसार यदि गामक जमाय चलऽ लागथि तऽ भारी समस्या भऽ जैतैन्ह।"

हम कहलिऐन्ह, "से किऐक, खट्टर कका?"

खट्टर कका ताख पर सँ सोंटा कुंडी उतारैत बजलाह, "हौ, गामक बेटी अपना घरमे पूब भर माथ कऽ कऽ सुततीह और वरक सिरमा दक्षिण भर रहतैन्ह। तखन वर कि पड़ल-पड़ल बङौर खोंटताह?"

हम कहलिऐन्ह, "खट्टर कका, सम्भव जे एहूमे किछु गूढ़ आशय होइक।"

खट्टर कका भाङ रगड़ैत बजलाह, "तोहर बात सुनि कऽ एकटा कथा मन पड़ि जाइत अछि। एकटा यजमान श्राद्ध करैत छलाह। ओहि ठाम एकटा बिलाड़ि आबि कऽ बारम्बार मड़राय लागल। से देखि पुरोहित कहलथिन्ह 'एकरा बान्हि दिऔक'। यजमानक बालक ई बात देखैत रहथिन्ह। जखन किछु दिनक उपरान्त ओ यजमान मरि गेलाह और वैह बालक हुनक श्राद्ध करय लगलथिन्ह तऽ अपना पुरोहित सँ पुछलथिन्ह 'एखन धरि बिलाड़ि नहि बान्हल गेल?' पुरोहित कहलथिन्ह 'पद्धतिमे तऽ एहि कर्मक विधान नहि छैक'। यजमान-पुत्र बजलाह 'हमरा कुलक यैह रीति अछि। हम स्वयं अपना आँखि सँ देखि चुकल छी'। तखन एकटा बिलाड़ि कतहु सँ अनाओल गेल और ओकरा गरमे रस्सी बान्हल गेल। तहिया सँ ओहि वंशमे बिलाड़ि बन्हबाक प्रथा चलि अबैत अछि। वंशज लोकनि कैं होइ छैन्ह जे मार्जारबन्धनमे गूढ़ तात्पर्य भरल हैतैक। हौ, एही तरहें एहि देशमे कतेक रासे अन्धविश्वास पसरल अछि, तकर ठेकान नहि।"

हम : "तखन आचार्य लोकनि एतेक रासे वचन कि अकारण बनौने छथि?"

खट्टर कका भाङमे सौंफ मरीच दैत बजलाह, "हौ, संसारमे अकारण कोनो वस्तु होइ छैक? कोनो पण्डित कैं सासुरमे घर चुबैत छल हैतैन्ह। दक्षिण भर किछु निचू देखि खाट घुसका नेने हैताह। और श्लोक बनौने हैताह 'श्वाशुरे दक्षिणाशिराः'। कोनो आचार्य कैं शनि दिन पूबभर ठेस लागि गेल हैतैन्ह। ताहि दिन सँ सिद्धान्त बनौने हैताह 'शनिवारे त्यजेत् पूर्वाम्'। हुनके देखादेखी ई नियम चलि गेल हैत। तहिना कोनो आचार्य रातिमे तिलबा खैने हैताह से नहि पचल हैतैन्ह। बस, एकटा श्लोक बना देलन्हि,

सर्वं तु तिलसम्बद्धं नाद्यादस्तमिते रवौ। मनु (४।७५)

अर्थात रातिमे तिलक बनल कोनो वस्तु नहि खैबाक चाही।...और हमरा लोकनि ओही सभ स्मृति कैं एखन धरि ठोइत आबि रहल छी।"

हम : "खट्टर कका, भऽ सकैत अछि, एहू सभमे कोनो वैज्ञानिक रहस्य होइक।"

खट्टर कका व्यंग्यपूर्वक बजलाह, "हँ। जेना कतेक गोटा बुझैत छथि जे टीक रखने मस्तिष्कमे विद्युत प्रवाहित होइ छैक। तैं पैघ टीक रखैत छथि। प्रायः ओही बिजलीक कारण हुनका लोकनि कैं एहन-एहन बात फुरैत छैन्ह। आन-आन देश बला तऽ टीक रखितहिं ने अछि, फुरतैक कोना? हौ, असलमे बूझह तऽ हमरा लोकनि कैं बुद्धिक अजीर्ण अछि।"

हम : "खट्टर कका, एतेक आचार-विचार और कोनो देशमे छैक?"

खट्टर कका सौंफ मरीच पिसैत बजलाह, "हौ, और देश कैं एतेक फुरसतिए कहाँ छैक? जौं यूरोप-अमेरिका हमरा सभक कृत्यसारसमुच्चय लऽ कऽ आह्निक कृत्य करऽ बैसय, तखन हवाइ जहाज ओ ट्रैक्टर के बनाओत? हमरा लोकनिक ऋषि

कैं कोनो काज रहबे नहि करैन्ह। बैसल-बैसल वचन गढ़ल करथि। कै आङ्गुरक दातमनि करी? कै टा कुरुड़ करी? कोन दिन तेल लगाबी? कहिया केश कटाबी? कोन समय नव वस्त्र पहिरी? सभटा बुद्धि एहीमे खर्च होमय लगलैन्ह। जे आचार्य ऐलाह से दस टा वचन जोड़ने गेलाह। फलस्वरूप विधिनिषेधक तेहन महाजाल बनि गेल जे लोक कैं नदिओ फिरबामे स्वतंत्रता नहि रहलैक।"

हम : "से कोना, खट्टर कका?"

खट्टर कका : "स्मृति देखह,

मूत्रोच्चारसमुत्सर्गं दिवा कुर्यादुदङ्मुखः।
दक्षिणाभिमुखो रात्रौ संध्ययोश्च यथा दिवा॥ मनु (४।५०)

लघी नदी कोन मुँह भऽ कऽ करी तकरो विधान छैक। दिनमे उत्तर मुँह। रातिमे दक्षिण मुँह। हौ, यदि आइ हमरा लोकनि मनुस्मृतिक अनुसार चलऽ लागी त देशमे लाखो पैखाना तोड़ि कऽ दोसर बनबाबऽ पड़त। दिनक लेल एक तरहक, रातिक लेल दोसरा तरहक।"

हमरा मुँह तकैत देखि खट्टर कका पुनः बाजय लगलाह, "एतबे नहि। धर्मशास्त्रक अनुसार चलने देशक सभटा 'शेविंग सैलून' (हजामतक दोकान) टूटि जाएत और समस्त 'लौंड्री' (धोबीक दोकान) कैं तीन दिन बन्द राखय पड़त।"

हम : "से किऐक, खट्टर कका?"

खट्टर कका : "देखह, शास्त्रमे लिखैत छैक जे,

नापितस्य गृहे क्षौरं शिलापृष्ठे तु चन्दनम्।
जलमध्ये मुखं दृष्ट्वा हन्ति पुण्यं पुराकृतम्॥ (नीतिदर्पण)

जौं हजामक ओहिठाम जाकऽ केश कटाबी तऽ पहिलुको सभटा पुण्य नष्ट भऽ जाय। और,

आदित्यसौरिधरणीसुतवासरेषु
प्रक्षालनाय रजकस्य नवस्त्रदानम्।
शंसन्ति कीरभृगुगर्गपराशराद्याः
पुंसां भवन्ति विपदः सह पुत्रदारैः॥ (रुद्रधरीय वर्षकृत्य)

जौं शनि, रवि ओ मंगल दिन धोबी कैं कपड़ा धोबक हेतु दिऐक तऽ स्त्री-पुत्र समेत नाना विपत्तिमे पड़ि जाइ। शुक्र, भृगु, गर्ग और पराशर आदिक यैह मत थिकैन्ह।

हम : "खट्टर कका, ई सभ आचारक बन्धन छैक।"

खट्टर कका : "परन्तु जखन 'अति' भऽ जाइत छैक तऽ आचारो 'अत्याचार' बनि जाइत छैक। सैह अपना देशमे भेलैक अछि। पड़िब कें कुम्हड़ नहि खांइ, द्वितीया

कैं कटहर नहि खाइ, तृतीया कैं नोन नहि खाइ, चौठ कैं तिल नहि खाइ, पंचमी कैं आमिल नहि खाइ, षष्ठी कैं तेल नहि खाइ, सप्तमी कैं धात्रीफल नहि खाइ, अष्टमी कैं नारिकेर नहि खाइ, नवमी कैं कदीमा नहि खाइ, दशमी कैं परोर नहि खाइ..."

हम : "खट्टर कका, ई सभ कि सरिपहुँ शास्त्रक वचन छैक?"

खट्टर कका : "त कि हम अपना दिस सँ बना कऽ कहैत छिऔह? देखह, पराशरक वचन छैन्ह,

कूष्माण्डं वृहतीफलानि लवणं वर्ज्यं तिलाम्लं तथा
तैलं चामलकं दिवं प्रवसता शीर्षं कपालान्त्रकम्।
निष्पावाश्च मसूरिका फलमथो वृन्ताकसंज्ञं मधु
द्यूतं स्त्रीगमनं क्रमात् प्रतिपदादिष्वेवमाषोडश।

हम : "तखन तऽ प्रत्येक गृहिणी कैं ई भक्ष्याभक्ष्यक चार्ट बना कऽ राखय पड़तैन्ह?"

खट्टर कका : "केवल भक्ष्याभक्ष्येक किऐक? बहुतो बातक। परन्तु तों भातिज थिकाह। सभ बात कोना कहिऔह?"

हम : "खट्टर कका, शास्त्रमे एहन-एहन बात किऐक भरल छैक?"

खट्टर कका भाङक गोला बनबैत बजलाह, "हौ, पण्डित लोकनि चालाक छलाह। जनता मूर्ख छल। तैं ओकरा काबूमे करबाक हेतु ई लोकनि नाना प्रकारक बन्धन तैयार कैलन्हि। जेना मालजालक हेतु छान-पगहा तैयार कैल जाइ छैक। और ई लोकनि तेना कऽ एहि देश कैं नथलन्हि जे की अङ्रेज नथने छल! जे काज शस्त्रक बल सँ नहि होइतैन्ह से शास्त्रक बल सँ भऽ गेलैन्ह। ई लोकनि बात-बात पर 'कंट्रोल' (प्रतिबंध) लगौलन्हि। अङ्रेज तऽ भला रवि दिन छुट्टिओ दैत छलैक। परन्तु ई लोकनि तऽ और लगाम कसि देलथिन्ह। एक आचार्यक हुकुम भेलैन्ह,

मत्स्यं मांसं मसूरं च कांस्यपात्रे च भोजनम्।
आर्द्रकं रक्तशाकं च रवौ हि प्रवर्जयेत्॥ (ब्रह्मवैवर्त)

अर्थात रवि दिन केओ माछ, मांस, मसुरीक दालि, आद ओ लाल साग नहि खाय। कासाक थारी-बाटीमे सेहो भोजन नहि करय। दोसर आचार्यक फरमान बहरैलैन्ह—

क्षौरं तैलं जलं चोष्णमामिषं निशि भोजनम्
राज स्नानं च मध्याह्ने रवौ सप्त विवर्जयेत् (स्मृतिसंग्रह)

अर्थात रवि दिन ने केओ केश कटाबौ, ने तेल लगाबौ, ने गर्म पानिक व्यवहार करौ, ने रातिमे भोजन करौ, ने दुपहरमे स्नान करौ, और ने...कहाँ धरि कहिऔह? तो भातिज थिकाह।"

हम : "खट्टर कका, एहन-एहन वचन पर लोक कैं आस्था कोना कराओल गेलैक?"

खट्टर कका भाङ घोंरैत कहय लगलाह, "स्वर्गक लोभ ओ नरकक भय देखा कऽ। एही दूनू पहिया पर धर्मशास्त्रक गाड़ी चलैत छैक। ओना केओ अपन दुधार गाय ब्राह्मण कैं किऐक दितैन्ह? तैं एहन वचन बना देलथिन्ह जे 'जे ब्राह्मण कैं दुधार गाय दान करताह से स्वर्ग जैताह'। परन्तु गाय ठरतीह तऽ ओढ़तीह की? ओढ़ना चाही। और ब्राह्मण दूध पिउताह कथीमे? कासाक बट्टामे। अतएव सभ टा विचारि कऽ पक्का मोसविदा बना देलथिन्ह,

धेनुंच यो द्विजे दद्यादलंकृत्य पयस्विनीम्
कांस्यवस्त्रादिभिर्युक्तां स्वर्गलोके महीयते। (मनुस्मृति)

बस, स्वर्गक लोभे यजमान लोकनि ओढ़ना ओ बट्टा समेत अपन-अपन दुधार गाय लऽ कऽ ब्राह्मणक दरबाजा पर पहुँचय लगलाह। हौ, एहन एकबाल कि नबावीओ हुकूमतमे चलल छलैक?"

खट्टर कका चीनी घोंरैत बजलाह, "हौ, स्वर्ग ओ नरक दूनू तऽ अपने हाथमे छलैन्ह। जे बात पसिंद पड़लैन्ह ताहि पर स्वर्गक मोहर लगा देलथिन्ह। जे बात नापसिंद ताहि पर नरकक छाप लगा देलथिन्ह। कतेक ठाम तऽ एना बूझि पड़त छैक जेना खिसिया कऽ शाप दऽ रहल होथि वा गारि पढ़ि रहल होथि। कोनो आचार्य कैं स्त्री सँ झगड़ा भेल हैतैन्ह। एकटा वचन ठोकि देलथिन्ह,

ऋतुस्नाता तु या नारी भर्त्तारं नोपसर्पति
सा मृता नरकं याति विधवा च पुनः पुनः।

अर्थात 'ऋतुस्नानक उपरान्त जे स्त्री स्वामीक सेवन नहि करथि से नरक जाथि और अग्रिम जन्ममे बारम्बार विधवा होथि'। तहिना कोनो पण्डित कैं भावी श्वसुर कन्यादानमे किछु विलंब कऽ देने होइथिन्ह। बस, सातो पुरुखाक उद्धार भऽ गेलैन्ह,

प्राप्ते तु द्वादशे वर्षे यः कन्यां न प्रयच्छति।
मासि मासि रजस्तस्याः पिबन्ति पितरोऽनिशम्॥

अर्थात 'कन्याक बारहम वर्ष भेलो उत्तर यदि विवाह नहि होइन्ह त हुनकर मासिक शोणित पितर लोकनि पिबैत छथिन्ह'। एवं प्रकारें जिनका जे मनमे ऐलैन्ह से एकटा श्लोक जोड़ि कऽ चला देलन्हि। 'इदं कुर्यात, इदं न कुर्यात्' यैह दूनू तानी-भरनी लऽ कऽ तेहन महाजाल बूनल गेल जे लोक ओझरा कऽ रहि गेल। एक तऽ संस्कृतक श्लोक, ताहि पर विधिलिङ् लकार। एक बेर जे श्लोक बनि गेल से वज्रलेख भऽ गेल। आब के पूछौ जे 'कथं न कुर्यात्?' यदि केओ साहस कय मुँह खोललक तऽ

'नास्तिक' कहौलक। एहना स्थितिमे शास्त्रक विरोध के करौ? एही द्वारे सत्यासत्यक परीक्षा एहि देशमे नहि भऽ सकल।"

हम : "खट्टर कका, अपना देशमे वैज्ञानिक नहि छलाह जे एहि सभ बातक समीक्षा करितथि?"

खट्टर कका भाङमे चीनी मिलबैत बजलाह, "हौ, एहि देशक जलवायु विज्ञानक अनुकूले नहि छैक। जे विज्ञान जन्मो लेलक से शास्त्रक मसियौते बनि गेल। जे बात धर्मशास्त्र सँ छुटल छलैक से ज्योतिष पूरा कऽ देलक। मनु, याज्ञवल्क्य आदि लोक कैं धर्मक हथकड़ी लगौने छलथिन्ह, भृगु ओ गर्ग प्रभृति कालक बेड़ी पहिरा देलथिन्ह। ई काल बूझह तऽ हमरा देशक महाकाल भऽ गेल। टाट बान्हू तऽ दिनक विचार। खाट घोरू तऽ दिनक विचार! बाट चलू तऽ दिनक विचार। हाट जाउ तऽ दिनक विचार। घाट जाउ तऽ दिनक विचार। पाट कीनू तऽ दिनक विचार। हौ, एतेक कतहु टंट-घंट भेलय? जहाँ और और देशक लोक विद्याक बलें आकाशमे उड़ि रहल अछि तहाँ हमरा लोकनिक शास्त्र पैरमे छान लगा देने अछि। यात्रा करू तऽ मुहूर्त देखि कऽ। विवाह करू तऽ मुहूर्त देखि कऽ। द्विरागमन करू तऽ मुहूर्त देखि कऽ। और कहाँ धरि, गर्भाधान करू तऽ मुहूर्त देखि कऽ।"

हम : "खट्टर कका, ई अहाँ अतिशयोक्ति कय रहल छी। गर्भाधान कतहु पतड़ा देखि कऽ भेलैक अछि?"

खट्टर कका : "तखन वचन सुनि लैह।

षष्ठ्यष्टमी पंचदशी चतुर्थी चतुर्दशीरप्युभयत्र हित्वा
शेषाः शुभाः स्युस्तिथयो निषेके वाराः शशांकार्यसितेंदुजाश्च।

षष्ठी, अष्टमी, पूर्णिमा, अमावस्या, चौथ, चतुर्दशी-ई सभ तिथि एहि कार्यमे वर्जित थीक। दिनमे सोम, बुध, शुक्र प्रशस्त थीक। नहि विश्वास हो तऽ बृहज्ज्योतिषसार उनटा कऽ देखह।"

हम : "खट्टर कका, अहाँ कैं ज्योतिष पर विश्वास नहि अछि?"

खट्टर कका : "हौ, फलित ज्योतिष जौं फलित हो तखन ने विश्वास हो? परन्तु से होइत तऽ एखन धरि हम कम सँ कम अढ़ाइ हजार बेर मरि चुकल रहितहुँ।"

हम : "से कोना, खट्टर कका?"

खट्टर कका : "देखह, ज्योतिषक वचन छैक जे,

रविस्तापं कांतिं वितरति शशी भूमितनयो:
मृतिं लक्ष्मीं चान्द्रिः सुरपतिगुरुर्वित्तहरणम्
विपत्तिं दैत्यानां गुरुरखिलभोगानुगमनम्
नृणांतैलाभ्यङ्‌गा'त सपदि कुरुते सूर्यतनयः।

अर्थात रवि दिन तेल लगौने कष्ट, सोम दिन कांति, मंगल दिन मृत्यु, बुद्ध दिन लक्ष्मी, बृहस्पति दिन दरिद्रता, शुक्र दिन विपत्ति और शनि दिन सुखक भोग हो। एहिमे कोन कारण-कार्य सम्बन्ध छैक से तऽ साइंस वला जाँच करथु। परन्तु हम करीब पचास वर्ष सँ सभ दिन तेल लगा रहल छी। एतबा दिनमे २५०० मंगल तऽ अवश्य पड़ल हैत। परन्तु आइ धरि हम जिबितहिं छी। तथापि तों ज्योतिषमे विश्वास करय कहैत छह?"

हम कहलिऐन्ह, "खट्टर कका, एकर उत्तर तऽ कोनो ज्योतिषीए दऽ सकैत छथि।"

खट्टर कका अङपोछा सँ भाङ छनैत बजलाह, "ज्योतिषी की उत्तर देताह? अपने फंदा सँ गरमे फाँसी लागि जैतैन्ह। हौ, एकेटा दृष्टान्त दैत छिऔह जे केहन गड़बड़ाध्याय लागि जाइत छैन्ह। देखह, ऋतु प्रकरणमे कहैत छथि जे,

आदित्ये विधवा नारी (सोमे चैव मृतप्रजा)

अर्थात जौं कन्याक सर्वप्रथम ऋतुदर्शन रवि दिन होइन्ह तऽ ओ विधवा होथि। और पुनः कहै छथि जे,

पंचम्यां चैव सौभाग्यं (षष्ठ्यां कार्यविनाशनम्)

अर्थात यदि पंचमी तिथिमे ऋतुदर्शन होइन्ह तऽ कन्या सौभाग्यवती होथि। आब हम पुछैत छिऔह जे जौं पंचमी रवि कैं कन्याक ऋतुदर्शन होइन्ह तखन ओ की होथि?" हमरा चुप्प देखि खट्टर कका बजलाह, "और देखह, एक वचन छैन्ह जे,

(पौषे तु पुंश्चली नारी) माघे पुत्रवती भवेत्।

अर्थात माघमासमे रजोदर्शन भेने पुत्रवती होथि। और दोसर वचन छैन्ह जे,

कृत्तिकायां च वंध्या स्यात् (रोहिण्यां चारुभाषिणी)

अर्थात कृत्तिका नक्षत्रमे रजोदर्शन भेने बंध्या होथि। आब ज्योतिषी सँ पुछहुन जे यदि माघमास कृत्तिका नक्षत्रमे किनको रजोदर्शन होइन्ह तखन तऽ बंध्या-पुत्रक जन्म भऽ जैतैन्ह?"

हमरा निरुत्तर देखि खट्टर कका पुनः बजलाह, "और तमाशा देखह। एकठाम तऽ कहैत छथि जे,

धने पतिव्रता ज्ञेया (मांसहीना च नक्रके)

अर्थात धन राशिमे रजस्वला भेने पतिव्रता होथि। और दोसर ठाम कहै छथि जे,

मंदे च पुंश्चली नारी (ज्ञेयं वारफलं शुभम्)

अर्थात शनि दिन रजस्वला भेने व्यभिचारिणी होथि। आब तोही कहह जे यदि धन राशिमे शनि दिन कन्या रजस्वला भऽ जाथि तखन ओ की करथि? हौ, कहाँ धरि कहिऔह? ततेक पाखण्ड भरल छैक जे सभटाक उद्घाटन कैने महाभारतक पोथा बनि जाय। तथापि पण्डित लोकनिक आँखि नहि फुजैत छैन्ह।"

हम क्षुब्ध होइत कहलिऐन्ह, "खट्टर कका, तखन की करबाक चाही?"

खट्टर कका बजलाह, "हमरा लोकनि शास्त्रक नाम पर जे फूसि फटाकाक माला गाँथि कऽ पहिरने छी तकरा विसर्जन करबाक चाही। बाधित वचन सभ पर हरताल लगैबाक चाही। दू परस्पर-विरोधी श्लोकमे सँ जे मिथ्या सिद्ध हो तकरा ग्रन्थ सँ दूर करबाक चाही। परन्तु हमरा लोकनिक माथ पर सँ ओ बड़का भूत उतरय तखन ने?"

हम : "कोन भूत, खट्टर कका?"

खट्टर कका : "'लिखलाहा'क भूत। सभ किछु टरि सकैत अछि किन्तु 'लिखलाहा' नहि टरैत सकैत अछि। जहाँ कोनो पण्डित सँ गप्प करह कि वैह माथ परक भूत बाजय लगतैन्ह 'लिखल छैक जे...'। हुनका कहून्ह जे 'औ बिलाँ! लिखल छैक तऽ रहऽ दिऔक। ओकरा नामें कि अहाँ दमामी पट्टा लिखि देने छिऐक? अपन बुद्धि कि कतहु बंधक राखल अछि?' परन्तु जाबत धरि ओ भूत माथ पर रहतैन्ह ताबत कि पण्डित लोकनि अपना मस्तिष्क सँ किछु सोचि सकै छथि?"

हम : "तखन ओ भूत भगैबाक उपाय?"

खट्टर कका : "उपाय यैह जे पण्डित लोकनि किछु दिन हमर सत्संग कैल करथु। परन्तु ओ लोकनि तऽ हमरा गारिए पढ़ैत हैताह।"

हम : "खट्टर कका, जे यथार्थ पण्डित हैताह से अहाँ कैं गारि नहि पढ़ताह।"

खट्टर कका लोटामे भाङ घोरैत बजलाह, "आब जे करथु। परन्तु हम मुँहदेखल तऽ नहिए कहबैन्ह। एहि देशमे अन्धविश्वासक मूल स्रोत अछि शास्त्र। स्मृति, पुराण, ज्योतिष, कर्मकांड। 'एकैकमप्यनर्थाय किमु यत्र चतुष्टयम्!' सहस्रो वर्ष सँ लोक अज्ञानक बन्धनमे पड़ल अछि। भदबाक बन्धन, दिक्शूलक बन्धन, अधपहराक बन्धन, अतीचारक बन्धन, ग्रहक बन्धन, नक्षत्रक बन्धन! हौ, एतेक कतहु बन्धन भेलय? स्वाइत एहि देशक लोक मोक्षक पाछाँ बेहाल रहैत अछि?"

हम कहलिऐन्ह, "खट्टर कका, ई तऽ मार्मिक गप्प कहल।"

खट्टर ककाक भाङ तैयार छलैन्ह। हाथमे लोटा उठा बजलाह, "हौ, हमहीं कहाँ धरि सोच करू? जखन दस दसटा अवतार आबि कऽ एहि देशक उद्धार नहि कय सकलाह तखन बेचारे एकटा खट्टर झा एसकर की करताह? एही द्वारे तऽ हम चिन्ताहरण बूटी कैं सधने छी।"

ई कहि खट्टर कका भरलो लोटा भाङ चढ़ा गेलाह।

प्राचीन आदर्श

खट्टर कका हमरा हाथमे मोटगर पुस्तक देखि पुछलन्हि, "हौ, ई की थिकौह?"

हम कहलिऐन्ह, "आदर्श चरितावली।"

खट्टर कका उनटबैत-पनटबैत बजलाह, "ई सभ पढ़ने माथा खराब भऽ जैतौह।"

हम : "खट्टर कका, ई की कहैत छी? एहिमे एकसँ एक आदर्श चरित्र भरल छथि जिनकर अनुसरण कैने परम पद प्राप्त भऽ जाय।"

खट्टर कका मुस्कुराइत बजलाह, "परम पद हो वा नहि, किन्तु परम आपद धरि तऽ अवश्ये भऽ जाय!"

हम : "से कोना, खट्टर कका?"

खट्टर कका ताखपर सँ सोंटा-कुंडी उतारैत बजलाह, "हौ, भाइ जौं केओ माखन-चोर वृन्दावन-विहारी जकाँ चीर-हरण करैत 'गोपी-पीन-पयोधर-मर्दन-चंचल-करयुगशाली'क अनुकरण करय लागि जाथि तऽ की गति हैतैन्ह? जेल, अस्पताल वा पागलखाना!"

हम : "खट्टर कका, अवतारक तऽ गप्प हो नहि। ओहन लीला कि मनुष्य कऽ सकैत अछि? परन्तु मानव-चरित्र देखू।"

खट्टर कका : "तोरा कोन मानव-चरित्र सभ सँ बेसी आदर्श बूझि पड़ैत छौह?"

हम : "सत्यवादी दानवीर राजा हरिश्चन्द्र।"

खट्टर कका भाङक पुड़िया बाहर करैत बजलाह, "आइ जौं हम हुनक अनुकरण करय लागि जाइ तऽ लोक हरीमे ठोकि देत।"

हम : "से कोना?"

खट्टर कका : "मानि लैह, जे रातिमे हम स्वप्न देखल जे तोरा काकी कैं कुशतिल गंगाजल लऽ संकल्प कय, अब्दुल्ला मियाँ कैं दान कऽ देलिऐन्ह। आब जौं हम अन्नपानि त्यागि 'हाय अब्दुल्ला! हाय अब्दुल्ला!' करय लागी और कतहु सँ जोहि, जबर्दस्ती तोरा काकी कैं ओकरा पाछां लगा दिऐन्ह तऽ लोक की कहत? सम्मत वा बताह?"

हम : "खट्टर कका, ओहिठाम तात्पर्य छैक सत्यक महिमा देखेबाक, जे स्वप्नीमे देल वचन पालन करक चाही।"

खट्टर कका भाङ रगड़ैत बजलाह, "हौ, एहीठाम तऽ मूर्खता प्रारम्भ भऽ जाइत छैक। स्वप्नमे लोक कतेक उटपटांग बात देखैत अछि। जौं तकरा सत्य मानि लोक चलऽ लागय तऽ कि एको दिन निमहि सकैत छैक? मानि लैह, स्वप्नमे तों हमर खेत केवाला लेलह। तऽ कि जगला पर हम तोरा दस्तावेज बना देबौह? परन्तु की कहिऔह? एहि देशमे तऽ जाग्रत अवस्था सँ बेसी स्वप्नेक महत्त्व छैक।"

हम : "से कोना, खट्टर कका?"

खट्टर कका : "देखह, एहि देशक दर्शन की छैक? वेदान्त। ओर वेदान्तक भवन कथी पर ठाढ़ छैक? स्वप्नक अनुभव पर। सम्पूर्ण संसार स्वप्नवत् थीक। पृथ्वीक अन्यान्य देश जाग्रत अनुभव पर चलैत अछि। परन्तु हमरा लोकनिक आदर्श अछि सुषुप्तावस्था। बल्कि एक डिग्री ओहू सँ बेसी-तुरीयावस्था! हौ, हम पुछत छिऔह, यदि आइ समस्त भारतीय तुरीयावस्था कैं प्राप्त कय मुर्दा सँ बाजी लगा कऽ पड़ि रहथि तऽ देशक की दशा हैतैक?"

हम : "खट्टर कका, हमरा सभक सिद्धान्त थीक,

या निशा सर्वभूतानां तस्यां जागर्ति संयमी।
यस्यां जाग्रति भूतानि सा निशा पश्यतो मुनेः ॥"

खट्टर कका व्यंग्यपूर्वक बजलाह, "हँ। जखन समस्त संसार जगैत अछि तखन हम फोंफ कटैत छी और रात्रिक अंधकारमे हम जगैत छी। भऽ सकैछ जे कोनो पक्षी-विशेष सँ हमरा लोकनि कैं ई प्रेरणा भेटल हो।"

हम : "खट्टर कका, अहाँक व्यंग्य बड्ड तीक्ष्ण होइत अछि।"

खट्टर कका मुस्कुराइत बजलाह, "हम कि कोनो बेजाय कहैत छिऔह? एहि देशक पक्षीओ सभ तत्त्वदर्शी होइ छथि। शुक, जटायु, गरुड़, काक-सभ तऽ हमरा सभक गुरुए थिकाह। और उलूक पक्षीक तऽ कोनो कथे नहि। यदि हुनकामे विशेष महत्त्व नहि रहितैन्ह तऽ वैशेषिक-कर्ता कणाद कैं वैह नाम किऐक पड़ितैन्ह?"

हम क्षुब्ध होइत कहलिऐन्ह, "खट्टर कका, एहि पुस्तकमे एतेक रासे उपाख्यान छैक, ताहिमे एकोटा आदर्श चरित्र अहाँ कैं नहि भेटैत अछि?"

खट्टर कका : "तोंही देखाबह।"

हम : "देखू, भीष्म पितामह केहन आदर्श छलाह जे..."

खट्टर कका : "जे कौरवक भरल सभामे द्रौपदी कैं नग्न होइत देखलथिन्ह, तथापि चुपचाप घाड़ खसौने बैसल रहलाह!"

हम : "प्रह्लाद ओ विभीषण केहन आदर्श छलाह जे..."

खट्टर कका : "एक गोटा बाप कैं मरबौलन्हि, दोसर भाई कैं। भगवान ने करथु जे एहन-एहन आदर्श फेर भारतवर्षमे जन्म लेथि।"

हम : "परन्तु कहल जाइ छैक जे,

अश्वत्थामा बलिर्व्यासो हनूमांश्च विभीषण:
कृप: परशुरामश्च सप्तैते चिरजीविन:।

खट्टर कका : "एकर असली अर्थ बुझलहक? दरिद्र ब्राह्मण, मूर्ख राजा, खुशामदी पण्डित, हुड्ड सेवक, कृतघ्न भाई, दंभी आचार्य एवं क्रोधी विप्र-ई सातो आदर्श एहि भूमि पर बहुत दिन धरि कायम रहताह। ई एहि देशक दुर्भाग्य बुझह।"

हम : "खट्टर कका, अहाँ तऽ सभटा अद्‌भुते अर्थ लगबैत छी। परंच एही देशमे शिवि ओ दधीचि सन आदर्श दानी सेहो भऽ गेल छथि।"

खट्टर कका व्यंग्य करैत बजलाह, "हँ। राजा शिवि अपन मांस काटि कऽ दान कैलन्हि और दधीचि अपन हड्डी। यदि हमहूँ ककरो मङला पर अपन नाक काटि कऽ दऽ दिऐक तऽ तों हमरा आदर्श कऽ कऽ बुझबह?"

हम : "खट्टर कका, अहाँ तऽ तेहन छौ लगबैत छिऐक जे जड़िए सँ साफ कऽ दैत छिऐक। आब ककरो नामो लैत डर होइ अछि। राजा नल कैं अहाँ केहन बुझैत छिऐन्ह।"

खट्टर कका : "कापुरुष।"

हम : "से किऐक?"

खट्टर कका भाङक गोला बनबैत बजलाह, "हौ, आइ यदि तो जुआमे अपन घर-द्वार, खेत-पथार, डीह-डाबर, सभ किछु गमा आबह और हमरा भतिज-पुतोहु कैं लय जंगलक बाट धरह और ओहिठाम अकाय वनमे हुनका सुतले छोड़ि बल्कि हुनका देह सँ चुपचाप नूआ फोलि, हुनके साड़ीक आँचर पहिरि-कतहु पड़ा जाह, तऽ तोरा हम की कहबौह? महापुरुष अथवा कापुरुष?"

हम : "खट्टर कका, राजा नृगक उपाख्यान लियऽ।"

खट्टर कका पुन: व्यंग्य करैत बजलाह, "हँ, राजा नृग सहस्रो गाय दान कैलन्हि से तऽ गेल कोठीक कान्ह पर। और एकटा गाय धोखा सँ, वापस आबि गेलैन्ह तऽ ओही पाप सँ हजारो वर्ष धरि इनारमे गिरगिट भेल पड़ल रहलाह। हौ, राजा नृग कैं जौं कनेको संस्कारक लेश छल हैतैन्ह तऽ फेर दोसर जन्ममे एकोटा गोदानक नाम नहि नेने हैताह।"

हम : "खट्टर कका, शंख ओ लिखित केहन छलाह?"

खट्टर कका : "दून उपर्युपरि छलाह। यदि ओहने बुद्धि सभ कैं भऽ जाइक तऽ सम्पूर्ण देश पागलखाना बनि जाय।"

हम : "कोना, खट्टर कका?"

खट्टर कका भाङ छनैत बजलाह, "मानि लैह, हम तोरा पछुआड़मे भाङ तोड़य गेलहुँ। तोरा सँ भेट नहि भेल। हम दु चारि टा टुस्सी तोड़ि लेल। पछाति तोरा कहि देलिऔह। तों बजलाह, 'नीक कैल जे लऽ लेल'। यदि एहू पर हम सन्तुष्ट नहि होइ

और एहि बात पर अड़ि जाइ जे तों पघरिया हाँसू लऽ कऽ हमर हाथ काटिए लैह तऽ तों हमरा की बूझबह? और तों यदि सरिपहुँ हमर हाथ काटि लैह तऽ तोरा लोक की बुझतौह? हौ, ई लोकनि अजायब-घरमे राखय योग्य छलाह।"

हम : "खट्टर कका, अहाँ सँ के बहस करौ? परन्तु एही भारतभूमि पर एक सँ एक नामी राजा भेल छथि, जेना महाराज दुष्यन्त, राजा ययाति..."

खट्टर कका : "हँ, सुक्रिये नाम कि कुक्रिये नाम। दुष्यन्त तपोवनमे जा मुनिकन्या कैं गर्भ कऽ देलथिन्ह और पाछाँ कहलथिन्ह जे हम एहि युवती कैं चिन्हबो नहि करैत छिऐन्ह। एहन भारी लंपट और कायर के हैत? कोनो अङ्रेजक बेटी रहितैन्ह तऽ ओही ठाम गोली मारि दितैन्ह।...और ययाति कैं हम की कहिऔन्ह? बुढ़ारीमे सौख भेलैन्ह तऽ बेटा सँ यौवन पैंच लऽ कऽ भोग कैलन्हि। हिनकर जोड़ा विश्वमे कतहु भेटतौह? परन्तु हम की बाजू? एहि देशक तऽ इनारेमे भाङ घोराएल छैक।"

खट्टर कका दू बून्द उत्सर्ग कय भरि लोटा भाङ चढ़ा गेलाह। पुन: तीव्र स्वरमे कहय लगलाह, "एहि देशक राजा सन कामुक ओ स्त्रैण पृथ्वी पर कतहु नहि भेटतौह। बूझह तऽ पुराणमे दुइएटा चरित्र मुख्य। राजा ओ ब्राह्मण। एक कामी, दोसर क्रोधी। और दूनू लोभी। केओ राज्यक पाछाँ, केओ स्वर्गक पाछाँ। से यदि काम, क्रोध ओ लोभक शिक्षा लेबाक हो तऽ पुराण पढ़ह।"

हम कहलिऐन्ह, "खट्टर कका, ई अहाँक अन्याय थीक। राजा दऽ तऽ हम नहि कहब। किन्तु ब्राह्मण एहठामक आदर्श भऽ गेल छथि। देखू, देवर्षि नारद केहन ज्ञानी छलाह..."

खट्टर कका : "जिनका बिना झगड़ा लगौने कहिओ पेटक अन्न नहि पचलैन्ह।"

हम : "खट्टर कका, ब्रह्मर्षि द्रोणाचार्य केहन तेजस्वी छलाह..."

खट्टर कका : "जे स्वार्थवश एकलव्यक औंठा कतरबा लेलथिन्ह। आबक विद्यार्थी रहितैन्ह तऽ फराके सँ औंठा देखा दितैन्ह।"

हम : "राजर्षि विश्वामित्र केहन तपस्वी रहथि..."

खट्टर कका : "जे अन्हार रातिमे चुपचाप वशिष्ठ मुनिक घेंट काटक हेतु उपकि कऽ ठाढ़ भऽ गेलाह!"

हम : "खट्टर कका, अहाँ तऽ हमर मुँहे बन्द कऽ दैत छी। परन्तु देखू, हम गुरुभक्तिक दृष्टान्त दैत छी। आरुणि केहन आदर्श रहथि?..."

खट्टर कका : "मूर्ख रहथि। गुरुक खेतमे पानि रोकबाक रहैन्ह तऽ आरि बन्हितथि। अपने की पड़ि रहलाह? हौ, ओहि तरहें लोक कतीकाल धरि क्रियाकर्म रोकने पड़ल रहि सकैत अछि? एतवा नहि फुरलैन्ह जे जैखन उठब तैखन सभटा पानि बहि जाएत। एहने एहने विद्यार्थी भरिदिन पात खरड़ि रातिमे धधरा कय पढ़ैत छलाह।"

हम क्षुब्ध होइत कहलिऐन्ह, "खट्टर कका, तखन एहन-एहन कथाक कोनो उपयोगिता नहि?"

खट्टर कका बजलाह, "उपयोगिता अवश्य। ताहि दिनक गुरु चलाक रहथि। विद्यार्थी भुसकौल होथि। एहन-एहन उपाख्यान गढ़ि पण्डित लोकनि चेला सँ चैला चिरबाबथि, गाय चरबाबथि, खेत कमबाबथि। एहि तरहें सभ कथामे किछु ने किछु अभिप्राय भरल छैक। कोनो ब्राह्मणक गाछ सँ केओ नेबो-लताम तौड़ि नेने हैतैन्ह। तकरा लजाबक हेतु शंखक खिस्सा गढ़ि देलथिन्ह। कोनो ब्राह्मण कैं राजा गाय दऽ कऽ छीनि नेने हैतैन्ह। तकरा डराबक हेतु नृगक पिहानी रचि देलथिन्ह। एवं प्रकारें अनेको आख्यान बनि गेल। कोना राजा कैं ठकक हेतु; कोनो विद्यार्थी कैं परतारक हेतु; कोनो शूद्र कैं सरि करक हेतु; कोनो स्त्री कैं नाथक हेतु। कथाकार लोकनि तेना बढ़ा-चढ़ा कऽ टाटक ठाढ़ कैने छथि जेना कौआ-कुकुर कैं डरैबाक हेतु मकइक खतमे ढेलबाँस बनाओल जाइ छैक। परन्तु आबक लोक कैं एना परतारब कठिन।"

हम पुछलिऐन्ह, "तखन पौराणिक आदर्शक किछु मूल्य नहि?"

खट्टर कका बजलाह, "वैह मूल्य जे 'म्यूजियम'मे राखल ढालि-तरुआरिक होइत छैक। ओ प्रदर्शन लेल रहैत छैक, व्यवहारक हेतु नहि।"

हमरा सोचैत देखि खट्टर कका कहय लगलाह, "हौ, बात ई छैक जे पुराणमे जाहि नैतिक आदर्शक चित्रण कैल गेलैक तकरा पराकाष्ठा पर पहुँचा देल गेलैक। परिणाम ई भेलैक जे ओकर स्वाङ (विद्रूप) बनि गेल छैक। आतिथ्यक महिमा देखैबाक भेल त 'फल्लाँ बेटा कैं काटि कऽ थारीमे परसि देलन्हि'। सतीत्वक महिमा देखैबाक भेल त 'फल्लींक कोंचा सँ आगि बहरा गेलैन्ह!' कोनो सती सूर्यक चक्का रोकि दैत छथि, केओ यमराज कैं पछाड़ि दैत छथि। बिना अतिशयोक्ति हमरा लोकनि कैं बाजहि नहि अबैत अछि। कोनो बात पसिंद त सहस्र अश्वमेधक तुल्य! नापसिंद तऽ कोटि ब्रह्महत्याक समान! जकर स्तुति करय लागब तकरा 'त्वमर्कः त्वं सोमः' करैत आकाशमे ठेका देब! जकर निंदा करय लागब तकरा असुर वा ससुर बनबैत पातालमे धसा देब! ई बात वैदिके युग सँ आबि रहल अछि। बूझह तऽ अतिशयोक्ति हमरा सभक वंशज गुण थीक।"

हम : "खट्टर कका, अतिशयोक्ति तऽ किछु ने किछु सभ देशक साहित्यमे भेटत।"

खट्टर कका कतरा करैत बजलाह, "हँ। परन्तु हमरा लोकनिक रोम-रोममे भीजल अछि। वेद, पुराण, धर्मशास्त्र, ज्योतिष, आयुर्वेद, साहित्य, संगीत, चित्रकला, मूर्त्तिविद्या-सभमे वैह बात भेटतौह। आँखि पैघ नीक, तऽ कान धरि सटा देल गेल। पयोधर पुष्ट नीक, तऽ कलश सन-सन बना देल गेल। कवि लोकनि कैं ओहू सँ मन नहि भरलैन्ह तऽ गजकुम्भ सँ उपमा दैत दैत पर्वत धरि ठेका देलथिन्ह। हौ, सभ बातक एकटा सीमा होइत छैक। एहि ठाम तऽ कोनो सीमे नहि। 'मुखमस्तीति वक्तव्यं दशहस्ता हरीतकी'। जिनका जे फुरलैन्ह से लिखि गेलाह। फलस्वरूप अतिशयोक्तिक

बाजार लागि गेल। केओ पहाड़ उठा लैत छथि। केओ समुद्र सोखि जाइत छथि। केओ पृथ्वी कैं दात तर धऽ लैत छथि। केओ सूर्य कैं घोटि जाइ छथि। मुँह ओ हाथक कोनो संख्ये नहि। केओ चतुरानन, केओ पंचानन, केओ षडानन! केओ चतुर्भुज, केओ अष्टभुज, केओ सहस्त्रभुज! केओ एक सहस्त्र वर्ष युद्ध कैलन्हि, केओ दस सहस्त्र वर्ष तपस्या कैलन्हि, केओ बीस सहस्त्र वर्ष भोग कैलन्हि!...बूझह तऽ यैह अतिशयोक्ति हमरा सभ कैं खा गेल!"

हम कहलिऐन्ह, "खट्टर कका! तऽ कि ई सभ बात कपोलकल्पित छैक?"

खट्टर कका व्यंग्यपूर्वक बजलाह, "जाबत पर्यन्त अपना देशक धौतपरीक्षोत्तीर्ण पुराणाचार्य लोकनि जीवित छथि ताबत एहन बात बजबाक दुःसाहस के कय सकैत अछि? हमर एकटा महावीरजी आबि जाथि तऽ समस्त संसारक सेना कैं नाङड़िमे लपेटि लेथि। एकटा अगस्त्य मुनि आबि जाथि तऽ सभ जहाज समेत समुद्र कैं चूरूमे उठा कऽ पीबि जाथि। एकटा बमभोला तेसर नेत्र उघारथि तऽ सभ बमगोला बला बम बाजि जाथि। एकटा वराह भगवान अवतार लेथि तऽ पृथ्वी कैं फुटबाल जकाँ उठा कऽ फेंकि देथि। तखन आन-आन देश बला बाप-बाप कऽ चिचिया उठताह। यूरोप अमेरिका आविष्कार करैत रहथु। हमरा लोकनिक काज अवतारे सँ चलि जाइत अछि। एकटा अवतार एखन भऽ जाइत तऽ सभ टा समस्या हल भऽ जाइत। कोशी कैं डाँटि दितथि, बाढ़ि बन्द भऽ जाइत। नख लऽ कऽ चीरि दितथि, नहर बनि जाइत। पृथ्वी कैं एक बाण मारितथि, अन्न उपजि जाइत। देहक मैल छोड़ा कऽ फेंकि दितथि, कल-कारखाना बनि जाइत। देश तेहन समृद्ध भऽ जाइत जे लोक घृते लऽ कऽ लघुशंका करैत।"

हम कहलिऐन्ह, "खट्टर कका, अहाँ तऽ अतिशयोक्तिक धारे बहा देलिऐक!"

खट्टर कका बिहुँसैत बजलाह, "हौ, वंशज ककर छी? रक्तक धर्म कतहु छुटलैक अछि? विज्ञानक उन्नति करबा लेल तऽ पृथ्वी पर और और जाति अछिए। कल्पना-विलासक भार सेहो तऽ ककरो ऊपर रहक चाही। से मनमोदक बनैबाक भार हमरा लोकनि पर अछि।"

हम कहलिऐन्ह, "खट्टर कका, मानि लियऽ जे किछु अतिरंजनो होय, तथापि आब ओ सत्ययुगी आदर्श पृथ्वी पर भेटि सकैत अछि?"

खट्टर कका नोसि लैत बजलाह, "हौ, सत्ययुगक लोक कोनो दोसर प्रकारक जीव नहि होइत छलाह। सभ युगमे मनुष्यक स्वभाव एक्के रंग होइत छैक। तखन परिस्थितिक भेद सँ व्यवहारमे अन्तर पड़ैत छैक। देखह, पहिने लोकक संख्या कम्म छलैक। जतबा अन्न-फल उपजैत छलैक सैह नहि खा सकैत छल। एहिठाम अत्रिक आश्रम, दू कोस दूर वशिष्ठक आश्रम। बीचमे ककरो घर नहि। अत्रि कैं एक हजार गाय, वशिष्ठ कैं दू हजार गाय। आब एतेक दूध-दही की हो? तैं अतिथि-देव कैं खेहारि-खेहारि कऽ सत्कार कैल जाइन्ह। ओतबा घृत के खा सकैत? जे बचैत छल

से जरा कऽ होम कऽ देल जाइ छल। ताहि दिन सभ कैं अपना जरूरति सँ फाजिले छलैक। केओ चोरी किऐक करैत? परन्तु आइ जनसंख्या बहुत बढ़ि गेलैक अछि। पृथ्वी ओतबे, खैनिहार दसगुना बेसी। तैं अत्रि-वशिष्ठक सन्तान पेट खातिर एक दोसरा कैं छोपि रहल छथिन्ह। यदि लोकक आबादी कम्म भय दशमांश पर आबि जाय तऽ फेर सत्ययुग पलटि आबय। पुनः गोरसक धार बहऽ लागय।"

हम : "तखन सत्ययुग ओ कलियुगमे अन्तर कोन बात लऽ कऽ?"

खट्टर कका : "हौ, लोक सँ खाद्य बेसी तऽ सत्ययुग। खाद्य सँ लोक बेसी तऽ कलियुग। पूर्वहुमे कहियो अकाल पड़ि जाइत छलैक तऽ चोरी आदि कलिक धर्म प्रकट भऽ जाइत छलैक। एक बेर अश्वत्थामा कैं दूध नहि भेटलैन्ह तऽ पिठार घोरि कऽ पिउलन्हि। एखन देशमे करोड़ो अश्वत्थामा मौजूद छथि।"

हम : "तखन प्राचीन ओ नवीन युगमे धर्ममूलक भेद नहि छैक?"

खट्टर कका : "धर्ममूलक नहि, अर्थमूलक भेद छैक। एही आर्थिक आधार पर समाज नैतिक आदर्श बनैत छैक। हम तऽ बुझैत छी जे अर्थे धर्मक मूल थीक। जौं अर्थ हटा दी तऽ कोनो आदर्शक मूल्य नहि।"

हम : "से कोना, खट्टर कका?"

खट्टर कका : "देखह, सभ सँ बड़का धर्म अछि दान ओ दया। दू मुट्ठी अछि तऽ दोसरा कैं एक मुट्ठी दिऔक। जकरा रहबे नहि करतैक से अनका देतैक की? तैं हम कहैत छिऔह जे धर्मक मूल अर्थ।"

हम : "परन्तु आनो आन धर्म तऽ छैक?"

खट्टर कका : "हँ। परन्तु विचार कऽ देखह तऽ अर्थ बिना कोनो धर्मक अर्थ नहि। गौ-गंगा-गीता सभ आदर्श ओही भित्ति पर ठाढ़ छथि।"

हम : "ई बात नीक जकाँ बुझबामे नहि आएल।"

खट्टर कका : "देखह, गौ सँ दूध ओ खेतीमे सहायता। तैं ओ माता। गंगाजीक प्रसादात सिंचाई ओ वाणिज्य। तैं ओ पूज्य। गीताक कृपा सँ सभ अपन-अपन स्वधर्म (व्यवसाय) मे लागल रहय, केओ दोसराक वृत्ति वा जीविकामे हस्तक्षेप नहि करैक। तैं ओ मान्य। सभमे गूढ़ तात्पर्य भरल छैक।"

हम : "तखन एकटा सन्देह होइछ, खट्टर कका! एहि देशमे अर्थ कैं एतेक तुच्छ दृष्टि सँ किऐक देखल गेल छैक?"

खट्टर कका बजलाह, "हौ, यैह तऽ ढोंग छैक। ऊपर सँ कहब जे द्रव्य तुच्छ थीक। और भितरे भीतर टका धर्मः टका कर्म टका हि परमा गतिः। ओही खातिर एतेक रासे दान-दक्षिणाक माहात्म्य गाओल गेल छैक। द्रव्यमे एतबा शक्ति छै जे कतबो पाप कैला उत्तर पाक भऽ जाउ। गोदान वा स्वर्णदान करू, व्यभिचारक दोष मेटा जाएत। सोना-चानीमे हत्या पचैबाक सामर्थ्य छैक। आइयो और ताहू दिन एहि भूमि खातिर ताहू दिन कुरुक्षेत्र मचैत छल, आइयो मचैत अछि। मनुष्य कहाँ बदलल

अछि? सम्पत्तिक महिमा सभ दिन सँ छैक। छुच्छ आदर्शक कोन मोल? परन्तु हौ बाबू, ब्राह्मण देवता चलाक छलाह। जौं द्रव्य कैं तुच्छ नहि कहितथिन्ह तऽ लोक दितैन्ह कोना? ओही तुच्छ द्रव्यक निमित्त एतेक रासे राजा हरिश्चन्द्र ओ नृग सन दानीक उपाख्यान पसारल गेल अछि।"

भूतक मंत्र

खट्टर कका भाङ धो कऽ पसबैत रहथि। हमरा संग एक अपरिचित व्यक्ति कैं देखि पुछलन्हि, "हौ, ई के छथुन्ह? यदि ककरो हाथमे कुश देखी तऽ कुशल नहि।"

हम कहलिऐन्ह, "खट्टर कका, राति बथेयावाली कैं भूत लागि गेलैन्ह। हुनके झाड़क हेतु आएल छथिन्ह। ई बड़का भारी ओझा छथि। बारह वर्ष कामाख्या रहि मंत्र सिद्ध कैने छथि।"

खट्टर कका कैं हँसी लागि गेलैन्ह। बजलाह, "ई तऽ स्वयं भूत छथि। जकरा पर चढ़थिन्ह तकर निस्तार नहि।"

ओझा तरँगि कऽ बजलाह, "हम कि अपना मने कतहु जाइ छी? जे बजबैत अछि, तकरा ओहि ठाम जाइ छी।"

खट्टर कका पुछलथिन्ह, "अहाँ लोक कैं एना ठकै छिऐक किऐक?"

ओझा बिगड़ि कऽ कहलथिन्ह, "अहाँ हमरा सँ नहि लागू। हम मंत्र जनैत छी। मंत्र सँ की नहि भऽ सकैत छैक?"

खट्टर कका उत्तर देलथिन्ह, "बेस, तऽ हम एकटा जोंक अहाँक लगा दैत छी। अहाँ जतेक मंत्र जनैत छी से पढ़ि कऽ ओकरा भगाउ। मुदा हाथ सँ हटाबऽ नहि देब। यदि कतबो 'ह्रीं-खीं' कैने ओ छोड़ि देबय तऽ हम बूझब जे अहाँक मंत्रमे शक्ति अछि।"

हम कहलिऐन्ह, "खट्टर कका, ई अखड़ियल छथि। हटताह नहि।"

खट्टर कका बजलाह, "बेस! ओहि जामुनक गाछमे एकटा घोड़नक छत्ता छैक। ताबत सैह उतारि कऽ धोतीक बीच राखि दहुन। ऐखन मंत्रक परीक्षा भऽ जैतैन्ह।"

ई रंग-ढंग देखि ओझा ओहि ठाम सँ घसकि गेलाह।

हम कहलिऐन्ह, "खट्टर कका, ई कहैत छथिन्ह जे बथेयावालीक देह पर जिन्न चढ़ल छैन्ह।"

खट्टर ककाक ठोर पर मुसकी आबि गेलैन्ह। सोंटा-कुंडीमे भाङ रगड़ैत बजलाह, "हौ, ठीठर भरि जन्म रोगियाँठ। डाँड़मे बातरस धैने। ताहि पर बुढ़ारीमे दोसर विवाह कय एकटा हथिनी उठा अनने छथि। तखन आङनमे जिन्न पहुँचि जाइ छैन्ह तऽ से कोन भारी बात?"

हम कहलिऐन्ह, “खट्टर कका, अहाँ कैं तऽ सभ बातमे हँसिए रहैत अछि।”

खट्टर कका बजलाह, “हँसीक बात तऽ थिकैहे। जकरा शरीर नहि, सेहो हमरा लोकनिक स्त्रीगण पर चढ़ि जाइत छैन्ह। अबलक बहु, सभक भौजाइ। भूतो कैं एही देशमे देवर बनबाक सिहंता होइ छैन्ह।”

हम : “खट्टर कका, अहाँ भूत नहि मानैत छी?”

खट्टर कका : “हौ, हम भूत, भविष्य, वर्तमान-तीनू मानैत छी। पूर्णभूत, सामान्यभूत, संदिग्धभूत...”

हम : “से भूत नहि।”

खट्टर कका : “तखन कोन भूत?”

हम : “जे भूत लोक पर चढ़ि जाइत छैक।”

खट्टर कका एक छन सोचि कऽ बजलाह, “हँ, सेहो भूत मानैत छी। हमरा लोकनिक माथ पर सरिपहुँ भूत चढ़ल अछि।”

हम कहलिऐन्ह, “खट्टर कका, अहाँ व्यंग्य करैत छी। परन्तु पद्मपुराणमे देखिऔक जे कतेक रासे भूतक वर्णन देल छैक।”

खट्टर कका भाङमे मरीच मिलबैत बजलाह, “वैह भूत तोरा माथ पर सँ बाजि रहल छौह। बड़का-बड़का पण्डितक कपार पर ई भूत चढ़ल रहैत छैन्ह। जहाँ किछु पुछहुन कि ‘फल्लाँ ठाम लिखल छैक!’ आन-आन देश नव-नव आविष्कार कऽ रहल अछि। हमरा लोकनिक आँखि पर पुराणक जाला छारने अछि।”

हम कहलिऐन्ह, “खट्टर कका, एक दिन हमरो देशमे बहुत रासे विज्ञान छल। हमरो पुष्पक विमान छल, अग्निबाण छल...”

खट्टर कका बिच्चहिमे टोकैत बजलाह, “फेर वैह भूत बाजि रहल छौह। ‘भूत’क भूत। हाथी चलि गेल, हथिसार चलि गेल। परन्तु हम हाथमे सिक्कड़ नेने छी। की तऽ ‘एक दिन हमहुँ हाथीबला छलहुँ’। आब की छी, से ने देखू। सूती खड़ तर, स्वप्न देखी नौ लाखक! रस्सी जरि गेल, ऐंठन नहि जरैत अछि। आन-आन देश हिमालयक चोटी पर चढ़ि गेल; हम खाधिमे पड़ल बजैत छी ‘एक दिन हमरो पुरुखा चढ़ल छलाह’। आन-आन देशक आँखि भविष्य पर छैक; हम भूत दिस मुँह फेरि कऽ बैसल छी। ई भूत जान छोड़य तखन ने आगाँ बढ़ी।”

हम कहलिऐन्ह, “खट्टर कका, अहाँ कैं भूत-प्रेतमे विश्वास नहि अछि। परन्तु कतेको लोक अपना आँखि सँ देखैत अछि। कतेको कैं भूत खेहारैत छैक। से कोना होइ छैक?”

खट्टर कका एक चुटकी सौंफ भाङमे मिझरबैत बजलाह, “हौ, ओ थिकैक भयक भूत। अज्ञानक कारण। अन्हार रातिमे सुनसान गाछीक बीच कोनो चोर वा जारकैं भूत मानि कतेक गोटे गायत्री-मंत्र जपय लगैत छथि। कृष्णाभिसारिका कैं यक्षिणी बूझि हुनक धोती ढील भऽ जाइ छैन्ह। मस्तिष्कविकार सँ केओ प्रलाप करैत अछि तऽ ओ भूतक बकनाइ भऽ गेल! केओ चुपचाप आङनमे पजेबा खपटा बरसा देलक तऽ ओ

प्रेतक उपद्रव भऽ गेल! रातिमे चौरक बीच 'फासफोरस' चमकल तऽ राकस! साँप नहि देखाइ पड़ल तऽ भुतसप्पा! आगि कोना लागल से ज्ञात नहि तऽ ब्रह्माग्नि! हौ, ई सभ अविद्याक अन्धकार थिकैक। 'रज्जौ यथाऽहेर्धमः'।"

हम कहलिऐन्ह, "खट्टर कका, अहाँ कैं अलौकिक बातमे विश्वास नहि अछि। परन्तु औखन एहि देशमे तेहन-तेहन गुणी छथि जे कर्ण-पिशाच कैं वश कय परोक्षक बात जानि जाइत छथि, मंत्र द्वारा पिलही कटैत छथि, चित्ती कौड़ी फेंकि साँप कैं नथैत छथि, बट्टा चला कऽ चोरक पता लगा लैत छथि, बैताल सिद्ध कय जे चाहथि से मँगा सकैत छथि। एतबे नहि, ओ लोकनि तन्त्र द्वारा मारण, उच्चाटन, वशीकरण-सभटा कय सकैत छथि।"

खट्टर कका जोर-जोर सँ भाङ रगड़ैत बजलाह, "फूसि बात। यदि एहिमे एकोटा सत्य रहितैक तऽ हम मुसरे ढोल पिटा दितहुँ। पिलहीक दवाई वा इंजेक्शनमे जे देशक करोड़ो टका बाहर जाइ अछि से बाँचि जाइत। सरकार खुफिया पुलिस हटा कऽ बट्टा चलैबाक महकमा खोलि दैत। सिंचाई मंत्री पुरश्चरण द्वारा वर्षा करबा लितथि। महामारीक समयमे डिस्ट्रिक्ट बोर्डक चेयरमैन महामृत्युञ्जय पाठ करबितथि 'त्र्यम्बकं यजामहे सुगन्धिं पुष्टिवर्द्धनम्'। प्रधानमंत्री रेडियोक स्थानमे एकटा कर्णपिशाची राखि लितथि। परराष्ट्रनीति सँ जे काज नहि चलितैन्ह से मोहन वा उच्चाटनक प्रयोग सँ सिद्ध भऽ जइतैन्ह। पलटनक मदमे जे ओतबा खर्च होइ छैन्ह से बाँचि जइतैन्ह। कोनो देशक सेना आक्रमण करैत तऽ एक झुण्ड तान्त्रिक कैं ठाढ़ कय देल जइतैन्ह। ओ 'हुम् फट् स्वाहा' कऽ कऽ सभ कैं भगा दितऽथिन्ह। अथवा तेना कऽ स्तंभन कऽ दितऽथिन्ह जे ओ सभ आगाँ बढ़िए नहि सकैत। अथवा तेहन वशीकरण कऽ दितऽथिन्ह जे लड़ब छोड़ि हमरा सभक पैर दाबय लगैत। हौ, ई सभ तऽ बड़का बात छैक। हम एकटा साधारण परीक्षा कहैत छिऔह। यदि अपना देशक तांत्रिक कैं वशीकरणक दावा छैन्ह तऽ पहिने वरक बाप पर प्रयोग कऽ कऽ देखथु। यदि ओ बेटाक दाम मङनाइ छोड़ि देथिन्ह तऽ हम बूझब जे तंत्र-मंत्र सफल। नहि तऽ एकरंगा ओ लाल ठोप व्यर्थ।"

हम कहलिऐन्ह, "खट्टर कका, ओझा आइ राति भूत झाड़थिन्ह, ताहि खातिर बहुतो वस्तु चाहिऐन्ह। उनटा सरिसव। कारी बाछीक गोबर। तेलिया मसानक भस्म। श्यामकर्ण घोड़ाक नाङड़ि। ताही सभक जोगारमे गेल छथि।"

खट्टर कका भाङक गोला बनबैत बजलाह, "एकरे नाम छैक सुच्चा पाखण्ड। भला उनटा सरिसव और भूत पड़ैबामे कोन कार्य-कारण सम्बन्ध छैक?"

हम कहलिऐन्ह, "खट्टर कका, तंत्र-मंत्रक रहस्य गुप्त होइ छैक, तैं आधा राति कऽ एकान्तमे बथेयावालीक भूत झाड़ल जैतैन्ह।"

खट्टर कका डंटा पटकैत बजलाह, "एकर नाम थिक गुंडपनी। आन-आन देशक विद्या डंकाक चोट पर चलैत अछि, और हमरा सभक विद्या कनफुसकीमे रहि जाइत अछि। हौ, चोर कतहु इजोत सहय! ठकविद्या अंधकारेमे चलैत छैक। पाश्चात्य

विज्ञान कैं देखहौक जे कोना सोन जकाँ प्रकाशमे चमकैत छैक। ओ रेडियो बहार करैत अछि तऽ सम्पूर्ण पृथ्वीमे खिरा दैत अछि। परन्तु अपना देशक कोनो पण्डित कैं ई विद्या हाथ लागल रहितैन्ह तऽ नहि जानि कतेक आडम्बर पसारितथि! कहितऽथिन्ह जे सोझे बैकुंठ सँ आकाशवाणी आबि रहल अछि। यजमान कैं सचैल स्नान करा, अहोरात्र उपवास करा, शुभ नक्षत्रमे सुवर्ण-धेनु दान करा, अमावस्या रात्रिमे एकान्त श्मशानमे लऽ जा, कोनो मुइल लोकक स्वर सुना दितऽथिन्ह, और सिद्ध बनि भरि जन्म पुजबैत रहितथि। रेडियो कैं चंडीक मूर्ति बना, एकरंगा सँ झाँपि, यक्षपिशाचक मंत्र पढ़ि, अक्षत सिंदूर छीटि, यथार्थ वस्तु पर तेहन आवरण चढ़ा दितथि जे केओ असली भेद नहि बूझि सकय। और मरबा काल चुपचाप अपना बेटाक कानमे गुप्त मंत्र दय हुनको सिद्ध बना जैतथि।"

हम कहलिऐन्ह, "खट्टर कका, अहाँ मंत्र कैं पाखण्ड बुझैत छिऐक?"

खट्टर कका भाङ घोटैत बजलाह, "हौ, मन्त्रक अर्थ थिकैक उचित परामर्श। यदि तोरा पेटमे कृमि छौह तऽ हम विचार देबौह जे वायभिडंग खाह। परन्तु यदि हम तोरा कहियौह जे पेटमे एकटा गुल्लरिक गाछ जनमि गेलौह अछि, तऽ ई पाखण्ड भेल। यदि कहियौह जे ओ गाछ कटबाक हेतु एकटा जप करय पड़त, तऽ ई महा-पाखण्ड भेल। यदि कहिऔह जे ओहि जप कैं फलित करय हेतु थोड़ेक ऊँटक नकटी, बिलाड़िक गोंजी, बादुरक काँची, भगजोगनीक नेड़ी तथा पाँच भरि स्वर्ण चाही, तऽ ई महा-महा-पाखण्ड भेल। एही प्रकारक महा-महा-पाखण्डी समाजमे सिद्धतांत्रिक आदि नाम सँ पुजबैत छथि। लोक १०८ श्री हुनका नाममे लगा हुनक अंगुष्ठोदक पिबैत छैन्ह। हमर वश चलय तऽ सोझे ४२० दफा लगा दिऐन्ह। खट्टर-पुराणक एकटा श्लोक सदा स्मरण राखह,

तांत्रिकः मांत्रिकश्चैव हस्तरेखाविशारदः।
भूतवक्ता भविष्यज्ञः सर्वे पाखंडिनः स्मृताः॥"

हम कहलिऐन्ह, "खट्टर कका, तंत्रो अहाँ कैं जाले बुझना जाइछ?"

खट्टर कका भाङमे चीनी दैत बजलाह, "हौ, असली तंत्र थीक रसायनशास्त्र। दू वस्तुक संयोग से एक तेसर वस्तुक आविर्भाव भऽ जाइ छैक। एहि विज्ञान सँ आन देश एतेक उन्नति कैलक अछि। परन्तु तकरे नकल पर झूठ फूसि आडंबर पसारि, माटिक चीनी, पानिक घृत अथवा तामकैं सोन बनैबाक ढोंग करब ठकपनी थीक। एही छल-विद्याकैं धूर्तगण तंत्रक नामसँ प्रसिद्ध कैने छथि। अमुक नक्षत्रमे अमुक मंत्र पढ़ि अमुक लेप लगा लियऽ, तऽ अदृश्य भऽ जाएब। हौ बाउ, जौं ई सत्य रहितैक तऽ हम रेलमे डेरा खसा दितहुँ। टी. टी. आइ. टिटियाइते रहि जैतथि। सभ ठाम परमुण्डे फलाहार चलैत। नित्य मलाइयेमे भाङ छनितहुँ। ककरो सासुरमे जा कऽ मालपुआ खोंटि अबितहुँ। एहन तंत्रक आगाँ 'लोकतंत्र' कैं के पुछत?"

हम कहलिऐन्ह, "खट्टर कका, ओझा बथेयावालीक हेतु एकटा यंत्र बना रहल छथिन्ह।"

खट्टर कका भाङ घोरैत बजलाह, "ओकरा यंत्र नहि, षड्यंत्र कहह। असल यंत्र थीक मशीन। यंत्र द्वारा आकाशमे उड़ि जाउ, पातालमे चलि जाउ, पहाड़ उठा दियऽ, समुद्र बाँधि दियऽ, पानि बरसा दियऽ, बिजली चमका दियऽ। और ई सभटा यंत्र यूरोप-अमेरिका बहार कैलक अछि। बूझह तऽ यंत्ररूपी बैताल ओकरे सिद्ध भेलैक अछि। यंत्र खेत जोतैत छैक, चाउर कुटैत छैक, भानस करैत छैक, कपड़ा बुनैत छैक, भार उठबैत छैक, पंखा हौंकैत छैक, गीत सुनबैत छैक। हमरा लोकनिकैं जाहि यंत्रक काज पड़ैत अछि से सभटा ओकरे सँ मङैत छिऐक। और बदलामे हमरा लोकनि कोन यंत्र दैत छिऐक? एतुका पण्डित सँ और पारे की लगतैन्ह? बहुत करताह तऽ एकटा केश उपाड़ि कऽ ताममे मढ़वाकऽ पठा देथिन्ह जे लैह सिद्धिदाता यंत्र।"

हम कहलिऐन्ह, "खट्टर कका, तखन भूतक मंत्रमे अहाँकैं विश्वास नहि अछि?"

खट्टर कका बजलाह, "असलमे पूछह तऽ भूतक मंत्र एहि देशक लोक जनिते नहि अछि। भूतक मंत्र जनैत अछि पाश्चात्य देश। छिति, जल, पावक, गगन, समीरा-एहि पाँचो भूत कैं ओ तेना कऽ अपना वशमे कैने अछि जे सभ काज ओकरा सँ लय रहल अछि। और हमरा लोकनि नकली भूतक फेरमे पड़ि उनटा सरिसव जोहने भेल फिरै छी।"

हम कहलिऐन्ह, "खट्टर कका, अहाँ पाश्चात्य विज्ञानक समर्थक छी। परन्तु आधुनिक विज्ञान लोक कैं संहार दिस लऽ जा रहल अछि।"

खट्टर कका बिहुँसैत बजलाह, "और रामायण महाभारत कि लोक कैं सृष्टि दिस लऽ गेल छल? हौ, युद्ध सभ युग सँ होइत आएल छैक। परन्तु तकर दोष विज्ञान कैं नहि दहौक। यदि केओ तेज सरौता सँ सुपारी नहि कतरि अपन नाके कतरि लेबय तऽ एहिमे सरौताक कोन दोष?"

हम : "खट्टर कका, पाश्चात्य सभ्यता भौतिकवादक मृगमरीचिकामे पड़ल अछि। परन्तु हमरा लोकनिक पुरखा ज्ञानी छलाह। तैं ओ लोकनि सांसारिक ऐश्वर्य कैं तुच्छ बूझि भौतिक विज्ञान के महत्त्व नहि देलन्हि। एही आध्यात्मिक मनोवृत्तिक कारण औखन धरि यैह धर्मप्राण देश जगद्गुरु कहैबाक योग्यता रखै अछि।"

खट्टर कका बजलाह, "एकरे कहैत छैक 'एकां लज्जां परित्यज्य सर्वत्र विजयी भवेत्'। हौ, जतय एक धूर जमीन खातिर भाइ-भाइमे घेंट-कटौअलि होय, जतय द्रव्यक लोभे बेटा-बेटी कैं बेचि देल जाय, जतय घृतक नाम पर चरबी बेचल जाय, ताहि देश कैं तों धर्मप्राण कहैत छह? धर्म देखबाक हो तऽ यूरोप-अमेरिका सँ घूमि आबह जहाँ रेलमे साबुन, तौलिया पर्यन्त सुरक्षित रहैत छैक। जातीय चरित्र सराही ओकर जकरा दोकान सँ एक सात वर्षक बच्चो शुद्ध घृत कीनि कऽ आनि सकैत

अछि। ओकरा शौचालयोमे जतबा सफाइ रहैत छैक ततेक तोरा सभक भोजनालयमे नहि। जेना अङ्‌रेज अपना टेम्स नदी कैं रखैत अछि, तेना यदि हम अपन गंगाजी कैं राखि सकितिऐन्ह, तऽ असली पूजा होइतैन्ह। परन्तु एहिठाम तऽ लोक नदीमे फूल चढ़ा कऽ नदी सेहो फीरि दैत छैन्ह। सार्वजनिक स्थानक पवित्रता कोना राखी, सेहोटा धर्म हम सभ नहि जनैत छी। तखन अनका कोन गुरु-मंत्र देबैक? अपने मन मियाँ मिठू बनैत रहू जे हम छी 'सभक गुरु गोवर्धन दास!' "

हम कहलिऐन्ह, "खट्टर कका, अहाँक बातमे जूमब तऽ कठिन। परन्तु काल्हि स्वामी अध्यात्मानन्दक व्याख्यान हैतैन्ह जे भौतिकवाद सभ अनर्थक जड़ि थीक।"

खट्टर कका व्यंग्य करैत बजलाह, "हँ। ओ भौतिकवादीक बनाओल रेलगाड़ी सँ उतरि, भौतिकवादीक बनाओल चश्मा लगौने, भौतिकवादीक बनाओल लाउडस्पीकर पर चिचिया कऽ बजताह जे भौतिकवादी सभ्यता बड़ अधलाह थीक। और हुनक अनुयायी भौतिक कागज पर भौतिक फाउंटेनपेन सँ हुनक वक्तव्य नोट कय, भौतिक टेलीग्रामसँ प्रेसमे छपबाक हेतु पठा देथिन्ह।...हौ, असलमे पूछह तऽ हमरा लोकनि निर्लज्ज छी, थेथर छी, बेहया छी।"

खट्टर ककाक भाङ तैयार भऽ गेल छलैन्ह। ओ लोटा हाथमे लैत बजलाह, "पाश्चात्य देश पंच-महाभूत कैं अपना वशमे कैने अछि। और हमरा लोकनिक माथ पर मूर्खताक भूत सवार अछि। जखन ई भूत भस्मीभूत हो तखन ने देशक भविष्य बनय! एही द्वारे तऽ हम भूतनाथक आराधनामे लागल रहैत छी।"

ई कहि खट्टर कका दू बून्द शिवजीक नामपर उत्सर्ग कय घट्ट-घट्ट सभटा भाङ पीबि गेलाह।

चन्द्र-ग्रहण

ओहि राति चन्द्र-ग्रहण लागल रहैक। सौंसे गामक लोक उमड़ि कऽ बड़का पोखरिमे स्नान करैत छल। ओम्हर खट्टर कका अपना दालानमे बैसल घूर तपैत रहथि। हम जा कऽ कहलिऐन्ह, "खट्टर कका, ग्रहण स्नान नहि करबैक?"

खट्टर कका बजलाह, "हौ, ई पूस मास! पाला पड़ैत! ताहिमे आधा राति कऽ हम नहाउ गऽ? से कि हमरा कुकुर कटने अछि?"

हम कहलिऐन्ह, "देखिऔक तऽ स्नानक हेतु केहन भेड़ियाधसान मचल छैक?"

खट्टर कका सिहरैत बजलाह, "हे नारायण! ई सनसन बसात! ई कनकन पानि! कनेक छूबी तऽ आङुर बर्फ बनि जाय! ताहिमे ई सहस्रो नर-नारी भरि छाती पानिमे ठाढ़ छथि! कतेको बुद्धिमान एकटंगा देने छथि। बच्चा सभ ठिठुरि रहल अछि। मर्द सभ सर्द भऽ रहल छथि। कोमलांगी सभ कठुआ रहल छथि। पुरबैयाक लहरा तीतल नुआ कैं चीरि कय युवतीक छाती छेदि रहल छैन्ह। वृद्धागण थरथर काँपि रहल छथि। तथापि पुण्यक लोभे सभ केओ ठेलमठेला करैत आगाँ बढ़ल जा रहल छथि। हाय रे धर्मप्राण देश!"

हम पुछलिऐन्ह, "खट्टर कका, अहाँ नहिए नहैबैक?"

खट्टर कका बजलाह, "हौ, चन्द्रमा पर पृथ्वीक छाया पड़ल छैन्ह। किछु कालमे अपनहि हटि जैतैन्ह। ताहि खातिर हम किऐक पानिमे डूबू? सौंसे गामक संग हमहूँ बताह भऽ जाउ?"

हम कहलिऐन्ह, "खट्टर कका, ओम्हर बोच बाबू कैं देखिऔन्ह। कोना मुँह झँपने जप कऽ रहल छथि! हुनका एहि बेर ग्रहण देखबाक नहि लिखैत छैन्ह। तैं ऊपर नहि तकैत छथि।"

खट्टर कका : "तकताह तऽ की हैतैन्ह?

हम : "मृत्यु।"

खट्टर कका : "मृत्यु तऽ एक दिन हैबे करतैन्ह। ओ कि मुँह झँपने मानतैन्ह?"

हम : "राशिक विचारें मृत्यु फल लिखैत छैन्ह।"

खट्टर कका बजलाह, "हौ, हम तऽ नेने सँ सभटा ग्रहण देखैत ऐलहुँ अछि। ओहिमे कतेको मृत्युयोग पार कऽ चुकल हैब। कहियो ओं सों सोमाय नमः नहि जपलहुँ।

परन्तु राशिक फल कहाँ घटित भेल? यदि सरिपहुँ एना होइतैक तऽ अफगानिस्तान, बलूचिस्तान, तुर्किस्तान, इंगलिस्तान-सभ एखन धरि कब्रिस्तान बनि गेल रहैत। केवल आर्यावर्तमे बोच बाबू सन-सन बुद्धिनिधान पृथ्वीक शोभा बढ़बैत रहितथि।...परन्तु एहि देशक दिग्गज लोकनि कैं के बुझाबौ?"

हम : "खट्टर कका, तखन एतेक रासे जे ग्रहणक फल लिखल छैक से कपोलकल्पिते छैक?"

खट्टर कका : "तों अपने विचारि कऽ देखह। राशिक अनुसार तोरा काकी कैं एहि बेर की फल बहराइत छैन्ह? स्त्रीनाश! फल बनाबऽ बला कैं एतबो ध्यान नहि रहलैन्ह जे ई फल स्त्री, बालक ओ ब्रह्मचारीमे कोना घटित हैतैन्ह? हौ, बारह टा राशिमे आठटाक फल जानि बूझि कऽ अनिष्टे राखल गेल छैक। कोनोमे व्यथा, कोनोमे चिन्ता, कोनोमे घाल, कोनोमे माननाश! से जौं नहि रहितैक तऽ लोक काबूमे कोना अबितैन्ह? बूझह तऽ ई ग्रहण चन्द्रमा कैं नहि लगैत छैन्ह। हमरा सभ कैं लगैत अछि।"

हम : "से कोना?"

खट्टर कका : "प्रथम तऽ ई जे ग्रहण होइतहि हमरा लोकनि कैं अशौच लागि जाइ अछि। जेना जन्माशौच, मरणाशौच, तहिना ग्रहणाशौच! एक पहर पहिनहि सँ भानस भात बन्द! तदुपरान्त सभटा हौल-पातिल बाहर फेंकू। तीन-तीन बेर स्नान करू। जनउ बदलू। और जौं अनिष्ट फल हो तऽ शान्ति कराउ, जप करू, ब्राह्मण कैं दान-दक्षिणा दिऔन्ह। हौ, ई सभटा बूझह तऽ लेबक हेतु बनलैक अछि। एहि देशमे 'ग्रहण' क अर्थे होइ छैक लेनाइ।"

हम कहलिऐन्ह, "खट्टर कका, ई तऽ बेस कटगर कहल।"

एतबहिमे डोम सभ हल्ला उठौलक, "ग्रहणदान! ग्रहणदान!"

खट्टर कका बजलाह, "देखह, राहुक भाइ-बंधु कोना अपन कर उगाहक हेतु दौड़ि रहल छथि। जखन रिश्वत भेटि जैतैन्ह तखन सिफारिश कऽ कऽ चन्द्रमा कैं छोड़बा देथिन्ह। ता चन्द्रमा राहुक दाँत तर पड़ल किकियाइत रहथु। तैं देखैत छह ने? कतेक रुपैया अठन्नी बरसि रहल अछि? हाय रे हमरा सभक बुद्धि!"

हम : "खट्टर कका, तखन अहाँक की विचार जे ई सभटा व्यर्थ थीक?"

खट्टर कका : "व्यर्थ तऽ थीके। आइ सम्पूर्ण देशमे धमगज्जर मचैत हैत। सिमरियामे, दशाश्वमेधमे, त्रिवेणी संगममे-लाखक लाख नरमुंडक समुद्र लहराइत हैत। ओहिमे कतेक बच्चा हेराएत, कतेक बूढ़ी पिचा कऽ मरतीह, कतेक युवती मर्दित होइतीह, तकर ठेकान नहि। और ई सभटा धर्मक नाम पर हैत। एहन धरमधकेल और कोनो देशमे भेटतौह? जहाँ यूरोप-अमेरिका कैं एको पाइ खर्च नहि हैतैक, तहाँ हमरा देशमे आइ करोड़ो रुपया भुरकुस भऽ जाएत। हमरा लोकनि केवल छायाक पाछाँ दौड़य जनैत छी। यदि एतबा टका ठोस पृथ्वीमे लगबितहुँ तऽ आन देश सँ अन्न नहि माङय पड़ैत। परन्तु की कहै छह? एहि देशमे तऽ सभ बात विचित्रे छैक।

पेटमे अन्न नहि रहौक, डाँड़मे दम्म नहि रहौक, तथापि सभ केओ स्वर्ग जैबाक हेतु फाँड़ कसने।"

हम कहलिऐन्ह, "खट्टर कका, एही धर्मान्धताक कारण कुंभस्नानमे कतेक गोटाक प्राण गेलैन्ह।"

खट्टर कका : "हौ, मूर्खताक कुंभ भरि गेने एहिना होइत छैक।"

हम : "खट्टर कका, एहि देशमे एतेक मूर्खता कोना पसरलैक?"

खट्टर कका : "बेसी अगुताइ तऽ ने छौह? तखन बैसि जाह। एहि देशक मूर्खताक प्रधान कारण थिकाह पण्डित लोकनि।"

हम : "खट्टर कका, अहाँ तऽ आश्चर्य बजैत छी। पण्डित कतहु मूर्खताक कारण होथि?"

खट्टर कका : "हम सत्ये कहैत छिऔह। पण्डित लोकनि कैं संयोगवश एकटा विद्या हाथ लागि गेलैन्ह-ग्रहणक ज्ञान। आइ-काल्हि तऽ विज्ञानक साधारणो विद्यार्थी गणित द्वारा एतवा जानि जाइ अछि। परन्तु ताहि दिन ई वस्तु अलौकिक चमत्कार कऽ कऽ बुझना गेल। फलस्वरूप पण्डित लोकनि ग्रहणक नाम पर ग्रहण करय लगलाह। सूर्य-चन्द्रमा सोना-चानी बनि गेलथिन्ह। ई विद्या बूझह तऽ हुनका हेतु कामधेनु सिद्ध भऽ गेलैन्ह। दूनू हाथे दूहय लगलाह। लोक कैं हुनका पर अखंड विश्वास जमि गेलैक। 'जखन आकाशक हाल ई पहिनहि बूझि जाइ छथि तखन पृथ्वीक हाल किऐक ने बुझताह?' पण्डितो सभ तेहन सन क्रम बनौलन्हि जे 'हम सभटा भविष्य जनै छी। तों खर्च करह। हम गणना कय सभ बात कहि देबौह'। बस, चन्द्रग्रहणक संग-संग पाणिग्रहणोक हाल कहय लागि गेलथिन्ह। साधारण जनता तऽ मूर्ख छले। पण्डित लोकनि और निपट्ट बना देलथिन्ह। सभ बातमे ग्रहक फेर लगा देलथिन्ह।"

हम : "से किऐक, खट्टर कका?"

खट्टर कका : "लेबक हेतु। सेहो केहन चमत्कार-पूर्वक! चन्द्रमा ओ शुक्रक नाम पर उज्जर रंगक पदार्थ-जेना उज्जर चाउर, उज्जर वस्त्र, उज्जर बड़द, चानी, मोती, दही, कपूर। शनि केतुक नाम पर कारी रंगक पदार्थ—जेना कारी तिल, कारी उड़ीद, कारी कंबल, कारी छागर, कारी मणि। सूर्य ओ मंगल नाम पर लाल वस्तु जेना—सोना, गहूम, मसुरी, गुड़, केसर, लाल वस्त्र, लाल गाय, लाल मणि। हौ, हमरा तऽ ई सभ कविता जकाँ बूझि पड़ैत अछि।"

हम : "जजमान लोकनि कैं तऽ ई कविता बड्ड महग पड़ल हैतैन्ह।"

खट्टर कका : "ताहिमे कोन सन्देह? ओना त केओ अपना मने एक सितुआ घी नहि दितैन्ह। चन्द्रमाक नाम पर घृतक घैले समर्पण करय लगलैन्ह। देखह, घृत लेबक हेतु केहन सुन्दर श्लोक बनाओल छैक,

घृतकुंभोपरि निहितं शंखं नवनीतपूरितं दद्यात्।
नाड्यादिदोषशान्त्यै द्विजाय दोषाकरग्रहणे।

अर्थात 'चन्द्रग्रहणमे घृतक घैल पर शंखमे माखन भरि कऽ ब्राह्मण कैं दान करय तऽ नाड़ी-शान्ति होइक'। पण्डित लोकनि तेना कऽ यजमानक नाड़ी अपना मुट्ठीमे कैलन्हि जे यजमान भरि जन्म अनाड़ी बनल रहि गेलाह। केवल नाड़ीए नहि, यजमानक नारी सेहो पण्डितक मुट्ठीमे आबि गेलथिन्ह। तेहन पंचांगक जाल पसारल गेल जे यजमान-यजमानिनीक पाँचो अंग ओहिमे फँसि गेलैन्ह।"

हम : "खट्टर कका, अहाँ तऽ अलंकारेमे गप्प करैत छी।"

खट्टर कका : "अलंकारे नहि, यथार्थ कहैत छिऔह। ई पण्डित लोकनि यजमानिनीक केश पर्यन्त अपना हाथमे कऽ लेलथिन्ह।"

हम : "से कोना?"

खट्टर कका : "देखह, एखन धरि पंचांगमे स्त्रीगणक केश बन्हवाक मुहुर्त्त छपि रहल अछि।"

हम : "खट्टर कका, हमरा विश्वास नहि होइ अछि।"

खट्टर कका सीरम तर सँ 'मिथिलादेशीय पंचांगम्' बहार कैलन्हि। बजलाह, "तखन देखि लैह। प्रारम्भहिमे 'स्त्रीणां केशवंधनमुहूर्त:। अश्विनी, आर्द्रा, पुष्य, पुनर्वसु नक्षत्रेषु'। हम पुछैत छिऔह जे भरणी, कृत्तिका, रोहिणी, मृगशिरा नक्षत्रेषु किऐक नहि? यदि कोनो स्त्री रोहिणी नक्षत्रमे खोपा बान्हि लेतीह तऽ एहिमे पण्डितक की बिगड़ि जैतन्हि? जखन ओ अपन टीक पतड़ा देखि कऽ नहि बन्है छथि तऽ स्त्रीगण किऐक पतड़ा देखिकऽ अपन केश बन्हतीह?"

हम : "खट्टर कका, हमरा नहि जानल छल जे इहो सभ बात पतड़ामे लिखल रहैत छैक।"

खट्टर कका बजलाह, "पण्डित लोकनि और लिखताहे की? चूल्हि कहिया गाड़ल जाय, नववधू कोन दिन भानसमे जाथि, प्रसूती कोन तिथिमे नख कटाबथि, कोन लग्नमे स्नान करथि, कोन समय लहठी पहिरथि, कखन स्तनपान करावथि! और कोन देशक कलेंडरमे एहन-एहन बात भेटतोह?"

हम : "खट्टर कका, ई सभ कि वास्तवमे लिखल छैक?"

खट्टर कका पतड़ा हमरा हाथमे दैत बजलाह, "तखन तों अपने आँखि सँ देखि लैह। केहन बड़का पुच्छरमे देल छैक! 'चुल्हिका-स्थापनम्। नववध्वा: पाकारंभ:। प्रसूतीनां नखच्छेदनम्। सूती-स्नानम्। स्त्रीणां लाक्षाभरणधारणम्। शिशो: स्तनपानम्।...' सभक मुहुर्त्त देल छैक। और अपना देशक बड़का-बड़का पण्डित एकर अनुमोदन-कर्त्ता छथि। देखह, केहन-केहन लब्धप्रतिष्ठ धौतपरीक्षात्तीर्णक नाम एहि पर छपल छैन्ह!"

हम : "खट्टर कका, एहन-एहन मौगियाही बातमे पण्डित लोकनि कैं पड़बाक कोन प्रयोजन? हुनका लोकनि कैं अधिक महत्त्वपूर्ण विषयमे अपन बुद्धि लगाबक चाहिऐन्ह!"

खट्टर कका : “हौ, एहि देशक पण्डित तेहन पुरुखाह रहितथि तऽ कनितहुँ किऐक? परन्तु ई लोकनि तऽ ‘स्त्रीणाम् अङ्गस्फुरणफलम्’ मे अपन पाण्डित्य खर्च करैत छथि! स्त्रीक जाँघ फरकैन्ह तऽ स्वामीक दुलार भेटैन्ह, डाँड़क समीप फरकैन्ह तऽ नीच सँ प्रेम होइन्ह, नाभि फरकैन्ह तऽ पतिक नाश होइन्ह, स्तन फरकैन्ह तऽ विजय होइन्ह। पण्डित हिनका लोकनिक अंग-अंग जकड़ि नेने छथिन्ह। तेहन पंचांग बना कय ऊपर सँ धऽ देने छथिन्ह जे समाज कैं अर्धांग मारि देने अछि।”

हम : “परन्तु पंचांगमे महत्त्वोक बात तऽ रहैत छैक। यथा वृष्टियोग, वर्षफल।”

खट्टर कका मुस्कुराइत बजलाह, “तखन एही वर्षक फल देखह। एहिबेर ‘पराभव’ नामक संवत्सर लिखैत छथि, जकर फल,

पीडिताश्च प्रजाः सर्वे भयभीताः पराभवे।

अर्थात प्रजा पीड़ित रहथि; सभ केओ भयभीत रहथि।”

हम : “तखन तऽ वर्षफल बड्ड अधलाह छैक।”

खट्टर कका : “थम्हह। वर्षेश वृहस्पति छथि, तिनकर फल,

विप्रा यज्ञरता भवन्ति तपसा शस्यैः क्षितिर्व्यापिता
राजा मन्त्रियुतो गजैश्च महिषैर्देशः समृद्धालयः
रोगं घ्नन्ति सुवृष्टयः प्रतिदिनं क्रूरा विनश्यन्ति वै
चौरव्याघ्रभुजंगमाश्च बहुधा नश्यन्ति जीवेऽब्दपे।

भावार्थ ई जे अन्न-पानि गाय-महिष सँ देश समृद्धिशाली रहय, खूब वृष्टि होय, रोग, चोर ओ हिंसक जन्तुक नाश हो, राजा-ब्राह्मण अपना कर्ममे संलग्न रहथि।”

हम : “तखन तऽ वर्षफल बड्ड बढ़िया भेल। प्रजा कैं कोनो बातक कष्ट नहि रहतैक।”

खट्टर कका : “थम्हह। एहिबेर ‘संवाहक’ नामक सूर्य छथि। तिनकर फल,

आदित्ये बहुवित्तनाशनपरा लोका ज्वरव्याकुलाः
मेघानां जलहानिरेव महती शस्यस्य नाशो ध्रुवम्।

अर्थात एहि वर्ष धनक नाश हैत, लोक ज्वर सँ पीड़ित रहत, मेघ नहि बरसत और अन्न नहि होएत।”

हम : “आहि रौ बाप! ई त सभटा अधलाहे भेल। रौदी ओ अकाल सँ लोक तबाह भऽ जाएत।”

खट्टर कका : “थम्हह। एहिबेर ‘संवर्तक’ नामक मेघ छथि, तिनकर फल,

संवर्त्तके महावृष्टिः शस्यवृद्धिकरी शुभा
जलापूर्णा मही नित्यं जलदैर्वेष्टितं नभः।

अर्थात एहि वर्ष अत्यन्त वृष्टि हैत, खूब अन्न उपजत, पृथ्वी जलमय भऽ जैतीह और आकाशमे सभ दिन मेघ लगले रहत।"

हम : "खट्टर कका, ई तऽ ततेक रंगक बात लिखल छैक जे बुद्धिए नहि काज करैत अछि।"

खट्टर कका : "यैह तऽ तारीफ छैक। ई जाल तेहन कौशल सँ बूनल छैक जे केओ पकड़िए नहि सकैत अछि। देशमे अतिवृष्टि भेल तऽ 'संवर्तक' नामक मेघक फल थीक। अनावृष्टि भेल त 'संवाहक' नामक सूर्यक फल थीक। देशमे कतहु 'अतिवृष्टि कतहु अनावृष्टि भेल, तऽ 'हम दूनू तरहक फल लिखने छलहुँ'। हौ, हिनका लोकनि सँ पार पाएब कठिन।"

हम : "परन्तु पंचांगमे कतेक बात एहनो तऽ छैक जे देखि कय आन देशक विद्वान चकित रहि जाथि।"

खट्टर कका व्यंग्यपूर्वक बजलाह, "हँ, जेना पृथ्वी कोन समय शयन करैत छथि, कोन समय जागल रहैत छथि। अग्नि कोन दिन आकाशमे रहैत छथि, कोन दिन पातालमे। कोन साल दुर्गाजी हाथी पर चढ़ि कऽ अबैत छथि, कोन साल महफामे सवार भऽ कऽ। शिवजी कहिया बसहा पर रहैत छथि, कहिया गौरीक संग विहार करैत छथि।"

हम : "शिवजी कहिया विहार करैत छथि सेहो पतड़ावला जानि जाइत छथिन्ह?"

खट्टर कका : "केवल जानिए नहि जाइत छथिन्ह, ओहि समय पूजो करबैत छथिन्ह। देखह, श्रावण कृष्ण चतुर्दशीमे पंचांगकार लिखैत छथि 'कामविद्धो हरः पूज्यः'।"

हम : "खट्टर कका, अहाँ तऽ तेहन-तेहन बात देखा दैत छी जे हमरा किछु जवाबे नहि फुरैत अछि।"

खट्टर कका : "जवाब की फुरतौह? एहि देशक पण्डित-ज्योतिषी प्रणम्य देवता थिकाह। एकटा दूरबीन आविष्कार करताह से तऽ हैतन्हि नहि, घरमे बैराल-बैसल 'सम्मुखे चार्थलाभश्च वामे चन्द्रे धनक्षयः' करैत रहताह। एही द्वारे जहाँ रूस-अमेरिका चन्द्रलोक पर पहुँचबाक तैयारी कऽ रहल अछि, तहाँ हमरा लोकनि एखन धरि हाथमे केरा लय 'चतुर्थी चन्द्राय नमः' कय रहल छी!"

हम : "खट्टर कका, चन्द्रमाक नाम लेल तऽ चन्द्रग्रहण मन पड़ि गेल। आइ चूड़ामणि योग थिकैक।"

खट्टर कका बिहुँसैत बजलाह, "हँ। आइ कतेक गोटा यजमानक घर चूड़ा ढाहताह। गोटेक कैं मणिओ हाथ लागि जाइन्ह तऽ आश्चर्य नहि। तखन चूड़ामणि योगमे कोन सन्देह? हौ, एहन-एहन योग बनाबयवला चतुर-चूड़ामणि छलाह।"

हम : "खट्टर कका, आइ कतेक गोटा मंत्रो लेताह।"

खट्टर कका : "हँ, गुरु कानमे एकवेर 'ह्रीं' कहि देथिन्ह और चेला सँ भरि जन्म हीङ चुअबैत रहथिन्ह। 'ह्री' क अर्थ छैक लज्जा, परन्तु 'ह्रीं' कहवा काल हुनका कनेको लज्जा नहि होइ छैन्ह जे परतारि रहल छिऐक। हौ, चेला मुड़वाक एहन सुगम तरीका कोनो देशवला बहार कैने छथि?"

हम : "खट्टर कका, हम तऽ एतीकाल गप्पेमे बाझल रहि गेलहुँ। आब जाय दियऽ। कम सँ कम उग्रासो तऽ नहा ली।"

खट्टर कका बजलाह, "हँ, हँ, अवश्य, अवश्य। एक डूब हमरो साँती लगौने अबिहऽ।"

हमरा उठैत देखि खट्टर कका पुनः मुस्कुराइत बजलाह, "चन्द्रमाक सर्वग्रास भेल छलैन्ह से तऽ छुटलैन्ह। परन्तु एहि भारत-भूमिक जे सर्वग्रास भेल छैन्ह ताहि सँ उद्धार होइन्ह तखन ने! ई मूर्खतारूपी राहु कहिया हमरा लोकनिक पिंड छोड़ता से के कहि सकैत अछि? हम तऽ ओही ग्रासक बाट ताकि रहल छी।"

ई कहि खट्टर कका श्लोक पढ़य लगलाह,

भारतं चन्द्रवत् ग्रस्तं मौर्ख्यरूपेण राहुणा।
न जाने केन यत्नेन कदा मोक्षः भविष्यति॥

पण्डितक गप्प

ओहि दिन भुसकौलक बहिरू पण्डित कैं खट्टर कका सँ भिड़न्त भऽ गेलैन्ह। बात ई भेलैक जे पण्डितजी छीतनबाबूक ओहिठाम श्राद्धक नेओत पूरय आएल रहथि। भुटकुनबाबूक मृत्यु पर गप्प चलैत छल। पण्डितजी ज्ञानक बातसभ कहऽ लगलथिन्ह, "भावी पर ककरो वश नहि चलैत छैक। हुनका तऽ एखन मरबाक वयस नहि छलैन्ह। परन्तु 'नाऽकाले म्रियते कश्चित् प्राप्तकाले न जीवति'। जखन काल पूर भऽ जाउक तखन केओ नहि बाँचि सकैत अछि। और, जा काल नहि पूर्ण होउक तऽ मरियो नहि सकैत अछि।"

ताबत ठाकुरबाड़ीक पुजेगरी चरणामृत बाँटय ऐलाह। पण्डितजी माथ पर छिटैत श्लोक पढ़य लगलाह,

अकालमृत्युहरणं सर्वव्याधिविनाशनम्
विष्णुपादोदकं पीत्वा शिरसा धारयाम्यहम्।

एतबहिमे कोम्हरोसे पहुँचि गेलाह खट्टर कका। ओ अबितहि टोकलथिन्ह, "की औ पण्डितजी! अहाँ अखने कहने छलिऐक जे बिना काल पूर्ण भेने केओ मरिए नहि सकैत अछि। तखन फेर 'अकालमृत्युहरणम्' किऐक कहैत छिऐक?"

पण्डितजी एकाएक तेना ठलंग पकड़ा गेलाह जे कोनो जवाबे नहि फुरलन्हि। गोङियाय लगलाह।

खट्टर कका हमरा कहलन्हि, "देखै छह? जखन पण्डित लोकनि खंडित भऽ जाइ छथि तऽ एहिना गोङियाय लगैत छथि।"

हम कहलिऐन्ह, "खट्टर कका, हिनका लोकनिक श्लोकमे परस्पर-विरोध किऐक रहैत छैन्ह?"

खट्टर कका बजलाह, "एकर कारण जे पण्डित लोकनि परस्पर-विरोधक प्रेमी होइ छथि। जहिना लोकमे, तहिना श्लोकमे। तैं हिनका लोकनिक वचनमे परस्पर-विरोध रहैत छैन्ह। कहह तऽ फेर देखा दिऔह। (पण्डित जी सँ) की औ पण्डितजी! भावी तऽ सर्वोपरि थीक?"

पण्डित जी : "अवश्य।"

न भवति यन्न भाव्यं भवति च भाव्यं विनापि यत्नेन।
करतलगतमपि नश्यति यस्य हि भवितव्यता नास्ति।

खट्टर कका : "बेस, मानि लियऽ जे हमरा भावी अछि जे काल्हि मृत्यु भऽ जाएत। आब कहू जे लाखो यत्न कैने हम बाँचि सकैत छी?"

पण्डित जी : "कथमपि नहि,

यद्धात्रा लिखितं ललाटपटले तन्मार्जितुं कः क्षमः।"

खट्टर कका : "और जौं बड़का सँ बड़का डाक्टर कैं मँगाबी?"

पण्डित जी : "धन्वन्तरिक बापोक ऐने कोनो फल नहि।"

खट्टर कका : "और यदि छुटबाक भावी हो, तखन?"

पण्डित जी : "तखन अनायासे बाँचि जाएब।"

खट्टर कका : "तखन तऽ उद्योग करबाक कोनो प्रयोजन नहि?"

पण्डित जी (कनेक कुण्ठित होइत) : "नहि, उद्योग सेहो करबाक चाही,

उद्योगिनं पुरुषसिंहमुपैति लक्ष्मी–
दैवेन देयमिति कापुरुषा वदन्ति
दैवं निहत्य कुरु पौरुषमात्मशक्त्या
यत्ने कृते यदि न सिध्यति कोऽत्र दोषः।"

खट्टर कका (हमरा सँ) : "देखैत छह? बान्हल लीक पर श्लोकक पहिया कोना गुड़कैत छैन्ह? परन्तु कनेक लीक सँ फराक कऽ दिऔन्ह कि गाड़िए उनटि जैतैन्ह। (पण्डितजी सँ) की औ पण्डितजी! एहि वचन सँ तऽ दैब उड़ि जाइत छथि। तखन भवितव्यता दऽ जे कहने छलिऐक, से?"

पण्डित जी : "भवितव्यता कैं के काटि सकैत अछि?

तादृशी जायते बुद्धिर्यादृशी भवितव्यता"

खट्टर कका हमरा कहलन्हि, "देखह, ई कोना दूनू पानि मारैत छथुन्ह? (पण्डितजी सँ) पण्डितजी! एहि श्लोक सँ तऽ पुरुषार्थ कटि जाइत अछि।"

पण्डित जी (सशंकित भय) : "से कोना?"

खट्टर कका : "अहाँक जेहन भावी रहत तेहने ने बुद्धि भऽ जाएत?"

पण्डित जी : "हँ।"

खट्टर कका : "एकर अर्थ जे अहाँक बुद्धि स्वतंत्र नहि अछि। और जखन बुद्धिए अपन सक्क नहि त अपना बुद्धिएँ काज की करब? तखन पुरुषार्थक की अर्थ?"

पण्डितजी माथ कुड़ियावय लगलाह। खट्टर कका पुनः कहलथिन्ह, "यदि भवितव्यते प्रबल तखन तऽ ककरो उपदेश देब सेहो व्यर्थ थीक।"

पण्डित जी : "से कोना?"

खट्टर कका : "देखू, पण्डितजी। यदि कर्त्ता स्वतन्त्र हो तखन ने 'सत्यं वद' 'धर्मं चर' आदि उपदेशक सार्थकता। परन्तु अहाँ जे श्लोक पढ़लहुँ तकर आशय बहराइत अछि जे हमरा लोकनि स्वतंत्र नहि, प्रयोज्य-कर्त्ता मात्र छी। तखन विधि-निषेधक की अर्थ! समुद्रक लहरि कैं केओ आदेश दैत छैक जे तों एहि बाटें चलह? धनुष सँ छूटल बाण कैं केओ शिक्षा दैत छैक जे तों एहि गति सँ नहि चलह? यदि हमरा लोकनि नियतिक धारामे बहि रहल छी और अपना गति-विधि पर अधिकारे नहि अछि, तखन 'इदं कर्त्तव्यम्' 'इदं न कर्त्तव्यम्' एहि 'तव्य' प्रत्ययक की अर्थ? तखन तऽ 'चाही' शब्दे कोष सँ उठि जैबाक चाही। एहना स्थितिमे पाप-पुण्यक भेद की? धर्मशास्त्र निरर्थक भऽ जाइछ। की पण्डितजी! अहाँ कैं ई बात स्वीकार अछि?"

पण्डितजी पुनः गोङियाय लगलाह। खट्टर कका रेड़ब शुरू कैलथिन्ह, "पण्डितजी, हमरा लग लट्ट-पट्ट नहि चलत। या त भवितव्यता वला श्लोक काटू अथवा धर्मशास्त्र कैं गंगामे विसर्जन करू। दूनू घोड़ा पर एके संग फानि कऽ चढ़ैत छी, तैं खसि पड़ैत छी। कोनो एक पर सवार होउ।"

परन्तु पण्डितजी कैं दूनू घोड़ा समान रूप सँ प्रिय छलैन्ह। कोनो एक कैं छोड़य नहि चाहैत छलाह। तैं अक्क-सक्कमे पड़ि गेलाह।

हम देखल जे पण्डितजी घामे-पसीने तर भऽ रहल छथि। ओ बकबका कऽ माटि धैने छथि और खट्टर ककाक एहन सन क्रम जे चित्त कइए कऽ छोड़थिन्ह। तैं कोनो दोसर गप्प उठयबाक चाही जाहि सँ पण्डितजी कैं पलखति होइन्ह। अतएव प्रसंग बदलैत कहलिऐन्ह, "पण्डितजी, एखन तऽ डेरा रहतैक?"

पण्डितजी कैं उसास भेटि गेलैन्ह। फक्क दऽ निसास छोड़ैत बजलाह, "हँ। काल्हि धरि तऽ भोज्येक समारोह छैक। परसू हमरा सभ कैं बिदाइ भेटत।"

हम : "पण्डितजी, भोज्य तऽ खूब समारोह सँ भऽ रहल छैक?"

पण्डितजी : "भला ताहूमे कहबाक बात? तीन दिन सँ लोक कैं बालूसाहिएक ढेकार भऽ रहल छैक। एहि परोपट्टामे आइधरि एहन मधुरक भोज नहि भेल छल।"

हम : "पण्डित लोकनिक बिदाइयो तऽ नीक जकाँ करथीन्ह?"

पण्डितजी : "चाहिऐन्ह तऽ सैह। छीतनबाबू हियवगर लोक छथि। अशर्फिए सँ पिंड कटने छथि। वृषोत्सर्ग सेहो जेहन होमक चाही। शय्यादानमे रेशमी तोशक देने छथिन्ह। चालिस हजारक चिट्ठा छैन्ह। तखन जौं पण्डित सभ कैं दोशाला नहि देथिन्ह तऽ लोक की कहतैन्ह?"

हम : "भुटकुनबाबू छलाहो तेहने एकबाली!"

पण्डितजी : "अहा हा! दाता कर्णे बूझू। एहन लोक कि आब फेर हैत? ओ निश्चय कोनो राजा-महाराजक घरमे जन्म नेने हैताह। जेहन यशस्वी ओ छलाह

तेहने श्राद्ध भऽ रहल छैन्ह। स्वर्गो सँ देखि पुलकित होइत हैताह। प्रेतक निमित्त जे चौदहमासी थारी-बाटी लोटा-गिलास उत्सर्ग भेल छैन्ह से सभटा चानिएक। पुरोहित-महापात्र सभ नेहाल भऽ गेलाह। भगवान भुटकुनबाबूक आत्मा कैं शान्ति प्रदान करथुन्ह।"

खट्टर कका एती काल धरि चुपचाप सुनैत छलाह। आब नहि रहल गेलैन्ह। बजलाह, "अयँ औ पण्डितजी! अहाँ तीन रंगक बात किऐक बजैत छी? एक रंगक बात बाजू।"

पण्डितजी : "हम तीन रंगक बात कोना बजैत छी?"

खट्टर कका : "अहाँ कैं की विश्वास अछि? छीतनबाबूक पितर स्वर्गलोकमे छथिन्ह? अथवा प्रेतयोनिमे? अथवा पुनर्जन्म ग्रहण कैने? तीनू बात तऽ एक संग नहि भऽ सकैत अछि।"

आब पण्डितजी फेर गोङियाय लगलाह। खट्टर कका कहलथिन्ह, "अहाँ स्वयं ज्ञानक योग दऽ कऽ देखिऔक। जौं भुटकुनबाबू सरिपहुँ जन्म-ग्रहण कैने हैताह तऽ छठियार वा बरही भेल हैतैन्ह। चेहों-चेहों करैत दूध पिबैत होएताह। छौ मासक बाद जा कऽ अन्नप्राशन हैतैन्ह गऽ! तखन भातक पिंड हुनका कोना पैठ हैतैन्ह? और यदि ओ सरिपहुँ स्वर्गलोकमे विहार करैत हैताह तखन ओहिठामक अमृतोदक छोड़ि एहिठामक हस्तोदक पीबय किऐक औताह? और यदि ओ प्रेतलोकमे भटकैत होथि तऽ हुनका निमित्त छाता जूता किऐक उत्सर्ग करौलिऐन्हि अछि? की प्रेतगण पनही पहिरि कऽ चलैत छथि?"

पण्डितजी कैं निरुत्तर देखि खट्टर कका कहलथिन्ह, "औ पण्डितजी! अनका परतारिऔक परन्तु खट्टर झा नहि मानताह। ई सभटा प्रपंच अहीं लोकनिक पसारल अछि। केवल लेबक हेतु। लोभीक गाममे ठक्क उपास नहि पड़य। से जाबत पर्यन्त एहि देशमे छीतनबाबू सन-सन स्वर्गकाम व्यक्ति जिबैत छथि ताबत अहाँ सन-सन पण्डित कैं बालूसाहीक ढेकार होइते रहतैन्ह। परन्तु आब अधिक दिन ई चालाकी नहि चलत से कहि दैत छी।"

पण्डितजी खिसिया कऽ बजलाह, "अहाँ चार्वाक जकाँ बजैत छी। आत्मा कैं नहि मानैत छी। तैं एना कहै छी।"

खट्टर कका पुछलथिन्ह, "'आत्मा' अहाँ ककरा कहैत छिऐक?"

पण्डितजी शास्त्रार्थक मुद्रामे बाजय लगलाह, "शरीर, इन्द्रिय, मन, बुद्धि-सभ सँ पर जे सत्-चित्-आनन्द स्वरूप छथि सैह आत्मा थिकथि।"

खट्टर कका : "आत्मा कहियो दु:खितो पड़ैत छथि? हुनका कोनो आधिव्याधि, मामिला-मोकदमा, ऋण-पैंच-कथुक चिन्तो रहैत छैन्ह?"

पण्डितजी : "कथमपि नहि। आत्मा नित्य शुद्ध-बुद्ध-मुक्त आनन्द स्वरूप थिकाह। हुनकामे शरीर वा मनक धर्म आरोप करब अनर्गल थीक।"

आब खट्टर कका पुनः गसिया कऽ धैलथिन्ह, "औ पण्डितजी! जखन आत्मा स्वतः आनन्द-स्वरूप थिकाह तखन अहाँ ई किऐक कहलिऐक जे भगवान भुटकुनबाबूक आत्मा कैं शान्ति प्रदान करथुन्ह? भुटकुनबाबूक आत्मा कैं कि खैंक गड़ल छैन्ह?"

हम देखल जे पण्डितजी पुनः खट्टर ककाक चपेटमे आबि गेलाह। खट्टर कका तेना ने घेरि लैत छथिन्ह जे बेचारे सकपंज भऽ जाइ छथि।

पण्डितजी क्रोध सँ फों-फों करय लगलाह। पुनः वीरासन लगबैत बजलाह, "अहाँ हमरा सँ कठ-विवाद करैत छी? बेस, तखन लियऽ। जखन अहाँ सपरि कऽ दूह लड़क हेतु आएल छी त हमहूँ फाँड़ भिड़ि कऽ तैयार छी। आइ भइए जाय।"

खट्टर कका हमरा कहलन्हि, "देखह, आब केहन धुरपटांग होइत अछि!"

पण्डितजीक पूर्वपक्ष शुरू भेलैन्हि, "औ खट्टर झा! पहिने ई कहू जे अहाँ सन्ध्या-गायत्री जपैत छी?"

खट्टर कका उत्तर देलथिन्ह, "सन्ध्या-गायत्री हुनका हेतु छैन्ह जे पापी ओ मंदबुद्धि होथि।"

पण्डितजी उत्तेजित होइत पुछलथिन्ह, "से कोना?"

खट्टर कका शान्त भाव सँ कहलथिन्ह, "देखू। 'अघमर्षण' सूक्तक अर्थे छैक पाप छोड़ाबयवला मंत्र। और गायत्री मंत्रक अभिप्राय छैक बुद्धिक हेतु प्रार्थना-धियो यो नः प्रचोदयात्। अतएव जे पाप कैने होथि वा 'धी' (बुद्धि) के प्रचोदित (प्रेरित) कराबय चाहथि से संध्या-गायत्री करथु।"

पण्डितजी तामसें भेर भऽ गेलाह। थरथर कपैत पुछलथिन्ह, "अहाँ भोजनकाल भगवानक हेतु नैवेद्य दैत छी?"

खट्टर कका शान्त भाव सँ उत्तर देलथिन्ह, "हम अपने थारीमे खाएब और हुनका लेल नीचाँमे दू टा भात छीटि देबैन्ह, एहन अपमान नहि कऽ सकैत छिऐन्हि। भगवान कोनो कुकुर-बिलाड़ि नहि छथि जे ओहि तरहें कौरा देल जएतैन्ह।"

पण्डितजी क्रुद्ध होइत पुछलथिन्ह, "अहाँ चंदन करैत छी?"

खट्टर कका पुनः अविचलित भाव सँ उत्तर देलथिन्ह, "प्राचीन कालो भोगाभिलाषिणी युवती स्तनमे चंदन करैत छलीह और भोज्याभिलाषी ब्राह्मण ललाटमे। आब केओ भोज्ये नहि खोअबैत अछि तऽ चंदन कथीपर करू? यदि हमरो बालूसाहीक नेओत पड़य तऽ चंदन कऽ सकैत छी। परन्तु हमरा तऽ केओ पण्डितमे मोजरे नहि करैत अछि।"

हम कहलिऐन्ह, "खट्टर कका, अहाँ तऽ पण्डित-पछाड़ छी। पण्डित लोकनि अहाँक डरें छीह कटने भेल फिरैत छथि।"

खट्टर कका बजलाह, "हौ, हमरा पण्डितवला असलीए गुण नहि अछि। टीङ ठोप नहि करय अबैत अछि। अर्घी-सराइ ओ घंटीक टंट-घंट नहि रखैत छी। चारि

घंटा बैसि कऽ नाक दाबल पार नहि लगैत अछि। आडम्बर पसारय नहि अबैत अछि। दरबार करबाक लूरि नहि अछि। एही द्वारे कतहु सँ पण्डितारेक नेओत नहि अबैत अछि। नहि तऽ हमरा कि लड्डू-जिलेबी सँ अरुचि रहैत अछि?"

पण्डितजी बजलाह, "जे ब्राह्मणक कर्मे नहि करत तकरा नेओत कोना भेटतैक?

न तिष्ठति तु यः पूर्वां नोपास्ते यश्च पश्चिमाम्।
स शूद्रवद्बहिष्कार्यः सर्वस्माद्द्विजकर्मणः॥

अहाँ सूर्योपस्थान करैत छी?"

खट्टर कका कहलथिन्ह, "बिना सूर्योपस्थान कैने कि जिलेबी कंठमे अटकि जाइ छैक?"

पण्डितजी तमसाइत बजलाह, "ई शुष्क विवाद थीक। एतबा काल श्राद्धस्थलामे शास्त्रार्थ करितहुँ तऽ बिदाइ भेटैत। अहाँ सँ की भेटत? केरा? एहीठाम एकटा छीतन बाबू छथि जे पण्डितक एतेक सत्कार करैत छथि। और एक अहाँ छी जे पण्डितक निन्दा करैत छी। की पण्डित अहाँक लेखे बड्ड अधलाह होइ छथि?"

खट्टर कका विनयपूर्वक कहलथिन्ह, "सभ पण्डितक विषयमे त नहि कहि सकैत छी। परन्तु किछु पण्डितमे ई सात टा लक्षण घटित होइ छैन्ह,

लोभी क्रोधी तथाऽधीरः स्त्रैणः कृपण एव च।
निन्दकश्चाटुकारश्च पण्डितः सप्तलक्षणः॥

से जे जेहन भारी पण्डित तेहने लोभी, तेहने खिसियाह, तेहने अगुताह, तेहने मौगियाह, तेहने कृपण, तेहने निन्दक, ओ तेहने खुशामदी।"

पण्डितजी कचकचाइत बजलाह, "अहाँ भारी निन्दक छी।"

खट्टर कका शान्त भाव सँ बजलाह, "एकर कारण जे हमहुँ संस्कृत पढ़ने छी।"

पण्डितजी : "संस्कृत ओ परनिन्दामे कोन सम्बन्ध?"

खट्टर कका : "अव्यभिचरित सम्बन्ध। कोनो पण्डित एहन छथि जिनका अनकर निन्दा वेत्रेक पेटक अन्न पचैत होइन्ह?"

हम पुछलिऐन्ह, "खट्टर कका, ई बात यथार्थ। परन्तु एकर कारण की?"

खट्टर कका बिहुँसि उठलाह। पुनः बजलाह, "कारण ई जे जैखन केओ संस्कृत प्रारम्भ करैत छथि तैखन सीखि जाइत छथि जे 'हम' उत्तम पुरुष, 'तों' मध्यम पुरुष, और सभ केओ 'अन्य' अर्थात 'अधम पुरुष'। 'उत्तम ओ 'मध्यम'क अनतर तऽ 'अधमे' कोटि होइ छैक। तैं संसार भरि लोक़ हुनका दृष्टिमे 'अधम' बूझि पड़ैत छैन्ह।"

हम : "वाह! ई तऽ एक लाखक गप्प कहल।"

खट्टर कका : "तखन खट्टर-पुराणक एकटा और श्लोक सुनि लैह,

मधुरेषु महाप्रीतिः श्रृंगाररसचिन्तनम्।
परोपदेशे पाण्डित्यं पण्डितस्य त्रयोगुणाः॥"

हम : "खट्टर कका, पण्डित लोकनि अनका एक प्रकारक उपदेश दैत छथिन्ह और स्वयं दोसरा प्रकारक आचरण करैत छथि। एकर की कारण?"

खट्टर कका : "एकरो कारण व्याकरणे। संस्कृत भाषामे पहिनहि क्रियाक भेद कऽ देल गेल छैक। 'परस्मैपद' एक रंग, ओ 'आत्मनेपद' दोसर रंग। एही अभ्यासक कारणे पण्डित लोकनि क्रिया मात्रमे 'परस्मै' (दोसराक हेतु) ओ 'आत्मने' (अपना हेतु)क भेद करैत छथि।"

हम : "खट्टर कका, इहो लाख टकाक गप्प भेल। राजा भोज रहितथि तऽ एहन-एहन बात पर अशर्फी उझीलि दितथि।"

खट्टर कका : "हौ, हमरा तऽ बर्फीओ उझिलयवला गुणग्राहक नहि भेटैत छथि। छुच्छ प्रशंसा जतेक लियऽ।"

हम : "खट्टर कका, हमरा तऽ ओतबा अछिये नहि जे अहाँक बातक मूल्य दऽ सकी। परन्तु एकटा ई तऽ कहू जे पण्डित लोकनि लोभी किऐक होइ छथि?"

खट्टर कका मुसकिआइत बजलाह, "हौ, जनिका बाल्यावस्थहि सँ एकटा, दूटा नहि, दस-दस टा 'लकार' कंठस्थ करा देल जाइन्ह, तनिका जौं 'ल' अक्षरक संस्कार नहि हैतैन्ह त कि 'द' अक्षरक हैतैन्ह? एही द्वारे पण्डित लोकनि लेबामे प्रवीण होइ छथि, देबामे कृपण।"

हम : "खट्टर कका, अहाँ तऽ सभटा चमत्कारे बजैत छी। तखन ई कहू जे पण्डित लोकनि एतेक रसिक किऐक होइ छथि?"

खट्टर कका बिहुँसैत बजलाह, "एकटा कारण तऽ यैह जे ओ छात्रावस्थहि सँ 'मनोरमा-कुचमर्दन'क अभ्यास करैत छथि, गुरु ओहिमे परीक्षो लैत छथिन्ह। आन कोनो भाषामे एहन पाठ्यग्रन्थ भेटतौह?"

हम : "धन्य छी खट्टर कका। तेहन-तेहन मौलिक गप्प कहै छिऐक जे किनको ध्यानमे नहि आयल हैतैन्ह। तखन ई कहू जे पण्डित लोकनि अपना बुद्धि सँ किछु सोचि कऽ नव आविष्कार किऐक नहि करैत छथि?"

खट्टर कका : "एकर कारण हम एक बेर कहने छिऔह। प्रारम्भहि सँ लघु कौमुदीमे अहं वरदराज भट्टाचार्यः, अहं वरदराज भट्टाचार्यः..."

बहिरू पण्डित कैं सभ किछु तऽ सुनाइ नहि पड़लैन्ह, परन्तु सारांश बुझा गेलैन्ह। बजलाह, "अहाँ लोकनि एतीकाल सँ पण्डितक उपहास करैत छी? परन्तु पण्डित बिना कोनो काज नहि चलि सकैत अछि।"

खट्टर कका बजलाह, "जे असली पण्ड्ति छथि, तिनका हम थोड़बे किछु कहैत छिऐन्ह? जे नकली पण्डित छथि तिनके पोल खोलबाक हेतु खट्टर झाक जन्म भेल छैन्ह।"

पण्डितजी : "असली ओ नकली पण्डितमे अहाँ कोना भेद करैत छी?"

खट्टर कका : "असली पण्डित विद्याक अन्वेषणमे रहैत छथि, नकली पण्डित बिदाइक अन्वेषणमे। असली पण्डित ज्ञानक विस्तार करैत छथि, नकली पण्डित धोधिक विस्तार। असली पण्डित मूर्खताक संहार करैत छथि, नकली पण्डित केवल मधुरक संहार।"

एतबहिमे छीतनबाबूक ओहिठाम सँ एक चङेरा मधुर पण्डितजी कैं आबि गेलैन्ह। ओ फुरफुरा कऽ उठि गेलाह।

गींताक मर्म

खट्टर कका भाङ घोटैत रहथि। हमरा हाथमे गीताक पुस्तक देखि बजलाह, "आब तों गीताक पाठ करैत छह?"

हम कहलिऐन्ह, "हँ।"

खट्टर कका बजलाह, "हौ बाबू, तखन आब तोरा सँ फराके रहक चाही।"

हम चकित होइत कहलिऐन्ह, "से किऐक, खट्टर कका?।"

खट्टर कका भाङ रगड़ैत बजलाह, "हौ, पहिने अर्जुन कैं बड़-जेठक विचार रहैन्ह। बाप-पित्ती पर कोना हाथ छोड़ब? परन्तु गीताक आसव पान कय तेहन बुत्त भऽ गेलाह जे वृद्ध पितामहक छाती कैं विदीर्ण कय देलन्हि। तैं हमरो डर होइत अछि। कदाचित कोनो आरि-धूर लऽ कऽ तोरा सँ तकरार भऽ जाय। और तोंहू अर्जुन जकाँ ज्ञानी भऽ विचारह जे,

नैनं छिन्दन्ति शस्त्राणि नैनं दहति पावकः

'ककाजीक आत्मा कैं तऽ शस्त्र काटिए ने सकैत छैन्ह, एक गँड़ास कसि कऽ लगा दिऐन्ह'। और ओम्हर तोहर काकी घेओना पसारथुन्ह त बुझाबय लगबहुन जे,

वासांसि जीर्णानि यथा विहाय
नवानि गृह्णाति नरोऽपराणि
तथा शरीराणि विहाय जीर्णा–
न्यन्यानि संयाति नवानि देही।

'ककाजीक चोला बदलि गेलैन्ह, नव देह भेटलैन्ह अछि, अहाँ खुशी मनाउ, सोहर गाउ, कनैत छी किऐक?'...हो बाबू! यदि गामक नवयुवक दल कैं यैह देखाउस लागि जाइन्ह तऽ कतेक पित्ती खून हैताह तकर ठेकान नहि। तैं हम नेहोरा करैत छिऔह। हमरा संग बरु भाङ पिउल करह, परन्तु गीताक सेवन नहि करह। यदि आन काज नहि फुरौह तऽ पचीसी खेलाह, बाँसुरी बजाबह, नहि किछु तऽ बंशी लऽ कऽ माछ मारह, परन्तु ई गीताक चसका नहि लगाबह।"

हम कहलिऐन्ह, "खट्टर कका, गोनूझाक लेखे गाम बताह! संसार कहैत अछि

जे गीता सन ज्ञाने नहि। लोक ओहि सँ अहिंसा ओ वैराग्यक शिक्षा लैत अछि। और अहाँ कैं उनटे..."

खट्टर कका गोला बनबैत बजलाह, "हौ, बताह! यदि अर्जुन गीताक उपदेश सुनला उत्तर गांडीव फेंकि गेरुआ धारण करितथि, कवच उतारि कमंडलु लितथि, और युद्धक्षेत्र छोड़ि वराहक्षेत्रक बाट धरितथि, तखन ने बुझितहुँ जे गीतामे अहिंसा-वैराग्य भरल छैक। परन्तु ओ तऽ तेहन निःस्पृह भऽ कऽ मस्तक-छेदन करय लगलाह जे की लोक ताड़क तरकुन छोपत? हौ बाबू, एक तऽ ओहिना गाममे भाला-बर्छी फनकैत रहै अछि। जौं गीताक सान ओहि पर चढ़ि गेलैक तऽ प्रत्येक गाम कुरुक्षेत्र बनि जैत। तैं हम हाथ जोड़ैत छिऔह जे एखन गर्म शोणितमे गीता नहि पढ़ह। हँ, जखन हमरा वयसक हैबह तखन ततेक हर्ज नहि।"

हम कहलिऐन्ह, "खट्टर कका, भऽ सकैत अछि जे गीताकारक दोसरे अभिप्राय होइन्ह!"

खट्टर कका ललकि कऽ बजलाह, "हौ, दोसर अभिप्राय कोना बुझिऔन्ह? स्वयं गीताकारे तऽ सारथी बनि आगाँमे बैसल रहथिन्ह? तखन मना किऐक ने कैलथिन्ह? कहितथिन्ह, 'हे औ अर्जुन! हम अहाँ कैं एतेक ज्ञान सिखाओल। ई देह नश्वर थीक। संसार क्षणभंगुर थीक। हस्तिनापुरक की हस्ती? एक दिन माटिमे मिलि जाएत। ताहि खातिर अहाँ रक्तक धार किऐक बहाएब? सांसारिक सुख तुच्छ थीक। अहाँ राज्यक मनोरथ छोड़ू। एहि खातिर वृद्ध पितामह ओ पूज्य आचार्य पर तीर चलाएब कि अहाँ कैं शोभा देत? छोड़ू ई झगड़ा और चलू हमरा संग हिमालय। यैह ने जे लोक हँसताह जे क्षत्रिय भऽ कऽ मैदान छोड़ि देलन्हि। परन्तु जे यथार्थ ज्ञानी छथि से निन्दा ओ प्रशंसा सँ विचलित नहि होइ छथि'।...परन्तु ई सभ तऽ कहलथिन्ह नहि, उनटे और उकसा देलथिन्ह जे खूब मारि करू! हाय रे बुद्धि!"

हम कहलिऐन्ह, "खट्टर कका, बड़का बड़का लोक गीताक प्रचार सँ विश्वशान्ति स्थापित करय चाहैत छथि और अहाँ कैं ओहिमे युद्धक संदेश भेटैत अछि?"

खट्टर कका मुस्कुराइत बजलाह, "तों अल्हा सुनने छह? कोना ढोल पर ललकारा दैत छैक? 'आखिर राम करै सो होय, एकदिन सबको मरना होगा'। और ओहि बोल पर कतेको कटि मरैत अछि। हमरा तऽ गीतोमे वैह ललकारा भेटैत अछि,

अन्तवन्त इमे देहा नित्यस्योक्ताः शरीरिणः
अनाशिनोऽप्रमेयस्य तस्माद् युध्वस्व भारत।

परन्तु हौ बाबू! 'कहियो तऽ मरबाक अछि तैं एखने मरि जाइ'—ई तर्क हमरा नहि जँचैत अछि।"

हम कहलिऐन्ह, "खट्टर कका, भगवानक कथ्य छैन्ह जे जीवक कहियो नाश नहि होइत छैक।"

खट्टर कका भाङ छनैत बजलाह, "हौ, ई सभ परतारबाक बात छैक। जौं जीवक नाश नहि होइ छैक तऽ खूनक सजाय फाँसी किऐक होइत छैक? श्रीकृष्ण अर्जुन कैं तऽ उपदेश दैत छथिन्ह जे,

गतासूनगतासूंश्च नानुशोचन्ति पण्डिता:

परन्तु जखन अभिमन्युक वध भेलैन्ह तखन ओ ज्ञान कतय गेलैन्ह? यदि वास्तवमे यैह बात सत्य जे,

न जायते म्रियते वा कदाचि
न्नायं भूत्वा भविता वा न भूय:
अजो नित्य: शाश्वतोऽयं पुराणो
न हन्यते हन्यमाने शरीरे।

तखन फेर जयद्रथ सँ बदला लेबक हेतु एतेक प्रपंच किऐक रचल गेल? ओहि बेरमे ई वचन किऐक बिसरि गेलैन्ह जे,

दु:खेष्वनुद्विग्नमना: सुखेषु विगतस्पृह:
वीतरागभयक्रोध: स्थितधीर्मुनिरुच्यते।

हौ, तों एखन नेना छह। ई सभ बात नहि बुझबहौक।"

हम कहलिऐन्ह, "खट्टर कका, प्रसिद्ध छैक जे,

सर्वोपनिषदो गावो दोग्धा गोपालनंदन:
पार्थो वत्स: सुधीर्भोक्ता दुग्धं गीतामृतं महत्।

समस्त उपनिषदक मंथनकय कृष्ण भगवान ई गीता रूपी अमृत बाहर कय अर्जुन रूपी बाछा कैं पान करौने छथि।"

खट्टर कका बिहुँसैत बजलाह, "हँ, अर्जुन बाछा तऽ ठीके छलाह। तैं ने श्रीकृष्ण चुचकारि कऽ लड़ाइमे जोति देलथिन्ह! हौ, बूझह तऽ परतारहिक हेतु सौंसे गीताक रचना भेल छैक। श्रीकृष्ण कैं लड़ेबाक मन रहैन्ह। अर्जुन कैं सनका देलथिन्ह और महाभारतक तमाशा देखलन्हि। अर्जुन पर तेहन ने श्याम रंग चढ़ि गेलैन्ह जे राज्यक लोभे सम्पूर्ण वंशक संहार कैलन्हि।"

हम: "खट्टर कका, अर्जुन अनासक्त भऽ युद्ध कैलन्हि, किछु राज्यक लोभे नहि।"

खट्टर कका व्यंग्यपूर्वक बजलाह, "हँ। हस्तिनापुरक गद्दी तोरे नाम सँ लिखि गेलथुन्ह। हौ, अनासक्त रहितथि तऽ एक सै पितिऔत भाइक शोणित सँ राज्याभिषेक करितथि! हाय रे इन्द्रप्रस्थक राज्य! तोरा हेतु ततेक ने रक्तपात भेल जे आइ पर्यन्त दिल्लीक किला लाल रंग भेल अछि!"

हम कहलिऐन्ह, "धन्य छी खट्टर कका! कहाँक बात कहाँ लऽ ऐलिऐक?"

खट्टर ककाक भाङ तैयार भऽ गेल छलैन्ह! भरलो लोटा एक छाकमे पीबि गेलाह। तखन सुभ्यस्त होइत बजलाह, “असलमे श्रीकृष्ण कैं लड़ेबाक रहैन्ह और अर्जुन सोझे चपाटे छलाह। तैं कृष्ण कैं जे जे फुरैत गेलैन्ह से कहैत गेलथिन्ह, ‘देह नाशवान तैं युद्ध करह। आत्मा अमर तैं युद्ध करह। राज्य भेटतौह तैं युद्ध करह। क्षत्रिय थिकाह तैं युद्ध करह। नहि लड़ने निन्दा हैतौह तैं युद्ध करह’। और जखन सभ टा सुनियो कऽ अर्जुनक व्यामोह दूर नहि भेलैन्ह, तखन एक्के बेरि अपन विकराल स्वरूप देखा कऽ अर्जुन कैं डरा देलथिन्ह जे ओना नहि बुझबह तऽ एना बूझह।”

खट्टर कका कैं एकाएक हँसी लागि गेलैन्ह। बजलाह, “हम जखन गीताक पोथी देखैत छी तऽ एकटा कथा मन पड़ि जाइत अछि। एक बेर तोहर काकी कमला-स्नान करय जाइत रहथुन्ह। हमर एकटा पाँच वर्षक भागिन रहय। ओहो संग जैबाक हेतु हठ करय लगैलन्ह। हम बहुत तरहे बुझौलिऐक, ‘नदीमे बुड़या छैक, तैं नहि जा। ओहिठाम नेना डूबि जाइ छैक, तैं नहि जा। दूर चलय पड़तौह, तैं नहि जा। बाट पिच्छड़ छैक, तैं नहि जा’। जखन कोनो तरहें नहि बुझलक तखन रामलीला बला राक्षसक चेहरा लगा कऽ ओकरा डरा देलिऐक। तखन सँ जे ओ सरि भेल से फेर किऐक जिद करत?...हौ, हमरा तऽ ओहि नेनामे और अर्जुनमे विशेष अन्तर नहि बूझि पड़ैत अछि।”

हम कहलिऐन्ह, “खट्टर कका, गीतामे ओतेक रासे ज्ञानयोग, कर्मयोग, भक्तियोग भरल छैक से अहाँ कैं नहि सुझैत अछि?”

खट्टर ककाक आँखि लाल भऽ गेलैन्ह। बजलाह, “हौ, सभटा योगक एके तात्पर्य जे ‘कौरव कैं मार’। परन्तु सोझे एना कहने तऽ अर्जुन बुझितथिन्ह नहि, तैं हुनका बुझाबक हेतु ओतेक रासे ज्ञान-विज्ञान योग, कर्म-संन्यास योग आदिक महाजाल पसारल गेल। ओहिमे अर्जुनक बुद्धिए ओझरा गेलैन्ह और श्रीकृष्ण जेना नचौलथिन्ह तेना ओ नचलाह। परन्तु जकरा बुझबाक शक्ति छैक से तऽ भगवानक चलाकी बुझबे करतैन्ह।”

हम कहलिऐन्ह, “खट्टर कका, हमरा तऽ नहि बूझि पड़ैत अछि जे भगवान अर्जुन कैं ठकलथिन्ह अछि।”

खट्टर कका बजलाह, “तोहर कोन कथा? बड़का बड़का पण्डित कैं नहि बूझि पड़ैत छैन्ह। परन्तु हमरा तऽ झकझक सुझैत अछि। एकठाम त कहैत छथिन्ह जे,

प्रजहाति यदा कामान् सर्वान् पार्थ मनोगतान्।
आत्मन्येवात्मना तुष्टः स्थिप्रज्ञस्तदोच्यते॥

अर्थात जे सभटा मनोरथक त्याग कऽ दैत छथि सैह यथार्थ ज्ञानी थिकाह। परन्तु दोसर ठाम राज्य ओ स्वर्गक प्रलोभन सैहो दैत छथिन्ह!

हतो वा प्राप्स्यसि स्वर्गं जित्वा वा भोक्ष्यसे महीम्।
तस्मादुत्तिष्ठ कौन्तेय युद्धाय कृतनिश्चयः॥

हौ अर्जुन, यदि मरबह तऽ स्वर्ग भेटतौह। जितबह तऽ राज्य भेटतौह। दूनू हाथ लड्डू छौह। तैं उठह और लड़ह।"

खट्टर कका नोसि लऽ कऽ मुस्कुराइत बजलाह, "अर्जुन तर्कशास्त्र नहि पढ़ने छलाह तैं रज्जुपाशमे बन्हा गेलाह। हम लगमे रहितिऐन्ह तऽ कहितिऐन्ह, 'हे कृपानिधान! हिनका (अर्जुन कैं) एक तेसरो कोटि तऽ भऽ सकैत छैन्ह जे जिबिते पकड़ि कऽ बन्दी बना लैन्ह। तखन ने राज्ये हाथ लगतैन्ह ने स्वर्गे'। परन्तु अर्जुन तऽ सोझे धनुर्धर रहथि! कोनो पक्षधर (नैयायिक) सँ भगवान कैं भेट होइतैन्ह तखन ने! हम तऽ पुछतिऐन्ह, 'औ महाराज! जखन समस्त मनोरथ व्यर्थ थीक, तखन फेर ई रथ किऐक चला रहल छी?'"

हम कहलिऐन्ह, "खट्टर कका, अहाँ सभ ठाम अपन तर्कशास्त्र लगा दैत छिऐक?"

खट्टर कका बजलाह, "लगाउ ने कोना। यैह तऽ अपना देशक मुख्य विद्या थीक। छिद्रान्वेषणमे एहन सूक्ष्म दृष्टि कोनो जाति कैं छैक?"

खट्टर कका सरौता सँ कतरा करैत बजलाह, "देखह, एकठाम तऽ श्रीकृष्ण उपदेश दैत छथिन्ह जे,

समदुःखसुखः स्वस्थः समलोष्टाश्मकांचनः।
तुल्यप्रियाप्रियो धीरस्तुल्यनिन्दात्मसंस्तुतिः।

अर्थात निन्दा-प्रशंसा दूनू कैं समान कऽ कऽ बूझक चाही और दोसर ठाम इहो कहैत छथिन्ह जे,

अकीर्तिं चापि भूतानि कथयिष्यन्ति तेऽव्ययाम्
संभावितस्य चाकीर्त्तिः मरणादतिरिच्यते।

अर्थात नहि युद्ध कैने अहाँक निन्दा हैत, ताहि सँ त मरि गेनाइ नीक। एकठाम त अनासक्त कर्म सिखबैत छथिन्ह जे,

सुखदुःखे समे कृत्वा लाभालाभौ जयाजयौ
ततो युद्धाय युज्यस्व नैवं पापमवाप्स्यसि।

अर्थात हारि-जीत दूनू कैं बराबरि बूझि कऽ लड़ाइ करू। और पुनः दोसर ठाम इहौ कहैत छथिन्ह जे,

तस्मात्त्वमुत्तिष्ठ यशो लभस्व
जित्वा शत्रून भुक्ष्व राज्यं समृद्धम्।

'हे अर्जुन! अहाँ उठू, यश लियऽ और शत्रु कैं जीति राज्यक भोग करू'। आब तोंही

कहह जे जखन सुख-दुःख, लाभ-हानि, जय-पराजय, यश-अपयश सभ बराबरि, तखन फेर भगवान विजय ओ यशक लोभ किऐक दैत छथिन्ह?"

हमरा चुप देखि खट्टर कका कहय लगलाह, "हौ, एकटा हम पूछैत छिऔह। भगवान कहैत छथिन्ह जे,

ईश्वरः सर्वभूतानां हृदेशेऽर्जुन तिष्ठति
भ्रामयन् सर्वभूतानि यंत्रारूढ़ानि मायया।

अर्थात वैह सभ कैं अपना मायाक प्रभाव सँ कठपुतरी जकां नचा रहल छथिन्ह। यदि यैह बात सत्य, तखन फेर अर्जुन सँ एतेक उतराचौरी करबाक कोन प्रयोजन? सोझे अपन कल ऐंठि दितऽथिन्ह। हुनक इच्छाक आगाँ अर्जुनक इच्छा की? तखन ई किऐक कहैत छथिन्ह जे,

यथेच्छसि तथा कुरु

'जे इच्छा हो से करू', और यदि यैह, तऽ ओही पर रहितथि। तखन फेर ई किऐक जे,

सर्वधर्मान् परित्यज्य मामेकं शरणं व्रज
अहं त्वां सर्वपापेभ्यो मोक्षयिष्यामि मा शुचः।

'अहाँ सभटा धर्म छोड़ि हमरा शरणमे आबि जाउ, हम अहाँ कैं सभ पाप सँ मुक्त कय देब'। हौ, एना तऽ कोनो पंडा, पुरोहित वा पादड़ी बाजय। भगवान कतहु एना बाजथि? और यदि अन्त मे यैह कहबाक छलैन्ह तऽ अठारह टा अध्याय पसारबाक कोन काज छलैन्ह? एके श्लोकार्द्धमे कहि दितऽथिन्ह जे,

अहं निर्देशयामि त्वां तस्मात् युध्यस्व भारत।

'हे अर्जुन! हम अहाँ कैं आज्ञा दैत छी, तैं युद्ध करू!'"

हम कहलिऐन्ह, "खट्टर कका, हम तऽ बुझैत छी जे अट्ठारहो अध्याय गीताक निष्कर्ष थिकैक निष्काम कर्म।"

खट्टर कका बजलाह, "हौ, यैह तऽ हमरा बुझबामे नहि अबैत अछि। कर्म कतहु निष्काम भेलैक अछि? बिना इच्छाक प्रयत्न होइते नहि छैक। लोक जे काज करैत अछि से कोनो ने कोनो कामना सँ प्रेरित भऽ कऽ। 'समस्त कामनाक त्याग कऽ देब' इहो तऽ एकटा कामने भेल।"

हम : "खट्टर कका, अहाँ तऽ सभ ठाम अपन नागपाश लगा दैत छिऐक। परन्तु जीवन्मुक्त कैं तऽ कोनो कामना नहि रहैत छैन्ह।"

खट्टर कका मुस्कुराइत बजलाह, "हौ, हमरा तऽ आइ धरि एकोटा जीवनमुक्त नहि भेटलाह अछि। और यदि केओ एहन जीव होथि तऽ हम पुछैत छिऔह जे हम कसि कऽ एक चाट हुनका गाल पर लगबैत छिऐन्ह, हुनकर स्थितप्रज्ञता कायम

रहतैन्ह? दाँतक दर्द उठला पर हुनका ई इच्छा हैतैन्ह कि नहि जे दु:ख छूटि जाय! नदी फिरबा काल केओ लोटा छीनि लैन्ह तऽ क्रोध हैतैन्ह कि नहि?"

हम गह्वरित होइत कहलिऐन्ह, "तखन अहाँ कैं सरिपहुँ विश्वास अछि जे भगवान् अर्जुन कैं परतारि नेने छथिन्ह?"

खट्टर कका ठठा कऽ हँसि पड़लाह। एक चुटकी कतरा मुँहमे दैत बजलाह, "हौ, तोंहू बताहे छह? ई सभटा कवि-कल्पना थिकैक। कवि कैं तऽ कोनो आधार चाही। केओ रामचन्द्रक प्रसंग लय योगवाशिष्ठक रचना कैने छथि। केओ कुरुक्षेत्रक पृष्ठिभूमिमे गीताक रचना कैने छथि। नहि तऽ तोंही कहह जे घमासान युद्धक बीचमे अट्ठारह अध्याय गीता कहबाक ओ सुनबाक अवकाश छलैक? जाबत ई अट्ठारह अध्याय होइत छल ताबत कि अठारहो अक्षौहिणी सेना बैसल अदौरी खोंटैत छल? आ संजयक कानमे कि रेडियो लागल छलैन्ह? हौ ई सभ किच्छु नहि। कवि कैं कोनो लाथे सांख्ययोग ओ वेदान्तक पण्डितारे छटबाक छलैन्ह से छटने छथि।"

हम कहलिऐन्ह, "खट्टर कका, तखन अहाँक दृष्टिमे गीता सँ कोनो लाभ नहि?"

खट्टर कका व्यंग्य करैत बजलाह, "लाभ किऐक ने? एकटा लाभ तऽ यैह जे एहि सँ हड़ताल बन्द भऽ जाएत।"

हम चकित होइत पुछलिऐन्ह, "से कोना, खट्टर कका?"

खट्टर कका बजलाह, "देखह, गीताक उपदेश छैक,

कर्मण्येवाधिकारस्ते मा फलेषु कदाचन।
मा कर्मफलहेतुर्भू: मा ते संगोऽस्त्वकर्मणि॥

अर्थात 'अनासक्त भऽ कऽ कर्म करी; फलक आशा नहि राखी'। कोल्हुआरक बड़द कैं गुड़क चेकी सँ कोन प्रयोजन? हौ, यदि एतबा ज्ञान मजदूर कैं भऽ जाइक तऽ कोनो कारखानामे हड़ताल किऐ हैत?"

हम पुछलिऐन्ह, "और कोनो लाभ नहि?"

खट्टर कका विहुँसैत बजलाह, "और लाभ यैह जे देशक जनसंख्या जे सुरसाक मुँह जकाँ निरन्तर बढ़ल जा रहल अछि से कम भऽ जाएत।"

हम : "से कोना, खट्टर कका?"

खट्टर कका बजलाह, "देखह,

कर्मण्येवाधिकारस्ते मा फलेषु कदाचन।

एहिमे संतति-निरोधक गुप्त मंत्र भरल छैक जे प्रत्येक नवविवाहित दम्पति कैं स्मरण राखक चाही। 'केवल कर्म-कैने जाइ, फलक आशा नहि राखी'। एहिठाम फलक अर्थ संतान। आब नीक जकाँ ध्यान दहौक तऽ अर्थ लागि जैतौह।...परन्तु तों भातिज थिकाह। बेसी खोलि कऽ कोना कहिऔह?"

मोक्षक विचार

खट्टर कका कोल्हुआड़मे रस पेरबैत रहथि। हमरा देखि बजलाह, "आबह, आबह। तोंहू एक गिलास पीबि लैह। शीतल भऽ जैबह।"

हम कहलिऐन्ह, "खट्टर कका, शीतल तऽ लोक अहाँक बाते सँ भऽ जाइ अछि। अहाँ आनन्द-मूर्ति छी।"

खट्टर कका बजलाह, "हौ, जीवनमे और छैहे की? आनन्द ली और दी। एक हमरे सन व्यक्ति बहुत पहिने कहि चुकल छथि,

यावज्जीवेत् सुखं जीवेत् ऋणं कृत्वा घृतं पिबेत्।

परन्तु आइ काल्हि तऽ ऋण तथा शुद्ध घृत दूनू दुर्लभ। तैं हमर सिद्धान्त जे,

यावज्जीवेत् सुखं जीवेत् रसं पीत्वा रसं वदेत्।

रस पीबी ओ रस बाजी। जाबत ई देह छथि ताबत संसारक रस लऽ ली। फेर तऽ,

बहुरि एहि जग जन्म नाही, नाहि ऐसो देह।"

हम कहलिऐन्ह, "खट्टर कका, परन्तु अपना देशक बड़का-बड़का दर्शनकार त दोसरे रंग कहै छथि।"

खट्टर कका कैं हँसी लागि गेलैन्ह। बजलाह, "हौ, दर्शनकार सभक आँखि पर तेहन मोक्षक मकड़जाला लागल छैन्ह जे ओ संसार कैं देखिए नहि सकैत छथि।"

हम : "खट्टर कका, जीवनक चरम लक्ष्य थीक मोक्ष। तकरा विषयमे अहाँ एना बजैत छी?"

खट्टर कका एक बाल्टी रस छनैत कहय लगलाह, "यैह चरम लक्ष्य तऽ हमरा लोकनि कैं लाहेब कऽ देलक! 'ई जीवन दुःखमय। संसार दुःखमय'। जे केओ ऐलाह से यैह विरहा गबैत। 'एहि संसार सँ कोना छुटकारा हैत?' जेना ई संसार जेल हो! आन-आन देशक लोक एहि संसार कैं क्रीड़ागार कऽ कऽ बुझैत अछि। ई लोकनि कारागार कऽ कऽ बुझलन्हि। एही बुद्धि सँ हमरा लोकनिक विद्ये बताह भऽ गेल। मोक्षक तेहन चसका लागल जे की लोक कैं हफीमक चसका लगतैक! तैं ठाम-ठाम

मोक्षक दोकान खुजि गेल। न्याय, सांख्य ओ वेदान्तक कोन कथा जे व्याकरण, छंद ओ आयुर्वेद-इहो सभ मोक्षक एजेंट बनि गेलाह। 'आउ, हमरो गोदाममे मोक्ष भेटैत अछि'। यदि ई नहि कहितथिन्ह तऽ केओ लगमे जैबे नहि करितैन्ह। कपिल-कणाद सँ लऽ कऽ कबीर-कवीन्द्र धरि एक्के चरखा ओटैत ऐलाह! जहाँ और देशमे न्यूटन ओ गैलीलियो जन्म लेलन्हि तहाँ हमरा लोकनिमे भेलाह के तऽ नानक ओ दादूदयाल! जहाँ और लोक पृथ्वी पर अपन-अपन झंडा फहरा रहल अछि, तहाँ हम सभ खजुरी पर गबैत छी 'यह संसार विराना है'।"

हम : "खट्टर कका, यैह दृष्टिकोण तऽ हमरा लोकनिक विशेषता थीक।"

खट्टर कका रसमे दूध मिलबैत बजलाह, "हँ से तऽ थीके। कनही गायक भिन्ने बथान। हमरा लोकनि संसार भरि कऽ बूड़ि कऽ कऽ बुझैत छिऐक। और अपना मने बुधियार बनैत छी जे असली घी हमरे टाड़ामे अछि। यूरोप-अमेरिकाक सभ्यता कैं हम 'दालदा' बूझि कऽ अवहेलना करैत छिऐक। परन्तु हमरे मोक्षमार्का कंटरमे घी भरल अछि, से के कहि सकैत अछि? ई कंटर तऽ आइ धरि केओ खोलि कऽ देखलक नहि।"

हम : "परन्तु अपना ओहि ठाम मनीषी लोकनि मोक्ष-प्राप्तिक उपायो देखा गेल छथि।"

खट्टर कका रसमे अणाचीक बुकनी दैत बजलाह, "हौ, उपाय कि एकटा दूटा? ढाकीक ढाकी। 'एना कऽ नाक दबाउ तऽ पुनर्जन्म न विद्यते। ई नाम जप करू तऽ पुनर्जन्म न विद्यते। अमुक जलमे स्नान करू तऽ पुनर्जन्म न विद्यते। ई मंत्र पढ़ि कऽ हवन करू तऽ पुनर्जन्म न विद्यते'।...एहन सन क्रम जे पुनर्जन्म गरक ढोल थीक। से जाबत उतारिकऽ फेंकब नहि ताबत उद्धार नहि। तैं भरि जन्म ओम्वा होम करैत रहू।"

हम : "खट्टर कका, अहाँ के मोक्षमे विश्वास नहि अछि?"

खट्टर कका : "हौ, 'मूलं नास्ति कुतः शाखा!' जखन पुनर्जन्मो नहि गानैत छी, तखन मोक्षक कोन गप्प? असलमे पूछह तऽ ने सोनू साह, ने सहिजनक गाछ। लोक व्यर्थ वकांड-प्रत्याशामे लागल रहैत अछि। तैं हम कहैत छियौह जे एहि जीवनमे जे आनन्द, सैह असली आनन्द। लैह, रस पीबह।"

एतबहिमे पहुँचि गेलाह नैयायिकजी। ओ शास्त्रार्थक मुद्रामे बजलाह, "जैं पुनर्जन्म सत्य, तैं ने अबोध शिशु कैं पूर्व-संस्कारवशे स्तन देखि पान करबाक प्रवृत्ति होइ छैक।"

खट्टर ककाक ठोर पर मुसकी आबि गेलैन्ह। कहलथिन्ह, "यदि यैह तर्क, तखन ओकरा पूर्व-संस्कारवशे मर्दन करबाक प्रवृत्ति किऐक नहि होइ छैक? पान तऽ केवल एक-दू वर्ष कैने हैत, परन्तु मर्दन तऽ जीवन भरि चलल हैतैक।"

नैयायिक : "अहाँ तऽ परिहास करैत छी। परन्तु देखू, कोनो नेना जन्मे सँ तीव्र

होइछ, कोनो मंद। ककरो सभ अंग पूर रहैत छैक, ककरो न्यूनाधिक। एना किऐक होइ छैक? पूर्वजन्मक कर्मफल सँ।"

खट्टर कका लोटामे रस ढारैत बजलाह, "औ नैयायिक! कुसियारक खेतमे कोनो कुसियार मोटगर बहराइत छैक, कोनो पातर। कोनो सोझ, कोनो टेढ़। कोनो बेसी मीठ, कोनो कम मीठ। तकर की कारण? बीज, क्षेत्र, खाद्य आदिक प्रभाव सँ एना होइत छैक। सैह बात नेनोमे बूझू।"

नैयायिक : "तखन अहाँ अदृष्ट नहि मानैत छी?"

खट्टर कका : "देखू, किछु कारण प्रत्यक्ष होइ छैक। जेना कपार फुटला सँ टेटर भऽ जाइ छैक। परन्तु किछु कारण अज्ञात होइ छैक। जेना हमरा पीठ पर एकटा मस्सा अछि। कोनो बालिमे पीयर दानाक बीचमे गोटेक लाल भऽ जाइ छैक। कारण तऽ किछु अवश्ये हैतैक। परन्तु से ज्ञात नहि। यैह अदृष्ट थीक।"

नैयायिक : "अहाँ तऽ दोसरे अर्थ लगा दैत छिऐक। हम पुछै छी जे कर्म-फल अहाँ मानैत छी कि नहि?"

खट्टर कका : "जहाँ कार्य-कारण सम्बन्ध छैक तहाँ अवश्य मानैत छी। जेना भाँटामे पानि पटाएब तऽ बेसी फरत। परन्तु ई नहि जे एहि जन्ममे भाँटा दान करब त दोसर जन्ममे भेंटबर खा लेब।"

नैयायिक : "एकर अर्थ जे अहाँ प्रत्यक्षवादी छी। परन्तु यदि प्रारब्ध कोनो वस्तु नहि, तखन एक गोटा राजा भऽ कऽ जन्म लैत अछि, दोसर भिक्षुक भऽ कऽ। से किऐक?"

खट्टर कका : "औ नैयायिक! जखन दृष्ट कारण मौजूद अछि तखन अदृष्ट कल्पना किऐक करब? धनिक ओ गरीबक भेद सामाजिक ढाँचा पर निर्भर छैक। आन-आन देश ओहि ढाँचा कैं बदलि रहल अछि। आइ रूसमे केओ राजा भऽ कऽ नहि जन्म लैत अछि, ने अमेरिकामे भिक्षुक भऽ कऽ। और अहाँ वैह प्रारब्धक गीत गाबि रहल छी! लियऽ, रस पीबू।"

नैयायिकजी रस पीबि बजलाह, "संचित, प्रारब्ध ओ क्रियमाण, ई तीन कर्म तऽ मानहि पड़त।"

खट्टर कका लोटा अलगा कऽ भरि छाक रस पिउलन्हि। तखन सुभ्यस्त भऽ कहऽ लगलथिन्ह, "औ नैयायिक! कनेक फरिछा कऽ कहू। जेना बैंकमे तीन प्रकारक हिसाब फिक्सड डिपोजिट, सेविंग बैंक आ करेन्ट एकाउन्ट रहैत छैक, तहिना अहूँ लोकनिक कर्मक तीन टा खाता रहैत अछि। अहाँ लोकनि जे किछु करै छी, से चित्रगुप्तक बहीमे दर्ज भेल जाइ अछि। ओ तेहन पक्का हिसाब रखैत छथि जे ककरो एको पाइक गड़बड़ी नहि होइ छैक और जकरा जतबा अंश जहिया भेटबाक चाही से ठीक समय पर किस्त-ब-किस्त अदाय होइत रहै छैक। यैह बात छैक ने? नैयायिकजी!"

नैयायिकजी प्रसन्न भय बजलाह, "हँ, हँ। अहाँ बेस फरिछा कय कहलहुँ।"

खट्टर कका पुन: कहय लगलथिन्ह, "आब विचारू। एहि जन्ममे पुण्य करबाक अर्थ की भेल? अग्रिम जन्मक हेतु सुखक बीमा कराएब। और पाप करब की थीक? एक तरहक उधार खाएब, जकर मूल्य अग्रिम जन्ममे सधाबय पड़त। जाबत धरि ई लेन-देनक सिलसिला जारी रहत ताबत पर्यन्त जन्म लेबहि पड़त। जखन हिसाब-किताब साफ भऽ जाएत, तखन फारखती भेटि जाएत। अर्थात गरक उतरी टूटि जाएत। यैह भेल मोक्ष! की औ, नैयायिकजी?"

नैयायिकजी उल्लसित होइत बजलाह, "ठीक, ठीक, ठीक।"

खट्टर कका कहलथिन्ह, "बेस। तऽ एकर अर्थ ई भेल जे ऋणे भरक हेतु हमरा सभक जन्म होइ अछि। एहि जीवनमे किछु तऽ चुकता भऽ जाइ अछि और किछु नवो ऋण चढ़ि जाइत अछि। अतएव उचित ई थीक जे कर्जक बोझ नहि बढ़ाबी और जहाँ धरि भऽ सकय, जल्दी सँ जल्दी मिनहामंसूफ करा कऽ ऋणपत्र सँ उद्धार पाबि जाइ। की औ नैयायिकजी?"

नैयायिकजी गद्‌गद होइत बजलाह, "बस, बस, बस। यैह बात छैक। जतेक जल्दी बन्धन सँ मोक्ष भेटि जाय ततेक नीक।"

खट्टर कका कहलथिन्ह, "तखन तऽ नव खाता नहि खोली? अर्थात नवीन कर्म आरम्भ नहि करी? आब अहीं कहू जे एहि प्रकारक सिद्धान्त अकर्मण्यता पर लऽ जाएत कि नहि?"

"नैयायिकजी कैं बूझि नहि पड़लैन्ह जे खण्डन करी वा मंडन। किछु बाजि देबाक चाही, तैं बजलाह,

अश्वयमेव भोक्तव्यं कृतं कर्म शुभाशुभम्

जीव कैं कर्मानुसार मनुष्य, पक्षी, सरीसृप, कीट, पतंग वा उद्‌भिज योनिमे जन्म लेबय पड़ैत छैक। सभ अपना प्रारब्धक भोग करैत अछि।"

खट्टर कका कहलथिन्ह, "बेस, सामने खेतमे धानक गाछ लहरा रहल अछि। तखन तऽ अहाँक हिसाबें लाखो जीवात्मागण पाँती-जोड़ सँ ठाढ़ भेल अपना पूर्वकर्मक फल भोगि रहल छथि।"

नैयायिक (किछु कुण्ठित होइत), "हँ।"

खट्टर कका : "बेस, हम पुछैत छी। एकटा बाढ़ि आओत तऽ ई सभ धान दहा जाएत। कि ईहो प्रारब्धक फल हैतैक?"

नैयायिकजी 'हँ' 'नहि' किछु नहि बजलाह।

खट्टर कका कहलथिन्ह, "तखन तऽ खेतमे बान्ह नहि बान्ही? जीवात्मा लोकनि कैं प्रारब्धक भोग करय दिऐन्ह?"

नैयायिकजी चुप।

खट्टर कका कहलथिन्ह, "औ, एकटा भूकम्पमे हजारो मनुष्य दबि जाइत अछि।

एकटा बिहाड़िक झोंकमे लाखो मच्छर नष्ट भऽ जाइ अछि। एहूमे कर्मफलदाताक पूर्वरचित योजना रहैत छैन्ह?"

"नैयायिकजी गोङियाइत बजलाह,

कृतकर्मणां भोगादेव क्षयः"

खट्टर कका कहलथिन्ह, "तखन औ नैयायिकजी! हम पुछैत छी जे देशमे लाखक लाख व्यक्ति अकाल सँ पीड़ित होइ छथि। हम किऐक हुनकर सहायता करिऔन्ह? कोनो अबला पर बलात्कार होइ छैन्ह। हम किऐक दौड़िऔन्ह? ओ अपन प्रारब्धक फल भोगैत छथि। फल भोगि नेने ओतबा बन्धन कटि जैतैन्ह। तखन हम बीचमे पड़ि कऽ मोक्षमे बाधक किऐक बनिऔन्ह?"

नैयायिकजी के गोङियाइत देखि खट्टर कका पुछलथिन्ह, "अच्छा एकटा तऽ कहू। एखन पृथ्वी पर धर्मक आधिक्य अछि कि पापक?"

नैयायिक : "कलियुगमे पापक आधिक्य होइछ।"

खट्टर कका : "जे मनुष्य पाप करैत अछि तकरा तऽ फेर मनुष्यक शरीर नहि भेटक चाही?"

नैयायिक : "नहि।"

खट्टर कका : "तखन त मनुष्यक संख्या दिनानुदिन कम्म होमक चाही?"

नैयायिक : "हँ, से त चाही।"

खट्टर कका : "तखन मनुष्यक संख्या दिनानुदिन बढ़ि किऐक रहल अछि?"

नैयायिकजी कैं सहसा उत्तर नहि फुरलैन्ह।

खट्टर कका पुछलथिन्ह, "दुःख-सुखक भोग तऽ पापे-पुण्य सँ होइत छैक?"

नैयायिक : "अवश्य।"

खट्टर कका : "तखन तऽ ई कोल्हुआड़क बड़द पूर्व जन्ममे भारी पाप कैने छल? और छीतन बाबूक कुकुर भारी पुण्य कैने छल? हमरा पोखरिक माछ सभ ओहि जन्ममे ब्रह्महत्या कैने छल? और मथुराक काछु सभ चान्द्रायण व्रत केने छल?"

नैयायिकजी फेर गोङियाय लगलाह।

खट्टर कका पुनः छुटलथिन्ह, "देखू, नैयायिकजी। अमेरिकाक लोक दिनमे तीन-तीन बेर माखन उड़बैत अछि और हमरा सभ कैं मट्ठो नहि जुड़ैत अछि। ओ सभ 'मटन' खा कऽ बटन तोड़ैत अछि और हमरा लोकनि साम सुरड़ैत झाम गुड़ैत छी। तखन तऽ अमेरिकन सभ पूर्वजन्मक धर्मात्मा थीक और हम अहाँ पुरान पापी थिकहुँ। दोसर शब्दें एना कहू जे आइ-काल्हि बेसी धर्मात्मा अमेरिकामे जा कऽ जन्म लैत छथि, और अधिकांश पापी एही देशक खातिर बथाएल रहैत छथि!"

नैयायिकजी चुप देखि खट्टर कका बजलाह, "देखू, अहाँक सिद्धान्त सँ धर्मात्मा लोकनि कैं गारि पड़ि जाइत छैन्ह।"

नैयायिक : "से कोना?"

खट्टर कका कहलथिन्ह, "देखू, गर्भाधानक प्रक्रिया तऽ जनले हैत? शुक्राशयमे जीवित कीटाणु विद्यमान रहै छथि। जिनका सुयोग भेटैत छैन्ह से गर्भाशयमे जा शरीर धारण कय लैत छथि।"

नैयायिक : "हँ।"

खट्टर कका : "तखन तऽ ओ वीर्यकीट सूक्ष्म-शरीरधारी जीवात्मा थिकाह जे जन्म लेबाक पूर्व जननेन्द्रियमे निवास करैत छथि!"

नैयायिकजी मुँह ताकय लगलथिन्ह।

खट्टर कका कहलथिन्ह, "तखन तऽ ई मानय पड़त जे आइ-काल्हि अधिकांश धर्मात्मा लोकनि मृत्युक उपरान्त अमेरिकन योनिमे जा कऽ वास करै छथि?"

नैयायिकजी छिलमिला उठलाह। बजलाह, "अहाँ तऽ शास्त्रक उपहास करैत छी। तखन जे ओतेक रासे पुनर्जन्म ओ मोक्षक विवेचन कैल गेल छैक से फूसि?"

खट्टर कका शान्त भाव सँ उत्तर देलथिन्ह, "फूसि कि सत्य से तऽ हम नहि कहब। परन्तु अहाँक मोक्ष अनोन धरि अवश्ये अछि। जाहि मोक्षमे सुख-दुःखक कोनो अनुभवे नहि, से मोक्ष लऽ कऽ लोक की करत? एक आलोचक तऽ एतेक दूर धरि कहि गेल छथि जे ओहन मोक्ष सँ जंगलमे सियारक जीवन नीक,

वरं वृन्दावनेऽरण्ये शृगालत्वं भजाम्यहम्
न तु वैशेषिकीं मुक्तिं प्रार्थयामि कदाचन।"

नैयायिकजी बजलाह, "तखन गौतम ओ कणाद मूर्ख छलाह?"

खट्टर कका कहलथिन्ह, "सेहो हम नहि कहब। परन्तु आलोचकक उक्ति छैन्ह जे,

मुक्तये सर्वजीवानां यः शिलात्वं प्रयच्छति।
स एको गोतमः प्रोक्त उलूकश्च तथाऽपरः।

गौतम ओ कणाद, दूनूक अनुसार मोक्षक अर्थ पाथर जकाँ निश्चेष्ट भऽ गेनाइ। तैं एक गोटा 'गौतम' (बड़द) ओ दोसर गोटा 'उलूक' नाम सँ प्रसिद्ध छथि।"

नैयायिकजी कैं आब बेसीकाल धरि ओहिठाम रहब समीचीन नहि बुझना गेलैन्ह। बजलाह, "एखन तऽ विद्यालयक समय भऽ गेल। कहियो दोसरा दिन आबि कऽ हम अहाँ सँ शास्त्रार्थ करब।"

खट्टर कका मुस्कुराइत उत्तर देलथिन्ह, "अवश्य करब। अहाँ लोकनिक अनुमान लिंग-परामर्श पर आधारित होइ अछि। व्यभिचार-दोष नहि लागय। तैं खूब नीक जकाँ व्याप्तिक विचार कऽ कऽ आएब। लियऽ, नोसि लियऽ।"

नैयायिकक गेला पर हम कहलिऐन्ह, "खट्टर कका, आइ नैयायिकजी कुयात्रामे चलल छलाह। परन्तु ई तऽ कहू जे अहाँ कैं सरिपहुँ आत्मामे विश्वास नहि अछि?"

खट्टर कका : "आत्मा सँ तोहर की अभिप्राय?"

हम : "हम अहाँमे की जूमब? परन्तु मृत्युक उपरान्त कोनो ने कोनो रूपमे चैतन्यक किछु आधार कायम रहैत छैक। सैह आत्मा थीक।"

खट्टर कका सुपारीक कतरा करैत बजलाह, "हौ, यैह तऽ हमरा बुझबामे नहि अबैत अछि। जखन सम्पूर्ण शरीर जरि कऽ भस्मीभूत भऽ गेलैक तखन ओकर आश्रित चैतन्य रहतैक कथीमे?"

हमरा मुँह तकैत देखि खट्टर कका बजलाह, "देखह, यदि हम एक भङ्घोटना कसि कऽ तोरा ब्रह्माण्ड पर लगबिऔह तऽ चैतन्य कतय जैतौह? दू मिनट क्लोरोफार्म सुँघा दौह तऽ सभटा बोलती बन्द भऽ जैतौह। एक रत्ती विष शरीरमे प्रवेश कैने समस्त ज्ञान लुप्त भऽ जैतौह। एकटा बड़का कर्मकांडी कैं कुकुर काटि लेलकैन्ह से भूकि कऽ मरि गेलाह। एहि सभ सँ की सिद्ध होइछ? यैह, जे चैतन्य शरीरक अवस्था पर आश्रित अछि। मस्तिष्क पर कनेक आघात पड़ने चैतन्यक विकार वा तिरोभाव भऽ जाइ छैक। और जखन सम्पूर्ण शरीरे जरि कऽ छार भऽ जैतैक तखन चैतन्य कि गाछ पर जा कऽ लटकि जैतैक? जखन घड़िए टूटि गेल तऽ ओकर टिक-टिक कथी पर टिकतैक?"

हम : "परन्तु अपना देशक शास्त्रकार तऽ कहै छथि जे आत्मा अवश्य छथि।"

खट्टर कका : "हँ। एही भीत पर तऽ परलोकक महल ठाढ़ अछि। यदि ई मूलस्तंभ उखड़ि जाय तऽ पुनर्जन्म ओ मोक्षक सम्पूर्ण अट्टालिका ढनमना कऽ खसि पड़य। जौं आत्मा नहि, तऽ पुनर्जन्म ककर? और पुनर्जन्म नहि, तऽ मोक्ष की? आत्माक दावा ढहि गेने आस्तिकवादक गढ़े मटियामेट भऽ जाइत अछि।"

हम : "परन्तु यदि एहि सभमे किछु तथ्य नहि छैक तऽ एतबा दिन सँ चलि कोना रहलैक अछि?"

खट्टर कका कहय लगलाह, "हौ, अदृष्टक कल्पना सँ मन कैं सान्त्वना भेटैत छैक। 'ओहि जन्ममे कोनो पाप कैने छलहुँ, तकर फल आइ भोगि रहल छी'। जखन दु:ख दूर करबाक अन्य कोनो साधन नहि भेटैत छैक, तखन यैह भावना मलहमक काज करैत छैक। ई एक प्रकारक आत्मवंचना बूझह। हम अपना मन कैं बुझबैत छी 'जे कैलहुँ तकर फल भेटल। एहिमे अपन कोन वश?' संगहि भविष्यक हेतु सैहो आश्वासन भेटैत छैक। 'एहि जन्ममे नीक करब तऽ अग्रिम जन्ममे सुख पाएब'। तैं कतेको व्यक्ति एहि जीवनमे नाना कष्ट सहि पुण्य बटोरबाक फेरमे लागल रहैत छथि। एहि आशा पर जे पाछौं एक्के बेर बहुत रासे सुख हाथ लागि जाएत। 'नाल्पे सुखमस्ति। भूमैव सुखम्'। एहि द्वारे नाना प्रकारक यज्ञ-जाप, तीर्थ-व्रत, दान-पुण्य कैल जाइत अछि। चाहे मीमांसाक कर्मकांड हो वा योगक अष्टांगसाधन हो वा वेदान्तक ब्रह्मज्ञान हो, सभक मूलमे एक्के भावना काज करैत छैक-भविष्यमे महत्तम आनन्दक प्राप्ति। केओ स्वर्गक स्वप्न देखैत छथि, केओ अमरत्वक कल्पना करैत

छथि, केओ नित्य निरतिशय सुख चाहैत छथि। मोक्ष, कैवल्य, निर्वाण-सभक एके तत्त्व छैक-आनन्दलिप्सा। साधक-गण चाहै छथि जे एहि जीवनमे अधिक सँ अधिक फीस दऽ कऽ स्वर्ग वा मोक्षक बीमा करा ली। और एहि वणिक बुद्धि कैं 'धर्म' कहल जाइत अछि। परन्तु हौ बाबू, हमरा एहि बीमा कंपनीमे विश्वास नहि। हम आजीवन किस्त चुकबैत जाइ और अन्तमे ओ कंपनी नकली साबित भऽ जाय, तखन? एही द्वारे हमहूँ चार्वाक वला सिद्धान्त मानैत छी 'वरमद्य कपोतः श्वो मयूरात्'। 'काल्हि कदाचित मोर भेटि जाय' ताहि आशा पर हाथमे आएल कबूतर कैं छोड़ि देब बिशुद्ध मूर्खता थीक।"

हम : "खट्टर कका, तखन अहाँ कैं मोक्षमे आस्था नहि अछि?"

खट्टर कका : "हौ, हम तऽ सोझ-सोझ बुझैत छी-देहोच्छेदो मोक्षः। जाहि दिन ई चोला छूटि जाएत ताहि दिन स्वतः सभ दुःख सँ छुटकारा भऽ जाएत। ई मोक्ष एक दिन भेटनहि कुशल। तखन ओहि पाछाँ अपस्याँत किऐक होउ?"

हम : "तखन मोक्षक हेतु यत्न करबाक प्रयोजन नहि?"

खट्टर कका हँसैत बजलाह, "हँ। एकटा मोक्षक हेतु यत्न करह। मोक्षक अर्थ अज्ञान सँ मुक्ति। से सभ सँ बड़का अज्ञान थीक ई मोक्षक आडम्बर। यदि एहि अन्धविश्वास सँ तोरा लोकनि मुक्त भऽ जाह तऽ बड़का भारी मोक्ष भेटि जैतौह!"

हम कहलिऐन्ह, "खट्टर कका, तखन जीवन्मुक्त केओ नहि होइ छथि?"

खट्टर कका मुस्कुराइत बजलाह, "कोना कहिऔह जे नहि होइ छथि? जे अभागल छथि, से मोक्षक पाछाँ डिरियाएल भेल फिरैत छथि। परन्तु जे भाग्यवान छथि, तिनका बैसले-बैसल मोक्ष भेटि जाइत छैन्ह।"

हम : "से कोना, खट्टर कका?"

खट्टर कका विनोदपूर्वक बजलाह, "हौ, संसारमे दू प्रकारक व्यक्ति होइ छथि। एक तऽ अभागल, जे भरि जन्म हकन्न कनैत रहै छथि,

नारीपीनपयोधरोरुयुगलं स्वप्नेऽपि नालिंगितम्।

और दोसर सभागल, जे समस्त बन्धन खोलि कऽ सद्यः मोक्ष प्राप्त कऽ लैत छथि। हुनका खातिर,

नीविमोक्षो हि मोक्षः।"

भगवानक चर्चा

ओहि दिन खट्टर कका हमरा देखि पुछलन्हि, "हौ, आइ बहुत दिन पर देखलिऔह। कहाँ छिटकल जाइ छह?"

हम कहलिऐन्ह, "खट्टर कका, अहाँ लग अबैत डर होइ अछि।"

खट्टर कका : "से किएक?"

हम : "अहाँ भगवान कैं नहि मानैत छिऐन्ह।"

खट्टर कका मुस्कुराइत बजलाह, "बुझह तऽ भगवाने हमरा नहि मानैत छथि। हम तऽ हुनका मौसा कऽ ऽ बुझैत छिऐन्ह।"

हम : "अहाँ कैं तऽ सभ बातमे हँसिए रहैत अछि।"

खट्टर कका : "हँसी नहि, सरिपहुँ कहैत छिऔह। देखह, लक्ष्मी ओ दरिद्रा, दूनू सहोदरा बहिन। हम दरिद्राक पुत्र; ओ लक्ष्मीक स्वामी। तखन सम्बन्धमे भाङठ की?"

हम : "खट्टर कका, अहाँ भगवानो सँ परिहास करैत छिऐन्ह। परन्तु यदि भगवान नहि रहतथि तऽ एतेक रासे सृष्टि कोना होइत?"

खट्टर कका : "जेना नित्य होइत अछि। एही गाममे सहस्रो सृष्टिकर्ता मौजूद छथि। आन काजमे लोक बुड़िबक रहौ, परन्तु एहि कार्यमे..."

हम : "खट्टर कका, अहाँ दोसरे दिस लऽ गेलहुँ। हमर तात्पर्य जे आदि सृष्टिकर्ता तऽ मानहि पड़त।"

खट्टर कका भाङक पुड़िया खोलैत बजलाह, "हौ, मानबामे हमरा एको रत्ती उजुर नहि। परन्तु कनेक बुझा कऽ कहह। ओ आदि-पुरुष कहाँ सँ ऐलाह? आकाश सँ टपकि पड़लाह? अथवा अनादि काल सँ सूतल छलाह, और निन्द टुटला पर एकाएक सृष्टि करबाक प्रवृत्ति भेलैन्ह? यदि सृष्टि केलन्हि तऽ कोन रूपें? यदि ई कही जे आदिमे कोनो स्त्री कैं उत्पन्न कय स्वयं पुरुषक कार्य सम्पादित कैलन्हि त हुनका गारिए पड़ि जएतैन्ह! यदि आदिमे एकटा नर ओ एकटा नारी उत्पन्न कैलन्हि तऽ दूनूमे भाइ-बहिनक सम्बन्ध! जौं ओही सँ समस्त शाखा-सन्तति भेल, तऽ सम्पूर्ण मनुष्य जातिए पतित थीक। तखन ककरा हाथक छुइल पानि पिउल जाय!"

हम कहलिऐन्ह, "खट्टर कका, अहाँक तर्कमे के सकत? परन्तु आदि सृष्टिकर्ता केओ अवश्य छलाह।"

खट्टर कका भाङ रगड़ैत बजलाह, "बेस, मानि लेल जे ओ छलाह। परन्तु आब ओ की कऽ रहल छथि? सृष्टिक जे कार्य छैक से तऽ उत्तरोत्तर वृद्धिए पर छैक। सालोसाल हाँजक हाँज बच्चा जनमैत छैक। ताहि बीचमे हुनका पड़बाक कोन प्रयोजन छैन्ह? ओ पेंसन लऽ कऽ बैसथु।"

हम : "खट्टर कका, ओ कि कात-करौट भऽ कऽ बैसयबला छथि? सर्वव्यापी घटघटवासी थिकाह। 'सर्वं ब्रह्ममयं जगत्'।"

खट्टर कका : "आब तों वेदांत छाँटय लगलाह। परन्तु जे कहै छह ताहि पर अपना पूर्ण विश्वास छौह?"

हम : "अवश्य। हममे तुममे खंभ खड्गमे, जहाँ देखौं तहँ राम।"

खट्टर कका : "वाह रे ब्रह्मज्ञानी! तखन हम पुछैत छी जे अहाँ पैखानामे बैसि कऽ पूजा किऐक नहि करैत छी? चंदनक स्थानमे मल किऐक नहि लेपैत छी? दुर्गाक स्थानमे मुर्गाक पूजा किऐक नहि करैत छी? चंडीक स्थानमे रंडीक चरणामृत किऐक नहि पिबैत छी?"

हम : "खट्टर कका, पवित्र ओ अपवित्रक विचार..."

खट्टर कका डँटैत बजलाह, "जखन 'सर्वं ब्रह्ममयं जगत्' तखन पवित्र की और अपवित्र की? यदि भगवान सरिपहुँ घटघटवासी थिकाह तऽ मदिराक घटमे सेहो वास करैत छथि। तखन यज्ञशाला ओ मधुशालामे की अन्तर?"

हम : "कुलवधू ओ वेश्यामे तऽ अवश्य भेद छैक?"

खट्टर कका भङघोटना पटकैत बजलाह, "की भेद छैक? जैह ब्रह्म कुलवधूक शरीरमे छथिन्ह, सैह ब्रह्म वेश्याक शरीरमे। और जैह ब्रह्म पतिमे छथिन्ह, सैह जारमे। तखन व्यर्थ एतेक रासे टिटिंभा किऐक?"

हम : "खट्टर कका, अहाँ सँ पार पाएब कठिन। परन्तु भगवानक महिमा अनन्त छैन्ह। ओ अन्तर्यामी सर्वशक्तिमान करुणानिधान..."

खट्टर कका : "थम्हह, थम्हह। एके बेर एतेक रासे विशेषण नहि उझिलह। एक एकटा पचाबय दैह। हुनका 'अन्तर्यामी' किऐक कहैत छहुन्ह?"

हम : "ओ सभक अभ्यन्तरमे वास करैत छथि। हम अहाँ जे किछु करैत छी से हुनके प्रेरणा सँ। 'केनापि देवेन हृदिस्थितेन यथा नियुक्तोऽस्मि तथा करोमि'।"

खट्टर कका : "बेस, तऽ आब एही पर रहिहऽ। जौं दोसर डारि धैलह तऽ एक भङघोटना लगैबौह।"

हम : "हँ, लगा देब।"

खट्टर कका : "अच्छा, तऽ ई कहह जखन भगवाने सभ किछु करबै छथि तखन तऽ हमरा लोकनि हुनका हाथक कठपुतरी भेलहुँ। जेना नचौताह, तेना नाचब।"

हम : "ताहिमे कोन सन्देह?"

खट्टर कका : "तखन हम पुछैत छिऔह जे साधु ओ चोरमे की अन्तर?"

हम : "साधु नीक कर्म करै छथि तैं उत्तम। चोर अधलाह कर्म करै अछि तैं अधम।"

ई सुनैत देरी खट्टर कका भङघोटना उठबैत बजलाह, "खबरदार! तों तुरन्त बाजल छलाह जे 'यथा नियुक्तोऽस्मि तथा करोमि!' सभटा भगवाने करबैत छथि। वैह साधुक हाथमे माला ओ व्याधक हाथमे भाला घरबैत छथिन्ह। तखन फेर साधु कथी सँ उत्तम और व्याध कथी सँ अधम? जे कहबाक हो से भगवान कें कहून्ह।"

हमरा गोङियाइत देखि खट्टर कका बजलाह, "देखह, एक रंगक बात बाजह। वेश्या जे कर्म करैत अछि से अपना प्रेरणा सँ कि भगवानक प्रेरणा सँ? यदि भगवानक प्रेरणा सँ, तऽ स्वयं भगवान दोषी छथि। यदि अपना प्रेरणा सँ करैत अछि तऽ ओ श्लोक काटि कऽ फेकह 'जे यथा नियुक्तोऽस्मि तथा करोमि'।"

हम : "खट्टर कका, हम की बाजू? दूनूमे एकोटा काटऽ योग्य नहि बूझि पड़ै अछि। बिना भगवानक इच्छा सँ एकटा तृण पर्यन्त नहि डोलि सकैत अछि। और व्यभिचारक दोष भगवान पर थोपब, सेहो उचित नहि।"

खट्टर कका : "देखह, आब फेर हमर भङघोटना सुगबुगाइत अछि। एक बात पर कायम रहह। की सभ बात भगवानेक इच्छा सँ होइ छैन्ह?"

हम : "अवश्य।"

खट्टर कका : "बेस, तखन हम एक भङघोटना कसि कऽ तोरा लगबैत छिऔह। इहो तऽ भगवानेक इच्छा सँ हैतैन्ह?"

हमरा फेर गोङियाइत देखि खट्टर कका बजलाह, "बजै छह किऐक ने? यदि सभ घटना भगवानेक इच्छा सँ होइत छैन्ह तखन त जतेक हत्या ओ बलात्कार होइत छैक सभक छार-भार हुनके कप्पार पर छैन्ह?"

हम : "खट्टर कका, भगवान अनन्त करुणामय छथि। एकटा गज पर संकट पड़लैन्ह तऽ सुदर्शन चक्र लय दौड़लाह। एकटा भार्दूलक बच्चा कैं बचाबक हेतु महाभारतमे गजघंट खसौलन्हि।"

खट्टर कका उत्तेजित होइत बजलाह, "और हजारक हजार प्राणी जे 'नारायणी' जहाज डूबय काल गोहारि कैलन्हि ताहि काल कि नारायणक सुदर्शन चक्र भोथ भऽ गेल छलैन्ह? ओतेक मनुष्यक बच्चा जे कुम्भक मेलामे पिचा कऽ आर्तनाद कैलक ताहि काल कि कानमे तूर-तेल देल छलैन्ह जे गजघंटक बदलामे यमघंट खसा देलन्हि? हौ, एहन भगवान कैं तऽ कानक इलाज कराबक चाहिऐन्ह।"

हम : "खट्टर कका, एना नहि बाजी। ओ लोकनि पाप कैने हैताह, तैं क्लेश भोगय पड़लैन्ह।"

खट्टर कका : "तखन तऽ जतेक लोक सालोसाल कोशीक बाढ़ि सँ तबाह होइत छथि ओ सभ पापिए थिकाह? जौं किनको बोच पकड़ि कऽ घिसियबैन्ह

तऽ बूझी जे ओ अपन पूर्वजन्मकृत पापक भोग कऽ रहल छथि? तखन गजो कैं डूबय दितऽथिन्ह।"

हम : "गज पाप नहि कैने हैताह।"

खट्टर कका : "तखन ग्राहक मुँहमे पड़लाह किऐक? और जौं पुण्य कर्म कैने छलाह तऽ स्वयं ताहि प्रताप सँ बाँचि जइतथि। भगवान कैं दौड़बाक कोन काज छलैन्ह?"

हम : "जखन-जखन भक्त पर भीड़ पड़ैत छैन्ह तखन-तखन भगवान स्वयं आबि कऽ रक्षा करैत छथिन्ह। ओ भक्तवत्सल थिकाह।"

खट्टर कका : "अर्थात पक्षपाती थिकाह। जौं समदर्शी रहितथि तऽ शबरीक बैर किऐक बेसी मीठ लगितैन्ह? दुर्योधनक मेवा छोड़ि विदुरक साग किऐक खैतथि? सुदामा एक मुट्ठी चाउर देलथिन्ह तकरा बदलामे तऽ हुनका कोठा सोफा बनि गेलैन्ह और हम जे बीस वर्ष धरि नित्य अक्षत छीटि कऽ पूजा कैलिऐन्ह से एकटा टटघरो नहि बन्हबा भेलैन्ह।"

हम : "खट्टर कका, 'यादृशी भावना यस्य सिद्धिर्भवति तादृशी'। जे हुनकर जतेक भक्ति करैत छैन्ह तकरा ततेक फल भेटैत छैक।"

खट्टर कका : "तखन ई कहह जे भगवान बनियाँ छथि। जतबा दाम देबैन्ह ताहि हिसाब सँ तराजू पर तौलि कऽ देताह। तखन हुनका ओ दमड़ी साहुमे अन्तर की?"

हम : "खट्टर कका, भगवान दयामय छथि। हुनकर करुणाक अन्त नहि छैन्ह।"

खट्टर कका : "तखन संसारमे जे एतेक दुःख-दारिद्र्य छैक से दूर किऐक ने करैत छथि? रोग, शोक, दुर्भिक्ष, महामारी-एहि सभ सँ लोक कैं पेरैत किऐक रहैत छथि?"

हम : "लोक अपना कर्मक फल सँ क्लेश पबैत अछि।"

खट्टर कका : "तखन तऽ कर्मे प्रधान भेल। भगवानक इच्छा कहाँ रहलैन्ह? ओ दयो करक चाहताह तऽ की कऽ सकैत छथि? हमरा कर्मे नहि कैल रहत तऽ देताह कहाँ सँ? और जौं कर्मे कैल रहत तखन फेर हुनकर एहसाने कोन? जौं कबीर काशीमे मरिहें, रामक कोन नहोरा?"

हम : "भगवान सर्वशक्तिमान छथि।"

खट्टर कका भाङक गोला बनबैत बजलाह, "बेस, तखन ओ संसारक समस्त क्लेश किऐक ने दूर करैत छथि? दुइये टा कारण भऽ सकैत अछि। एक तऽ ई जे ओ चाहिते नहि छथि। दोसर ई जे चाहैत छथि, परन्तु कऽ नहि सकैत छथि। जौं नहि चाहैत छथि तऽ निर्दय छथि। जौं नहि कऽ सकै छथि त निर्बल छथि। तखन हुनका दयालु आ सर्वशक्तिमान-दूनू एक संग किऐक कहैत छहुन्ह? एकर जवाब दैह, नहि तऽ फेर हमर भङघोटना उठत।"

हम : "खट्टर कका, अहाँक जवाब तऽ बड़का-बड़का नहि दऽ सकैत छथि। हम की दऽ सकैत छी? परन्तु एतबा तऽ अवश्य जे भगवानक माया अपरम्पार छैन्ह। हुनका हेतु किछु असम्भव नहि। ओ जे चाहथि से कऽ सकै छथि।"

खट्टर कका : "बेस, तऽ हम एकटा पुछैत छिऔह। भगवान आत्महत्या कऽ सकैत छथि?"

हम : "खट्टर कका, अहाँ कैं तऽ विनोदे रहैत अछि। परन्तु भगवान मरताह किऐक? जखन-जखन पृथ्वी पर पापक वृद्धि होइत छैक तखन-तखन ओ धर्मक रक्षार्थ अवतार लैत छथि।"

खट्टर कका भभा कऽ हँसि पड़लाह। बजलाह, "हौ, पाप की कहबै छैक?"

हम किछु विषण्ण होइत कहलिऐन्ह, "पाप थीक हिंसा ओ व्यभिचार। ई तऽ सभ जनैत अछि।"

खट्टर कका मुस्कुरा उठलाह। बजलाह, "से तोरा भगवान कैं पसिंद नहि छैन्ह?"

हम : "कदापि नहि।"

खट्टर कका भाङ घोरैत बजलाह, "तखन हम पुछैत छिऔह जे आदिकर्ता बाघ किऐक बनौलन्हि? सिंह के ओहन नख किऐक देलथिन्ह? घरियाड़ कैं ओहन दाँत किऐक देलथिन्ह? साँपमे ओतेक जहर किऐक भरि देलथिन्ह? बिच्छूमे डंक किऐक देलथिन्ह? कुकुर, बिलाड़ि, गीदड़, हुराड़, गिद्ध, चिल्होड़ि-सभकैं शिकारी किऐक बनौलथिन्ह? हौ, यदि हुनका अहिंसे पसिंद छलैन्ह, तऽ लड़बाक प्रवृत्तिए जीवमे किऐक देलथिन्ह? पहिने स्वयं आगि लगा कऽ पाछाँ घैल लऽ कऽ दौड़ी-ई कोन बुद्धिमानी भेल?...और यदि हुनका सतीत्व बड्ड पसिंद छलैन्ह तऽ हम पुछैत छिऔह जे चौरासी लाख योनिमे कै टा योनि सतीत्व वला छैन्ह? दुइयो टा नहि। जौं हुनका ब्रह्मचर्ये पसिंद छलैन्ह तऽ सृष्टिक प्रक्रिया ओहन अश्लील किऐक बनौलन्हि? ...तों एखन नेना छह। सभ बात नहि बुझबहक।"

हम : "खट्टर कका, अहाँ तऽ उनटे गंगा बहा दैत छिऐक। तखन पाप-पुण्यक भेदे की रहलैक?"

खट्टर कका बिहुँसैत बजलाह, "तों वेदान्तियो बनबह और पाप-पुण्यक भेदो रखबह! ई दूनू बात कोना हैतौह? यदि 'सर्वं ब्रह्ममयं जगत्', तखन तऽ ई मानय पड़तौह जे वैह ब्रह्म माछ बनि जलमे विचरण करैत छथि और वैह मल्लाह बनि ओकरा जालमे बझबैत छथि। वैह गज बनि चिचियाइ छथि, वैह ग्राह बनि मुँह बबैत छथि। वैह चोर बनि चोरी करैत छथि, वैह कोतवाल बनि ओकरा पकड़ैत छथि। वैह ब्रह्मचारी बनि योगासन लगवैत छथि, वैह व्यभिचारी बनि भोगासन लगबैत छथि। तखन पाप की और पुण्य की?"

हम कहलिऐन्ह, "खट्टर कका, अहाँ तऽ तेहन मकड़जाला लगा दैत छिऐक जे लोक कैं ससरबाक बाटे नहि भेटैत छैक।"

खट्टर कका बजलाह, "तोरा लोकनि अपने जालमे फँसि जाइत छह। एक बेर कहैत छहजे,

कर्म प्रधान विश्व करि राखा,
जो जस करहि सो तस फल चाखा।

और दोसर बेर कहैत छह जे,

होइहि सोइ जो राम रचि राखा,
को करि तर्क बढ़ावहै साखा।

कौखन कहैत छह जे भगवान सर्वव्यापी छथि; कौखन कहैत छह जे ओ अवतार ग्रहण कय पृथ्वी पर अबैत छथि। खने कहैत छह जे भगवान समदर्शी छथि, खने कहै छह जे भक्तवत्सल छथि। एक दिस अद्वैतवादी सेहो बनैत छह और दोसर दिस पाप-पुण्यक भेद सेहो मानैत छह। एही द्वारे तेहन घुरची लागि जाइत छौह जे लटपटा कऽ फँसि जाइत छह। बड़का-बड़का पण्डित एहि ससरफानीमे ओझरा जाइत छथि।"

हम : "खट्टर कका, अहाँ तऽ ततेक प्रकारक शंका उत्पन्न कऽ दैत छिऐक जे आस्तिकोक मन डवाँडोल भऽ जाइ छैक। आब अहीं कहू जे भगवान छथि वा नहि।"

खट्टर कका मुस्कुराइत बजलाह, "छथि तऽ अवश्ये। तखन प्रश्न ई जे हमरा सभक सृष्टि कय अपन लीला कऽ रहल छथि अथवा हमरे लोकनि हुनक सृष्टि कय अपन मनोविनोद कय रहल छी?"

हम : "खट्टर कका, ई तऽ और शंका धऽ देलिऐक। अहाँ कि भगवान कैं काल्पनिक कऽ कऽ बुझैत छिऐन्ह?"

खट्टर कका विनोदपूर्वक बजलाह, "नहि। वास्तविको भगवान होइ छथि। जैह भाग्यवान सैह भगवान। 'भग' शब्दादेव 'भाग्यं' निष्पद्यते। से जिनका जतेक प्रचुर राशिमे उपलब्ध छैन्ह से तेहन बड़का 'भगवान' छथि। जिनका नहि छैन्ह से अभाग्यवान छथि। ओ सृष्टि की करताह?"

हम कहलिऐन्ह, "खट्टर कका, अहाँ भाङक तरंगमे भगवानो कैं लेलिऐन्ह।"

खट्टर कका भाङ छनैत बजलाह, "हौ, हमर एक पूर्वज उदयनाचार्य एक बेर भगवान् कैं डटने रहथिन्ह जे,

ऐश्वर्यमदमत्तोसि मामवज्ञाय तिष्ठसि
नास्तिकानां सभायां तु ममाधीना तव स्थितिः।

'हे भगवान्! अहाँ एहि घमंडमे नहि रहू जे अहींक अधीन हमर अस्तित्व अछि। नास्तिक सभक बीचमे अहूँक अस्तित्व हमरे अधीन रहैत अछि'।

तहिना हमहूँ सुना कय कहैत छिऐन्ह,

सदा तिष्ठसि नेपथ्ये, चोरवत् निभृतः कथम्
उत्थितेषु तरंगेषु ममाधीना तव स्थितिः

चोर जकाँ सदिखन नुकाएल की रहैत छी? सामने आबि कऽ लोक कैं अपन मुँह देखबियौक।...हौ, जखन हमर तरंग उठैत अछि तखन भगवानो कैं डर होइत हैतैन्ह जे ई कतय भसिया कऽ लऽ जाएत। जौं कतहु हैताह तऽ सुनिते हैताह। नहि तऽ अरण्यरोदने बुझह।"

खट्टर ककाक भाङ तैयार भऽ गेल छलैन्ह। बजलाह, "जे हो। आइ कोनो लाथे दू घड़ी भगवानक चर्चा तऽ भेल।"

एक घड़ी आधी घड़ी, आधोमे पुनि आध।
भगवानक चर्चा सरस, हरय कोटि अपराध।

ई कहि खट्टर कका दू बून्द भगवानक नाम पर उपसर्ग कय भरलो लोटा चढ़ा गेलाह।

धर्मक तत्त्व

खट्टर कका आङनमे भोजन करैत रहथि। हमरा देखि बजलाह, "आबह, आबह। तोंहू बैसह।"

हम कहलिऐन्ह, "खट्टर कका, हम तुरन्त भोजन कैने छी। एकटा समाचार कहय आएल छलहुँ।"

खट्टर कका : "से की?"

हम : "आइ सभा छैक। धर्म पर व्याख्यान हैतैक। अहूँ चलब?"

खट्टर ककाक ठोर पर मुसकी आबि गेलैन्ह। बजलाह, "बैसह, बैसह। तों धर्म ककरा कहैत छहौक?"

हम कहलिऐन्ह, "खट्टर कका, जखन बड़का-बड़का पण्डित धर्मक व्याख्या नहि कय सकै छथि तऽ हम की कहि सकैत छी?

धर्मस्य तत्त्वं निहितं गुहायाम्।"

खट्टर कका बजलाह, "हौ, एहीठाम त घुड़किल्ली छैक। 'गुहायाम्' पदक अर्थ बड्ड गूढ़ छैक। ओतेक दूर धरि सभक प्रवेश हैब कठिन।"

हम आसन पर बैसि गेलहुँ। कहलिऐन्ह, "खट्टर कका, हम तऽ मोट बात जनैत छी। हमरा लोकनिक पूर्वज जे सर्वदा सँ करैत ऐलाह अछि, से धर्म थीक। जे बात नहि करैत ऐलाह अछि, से अधर्म थीक।"

खट्टर कका एकटा भँटबर खोंटैत बजलाह, "तखन तऽ हर जोतब धर्म थीक, और 'ट्रैक्टर' चलाएब अधर्म थीक? खरखरिया पर चलब धर्म थीक और 'हेलिकोप्टर' पर उड़ब अधर्म थीक?"

हम कहलिऐन्ह, "खट्टर कका, अहाँ सँ के तर्क करौ? परन्तु हम सोझ-सोझ बुझैत छी-महाजनो येन गतः स पन्थाः।"

खट्टर कका कैं हँसी लागि गेलैन्ह। बजलाह, "जतेक सोझ तों बुझैत छहौक ततेक नहि छैक। महाजनक एक बाट रहैन्ह तखन ने! रामचन्द्रक मार्ग छैन्ह-मर्यादापालन। कृष्णचन्द्रक मार्ग छैन्ह-रासलीला। महावीर जैनक मार्ग छैन्ह-अहिंसा परमो धर्मः।

महावीर हनुमानक मार्ग छैन्ह-शठे शाठ्यं समाचरेत्। सभ तऽ पूज्ये छथि। आब किनकर मार्ग अनुसरण कैल जाय?"

हम कहलिऐन्ह, "खट्टर कका, मनुजी दसटा धर्म गना गेल छथि,

धृतिः क्षमा दमोऽस्तेयं शौचमिन्द्रिय-निग्रहः
धीर्विद्या सत्यमक्रोधो दशकं धर्मलक्षणम्।

एहिमे तऽ कोनो सन्देह नहि होमक चाही।"

खट्टर कका तिलकोरक तरुआ कुड़कुड़बैत बजलाह, "हौ, ई सभ श्लोक अनका फुसियाबक हेतु होइ छैक। जौं पाण्डव धैर्य कऽ कऽ बैसि जैतथि, तऽ महाभारत किऐक होइत? यदि रामचन्द्रजी रावण कैं क्षमा कऽ दितऽथिन्ह, तऽ कांड किऐक मचैत? जे समर्थ अछि तकरा हेतु इ सभ धर्म नहि होइ छैक। जे अब्बल-दुब्बर अछि तकरे सन्तोषार्थ ई सभ मोसम्माती धर्म बनाओल गेल छेक। अबला धैर्य कऽ कऽ बैसि जाइत अछि। नपुंसक मारि खा कऽ रहि जाइत अछि। परन्तु जे सबल छथि, शासक छथि, तिनकर दोसरे धर्म होइ छैन्ह।"

हम : "हुनकर धर्म की होइ छैन्ह?"

खट्टर कका : "जाहि सँ हुनक इच्छापूर्ति होइन्ह, सैह हुनक धर्म होइ छैन्ह। से जाहि प्रकारे होइन्ह। शत्रुक छाती पर चढ़ि कऽ, अथवा युवतीक। बन्दूकक जोर सँ, बा संदूकक जोर सँ। अबल घरमे एकटा खून करै अछि तऽ फाँसी पड़ै अछि। सबल युद्धमे सै टा खून करै छथि तऽ वीर कहबैत छथि। यैह पुरुषाह धर्म थिकैक।"

हम : "परन्तु व्यासजी त कहि गेलाह अछि जे,

अष्टादश पुराणेषु व्यासस्य वचनद्वयम्
परोपकारः पुण्याय पापाय परपीडनम्।

जाहि सँ दोसराक उपकार होइक से धर्म थीक, जाहि सँ दोसरा कैं दुःख पहुँचैक से पाप थीक।"

खट्टर कका एकटा तरुआक स्वाद लैत बजलाह, "हौ, यदि यैह बात, तखन प्राणायाम कैं धर्म, और पलांडु-भक्षण कैं अधर्म किऐक मानल जाय? हम नाक मुनि लेब ताहि सँ अनकर की उपकार हैतैक? हम पेयाजक तरुआ खाएब ताहि सँ अनकर की गड़तैक?...और यदि दोसरा कैं आनन्द देब सैह धर्म, तखन तऽ व्यभिचारी कें धर्मे कऽ कऽ बूझक चाही?"

हम कहलिऐन्ह, "खट्टर कका, अहाँ तऽ तेहन-तेहन युक्ति दैत छिऐक जे धर्मक अस्तित्वे लोप भऽ जाय। एही द्वारे पण्डित लोकनि अहाँ कैं नास्तिक कहैत छथि।"

खट्टर कका मिरचाइक अँचार खोंटैत बजलाह, "हौ, ई कि हम अपना दिस सँ कहैत छिऔह? स्वयं कुमारिल भट्ट कहि गेल छथि,

क्रीशता हृदयेनापि गुरुद्धाराभिगामिनाम्।
भूयान् धर्मः प्रसज्येत भूयसी ह्युपकारिता।

अर्थात 'यदि दोसरा कैं आनन्द प्रदान करबे धर्म थीक तखन तऽ गुरुपत्नीगमन सत्यवाला सेहो धर्मात्मा थिक'। श्लोक-वार्त्तिकमे देखह जे धर्म पर एहन-एहन कतेक रासे शास्त्रार्थ छैक। परन्तु से सभ ग्रन्थ तऽ तोरा लोकनि देखबह नहि, सोझे खट्टर झा कैं गारि पढ़बहुन।"

हम : "तखन धर्म परोपकारमूलक नहि थीक?"

खट्टर कका अरिकोंचक चक्का मुँहमे दैत बजलाह, "तों एखन नेना छह। जखन परिपक्व हैबह तखन बुझबहौक जे,

अष्टादश पुराणेषु खट्टरस्य वचोद्वयम्
निजोपकारः पुण्याय पापाय निजपीडनम्।

जाहिसँ अपन उपकार हो, सैह धर्म थीक। और जाहिसँ अपना दुःख पहुँचय, सैह पाप थीक।"

हमरा मुँह तकैत देखि खट्टर कका बजलाह, "हौ, परमार्थोक चक्का चलैत छैक से स्वार्थक धुरी पर। दान-पुण्य कि ओहिना कैल जाइ छैक? केओ नाम लेल करै अछि, केओ स्वर्ग लेल। सभमे अहंभाव रहै छैक। यदि स्वार्थक तेल निघुँटि जाइक तऽ धर्मक बाती तुरन्त मिझा जाय। अनुभवी आचार्य लोकनिक सिद्धान्त छैन्ह 'आत्मा रक्षितो धर्मः'।"

हम : "खट्टर कका, अहाँ तऽ लोक कैं संशय-जालमे धऽ दैत छिऐक। परन्तु हम कहब जे सभ जीव पर दया राखी, यैह सभ सँ बड़का धर्म थिकैक।"

खट्टर कका ओलक सानामे जमीरी नेबो गारैत बजलाह, "कनेक बुझा कऽ कहह। हमरा खाटमे उड़ीस भरल अछि। तकरा भरि राति अपन शोणित पीबय दिऐक? रातिमे बहुत रासे मच्छर कटैत अछि। तकरा धूआँ नहि लगबिऐक? लतामक गाछमे बिढ़नी खोंता लगौने अछि। तकरा नहि उड़बिऐक। तोरा काकीक केशमे ढील फरल छैन्ह। से नहि मारथि? पुरना घर सँ साँप बहराइत अछि। तकरा ओहिना सहसह करैत छोड़ि दिऐक? यदि मनुष्य सभ जीव पर दया करऽ लागय, तऽ जीवित रहि सकै अछि?"

हम : "खट्टर कका, अहाँक जिरहमे ठठब तऽ मुश्किल। परन्तु जहाँ धरि भऽ सकय, अहिंसा ओ प्रेम सँ काज लेबक चाही।"

खट्टर कका ओलक चटनी चखैत बजलाह, "हौ, यैह बात तऽ हमरा बूझऽमे नहि अबैत अछि। सभ मनुष्य कि दयाक पात्र होइत अछि? मानि लैह, एकटा आततायी तोरा घरमे पैसि जाओ और आङनमे बलात्कार करय लागि जाओ तऽ एहना स्थितिमे तोहर की कर्तव्य हैतौह? ओकरा पंखा हौंकय लगबहौक? ठंढई-शरबत आगाँमे बढ़ा देबहौक? अन्तमे चलबा काल जनउ-सुपारी दऽ कऽ बिदा करबहौक?"

हम कहलिऐन्ह, "खट्टर कका, अहाँ तऽ तेहन दृष्टान्त दऽ दैत छी जे हमर मुँहें बन्द भऽ जाइ अछि। परन्तु एतबा अहूँ मानब जे सभ धर्मक मूल थीक इन्द्रिय-दमन।"

खट्टर कका तेतरिक खटमिट्टी चभैत बजलाह, "ई बात जे परचारि गेल से भारी अभागल छल। हम तऽ बुझैत छी जे चटकार भोजन करब धर्म थीक और जीभ कैं कष्ट देनाइ सैह अधर्म थीक।"

हम : "परन्तु इन्द्रिय-सुख तऽ अत्यन्न तुच्छ वस्तु थीक। तैं इन्द्रिय-निग्रह..."

खट्टर कका कैं क्रोध उठि गेलैन्ह। बजलाह, "हौ, यदि इन्द्रिय एहन अधलाह वस्तु थीक, तऽ विल्वमंगल जकाँ आँखि फोड़ि लैह। जड़भरत जकाँ नाक-कान मुनि कऽ बैसि रहह।"

हम : "हमर अभिप्राय ई जे ब्रह्मचर्य-पूर्वक..."

'ब्रह्मचर्य'क नाम सुनैत खट्टर कका उत्तेजित भऽ गेलाह। बजलाह, "ब्रह्मचर्यक अर्थ ब्रह्म समान चर्या। ब्रह्म नपुंसक लिंग छथि अतएव ब्रह्मचर्यक अर्थ भेल नपुंसकवत आचरण। एकरे तों धर्म कऽ कऽ बुझैत छह?"

हम : "खट्टर कका, लिखलकैक अछि,

मरणं बिंदुपातेण जीवनं बिंदुधारणात्।"

खट्टर कका कड़कि कऽ बजलाह, "अशुद्ध,

जीवनं बिंदुपातेण मरणं बिदुधारणात्।

बिंदुपाते सँ जीवनक सृष्टि होइ छैक। यदि सभ अपन-अपन बिंदु अपना कोषागारेमे रखने रहि जाय तऽ ई सृष्टि कोना चलत? हौ, धर्म ककरा कही? जाहि सँ सृष्टिक धारण हो। आब तोंही कहह जे असली धर्म की थीक? चिंदुरक्षा अथवा बिंदुपात?"

हम : "तखन ब्रह्मचारी बनब मूर्खता थीक?"

खट्टर कका दहबड़ चभैत बजलाह, "एहि अर्थमे अवश्य मूर्खता थीक। परन्तु जिनका सामर्थ्य होइन्ह से दोसरा अर्थमे ब्रह्मचारी बनि सकैत छथि। ब्रह्म स्वच्छंद होइ छथि। तैं ब्रह्मचारीक अर्थ स्वच्छंदताचारी। जेना संन्यासी। संन्यासीक अर्थ जे सम्यक प्रकारे न्यास अथवा त्याग करथि। तैं ओ लोकनि सामाजिक बन्धन कैं त्याग कऽ दैत छथि। अर्थात आरि-धूरक सीमा नहि रखैत छथि। ठेठ भाषामे साँढ़ बूझह। तैं बहुत गोटा अपना नाममे 'गोस्वामी' शब्द सेहो जोड़ि लैत छथि।"

हम : "'गोस्वामी'क ई अर्थ हमरा नहि बूझल छल।"

खट्टर कका कुम्हरौड़ीक झोर चखैत बजलाह, "तोरा बुझले की छौह? ओ लोकनि जे दण्ड-कमंडलु रखैत छथि से कथीक प्रतीक थिकैन्ह? कनेक आकार पर ध्यान दहौक। तखन बुझा जैतौह। भातिज थिकाह। बेसी खोलि कऽ कोना कहिऔह?"

ताबत काकी एक छिपली तरल माछ आगाँमे धऽ गेलथिन्ह।

खट्टर कका बजलाह, "बस, आब गप्प जमि गेल। पूछह, की पुछैत छह?"

हम कहलिऐन्ह, "खट्टर कका, अहाँक तऽ सभटा गप्प अद्भुते होइ अछि। परन्तु साधु-संत तऽ त्यागी होइ छथि। चारि आँगुर कौपीन पहिरि कऽ रहैत छथि।"

खट्टर कका एकटा खूब झूर पलइक स्वाद लैत बजलाह, "हौ, एकटा पिहानी छैक,

बुड़िबक एक चलल ससुरारि
बाटहि भगबा लेलक उतारि

से ई लोकनि स्वर्गक अप्सरा लेल ततेक ललाएल रहै छथि जे एहीठाम धोती खोलि कऽ राखि दैत छथि। कतेक गोटा तऽ ओहो चारि आँगुरक बिष्ठी फोलि, सोझे नागा बनि जाइत छथि। परन्तु हौजी! यदि कदाचित ओहूठाम 'नागा' (शून्य) भऽ जाइन्ह तखन तऽ ठिठियाएले रहि जैताह।"

हम : "खट्टर कका, एतेक रासे योगी जे योग साधन करै छथि से..."

खट्टर कका : "सभटा भोगे निमित्त। भोगक साधन योग। विचारि कऽ देखह तऽ बिना 'युज्' धातुक सहायता सँ 'भुज्' धातुक क्रिया भइए नहि सकैत छैक।"

हम : "परन्तु ओहिठाम 'युज्'क अर्थ छैक आत्मा ओ परमात्माक मिलन।"

खट्टर कका : "परमात्मा नहि, परात्मा। आत्माक अर्थ अपन शरीर। परात्माक अर्थ अनकर शरीर। ओही दूनूक मिलन योग थीक। वैह सम्यक प्रकार सँ हो त 'संयोग' कहबैत अछि।"

हम : "अहाँ तऽ विलक्षणे अर्थ लगा दैत छिऐक। योगी कैं भोग सँ कोन मतलब?"

खट्टर कका तृप्तिपूर्वक तरल माछक आस्वादन लैत बजलाह, "सोरह आना मतलब। ओ बुझैत छथि जे एहि नाक (नासिका)क रंध्र दबौने ओहि नाक (स्वर्ग)क द्वार फुजि जाएत। एतय कुंडलिनी (योग) जगौने ओतय कुंटलिनी (कुण्डलवाली सुन्दरी) भेटि जैतीह। एहि ठाम खेचरी (मुद्रा) सधने ओहिठाम खेचरी (आकाश-विहारिणी परी) प्राप्त भऽ जैतीह। जे एहिठाम नारी कैं नरकक खानि कहैत छथि सेहो नारिए खातिर स्वर्ग जाय चाहैत छथि।"

हम : "और एतेक रासे जे पूजापाठ होइत अछि..."

खट्टर कका : "से सभटा स्वर्गक निमित्त। रंभाक लोभसँ लोक भगवान कैं रंभाफल चढ़बैत छैन्ह। तिलोत्तमाक लोभ सँ तिल छिटैत छैन्ह। यदि लोक कैं निश्चय भऽ जाइक जे स्वर्गक फाटक एक टाटक मात्र थीक तऽ आइए सभटा त्राटक ओ पूजाक नाटक समाप्त भऽ जाय। जखन चन्द्रमुखी भेटयवाली नहि, तऽ लोक गोमुखीमे हाथ दय जप किऐक करत? यदि मृगनयनी नहि, तऽ मृगछाला किऐक पहिरत? यदि षोडशी नहि, तऽ एकादशी किऐक करत?"

हम : "अहा! खट्टर कका! अलंकारक धारा बहि गेल। आब अहाँ तरंगमे आबि गेलहुँ।"

ताबत काकी एक बाटी झोराओल माछ नेने ऐलथिन्ह।

खट्टर कका बजलाह, "एहन रंग पर जौं तरंग नहि चलय तऽ चलय कथी पर?"

हम कहलिऐन्ह, "खट्टर कका, मानि लेल जे कामक वेग प्रबल थीक। परन्तु लोक मर्यादा तऽ बान्हि सकैत अछि। जेना पतिव्रता स्त्री..."

'पतिव्रता'क नामे सुनैत खट्टर ककाक आँखि चढ़ि गेलैन्ह। बजलाह, "हौ, पतिव्रता स्त्री सन संकीर्ण ओ स्वार्थिनी संसारमे केओ नहि होइ अछि।"

पुनः अपना स्त्री कैं देखि कहलन्हि, "अहाँ जाउ ने। एहिठाम ठाढ़ भऽ कऽ गप्प की सुनै छी?"

हुनका गेला पर हम कहलिऐन्ह, "खट्टर कका, अहाँक सभ बात आश्चर्ये होइ अछि। जखन पतिव्रता अधलाह, तखन अहाँ स्त्री-जातिमे श्रेष्ठ ककरा बुझैत छिऐक?"

खट्टर कका माछक काँट छोड़बैत बजलाह, "वेश्या कैं।"

हम : "खट्टर कका, अहाँ के भाङ लागल अछि।"

खट्टर कका बजलाह, "हौ, भाङ तऽ हमरा लगले रहै अछि। भोरे हरियरका माजूमक बर्फी लऽ कऽ जलखइ भेलैक अछि। परन्तु हम तोरा पुछैत छिऔह जे यदि वेश्या सर्वश्रेष्ठ नहि रहैत तऽ नित्य स्वर्गमे कोना निवास करैत। बड़का-बड़का धर्मात्मा लोकनि पुण्यक्षय भऽ गेला उत्तर पुनः मर्त्यलोकमे आबि जाइत छथि। 'क्षीणे पुण्ये मर्त्यलोकं विशन्ति'। परन्तु रंभा, उर्वशी, तिलोत्तमा आदि ओतय अक्षय सुखक भोग करैत छथि। कोनो कुलवधू कैं ई सौभाग्य प्राप्त छैन्ह?"

हम : "खट्टर कका, कहाँ कुलवधू ओ कहाँ वेश्या! दूनूमे कतबा अन्तर छैन्ह?"

खट्टर कका : "जतबा अन्तर एक चुकड़ी पानि ओ महानदीक धारामे। एक क्षुद्रघंटी थीक, दोसर उदारताक प्रतीक। जे केवल एक गोटाक काज आएल, सेहो देह कोनो देह थीक? सराही ओहि शरीर कैं, जे अनेकक काज आबय।"

हम : "खट्टर कका, एहि सभ बात सँ सतीत्व धर्म पर आघात पहुँचत।"

खट्टर कका : "हौ, सतीत्व-धर्म सँ बेसी प्रबल छिकैक प्रकृति-धर्म, जे सृष्टिक आदि-काल सँ चलि रहल छैक। सतीत्व तऽ हमर तोहर बनाओल अछि।"

हम : "तखन पातिव्रत्य कैं अहाँ ईश्वरीय आज्ञा कऽ कऽ नहि बुझैत छिऐक?"

खट्टर कका बिहुँसैत बजलाह, "हौ, ईश्वर कैं सभ ठाम किऐक घसिटैत छहुन्ह? हुनका कि एतवे, काज छैन्ह जे दूरबीन लगौने बैसल रहथि?"

हम : "तखन ई वस्तु चलल कोना?"

खट्टर कका प्रेम सँ रोहुक सीरा सँ घी बाहर करैत बजलाह—"हौ, हमरा लोकनिक पुरुखा चलाक छलाह। बुढारियोमे कै कै टा विवाह कय कऽ अनैत

छलाह। कहाँ धरि युवती सभक रखबारी करितथि! तैं किछु श्लोक बना कऽ पैर छानि देलथिन्ह। चार्वाक तऽ साफ कहै छथि जे,

पातिव्रत्यादि संकेत: बुद्धिमद्दुर्बलै: कृत:
रूपवीर्यवता सार्द्धं स्त्रीकेलिमसहिष्णुभि:।"

खट्टर कका एक लोटा पानि पिउलन्हि। पुन: बजलाह, "असलमे बूझह तऽ जकरा लोक पातिव्रत्य कहैत छैक, सैह व्यभिचार थीक।"

हम कहलिऐन्ह, "खट्टर कका,

कबीरदास केर उनटे वानी, बरिसय कंबल भीजय पानी!

अहाँ के निश्चय नशा लागल अछि।"

खट्टर कका गम्भीरतापूर्वक बजलाह, "हौ, नशा तऽ हमरा लगले रहैत अछि। परन्तु कनेक अपने विचारि कऽ देखह। व्यभिचारक अर्थ की। नियमक अपवाद। आब देखह जे स्वाभाविक नियम की थिकैक? नर ओ मादाक संयोग सँ स्वभावत: गर्भाधान भऽ जाइ छैक। ओहि खातिर ने शहनाइ बजैबाक काज छैक, ने शंख फुकबाक। सिंदूरदान ओ गठबन्धन तऽ केवल आडंबर थिकैक। स्त्री कैं महिष जकाँ नाथक हेतु। देखै छह नहि? एखन धरि पतिव्रता स्त्री अपना पति कैं 'नाथ' कहैत छथि। हौ, प्राणी मात्र कैं मैथुन कर्ममे स्वतंत्रता छैक। केवल मनुष्य एहि नियमक उल्लंघन कय स्त्रीक पैरमे छान लगा दैत अछि। एही द्वारे हम पातिव्रत्य-धर्म कैं व्यभिचार कहैत छिऐक।"

हम : "खट्टर कका, एना कहबैक तऽ नारी सती-धर्मक पालन नहि करत।"

खट्टर कका बजलाह, "हौ, सतीक अर्थ की? उत्तम। उत्तम के थीक? जे अपना अधिकारक रक्षा करय। तुलसीदास कहै छथि,

जिमि स्वतंत्र हो बिगड़हिं नारी

हम कहै छी,

जिमि स्वतंत्र होइ सुधरहिं नारी।

जे नारी पुरुषक दासत्व-शृंखला सँ मुक्त भऽ अपना कैं स्वतंत्र राखि स्वाभाविक नियमक पालन करैत अछि सैह उत्तम वा सती कहाबय योग्य अछि। एहि द्वारे हम वेश्या कैं सर्वश्रेष्ठ नारी कऽ कऽ बुझैत छी। पतिव्रता स्त्री भुसकौल होइ छथि।"

हम : "खट्टर कका, अहाँ हँसी करैत छी।"

खट्टर कका : "से आब तों जे बुझह।"

ताबत काकी दही लऽ कऽ पहुँचि गेलथेन्ह।

हम पुछलिऐन्ह, "खट्टर कका, अहाँ कैं स्वर्गमे विश्वास नहि अछि?"

खट्टर कका दही भात सनैत बजलाह, "हौ, यदि एको गोटा ओतय सँ आबि कऽ कहैत तखन ने विश्वास होइत। परन्तु आइ धरि जे गेलाह से फिरि कऽ कऽ नहि ऐलाह। और जे लोकनि कहै छथि से गेले नहि छथि। तखन हुनका बातक कोन प्रतीति?"

हम : "खट्टर कका, यदि एहिमे किछु तत्त्व नहि रहितैक तऽ एतबा दिन सँ ई बात कोना चलि अबैत?"

ताबत काकी दू टा कृष्णभोग आम नेने ऐलथिन्ह।

खट्टर कका दही भातमे आमक रस गारैत बजलाह, "हौ, तत्त्व यैह छैक जे लोक कैं पृथ्वी पर भोग सँ तृप्ति नहि होइ छैक। तृष्णाक कोनो अन्त नहि छैक। परन्तु जीवन परिमित; देहक शक्ति अल्प; थोड़बे दिनमे बुढ़ापा पहुँचि जाइ छैक; और कामना बनले रहैत छैक, ताबत खेल खतम भऽ जाइ छैक। एही द्वारे लोक कल्पना सँ पूर्ति करै अछि। जे सिहंता एहि जन्ममे नहि पूर्ण भेल से मुइलाक बाद पूर्ण भऽ जाएत। एहन ठाम जाएब जहाँ जरा-मरण नहि। अजर-अमर भऽ कऽ रहब। ओतय खैबाक हेतु मिष्टान्न, पीबाक हेतु अमृत, भोग करबाक हेतु सुन्दरी। और सभटा मुफ्ते। एको कैंचा खर्च नहि। ने खेती करबाक झंझट, ने आरि-धूरक तकरार, ने मामिला-मोकदमाक बखेड़ा। कल्पवृक्ष तर बैसि जाउ, जे इच्छा हो से माङि लियऽ। राबड़ी पीबाक मन हो, कामधेनु कैं कहि दिऔन्ह। विहार करबाक हो, अप्सराक झुण्डमे सन्हिया जाउ। ई सुरालय की भेल, श्वसुरालय भेल। बल्कि ताहू सँ सहस्रगुना बढ़ि कऽ। सासुरमे तऽ एकेटा षोडशी पर सोरह आना अधिकार भेटैत छैक। परन्तु स्वर्गमे तऽ सोरह हजार षोडशी अपन सोरहन्नी अदाय करबाक हेतु टाढ़ि रहैत छथि। ओहि ठाम कोनो सार-ससुर रोकयबला नहि। सभ सारिए सारि। और सभ अक्षय-यौवना! आब एहि सँ बाढ़ि की चाही? परन्तु हौजी! एक बात बड्ड गड़बड़।"

हम : "से की, खट्टर कका?"

खट्टर कका आमक चोभा लगबैत बजलाह, "विचारि कऽ देखह तऽ लोक स्वर्ग गेने अगत्ती भऽ जाइ अछि।"

हम : "से कोना खट्टर कका!"

खट्टर कका : "मानि लैह जे तोहर सातो पुरुखा स्वर्ग गेलथुन्ह। आब ओही अप्सरा गण कैं सातो पितर भोग कैने होइथुन्ह। और तोंहू जैबह तऽ सैह करबह। तैं हम कहै छिऔह जे स्वर्ग गेने धर्म नष्ट भऽ जाय।"

हम : "खट्टर कका, अहाँ तऽ तेहन बात बाजि देलहुँ जे आब लोक कैं स्वर्गो जैबामे मन भटकि जैतैक।"

खट्टर कका मुस्कुराइत बजलाह, "हम कि अयुक्त कहै छिऔह?"

हम कहलिऐन्ह, "खट्टर कका, आब हँसी नहि करू। हमर बुद्धि काज नहि करैत अछि। अहीं कहू जे धर्म की वस्तु थीक।"

खट्टर कका चूर लैत बजलाह, "हौ, समस्त धर्मक रहस्य हम एके श्लोकमे कहि दैत छिऔह,

कृतः धर्मप्रपंचोऽयं परमुष्ट्यां पतेन्नहि
कदाचित् स्वकृशग्रीवा पत्नीपीनस्तनोऽथवा

'अपन कमजोर गरदनि ओ पत्नीक पुष्ट स्तन, ई दूनू वस्तु दोसराक मुट्ठीमे नहि जाय'—एही हेतु एतबा रास धर्माधर्मक प्रपंच रचल गेल अछि।"

हम विस्मित होइत पुछलिऐन्ह, "खट्टर कका, ई बन्धन अहाँक दृष्टिमे कृत्रिम थीक। तखन असली धर्म की थीक?"

खट्टर कका बिहुँसैत बजलाह, "असली धमर्क परिभाषा देखबाक हो तऽ मीमांसा-सूत्र देखह। आदिएमे भेटि जैतौह।"

हम : "ओ कोन सूत्र थिकैक?"

खट्टर कका बजलाह, "ओ धियापुताक समक्ष उच्चारण करबा योग्य नहि छैक। कोनो मीमंसक सँ पूछि लियऽहुन। टीकाकार लोकनि तऽ बहुत रासे गोबरमाटि लगौने छथि। परन्तु हम सोझ-सोझ अर्थ बुझै छी। जाहि सँ सृष्टिक काज आगाँ बढ़य सैह धर्म थीक। से जिनकामे जतेक सामर्थ्य होइन्ह।"

ई कहैत खट्टर कका अचावक हेतु उठि गेलाह।

पुरातन सभ्यता

ओहि दिन खट्टर कका सँ पुरातन सभ्यता पर गप्प छिड़ि गेल।

हम कहलिऐन्ह, "देखू, खट्टर कका, नव ऋषि-मुनि केहन त्यागपूर्ण जीवन व्यतीत करथि! गुफा-कंदरामे रहि कंदमूल खा तपस्या करथि। ब्रह्म मुहूर्तमे उठि, नदीमे स्नान कय, बल्कल पहिरने, कमंडलुमे जल भरने, कुटीमे आबि, कुशासन पर बैसि देवताक ध्यान धरथि। केहन पवित्र सात्त्विक जीवन छलैन्ह? औखन धरि दाढ़ी ओ गेरुआ वस्त्र देखि कऽ लोक कैं श्रद्धा उत्पन्न भऽ जाइ छैक।"

खट्टर कका भाङक पत्ती धोइत बजलाह, "हौ, जंगलमे हजाम नहि भेटैन्ह, तैं दाढ़ी। धोबी नहि भेटैन्ह, तैं कषाय रंग। तेलक अभावमे जटा। वस्त्रक अभावमे बल्कल। अन्नक अभावमे कंद-मूल। तकरो अभावमे एकभुक्त वा उपवास। लोटाक अभावमे कमंडलु सँ पानि पीबथि। थारीक अभावमे पात पर खाथि। अथवा हाथे पर भोजन कय करपात्री बन जाथि।"

हम : "परन्तु..."

खट्टर कका : "परन्तु की? यदि हुनका लोकनि कैं पकमान भेटितैन्ह तऽ पकोहा किऐक जोहितथि? गुलाबजामुन भेटितैन्ह तऽ गुल्लरि किऐक तोड़ितथि? बर्फी भेटितैन्ह तऽ बिसाँढ़ किऐक कोड़ितथि? घरक खजूर-सिंघाड़ा भेटितैन्ह तऽ वनक खजूर-सिंघाड़ा किऐक खोजितथि?"

हम : "ओ लोकनि वीतराग रहथि। इच्छा कैं जितने रहथि।"

खट्टर कका : "ई बात हम नहि मानबौह। हुनको लोकनि कैं सौख कम्म नहि छलैन्ह। फूले जोहने भेल फिरैत छलाह। 'स्नो'क अभावमे चंदन, और 'पाउडर'क अभावमे भस्म लगबैत छलाह। 'बेल्ट'क स्थानमे मूँजक डराडोरि पहिरैत छलाह। आभूषणक स्थानमे तुलसी वा रुद्राक्षक माला। मखमलक स्थानमे मृगचर्म। हौ, युग बदलै छैक, फैशन बदलै छैक, परन्तु मनुष्यक वासना नहि बदलै छैक।"

हम : "खट्टर कका, ओहि युगक संस्कृतिए दोसर छलैक।"

खट्टर कका : "हौ, ताहि दिन चारू कात अरण्ये अरण्य रहैक। तखन जंगली सभ्यतामे जे सभ वस्तु होइ छैक से सभ ताहि दिन छलैक। मृगछाला, व्याघ्रचर्म, कुशासन, धूप, चंदन, यव, तिल, मधु, चमर, भोजपत्र! औखन द्वापरक दृश्य देखबाक

हो तऽ झारखंडमे जा कऽ देखि आबह। वैह धनुष-बाण, वैह मोरपंख, वैह एकवस्त्रा नारी। यदि आइ सभटा मिल, सैलून, लौंड्री ओ दर्जीक दोकान बन्द भऽ जाय त पुनः त्रेता सत्ययुगक दृश्य उपस्थित भऽ जाय। विलासिताक स्रोत सभ मूनि दहौक, सभतरि मुनिए मुनि देखाइ पड़थुन्ह।"

हम : "खट्टर कका, ओ लोकनि केहन तपस्या करथि?"

खट्टर कका : "हौ, तपस्या स्वाइत करथि। पेटक समस्या तपस्या करबै छैक। से हर जोतने हो, वा 'हर' जपने। कोदारि धैने वा नाक धैने। हाथ-पैर डोलौने वा घंटी डोलौने।"

हम : "खट्टर कका, ओ लोकनि एकटा कौशेय वस्त्र पर जाड़ काटि लैत छलाह। ई कि साधारण बात छैक?"

खट्टर कका : "हौ, आधुनिक युवती ओहू सँ बेसी झिलमिल रेशम पर जाड़ कैं जीति लैत छथि। ओ कि कम तपस्विनी थिकीह? प्रदर्शनक हेतु जे कष्ट उठाओल जाइ छैक से कष्ट कष्ट नहि बूझि पड़ै छैक।"

हम : "खट्टर कका, ओ लोकनि अग्निहोत्री छलाह।"

खट्टर कका बिहुँसैत बजलाह, "हौ, जाड़क दुइए टा उपचार छैक, षोडशी वा बोड़सी। से प्रथम तऽ उपलब्धे नहि छलैन्ह, तखन धूनी रमौने रहैत छलाह। स्वाइत पंचाग्निसाधन कैं एतेक महत्त्व दऽ गेल छथि।"

हम : "खट्टर कका, ओ लोकनि आध्यात्मिक दृष्टि सँ यज्ञ करैत छलाह।"

खट्टर कका भभा कऽ हँसि पड़लाह। हम पुछलिऐन्ह, "खट्टर कका, हँसलहुँ किऐक?"

खट्टर कका भाङ पसबैत बजलाह, "ई बुझबाक हेतु बहुत पाछाँ जाय पड़तौह। प्राग्वैदिक युगमे पहिने हमरा लोकनिक पुरुखा अग्निक रहस्य नहि जनैत छलाह। दावानल वा बिजुली देखि चकित भऽ जाथि। कालक्रमे अंगिरा आदि ऋषि कैं पता लगलैन्ह जे घर्षण सँ आगि उत्पन्न कैल जा सकैछ। ई विद्या हाथमे अबितहिं ओ लोकनि खुशी सँ नाचय लगलाह। पहिने काँचे मांस खाइ छलाह। आब पका कऽ खाय लगलाह। आगि जीवित मांस (आम) ओ मुइल मांस (क्रव्य) दूनू कैं सोन्हगर सुपाच्य बना दैन्ह, तैं ओकरा 'आमाद' ओ 'क्रव्याद' कहि स्तुति करय लगलाह। पहिने काँचे यव-तिल भक्षण करैत छलाह। आव लावा-ओरहाक स्वाद भेटय लगलैन्ह। आँटा कैं भूजि कऽ पुरोडाश बनाबय लगलाह। पहिने जाड़मे ठिठुरैत रहथि। आब आगि तपबाक आनन्द भेटलैन्ह। पहिने रात्रिक अन्धकारमे भय सँ नुकाएल रहथि। आब प्रकाशमे सभ किछु सूझय लगलैन्ह। 'तमसो मा ज्योतिर्गमय' गाबय लगलाह। अग्निक ज्वाला सँ जंगली पशु हड़कि कऽ दूर पड़ा जाइन्ह। ई सभ निश्चिन्त भऽ सूतय लगलाह। जखन एतेक उपकार अग्निदेवता सँ होमय लगलैन्ह तखन कोना ने हुनकर गुण गाबथु? तैं अग्निदेवताक गुणगान सँ वेद भरल अछि। 'अग्निमीले पुरोहितम्'..."

हम कहलिऐन्ह, "परन्तु अग्निहोत्र..."

खट्टर कका बजलाह, "एखन कोनो अगुताइ तऽ ने छौह? तखन सुनह। अग्निक आविष्कार सँ हमरा पुरुखा लोकनि कैं बड़का शक्ति हाथमे आबि गेलैन्ह। परन्तु आगि बनैवामे बड़ परिश्रम पड़ैन्ह। घंटाक घंटा पाथर वा काष्ठ रगड़य पड़ैन्ह। तखन जा कऽ कदाचित गोटेक स्फुलिंग बहराइन्ह। एहि द्वारे ई लोकनि परम यत्नपूर्वक अग्निक रक्षा करय लगलाह। आगि मिझा नहि जाय ताहि हेतु घृत-समिधा दय कऽ ओकरा प्रज्वलित राखय लगलाह। यैह अग्निहोत्रक रहस्य थीक।"

खट्टर कका भाङक पानि पसा पत्ती कैं कुंडीमे रखलन्हि, तखन सोंटा सँ घोटैत कहय लगलाह, "हमरा लोकनिक पुरुषा पाथरक खंड सँ घेरि कऽ 'अश्मव्रज' बनाबथि। चारू कात सँ माटि काटि कऽ चत्वर (चबूतरा) बनाओल जाय। बीचमे बड़का समिध (सिल्ली) रखल जाय। वर्षा सँ अग्निक रक्षा हेतु ऊपर तृण छाड़ल जाय। ओहि मंडपमे बैसि ओ लोकनि अग्निक परिचर्या करथि। होता लोकनि आहुति दैत जाथि। उद्गाता गीत गाबि कऽ उत्साह बढ़बथि। ब्रह्मा बैसि कऽ निरीक्षण करथि। सभक कार्य बाँटल रहैन्ह। केओ जारनि काटथि। केओ खढ़-पात आनथि। केओ टाट बान्हथि। केओ चार छारथि। केओ कुश आनि कऽ आसन बनाबथि। केओ रस्सी बँटथि। केओ माटिक बासन बना आगि पर पकाबथि। बेटी सभ गाय-भेड़ी दूहथि, तैं 'दुहिता'। शमिता लोकनि मांस कैं धो पोछि कऽ साफ करथि। पाथर पर अन्न कूटल-पीसल जाय। केओ सोमलता उखाड़ि कऽ लाबथि। केओ पीसि कऽ रस तैयार करथि। महावेदी पर बैसि कऽ सोमपान होय। दूध, दही ओ घृतक पथार लागि जाय। पहिने अग्नि देवता कैं हवि देल जाइन्ह। तखन हुतशेष बाँटल जाय। रंग-बिरंगक गप्प जमय। बूझह तऽ ओ मनुष्यक सर्वप्रथम क्लब छल जहाँ सभ लोक एक संग बैसि कऽ खाथि, पीबथि, आनन्द करथि और गाबथि 'संगच्छध्वम्, संवदध्वम्, सं वो मनांसि जानताम्'।...'सह नाववतु, सह नौ भुनक्तु, सहवीर्यं करवावहै'।"

हम : "खट्टर कका, हुनका लोकनिक जीवनक ध्येय की रहैन्ह?"

खट्टर कका : "से तऽ वेदक मंत्रे सभ सँ पता लागि जैतौह 'जीवेम शरदः शतम्, पश्येम शरदः शतम्, शृणुयाम शरदः शतम्'। खूब बेसी दिन जीबी, देखी, सुनी, आनन्द करी। 'गोत्रं नो वर्द्धताम्, दातारो नोऽभिवर्द्धन्ताम्'। वंश बढ़य, दाता लोकनि बढ़थि। धनधान्य ओ सन्तति बढ़य। गाय खूब दूध देबय। बड़द खूब जोतय। समय पर मेघ बरसय। खूब अन्न उपजय। एखनो धरि दूर्वाक्षतक मंत्रमे यैह सभ आशीर्वाद देल जाइ छैक।...'दोग्ध्री धेनुर्वोढ़ानड्वान्...निकामे निकामे नः पर्जन्यो वर्षतु, फलवत्यो नः ओषधयः पच्यन्ताम्, योगक्षेमो नः कल्पताम्'।"

हम : "खट्टर कका, दूर्वाक्षतक की अभिप्राय?"

खट्टर कका : "हौ, अपना खैबाक हेतु चाउर और मालजालक हेतु दूभि-ई दूनू वस्तु पर्याप्त रहय। यैह दूर्वाक्षतक अभिप्राय। औखन जे चतुर्थीमे घसकट्टी

होइ छैक से ओही परम्पराक पालन थिकैक। जेना ताहि दिन ऊखरिमे सोम कूटल जाइ छल, तहिना आइ-काल्हि अठंगर कूटल जाइ अछि। पहिनहिं जकाँ आगिक चारूकात फेरा लगाओल जाइत अछि, लाबा छिड़ियाएल जाइत अछि। ई सभ विधि ताहि दिनक स्मारक थीक।"

हम : "खट्टर कका, हुनका लोकनिक जीवन केहन सुखमय छलैन्ह?"

खट्टर कका : "हौ, वैदिक युगक लोक मस्त रहथि। खाउ, पीबू, मौज करू। परन्तु पछाति कऽ उपनिषद्वला ऋषि मनहूस बहरैलाह। तेहन अभागल जे इन्द्रिये सँ युद्ध ठानि देलन्हि! हौ, मानल जे इन्द्रियाणि हयानाहु:। इन्द्रिय घोड़ाक समान थीक। तऽ कि घोड़ा कैं सहा कऽ सठा दी? तखन रथ कोना चलत? खाली लगामे हाथमे नेने कोन फल? स्मृतिकारो ऐलाह तऽ वैह लगाम हाथमे नेने। हिनका लोकनि कैं जे अपना नहि पचैन्ह से निषिद्ध। तैं मांस कैं दूसथि, लहसुन-पेयाजु कैं गारि पढ़थि, स्त्रीक निन्दा करथि, भोग कैं त्याज्य कहथि।"

हम : "एकर कारण की, खट्टर कका?"

खट्टर कका : "एकर कारण जे हुनका लोकनि कैं अपना भोग नहि छलैन्ह। जे वस्तु अपना प्राप्त नहि; से दोसर किऐक उपभोग करत? यैह ईर्ष्या निवृत्तिमार्गक जड़ि थीक। देखै छह नहि, एखनो धरि जाहि पण्डित कैं संग्रहणी रहैत छैन्ह से अपना विद्यार्थी कैं अँचार नहि खाय दैत छथि।"

हम : "खट्टर कका, ओ लोकनि बुझैत छलाह जे एहीमे लोकक कुशल छैक।"

खट्टर कका मुस्कैत बजलाह, "'कुशल'क अर्थ तोरा बूझल छौह? हमरा लोकनिक पुरुखा अधिकतर खालिए पैर चलैत छलाह। आइ-काल्हि जकाँ पनही तऽ रहैन्ह नहि। बन-बाध दऽ कऽ चलथि। कुश अंकुश जकाँ छेदि दैन्ह। तरबा छलनी भऽ जाइन्ह। स्मृतिकार लोकनि चतुर छलाह। सभ कैं कहय लगलथिन्ह, 'कुश उखाड़ै जाह'। लोक ओना अंठा दितैन्ह, तैं एकटा उपाय रचलन्हि। कुश कैं ततेक महत्त्व दऽ देलथिन्ह जे,

कुशाग्रे वसते रुद्रः कुशमध्ये तु केशवः।
कुशमूले वमेद् ब्रह्मा कुशान् मे देहि मेदिनि॥

बस, विवाह, उपनयन, श्राद्ध-समस्त यज्ञ ओ पूजामे कुशक व्यवहार चलि पड़ल। पवित्री, त्रिकुशा, मोढ़ा, कुशासन बनवाक हेतु लोक कुश उखाड़ि कऽ राखय लागल। भादव मासमे, जखन सभसँ बेसी जंगल रहै छैक, तखने कुशोत्पाटनक दिन कायम कैल गेल। बिना जन-बोनिक, केवल पुण्यक लोभ पर, सामूहिक रूपें कुश उखड़ऽ लागल। वैह व्यक्ति 'कुशल' कहाबय जे कुश कटबामे निपुण हो। हौ, ताहि दिनक ऋषि चाणक्यक पितामह रहथि।"

हम : "खट्टर कका, ताहि दिन आतिथ्य-सत्कारक केहन महत्त्व रहैक?"

खट्टर कका बजलाह, "हौ, ब्राह्मण लोकनि अपने पहुनइ करय जाथि तऽ अगियाएले पहुँचथि। 'वैश्वानरः प्रविशत्यतिथिर्ब्राह्मणोगृहान्।'[1] अर्थात ब्राह्मण देवता साक्षात अग्निस्वरूप होइ छथि। तात्पर्य जे हुनका तुरन्त समिधा वा भोजन भेटक चाही! जे मूर्ख हुनका इच्छापूर्ण भोजन नहि करौतैन्ह तकर धीया-पूता मालजाल ओ सभटा पुण्य नष्ट भऽ जैतैक। 'इष्टापूर्ते पुत्रपशूंश्च सर्वान्, एतद्वृंक्ते पुरुषस्याल्पमेधसो, यस्यानश्नन् वसति ब्राह्मणो गृहे। कहाँ तऽ शरीर अधम थीक, और ओही तुच्छ उदरक पूर्ति हेतु एतेक प्रपंच! जखन शरीरक कोनो महत्त्वे नहि तऽ फेर चरण-सेवा किऐक करबैत छलाह? हौ, ई लोकनि एक्को डारि पर नहि रहैत छलाह। अनका तऽ उपदेश देथिन्ह जे 'अतिथिदेवो भव' और अपना ओहिठाम अतिथि पहुँचि जाइन्ह तऽ खिसिया कऽ ओकरा 'गोघ्न' कहथिन्ह। विकट पाहुन सँ ताहू दिन लोक डराइ छल।"

हम : "खट्टर कका, ओहि युगक मिलान एहि युग सँ किऐक करैत छिऐक? कहाँ सत्ययुग, कहाँ कलियुग!"

खट्टर कका भाङमे मरीच मिलबैत बजलाह, "हौ, सभ युगमे लोक वैह रहैत अछि। तखन परिस्थिति जेना नचबैत छैक तेना नचैत अछि। देखह, ऐतरेय ब्राह्मण[2] मे लिखैत छैक,

कलिः शयानो भवति संजिहानस्तु द्वापरः
उत्तिष्ठस्त्रेता भवति कृतं संपद्यते चरन्॥

पण्डित लोकनि एकर अर्थ लगबै छथि जे सत्ययुग चलैत छल, कलियुग सूतल अछि। परन्तु असली अर्थ हम तोरा बुझा दैत छिऔह। सत्ययुगमे हमर पुरुखा सब स्वच्छन्द विचरैत छलाह। पैरमे तेहन घुरघुरा लागल छलैन्ह जे कतहु एकठाम स्थिर भऽ कऽ नहि रहय दैत छलैन्ह। औखन कंजर सभ कैं नहि देखैत छहौक? सिड़की-पटिया ओ मालजाल नेने बौआएल फिरै अछि। त्रेतामे किछु स्थैर्य आबय लगलैक। जनक प्रभृति हर जोतय लगलाह। एक ठाम पैर जमय लगलैक। द्वापरमे लोक और सुभ्यस्त भेल। सुखक साधन बढ़लैक। लोक आराममे आबि औंघाय लागल। और कलियुगमे तऽ ऐश्वर्य ओ विलासिताक हद्दे हिसाब नहि। लोक निश्चिन्त भऽ कऽ सूतल अछि। एहि तरहें मानव सभ्यताक क्रमिक विकास भेल छैक।"

हम : "खट्टर कका, अहाँ तऽ विलक्षणे अर्थ लगा दैत छिऐक। परन्तु एतबा अवश्य मानय पड़त जे ताहि दिन धर्मक महत्त्व रहैक, आइ-काल्हि धनक महत्त्व छैक।"

खट्टर कका : "हौ, धनक महत्त्व सभ दिन सँ छैक। आइयो काल्हि स्वर्णक आवरण सँ सत्यक मुँह पर पर्दा देल जाइत छैक। ताहू दिन सैह बात रहैक। हिरण्मयेन पात्रेण सत्यस्यापिहितं मुखम्![3]"

---

१. कठोपनिषद्, २. ऐ. ७।१५, ३. शुक्लयजुर्वेदसंहिता ४०।१७।

हम : "खट्टर कका, ताहि दिन देवताक पूजा होइन्ह, एखन धनिकक पूजा होइछ।"

खट्टर कका भाङक गोला बनबैत बजलाह, "हौ, जैह धनिक, सैह देवता। देवताक अर्थ 'जे चमकैत रहय'। ताहि दिनक राजा सभ रंग-बिरंगक वस्त्रमे चमकैत रहथि। 'ईश्वर'क अर्थ जकरा ऐश्वर्य होइक। 'लक्ष्मीपति'क अर्थ जकरा घरमे सम्पत्ति होइक। 'नारायण'क अर्थ जे जल-महलमे शयन करय। 'गरुड़वाहन'क अर्थ जे शीघ्रगामी यान पर चलय। 'प्रजापति'क अर्थ जे प्रजाक स्वामी हो। 'हर'क अर्थ जे कर वा मालगुजारी हरण करय। 'चतुर्भुज'क अर्थ जकर बाहुबल चारू दिस पसरल होइक। 'पंचमुख'क अर्थ जे पाँच गोटाक अंश खाय। हौ, 'देवता'क अर्थ 'धनिक'।"

हम : "परन्तु सर्वप्रथम पूजा त गणेशक होइ छैन्ह?"

खट्टर कका : "हौ, 'गणेश'क अर्थ गण वा दलक सरदार। ताहू दिनक दलपति गजवदन होइत छलाह, और साधारण जनता मूस जकाँ हुनका तर पिचाइत छल। ई सभ रूपक थिकैक।"

खट्टर कका भाङक गोला कैं हाथ सँ चिकनबैत बजलाह, "पहिने छोट-छोट दल रहैक। तैं गणेश सँ श्रीगणेश भेल। पाछाँ जखन राजागण महलमे विहार करय लगलाह तखन अमरालय वा अप्सरालयमे विहार करय वला इन्द्र आदिक कल्पना कैल गेल। जखन एकछत्र सम्राट होमय लगलाह तखन एकमेवाद्वितीयं ब्रह्मक कल्पना भेल। हौ, देवता सभ सामन्त वादक प्रतीक थिकाह, ब्रह्म साम्राज्यवादक।"

हम : "खट्टर कका, ताहि दिन वर्णाश्रम धर्मक केहन सुन्दर व्यवस्था रहैक!"

खट्टर कका लोटामे भाङ घोरैत बजलाह, "ब्राह्म कैं बुद्धि छलैन्ह, बल नहि। क्षत्रिय कैं बल छलैन्ह, बुद्धि नहि। एक बात बातमे शास्त्र बाहर करैत छलाह, दोसर बात बातमे शस्त्र बाहर करैत छलाह।"

हम : "ओ सभ सिद्धान्त पर चलैत छलाह।"

खट्टर कका भाङमे चीनी मिलबैत बजलाह, "सिद्धान्त नहि; सनक कहह। ब्राह्मण कैं सनक चढ़ैन्ह तऽ वचन गढ़ि लेथि। क्षत्रिय कैं सनक चढ़ैन्ह तऽ प्रण ठानि लेथि। दूनू तेहने एकबगाह। हौ, हम पूछैत छिऔह जे यदि कोनो राक्षसे धनुष तोड़ि दितैन्ह तऽ जनक महाराज की करितथि? यदि कोनो चांडाले लक्ष्यवेध कऽ दितैन्ह त शिशुपाल की करितथि? ई सभ सनकाह छलाह। सिद्धान्तक पाछाँ बताह। केओ वचन खातिर भिखारी भऽ जाथि। केओ आन पर जान दऽ देथि। एही झोंकक पाछाँ कतेको राजा कटि मरलाह, कतेको रानी जरि मुइलीह, कतेको महल खँडहर भऽ गेल। सौंसे इतिहास तऽ एही सँ भरल अछि।"

हम : "खट्टर कका, ओ लोकनि वीर छलाह।"

खट्टर कका : "वीर नहि, बताह कहह। हौ, राजनीति, मर्यादा-सभटा मनुष्येक बनाओल छैक। जेहन समय होइक तेहन करक चाही। कोनो सिद्धान्त एहन नहि छैक जाहि पर आँखि मूनि कऽ लोक चलि सकय।"

हम : “परन्तु सत्ये नास्ति भयं क्वचित्।”

खट्टर कका : “ई फूसि बात थीक। सत्ये चाऽपि भयं क्वचित्। यदि सन्निपातक रोगी कैं सत्य बात कहि देल जाइक तऽ आतंके सँ ओकर प्राण छूटि जैतैक। जाहि सँ प्राणे चलि जाय तेहन सिद्धान्त कोन काजक?”

हम : “परन्तु नीतिकार कहै छथि जे अधिकस्याधिकं फलम्।”

खट्टर कका : “इहो अशुद्ध। यदि यैह सिद्धान्त मानि कऽ चलल जाय तऽ भात गिल्ल भऽ जाय।”

हम : “से कोना, खट्टर कका?”

खट्टर कका : “‘जतेक बेसी ततेक फल’ तखन तऽ चाउर कैं और एक घंटा खदकऽ लेल छोड़ि दिऐक? दालिमे दोबर नोन धऽ दिऐक? चारि सेर घृत उठा कऽ पीबि जाइ? आठ टा विवाह कऽ ली? सोरह टा सन्तान जनमा ली? हौ, ई सभ वचन कहऽ सुनऽ लेल होइ छैक।”

हम : “नीतिक वचन छैक जे, ‘काल्हि करै सो आज कर, आज करै सो अब्ब’।”

खट्टर कका : “हौ, यैह सभ सनक कहबै छैक। हमरा काल्हि मरबाक अछि तऽ आइए मरि जाइ? कार्तिकमे पार्वण करबाक अछि तऽ एही मास कऽ ली? पाँच वर्षक बाद बच्चीक विवाह करबाक अछि से एही शुद्धमे कऽ दिऐक? सायंकाल बाह्यभूमि दिस जाएब से एखने भऽ आबी? सभ काजमे अप्पन बुद्धि लगाबक चाही। केवल सिद्धान्तक पाछाँ आँखि मूनि कऽ चलने सिद्धान्तो भेटब कठिन।”

हम कहलिऐन्ह, “खट्टर कका, असली बात तऽ बिसरिए गेल। भोलाबाबाक ओहिठाम अष्टयाम कीर्तन भऽ रहल छैन्ह। चलबैक?”

खट्टर कका बजलाह, “हो, चौर-बाधमे चोर-बाघक भय सँ राति भरि जागि कीर्तन कैल जाय तऽ एकटा बातो। परन्तु एखन दिनमे गामक बीच अष्टयाम सँ कोन लाभ? हम ‘राम नाम’मे लागि जाएब, ता एम्हर सभटा लताम तोड़ि कऽ लऽ जाएत।”

हम : “खट्टर कका, अखंड हवन सेहो भऽ रहल छैक। सत्रह कंटर घृत आएल छैक।”

खट्टर कका अपन माथ ठोकैत बजलाह, “हाय रे बुद्धिमान सभ! हौ, जखन दियासलाइ नहि छलैक तखन हमर पुरुखा सभ घृत दऽ दऽ कऽ अग्नि कैं जीवित रखै छलाह। आब जखन एक टा काठी रगड़ने आगि पजरि जाइत अछि तखन कंटरक कंटर घी खर्च करबाक कोंन प्रयोजन? साँप ससरि कऽ कतहु सँ कतहु चलि गेल और हम सभ लाठी लऽ कऽ लकीर पीट रहल छी। युग बदलि गेल, परिस्थिति बदलि गेल, परन्तु हम प्राचीन संस्कृतिक नाम पर लट्ठ भँजैत, बुझै छी जे धर्मक रक्षा कऽ रहल छी!”

खट्टर कका भाङ छानि कऽ दू बून्द उत्सर्ग कैलन्हि और लोटा अलगा कऽ घट्ट-घट्ट पीबि गेलाह।

मिथिलाक संस्कृति

ओहि दिन खट्टर कका मखानक लावा फँकैत रहथि। हमरा हाथमे लेख देखि पुछलन्हि, "ई की थिकौह?"

हम कहलिऐन्ह, "मिथिलाक संस्कृति पर एकटा निबंध तैयार कैल अछि।"

खट्टर कका बजलाह, "किछु हमरो सुनाबह।"

हम कहलिऐन्ह, "पहिने राजर्षि जनक सँ प्रारम्भ कैने छिऐन्हि। ओ तेहन जीवन्मुक्त छलाह जे,

मिथिलायां प्रदीप्तायां न मे दहति किंचन!

एहन ब्रह्मज्ञान मिथिलेमे हो।"

खट्टर कका मुस्कुराइत बजलाह, "हौ, यैह ब्रह्मज्ञान तऽ हमरा सभ कैं लाहेब कऽ देलक। सौंसे मिथिलामे आगि ने लागि जाउ, मैथिल भाइक लेखें धन्न सन!"

हम : "खट्टर कका, हुनका सँ ई शिक्षा भेटैत अछि जे पद्मपत्र जकाँ निर्लिप्त रहबाक चाही।"

खट्टर कका बजलाह, "उपमा तऽ बड्ड सुन्दर। परन्तु एक्को दिन तेना रहि कऽ देखह तऽ। यदि तों कमलक पात जकाँ रहि जाह तऽ हम ऐखन जा कऽ तोरा बाड़ी सँ सभ टा भाँटा तोड़ि लाबी। हौ, पद्मपत्र बनि कऽ रहबह तऽ लोक घराड़ी पर्यन्त दखल कऽ लेतौह।"

हम : "परन्तु जनक तऽ विदेह छलाह।"

खट्टर कका : "जौं सरिपहुँ विदेह रहितथि तऽ जेहने राम, तेहने रावण। तखन एतेक रासे धनुष-यज्ञ ओ सीता-स्वयंवर ठनबाक कोन काज छलैन्ह?"

हम : "अहाँ कैं तऽ खण्डनेमे रस भेटैत अछि। देखू, याज्ञवल्क्य ऋषि केहन आत्मज्ञानी छलाह!"

खट्टर कका व्यंग्यपूर्वक बजलाह, "तेहन आत्मज्ञानी छलाह जे मैत्रेयी ओ कात्यायनी, दू दू टा स्त्री रखैत छलाह। एक आध्यात्मिक, दोसर सांसारिक। हमरा तऽ जे किछु छथि से एका भार्या सुन्दरी वा दरी वा..."

हम : "खट्टर कका, गार्गी ओ याज्ञवल्क्यक शास्त्रार्थ केहन उच्च स्तर पर छलैन्ह?"

खट्टर कका मुस्कुराइत बजलाह, "से तों अपनहि पढ़ि कऽ देखि लैह। जखन गार्गी प्रश्न पुछत पुछत नाकोदम कऽ देलथिन्ह, तखन अन्तमे याज्ञवल्क्य खिसिया कऽ कहलथिन्ह, 'आब बेसी पुछबैं त माथ कटि कऽ नीचा खसि पड़तौक'। हौ, अपना देशक पण्डित लोकनि स्त्री कैं एहिना झझकैत ऐलथिन्ह अछि।"

हम : "परंच प्रश्नोत्तरीक विषय केहन गूढ़ छलैन्ह?"

खट्टर ककाक मखान निःशेष भऽ चुकल छलैन्ह। हाथ-मुँह पोछैत बजलाह, "हौ, हमर छौ वर्षक नतिनी अछि। ओ तोरा काकी कैं पूछय लगलैन्ह 'नानी, ई पृथ्वी कथीपर छैक?' ई कहलथिन्ह 'शेषनाग पर'। ओ पुछलकैन्ह 'शेषनाग कथी पर छथि?' ई कहलथिन्ह 'कच्छप पर'। ओ पुछलकैन्ह 'कच्छप कथी पर छथि?' ई कहलथिन्ह 'तोरा मूड़ी पर'। हमरा एहि नतिनी-नानी और गार्गी-याज्ञवल्क्यक संवादमे कोनो विशेष अन्तर नहि बुझना जाइछ।"

हम : "खट्टर कका, कहाँक बात कहाँ मिला देलिऐक? गार्गी ओ मैत्रेयी केहन भारी विदुषी रहथि?"

खट्टर कका सुपारीक कतरा करैत बजलाह, "हौ, गार्गी मैत्रेयी की जनैत रहथि? आइ-काल्हुक कौलेजिया लड़की हुनका सिखा दितैन्ह।"

हम : "खट्टर कका, अहाँ हँसी करैत छी।"

खट्टर कका : "तखन तों परीक्षा लऽ कऽ देखि लैह। आधुनिक युवक कैं पुछहुन जे सीता सन चाही अथवा रीता सन? देखहौक, ककरा बेसी भोट अबै छैक। हँ, आगाँ की लिखने छह?"

हम : "खट्टर कका! अहाँ तऽ हँसिएमे सभटा बात उड़ा दैत छी। देखू, मंडन मिश्रक स्त्री सरस्वती केहन विदुषी रहथि जे शंकराचार्य के परास्त कऽ देलथिन्ह।"

खट्टर कका एक चुटकी कतरा मुँह मे दैत बजलाह, "हौ, बालब्रह्मचारी सँ कतहु कामशास्त्रक विषय पुछल जाइक? ई त तहिना भेल जेना केओ वैष्णव सँ माछक स्वाद पुछैन्ह!"

हम : "ओ केहन आदर्श पत्नी रहथि?"

खट्टर कका दुरुखा दिस तकैत बजलाह, "देखह, एहन बात हमरा आङनमे जुनि बजिहऽ। हौ, वृद्ध स्वामीक मान-मर्दन कय युवा संन्यासीक गरमे विजयमाला देब-ई कोनो नीक बात भेलैन्ह? स्वाइत मंडन मिश्र घर छोड़ि संन्यासी भऽ गेलाह। यदि तोहर काकी एना करथुन्ह त एको दिन एहि घरमे वास भऽ सकै छैन्ह? एही भंगघोटना लऽ कऽ कपार फोड़ि देबैन्ह और ओही साधुक संग गामक बाहर कऽ देबैन्ह।...हँ, आगाँ बढ़ह।"

हम : "धन्य छी, खट्टर कका! आब हम की बाजू? हुनका लोकनिक उच्च आदर्श छलैन्ह? एही मिथिलामे अयाची मिश्र सन सन्तोषी पण्डित भऽ गेल छथि जे सवा कट्ठा बाड़ीक साग खा कऽ गुजर कैलन्हि, किन्तु ककरो सँ किछु मँगलथिन्ह नहि।"

खट्टर कका : “हौ, जकरा पुरुषार्थ रहै छैक से सवा कट्ठा सँ सवा सय बीघा बना लैत अछि। जे अकर्मण्य रहै अछि से ओतबे लय सन्तोष करै अछि। तों अपना बेटा कैं कोन मार्ग पर चलय कहबह? छुच्छ आदर्शक प्रशंसा कैने कोनो फल नहि।”

हम : “खट्टर कका, मिथिलाक सदाचार समस्त देश मे प्रमाण मानल जाइत अछि। देखू,

धर्मस्य निर्णयः कार्यः मिथिला-व्यवहारतः।

एहिठाम एक सँ एक स्मृतिकार भऽ गेलाह अछि।”

खट्टर कका : “हौ, यैह त अनर्थ भेलैक। आइ-काल्हि एकटा कानून बनैत अछि त ओहि पर ओतेक रासे बहस होइ छैक। ताहि दिन स्मृतिकार लोकनिक अपने हाथमे कलम रहैन्ह। किछु खर्च त पड़बे नहि करैन्ह। जे-जे मनमे फुरलैन्ह, लिखि गेलाह।”

हम : “परन्तु सभ वचनक किछु ने किछु वैज्ञानिक आधार त अवश्ये हैतैन्ह।”

खट्टर कका : “वैज्ञानिक आधार होउन्ह वा नहि, मनोवैज्ञानिक आधार अवश्ये छैन्ह। खोजबह त सभक गूढ़ अर्थ भेटि जैतौह।”

हम : “जेना? कोनो उदाहरण दियऽ।”

खट्टर कका : “देखह, ओ लोकनि भोरे उठि स्नान करय जाथि, ता एम्हर फूल तोड़ि कय लऽ जाइन्ह। तैं नियम बना लेलन्हि जे स्नान सँ पूर्वहि फूल तोड़ि कऽ राखि ली। बस, एकटा श्लोक तैयार भऽ गेल,

स्नानं कृत्वा तु ये केचित् पुष्पं चिन्वन्ति वै द्विजाः
देवतास्तन्न गृह्णन्ति पूजा भवति निष्फला॥

तहिना, कोनो मुनि नदीमे स्नान करैत काल भरिया गेल हैताह। बस, एकटा वचन प्रस्तुत भऽ गेल जे ढोंढ़ी सँ ऊपर जलमे पैसि कय स्नान नहि करी।

नाभेरूर्ध्व हरेदायुरधोनाभेस्तपः क्षयः
नाभे समं जलं कृत्वा स्नानकृत्यं समाचरेत्।

हौ, पण्डित लोकनि सन्दर्भ ओ परिस्थिति त बुझै छथि नहि। तैं ‘स्मृति’क तात्पर्य ‘विस्मृति’ भऽ गेल छैन्ह।”

हम : “खट्टर कका, मिथिलाक माटिमे सात्त्विकता भरल छैक।”

खट्टर कका : “हँ, ताही सँ एहिठाम केओ विक्रमादित्य, प्रताप वा शिवाजी नहि बहरैलाह। कहियो युद्ध नहि भेल, एक बेर कनरपीघाटमे भेबो कैल त बाँसक फट्टा लऽ कऽ। परन्तु हौ जी, ई सात्त्विक रणभीत जाति अपनामे मारि करबा

काल सहस्त्रबाहु बनि जाइत छथि। ओहि समय सत्त्वगुण ओ ब्रह्मज्ञान कहाँ चलि जाइत छैन्ह?"

हम : "खट्टर कका, एम्हर आबि कऽ एना भऽ गेलैक अछि। परन्तु ताहि दिनक मैथिल निर्द्वन्द्व रहैत छलाह। देखू, श्रीमद्‌भागवतमे लिखै छथि,

एतै वै मैथिलाः प्रोक्ता आत्मविद्याविशारदाः
योगेश्वरप्रसादेन द्वन्द्वैर्मुक्ताः गृहेष्वपि।"

खट्टर कका : "हौ, एकर गूढ़ अर्थ हम तोरा बुझा दैत छिऔह। योगेश्वरक अर्थ महादेव। तिनकर प्रसाद भाङ। तकरा कृपा सँ ओ लोकनि घरक चिन्ताजाल सँ मुक्त भऽ जाइ छलाह। जेना हम।"

हम : "अहाँ कैं त सभ बातमे हँसिए रहै अछि। तैं लोक गोनू झाक अवतार कहै अछि।"

खट्टर कका : "जे हमरा गोनू बुझै छथि तिनका हम भोनू बुझै छिऐन्ह। गोनू झा केवल चोर, हजाम ओ स्त्री कैं छकैबाक हाल जनै छलाह। हमरा तऽ केवल पण्डिते सँ प्रयोजन रहैत अछि।"

हम : "खट्टर कका, लाख कहिऔक, परन्तु मिथिलाक जे अपन संस्कृति छैक से अक्षुण्णे रहतैक।"

खट्टर कका भभा कऽ हँसि पड़लाह। बजलाह, "हौ, बताह! मधुबनी, दड़िभंगा किंवा मिथिलाक संस्कृति कैं तों अहिबातक पातिलक दीप जकाँ बसात सँ बचा कऽ राखय चाहै छह? परन्तु ई कि सम्भव छैक? आब त तेहन बिहाड़ि आबि रहल छैक जाहिमे सभटा छोटका छोटका दीप मिझा जैतैक। केवल एकटा बड़का 'मरकरी लाइट' जरैत रहि जैतैक।"

हमरा मुँह तकैत देखि खट्टर कका बजलाह, "आब ओ युग नहि छैक जे हमरतोहर तिरहुत, तिलकोर ओ पटुआक झोरमे, करमीक साग ओ कोढ़िलाक पागमे, कोकटीक तौनी ओ सीकीक मौनीमे, डालाक भार ओ महफाक ओहारमे सीमित रहि जाय। देखै छहौक नहि, आब साड़ी-सलवार, दोसा-दलिपूड़ी, बैले-विद्यापति, मुर्गी-महादेव-सभ संगहि चलैत छैक। आब पंडौलमे पावरोटी, सौराठमे सैंडविच, टटुआरमे टोस्ट और कपिलेश्वरमे कटलेट भेटतौह। नेहरामे नायलोन, जनकपुरमे जार्जेट, लोहनामे लिपस्टिक और हाबीभौआड़मे हाइहील देखबह। आइ फुलपरासक कन्या फ्राक पहिरि कऽ फूल तोड़ै छथि। काल्हि गंधवारिक पुतहु गाउन पहिरि कऽ गोसाउन पुजतीह। सेहो गोसाउन कतबा दिन रहै छथि से के जानय?"

हम : "खट्टर कका, मिथिला सँ भगवती किन्नहु नहि जा सकै छथि। जखन कुलदेवता, पातरि, नवरात्र, दशहरा, श्यामापूजा, लक्ष्मीपूजा-यैह सभ उठि जाएत त फेर रहत की? एकादशी, सोमवारी, कार्तिक-स्नान, सामा-चकेवा, मधुश्रावणी,

नागपंचमी, कोजागरा, भार-दोर-यैह सभ त अपना देशक शोभा थीक। लाख पछवा बसात बहौ, परंच हमरा लोकनिक स्त्रीगण तुलसीचौराक दीप नहि मिझाय देतीह।"

खट्टर कका बिहुँसैत बजलाह, "हँ, आँचर तर नुकौने रहतीह। परन्तु आँचर रहैन्ह तखन ने! आब त संस्कृतोबला कैं सौख होइ छैन्ह जे बहु सलवारे पहिरथि। सासु मरौत काढ़े छथिन्ह, पुतोहु माथ उघारि कऽ चलै छथिन्ह। हुनको पुतहु औथिन्ह त चट्टी पहिरि कऽ चिनवार पर अंडा फोड़थिन्ह। तखन कुलदेवताक रक्षा के करतैन्ह?"

हम : "तखन अहाँक की विचार जे पुरनका रीति-नीति उठि जाय?"

खट्टर कका : "हौ, जकरा उठबाक हैतैक से कि हमर विचार पूछि कऽ उठत। टीक ओ मोछ कहिया पूछय आएल जे घोघ ओ आँचर पूछय आओत? जकरा जैबाक होइ छैक से स्वतः चलि जाइत अछि। जेना गोदना, मिस्सी, खुदिया, चमकी। जकरा ऐबाक होइ छैक से स्वतः आबि जाइत अछि। जेना स्नो, पाउडर, नेलपालिश, ब्रेसरी। जखन स्वयं पण्डित लोकनि सालमसाही पनही छोड़ि कऽ अङ्‌रेजी जूता पहिरय लगलाह अछि तखन पण्डिताइन लहठी फोड़ि कर प्लैस्टिकक चूड़ी किऐक ने पहिरथिन्ह? हुनक बेटा ठोप मेटा कऽ टोप किऐक ने लगौतैन्ह? आब बूढ़-बुढ़ानुस माथ पटकि कऽ मरि जैताह तथापि ने हुनक बेटा ठढ़ौका चानन करतैन्ह, ने पुतोहु पटमासी सिंदूर करथिन्ह। छोटका पोता के रिठ्ठा-रिठ्ठी पहिरा कऽ देखथु त जे पहिरै छैन्ह? पोती सँ तुसारी पुजबा कऽ देखथु त जे पुजै छैन्ह? हौ, ई पछबा बिरड़ौ सभटा पुरना पोथी-पतड़ा कैं उधिया कऽ फेकि देतौह। यैह युगधर्म थिकैक।"

हम : "खट्टर कका, एहन भ्रष्ट युग हमरे सभक समयमे किएक आबि गेलैक?"

खट्टर कका : "हौ, सभ युगमे एहिना भठमेर होइत ऐलैक अछि। बुढ़बा बुढ़बा पण्डित लोकनि जे मिर्जई पहिरैत छथि से मुसलमानी अमलदारीमे मिर्जा सभ पहिरैत छल। अचकन चपकन की वैदिक युगक वस्तु छैक? तहिना आब नवका लोक अङ्‌रेजी कोट पहिरैत अछि। ई घोरमट्ठा त होइतहि रहै छैक।"

हम : "परन्तु ई त वर्णसंकरी सभ्यता भेल।"

खट्टर कका : "वर्णसंकरी नहि, कलमी कहह। कलमी आम बेसी मीठ होइ छैक। तैं कलमी वस्तुक बेसी आदर होइ छैक। कलमी फल, कलमी बहु, कलमी बेटा। हौ, बीजू सभ्यता छैक कतय?"

हम : "परञ्च हमरा सभक जे विशुद्ध संस्कृति..."

खट्टर कका भङघोटना पटकैत बजलाह, "हौ, संस्कृत कैं अङ्‌रेजी खैलक, संवत् कैं ईसवी खैलक, आयुर्वेद कैं डाक्टरी खैलक, पण्डित कैं साहेब खैलक, अछिंजल कैं कल खैलक, धर्मशाला कैं होटल खैलक, महफा कैं रिक्शा खैलक, घोड़ा कैं साइकिल खैलक, हाथी कैं मोटर खैलक, भागवत कैं सिनेमा खैलक, मन्दिर

कैं क्लब खैलक, बटुआ कैं 'पर्स' खैलक, सेर कैं किलो खैलक, मन कैं क्विंटल खैलक, गज कैं मीटर खैलक, भोज कैं 'पार्टी' खैलक, भाङ कैं चाय खैलक, पतिव्रता कैं मेम खैलक, तथापि तों विशुद्ध संस्कृतिक नाम जपितहि छह? कीदन कहै छैक जे छीक गेल भरौड़ा और नाक जतनहि छी!"

हम : "तखन उपाय?"

खट्टर कका : "उपाय किछु नहि। चुपचाप देखैत चलह। जे जकरा सँ प्रबल होइ छैक से तकरा खा जाइ छैक। ई मत्स्यन्याय थिकैक। एखन पश्चिमक काँति चमकल छैक। कहियो हमरा लोकनिक पासा पलटत त भऽ सकै अछि जे एक दिन लंडनमे लहठी ओ पेरिसमे पढ़िया साड़ी पहुँच जाय। इंगलैंड बाली अरिकोंच रान्हथि और अमेरिका बाली अदौरी भाँटा। आयरलैंडमे अरिपन और आस्ट्रेलियामे अहिबक फर चलि जाय। फ्रांस फक्किका पढ़य और जर्मनी यजुर्वेद। चीन चानन करय और जापान जनउ पहिरय। न्यूयार्कमे नचारी ओ मास्कोमे महेशवानी सुनाइ पड़य। भऽ सकै अछि जे एक दिन सौंसे संसार समदाउनि गाबय लागय। परन्तु ई त सामर्थ्यक ऊपर छैक। जाहि वस्तुमे शक्ति हैतैक से अमरलत्ती जकाँ पसरि जाएत।"

हम : "खट्टर कका, लोक अपन प्राचीन आचार छोड़ि कऽ नबका चालि पर किएक ढुलैत अछि?"

खट्टर कका : "हौ, आचार होउक वा अँचार। बेसी पुरान भऽ गेला उत्तर दहिया फुफड़ी पड़िए जाइत छैक। तखन गुमसाइन भऽ जाइ छैक। नवकाक स्वादे दोसर होइ छैकं। ताहूमे अनका टाराक तेल-मसाला और बेसी चटकार लगैत छैक।"

हमरा मुँह तकैत देखि खट्टर कका बजलाह, "हौ, हमरा लोकनिक सांस्कृतिक वर्णमालामे 'अ'क अर्थ होइ छल-अरबा चाउर, अछिंजल। आब 'अ' सँ अंडा, अमलेट।

हम : "तखन त किछु दिनमे पुरनका पर्वो त्योहार उठि जाएत?"

खट्टर कका बिहुँसैत बजलाह, "हमरो त यैह चिन्ता होइ अछि। कदाचित खीर-पूड़ी साँच-पिरुकिया ने उठि जाय! तैं हम तोरा काकी कैं नित्य चौठचन्द्र करय कहैत छिऐन्ह। जाबत तैलं ताबत व्याख्यानम्!"

हम कहलिऐन्ह, "खट्टर कका, हमरा लोकनि कैं चाही जे प्राणपण सँ अपना संस्कृति कैं बचैबाक चेष्टा करी।"

खट्टर कका परिहासक स्वरमे बजलाह, "हौ, हमर त विचार होइ अछि जे आब चन्द्रलोकेमे जा कऽ पुनः नव 'पाँजि' चलाओल जाय—'चन्द्रमा झा पाँजि'। तैखन अपन संस्कृति बाँचि सकैत अछि। ई पृथ्वी त छुतहरि भऽ गेलि।"

ताबत काकी भोजनक हेतु बजाबय आबि गेलथिन्ह। खट्टर कका हमरो अपना संग आङन नेने गेलाह। बाछीक गोबर सँ नीपल पवित्र ठाम पर आसन लगाओल छल। हमरा लोकनि हाथ-पैर धो बैसलहुँ। काकी माछ भात नेने ऐलीह। सरिसो-आमिल

देल भरि बाटी झोराएल माङुर। छिपलीमे तरल कबइ। ऊपर सँ अणाची कर्पूर सँ सुवासित दही और कलमी आमक अमौट।

खट्टर कका माछक झोरमे जमीरी नेबोक रस गारि आचमन करैत बजलाह, "होअह, 'जय भगवती' करह। हमरा लोकनिक असली संस्कृति यै थीक। जौं ई संस्कृति कायम रहि जाय त हम लाख बेरि मिथिलाक कोखिमे जन्म ली। हमरा मोक्ष नहि चाही।"

काव्यक रस

ओहि दिन खट्टर कका खाट घोरैत रहथि। हमरा संगमे एक व्यक्ति कैं देखि कऽ बजलाह, "हौ, ई झुलफी बला के छथुन्ह?"

हम कहलिऐन्ह, "ई कवि छथि। हमर सार थिकाह। अपन कविता अहाँ कैं सुनाबय चाहैत छथि।"

खट्टर कका बजलाह, "आइ हमरा बैसि कऽ कविता सुनबाक फुरसति नहि अछि। हँ, जौं तों रस्सी धरौने जाह और ई पौआ अलगौने जाथि त हम थोड़ेक सुनि लेबैन्ह।"

हम कहलिऐन्ह, "बेस त, सैह रहौ।"

कविजी अपन 'प्रिया-मिलन' नामक प्रेमकाव्य प्रारम्भ कैलन्हि। किछु काल सुनलाक उपरान्त खट्टर कका कहलथिन्ह, "औ, आब बन्द करू।"

कविजी अकचका कऽ पुछलथिन्ह, "से किऐक?"

खट्टर कका बजलाह, "हमरा फूसि नहि सुनल जाइ अछि!"

कविजी : "हम फूसि की कहल अछि?"

खट्टर कका : "सभटा फुसिए कहल अछि। अहाँ कहैत छी जे चातक पक्षी स्वातीक बुन्द छोड़ि और कोनो पानि नहि पिबैत अछि। अहाँ चातक कैं कहियो पानि पिया कऽ देखने छिऐक?"

कविजी : "नहि।"

खट्टर कका : "परन्तु हम त चिड़ियाखानामे देखने छिऐक। ओ बारहो मास तीसो दिन पानि पिबैत अछि।"

कविजी चुप्प भऽ गेलाह। खट्टर कका पुनः कहलथिन्ह, "औ कविजी! अहाँ लिखै छी जे चकोर पक्षी अग्नि-भक्षण कय पचा लैत अछि। अहाँ कहियो चकोर कैं अग्नि खोआ कय देखने छिऐक?"

कविजी : "नहि।"

खट्टर कका : "तखन अहाँ कोना बुझैत छिऐक जे ओकर ठोर नहि पकैत छैक?"

कविजी चुप्प।

खट्टर कका : "अहाँ लिखैत छी जे चकवा पक्षीक जोड़ा रातिमे एक संग रहिए नहि सकैत अछि। परन्तु हम त एक्के पिंजड़ामे नर-मादा दूनू कैं रहैत देखने छिऐक।"

कविजी चुप्प।

खट्टर कका : "अहाँ लिखने छी जे हंस नीर ओ क्षीर कैं पृथक कय दैत अछि। ई बात अहाँक देखल अछि? यदि ई सत्य हो त हम आइए एकटा पोसि ली। जैखन गोआरिन दूध लऽ कऽ आओत तैखन हंसक लोल ओहिमे डुबा देबैक। परन्तु यदि दूध और पानि फराक नहि भेल, तखन?"

कविजी चुप्प।

खट्टर कका पुनः कहय लगलथिन्ह, "औ कविजी! अहाँ कहियो केरा सँ कर्पूर बनैत देखलिऐक अछि? हाथीक माथ सँ मुक्ता बहराइत देखलिऐक अछि? कतहु पारस पाथर देखबामे आएल अछि? यदि वास्तवमे ओ पाथर रहितैक त एहि देशक कवि हकन्न किऐक कनितथि? लोहामे छुआ दितऽथिन्ह, सोना बनि जइतैन्ह। कविपत्नी सोनेक कड़ाहीमे दूध औंटितथि।"

कविजी : "परन्तु प्राचीन कवि सभ त एहिना लिखि गेल छथि।"

खट्टर कका : "यदि ओ लोकनि लिखि देथि जे नयिका कैं कटि नहि होइ छैन्ह, तखन अहाँ स्त्रीक करधनी फेकि देब?"

हम पुछलिऐन्ह, "खट्टर कका, एहि सभ बातक परीक्षा कैनहि बिना लोक एतय दिन सँ किऐक मानैत आबि रहल अछि?"

खट्टर कका बिहुँसैत बजलाह, "हौ, हमरा लोकनि छी मिथ्यानन्द। मिथ्याक कल्पनामे हमरा सभ कैं बेसी आनन्द भेटैत अछि। 'सुन्दरीक लात सँ अशोक वृक्ष फुला जाइछ' एहन-एहन कल्पना कोनो वैज्ञानिकक मस्तिष्कमे आबि सकैत छैन्ह? ...औ कविजी, ओहि कातक पौआ अलगाउ।"

खट्टर कका खाट घोरैत कहय लगलाह, "हौ, कवि लोकनि धन्य होइ छथि। हुनका सभ किछु माफ रहै छैन्ह। वैह बात जौं दोसर बाजय त मारि भऽ जाइक।"

हम : "से कोना, खट्टर कका?"

खट्टर कका : "देखह। यदि किनको कहल जाइन्ह जे 'कन्यामे अपूर्व लावण्य अछि' त पिताक मन प्रसन्न भऽ जैतैन्ह। परन्तु वैह बात यदि ठेठ शब्द कहल जाइन्ह जे 'बेटी बड्ड नमकीन अछि', तखन लाठिए बजरि जाय। विचारि कऽ देखह, त बात एक्के! परन्तु कहबाक शैलीमे भेद छैक! यदि वैह बात गमार बाजय त लंठ भेल, कवि बजलाह त रसिक भेलाह।"

हम कहलिऐन्ह, "खट्टर कका, ई त ठीक कहल।"

खट्टर कका खाट घोरैत बजलाह, "हम कोनो बात बेठीक कहैत छिऔह? यदि कोनो युवती कैं केओ सोझे जा कऽ कहैन्ह, 'वाह! अहाँक स्तन बड्ड सुन्दर अछि' त ओकरा पर पादुका बरसतैक। और यदि वैह बात कवि छन्द बना कऽ बजताह त हुनका पर पदक बरसतैन्ह। की औ कविजी! अहीं जे नायिकाक पयोधर कैं एना खोलि कऽ वर्णन कैने छिऐक तेना कोनो वास्तविक बहु-बेटी कैं कहबैक?"

खट्टर ककाक ई रबैया देखि कविजी रस्सीक फंदा छोड़ाय, अपन प्रेम-काव्य समेटैत घसकन्तउवाच भेलाह।

हम कहलिऐन्ह, "खट्टर कका, आइ अहाँ कैं तेहन सूर चढ़ि गेल जे बेचारे कविजी अपन सन मुँह लऽ कऽ बिदा भऽ गेलाह।"

खट्टर कका बजलाह, "हौ, हमरा हाथमे रस्सीक घर्रा लगैत छल और ओ कुचवर्णन सुनाबय लगलाह! एही द्वारे हमरा तामस उठि गेल। परन्तु बलहुँ बेचारा कैं एतेक बात कहलिऐक। एहि देशक त परम्परे यैह छैक। देखह,

बदरामलकाम्रदाड़िमानामपहृत्य श्रियमुन्नतौ क्रमेण
अधुना हरणे कुचौ यतेते बाले ते करिशावकुंभलक्ष्म्याः।"

हम : "एकर अर्थ की भेलैक?"

खट्टर कका : "कवि कहैत छथिन्ह 'हे बाले, अहाँक दूनू...पहिने बैर सन सन छल; तखन धात्रीफल सन सन भेल; तदुपरान्त अनार सन सन भऽ गेल, आब हाथीक माथ सँ टक्कर लय रहल अछि।"

हम : "खट्टर कका, ई त अश्लील भेल!"

खट्टर कका व्यंग्यपूर्वक बजलाह, "हँ। हम गद्यमे अनुवाद कऽ कहलिऔह त अश्लील भऽ गेल। और वैह बात कवि-कोकिल पदमे बजलाह तऽ कोमलकान्त-पदावली भऽ गेलैन्ह!

प्रथम बदरि कुच पुनि नवरंग
दिन दिन बाढ़य पिड़य अनंग
से पुनि भय गेल बीजक पोर
आब कुच बाढ़ल श्रीफल जोर।

वैह बैर सँ नारंगी, ओ नारंगी सँ बेल! परन्तु एहन-एहन पद कैं केओ अश्लील नहि कहैत छैन्ह। स्वयं युवतीगण गबैत छथि। सेहो बेस टहंकार सँ। राग भास दऽ कऽ।"

हम : "खट्टर कका, विद्यापतिक कवितामे केहन अपूर्व रस छैन्ह?"

खट्टर कका बानि दैत बजलाह, "हौ, जहिना संस्कृतक कविलोकनि शृंगारक वर्णनमे अपन चमत्कार देखौने छथि तहिना तऽ ओहो केने छथि। वैह नखशिख, वैह सद्यःस्नाता, वैह अभिसार, वैह नखक्षत, वैह विपरीत रति! हमरा त कोनो नवीनता नहि बूझि पड़ैत अछि।"

हम : "तखन करोड़ो जनता हुनका कविता पर किऐक मुग्ध अछि?"

खट्टर कका बजलाह, "एकर कारण जे पहिने नायिकाक संभोग वर्णन केवल संस्कृते काव्यमे रहैत छलैक। साधारण लोक ओहि रस सँ वंचित रहैत छल। देवभाषाक ओहि रस कैं ई लोकभाषामे लऽ अनलन्हि। फलस्वरूप सभ केओ 'कचकुचकटाक्ष'क

आस्वादन करय लागि गेल। एही माधुर्यक कारण विद्यापति ग्रामीण जनताक कंठहार बनि गेलाह! यदि हुनका पदावली सँ 'कुच' काटि देल जाइन्ह त की रहि जैतैन्ह? केवल नचारी।"

हम : "खट्टर कका, ई अहाँ अतिशयोक्ति कय रहल छी। प्रसंगवश दू-एक ठाम कुचक वर्णन आबि गेल हैतैक।"

खट्टर कका बजलाह, "तखन तों बानि दैत रहह। हम कुचकीर्तन सुना दैत छिऔह।

देखह, कतहु सखी नायिका कैं शिक्षा दैत छथिन्ह,

झाँपव कुच दरसाएब आध

कतहु नायक कैं उपदेश दैत छथिन्ह,

गनइत मोतिम हारा
छले परसब कुच भारा

नायिका यौवनक भार सँ अवग्रहमे छथि। किऐक त,

उनत उरोज चिर झपबए, पुनि पुनि दरसाय
जतए जतने गोअए चाहए, हिमगिरि ने नुकाय

कतबो आँचर चौपेति कऽ रखै छथि, तथापि,

तेइ उदसल कुच जोरा
पलटि बैसाओल कनक कटोरा

तखन ओ हाथ लऽ कऽ झंपैत छथि। ई देखि नायकक चित्त चंचल भऽ जाइ छैन्ह—

करयुग पिहित पयोधर अंचल
चंचल चित दोख भेला

किऐक त,

आध उरज हेरि आध आँचर भरि तब धरि दगधे अनंग

संयोगवश नायिकाक अंचल ससरि जाइ छैन्ह। नायक कृतार्थ भऽ जाइ छथि,

ता पुनि अपुरब देखल रे कुचयुग अरविंद

देखि कऽ मनमे सिहंता होइ छैन्ह जे—

बाल पयोधर गिरिक सहोदर अनुपमिए अनुरागे
कओन पुरुष कर परसए पाओल जे तनु जितल परागे

सौभाग्यवश नायक कैं अनुकूल अवसर भेटि जाइ छैन्ह।

आँचर परसि पयोधर हेरु
जनम पंगु जनि भेटल सुमेरु

जेना दरिद्र कैं स्वर्णकलश भेटि जाइन्ह तहिना नायक करय लगैत छथि,

खनहिं चीर धर खनहिं चिकुर गह
करए चाह कुच भंगे।

अन्तमे सफलता हाथ लगैत छैन्ह—कुचकोरक तव कर गहि लेल तदुपरान्त,

पीन पयोधर नख रेख देल
कनक कुंभ जनि भगनहु भेल

नायिका की करथु?

सुन्दर कुचयुग नख खत भरी
जनि गजकुंभ विदारल हरी

ओ आकुल भऽ गेलीह और नायक रसपान करय लगलाह।

कर धरु कुच आकुल भेल नारी
निरखि अधर मधु पिबय मुरारी

और आगाँ सुनबह?"

हम : "नहि खट्टर कका। हम मानि लेल। परन्तु विद्यापति त राधाकृष्णक भक्त छलाह तखन कुचकुंभ..."

खट्टर कका : "एतबेमे तों उजबुजा गेलाह? राधाक भक्त औरो दूर धरि पहुँचि जाइ छथिन्ह। देखह,

सुखद सेज पर नागरि नागर
बइसल नवरति साधे
प्रति अंग चुंबन रस अनुमोदन
थरथर काँपत राधे।

हौ, तों भातिज नहि रहतिह त और बेसी सुनबितिऔह। किन्तु इहो संकोच त हमरा व्यर्थे भऽ रहल अछि। आब त एहन-एहन पदावली विद्यार्थीक पाठ्यग्रन्थमे राखल गेल छैन्ह!...कनेक रस्सी धराबह।"

हम रस्सी धरबैत कहलिऐन्ह, "खट्टर कका, विद्यापति महादेवक परम भक्त छलाह।"

खट्टर कका व्यंग्य करैत बजलाह, "हँ, तेहन परम भक्त छलाह जे कामिनीक स्तनोमे हुनका महादेवे सुझैत छथिन्ह। देखह,

सुरत समापि सुतल वर नागर
पानि पयोधर आपी
कनक शंभु जनि पूजि पुजारी
धएल सरोरुह झाँपी

परन्तु ओहन सुकुमार महादेव कैं भग्न होइत कतेक देरी लगितैन्ह?

कोन कुमति कुच नखखत देल
हाय हाय शंभु भगन भय गेल!"

हम कहलिऐन्ह, "खट्टर कका, अहाँ त रसपक्षक धार बहा देलहुँ। परन्तु विद्यापतिमे भक्तिपक्षो त छैन्ह। महेशवानी सभ देखिऔन्ह।"

खट्टर कका रस्सीक घुरची छोड़बैत बजलाह, "हौ, यैह तऽ एहि देशमे भेलैक अछि। कवि लोकनि कैं दुइएटा राग अबैत छैन्ह। जाबत पर्यन्त भोग करबाक शक्ति ताबत तऽ मृगनैनी सुझैत छथिन्ह, और जहाँ थकलाह कि मृगछाला सूझय लागि जाइत छैन्ह। तैं युवावस्था भरि तऽ,

कुच विपरीत बिलम्बित हार
कनक कलस बम दूधक धार!

और वृद्धावस्था पहुँचल तऽ,

कखन हरब दुख मोर हे भोलाबाबा!

और वार्द्धक्य प्रयुक्त ओहि असमर्थता कैं नाम देल जाइ छैन्ह 'भक्ति'!"

हमरा चुप्प देखि खट्टर कका बजलाह, "ई कोनो विद्यापतिएमे नहि छैन्ह। देव बिहारी मतिराम पद्माकर सभक यैह हाल छैन्ह। बूझह तऽ एहि देशक परम्परे यैह छैक। संस्कृत काव्यमे दुइए टा धारा बहैत छैक! नवारीमे शृंगारक सरिता। बुढ़ारीमे वैराग्यक बाहा!"

हम : "खट्टर कका, एहि उपमा सँ तऽ बूझि पड़ैत अछि जे शृंगारे बेसी प्रबल अछि।"

खट्टर कका : "ताहूमे सन्देहे? संस्कृत काव्यक वाटिकामे विचरण करबह तऽ नारंगी-अनारक शोभा देखैत रहि जैबह। हँ, हत्ता पर वैराग्यक बबूर सेहो भेटतौह।"

हम : "अहा! ई तऽ बड्ड सुन्दर उपमा भेल!"

खट्टर कका : "हम यथार्थे कहैत छिऔह। बूझह तऽ संस्कृत काव्य कुचकाव्य थीक। कवि लोकनि कैं संसारक समस्त गोल वस्तु ओहीमे भेटैत छैन्ह। विद्यापति

कि कोनो उपमा अपना घर सँ लैलाह अछि? तों ओहिना बानि देने जाह तऽ हम संस्कृत-काव्यक चाशनी चखा दैत छिऔह। देखह, एक गोटा कहैत छथि,

जम्बीरश्रिय मतिलंघ्य लीलयैव
व्यानम्रीकृत कमनीय हेमकुंभौ
नीलांभोरुह नयनेऽधुना कुचौ ते
स्पर्धेते किल कनकाचलेन सार्द्धम्।

अर्थात हे सुन्दरी! अहाँक कुच पहिने जमीरी नेबो कैं हरौलक, तखन स्वर्णकलश कैं जितलक, और आब कनकाचल पहाड़ सँ स्पर्द्धा कऽ रहल अछि।"

हम : "इह! कवियोक उड़ान आश्चर्ये होइ छैन्ह। कलश सँ कूदि कऽ एके बेर पर्वत पर पहुँचि गेलाह!"

खट्टर कका : "दोसर गोटा कैं ओहू सँ सन्तोष नहि भेलैन्ह तऽ एकदम आकाशे ठेका देलथिन्ह।

अल्पं निर्मितमाकाशमनालोच्यैव वेधसा।
इदमेवंविधं भावि भवत्या: स्तनमंडलम्।

अर्थात ब्रह्मा आकाश बनौलन्हि से छोट भऽ गेलैन्ह। तखन फेर कऽ गढ़बाक हेतु साँचा बनौलन्हि, सैह अहाँक स्तन-मंडल थीक। हौ, एहन-एहन कवि कैं सम्पूर्ण ब्रह्मांडे स्तनमंडल बूझि पड़ैत छैन्ह!"

हम कहलिऐन्ह, "खट्टर कका, अतिशयोक्तिक पराकाष्ठा भऽ गेल!"

खट्टर कका बजलाह, "अतिशयोक्तिक तऽ ई देशे थीक। एक रसिक कैं स्तनक ऊपर नखक चिह्न देखि बूझि पड़ैत छन्हि जे महादेवक ललाट पर चन्द्रमा विराजमान छथि,

स्वयंभू: शंभुरंभोजलोचने त्वत्पयोधर:
नखेन कस्य धन्यस्य चन्द्रचुडो विराजते।"

हम : "धन्य छलाह ई कवि लोकनि!"

खट्टर कका : "तोरा एतबेमे आश्चर्य होइ छौह। एकटा भक्तराज कैं दशो अवतार ओहीमे भेटि जाइत छथिन्ह। कठोर, तैं कच्छप अवतार। कंदर्पक पताका फहरबैत, तैं मीनावतार। एवं प्रकार तुलना करैत-करैत कहै छथिन्ह जे,

भाति श्रीरमणावतारदशकं बाले भवत्या: स्तने"

हम : "हद भऽ गेलऽ, खट्टर कका! एहन-एहन उक्ति और कोनो भाषामे भेटत? ई लोकनि उमरखैयामो कैं जितलन्हि।"

खट्टर कका बजलाह, "हौ, खैयाम की खा कऽ ओहन कल्पना करताह? देखह, एक गोटा कहै छथि,

द्रष्टव्येषु किमुत्तमं मृगदृशः प्रेमप्रसन्नं मुखम्
घ्रातव्येष्वपि किं तदास्यपवनः श्राव्येषु किं तद्वचः
किं स्वाद्येषु तदोष्ठपल्लवरसः ध्येयेषु किं तत्स्मित्
किं पूज्येषु सुवर्णशंभसदृशौ तस्याः पवित्रौ स्तनौ।

हौ, एतेक भोगासक्ति और कोनो देशमे भेटतौह? एहि ठामक कवि तन सँ बेसी स्तन कैं बुझैत छथि।"

हम कहलिऐन्ह, "परन्तु भक्तिओ तऽ एहि देशमे तेहने छैक।"

खट्टर कका बजलाह, "हौ, भक्तिओ अधिकतर ताही लऽ कऽ छैक। राधाक भक्त लोकनि केहन भक्ति करैत छथिन्ह से देखहुन। एक कवि कहैत छथिन्ह,

देहि मत्कंदुकं राधे परिधाननिगूहितम्
इति विस्रंसयन् नीवीं तस्याः कृष्णो मुदेस्तु नः!

'कृष्ण भगवान राधा सँ छीनाछोरी करैत छथिन्ह जे हमर गेन दऽ दियऽ!' हौ, राधाक पयोधर की भेलैन्ह, कवि लोकनिक खेलौना भऽ गेलैन्ह! केओ गेन बना कऽ खेलाइ छथि। केओ बटखराक काज ओहि सँ लैत छथि।"

हम : "बटखराक काज? से कोना?"

खट्टर कका : "देखह, एक कविक उक्ति छैन्ह,

नीतं नवनवनीतं कियदिति पृष्टो यशोदया कृष्णः
इयदिति गुरुजनसंसदि करधृतराधापयोधरः पातु।

यशोदाजी कृष्ण सँ पुछैत छथिन्ह जे अहाँ कतेक माखन लऽ गेलहुँ अछि? ओहिठाम कोनो पौआ वा अधसेरा तऽ रहैन्ह नहि। कृष्ण भगवान चट्ट दऽ राधाक स्तन धऽ कऽ देखा देलथिन्ह जे 'एतवा'।"

हमरा चकित देखि खट्टर कका बजलाह, "देखह, एक भक्त राधा कैं कहैत छथिन्ह,

राधे त्वमधिकधन्या हरिरपि धन्यो भवतारकोऽपि
मज्जति मदनसमुद्रे तव कुचकलशावलम्बनं कुरुते।

अर्थात हे राधे! भगवान अनका भवसागर पार करबैत छथिन्ह, परन्तु जखन स्वयं मदन-सिंधुमे डूबय लगैत छथि, तखन अहींक पयोधररूपी कलश पकड़ि कऽ पार उतरैत छथि।"

हम क्षुब्ध होइत कहलिऐन्ह, "बलिहारी एहन भक्त कैं। ओ भक्तराज अपने कोना पार उतरल हैताह?"

खट्टर कका : "देखह, दोसर भक्त कल्पना करैत छथि जे राधाक पयोधर देखैत-देखैत कृष्ण भगवान गायक बदला बड़द दूहय लगलाह!

राधा पुनातु जगदच्युतदत्तचित्ता
मंथानमाकलयती दधिरिक्तपात्रे
यस्याः स्तनस्तबकच्चुकलोलदृष्टि-
र्देवोऽपि दोहनधिया वृषभं दुदोह।"

हम : "खट्टर कका, अहाँ तऽ तेहन-तेहन उदाहरण राखि दैत छी जे हमर मुँहे बन्द भऽ जाइत अछि।"

खट्टर कका : "हौ, कवि लोकनिक मनमे जतबा गुबार छलैन्ह से सभटा राधाक नाम पर बाहर कैने छथि। सभ सँ सस्त भेटलथिन्ह राधा। जेना ओ सभक भौजाइ होथिन्ह। और केवल राधा किऐक? कवि लोकनि कैं तऽ लाइसेंस भेटल छैन्ह। हुनका लेल जेहने राधा, तेहने लक्ष्मी, तेहने पार्वती। ओ ककरो छोड़यवला नहि!"

हम : "अच्छा! लक्ष्मीओ नहि बाँचल छथि?"

खट्टर कका : "बँचतीह कोना? देखह, लक्ष्मी-नारायणक एक भक्त कोन प्रकारें प्रार्थना करैत छथिन्ह!

कचकुचचिबुकाग्रे पाणिषु व्यापितेषु
प्रथमजलधिपुत्री-संगमेऽनंगधाम्नि
ग्रथितनिविडनीवीग्रन्थिनिर्मोचनार्थं
चतुरधिककराशः पातु वश्चक्रपाणिः।

विष्णु भगवानक चारू हाथ फँसल छैन्ह। एक हाथ लक्ष्मीक केशमे, एक हाथ चिबुकमे, दू हाथ पयोधरमे। आब कोंचाक बन्धन कोन हाथें फोलताह? पाँचम हाथ होइन्ह तखन ने? एहन जे खेखनाएल विष्णु भगवान से रक्षा करथु!"

हम : "खट्टर कका, एहन भक्त सँ भगवाने रक्षा करथि।"

खट्टर कका : "भगवान तऽ भक्त सँ हारले रहैत छथि। देखह, लक्ष्मीक एक भक्त कोना ध्यान करैत छथिन्ह,

पद्मायाः स्तनहेमसद्मनि मणिश्रेणी समाकर्षके
किंचित् कंचुकसंधिसन्निधिगते शौरेः करे तस्करे
सद्यो जागृहि जागृहीति बलयध्यानैर्ध्रुवं गर्जता
कामेन प्रतिबोधिताः प्रहरिकाः रोमांकुराः पान्तु नः।

अर्थात लक्ष्मीक कंचुकीमे स्तनक लोभें विष्णुक हाथ सन्हिया रहल छैन्ह। से देखि कामदेव अपना प्रहरी सभ कैं जगा रहल छथि, 'उठै जाह! उठै जाह! घरमे चोर पैसि रहल छौह!' ओ प्रहरी सभ तुरन्त उठि कऽ ठाढ़ भऽ गेल। वैह ठाढ़ रोमावली हमरा सभक रक्षा करथु!"

हम क्षुब्ध भय कहलिऐन्ह, "खट्टर कका, लक्ष्मीक भक्त लोकनि हद कऽ देने छथि। पार्वतीक भक्त एहि तरहे नहि कहि सकैत छथिन्ह।"

खट्टर कका बजलाह, "तखन सुनह। पार्वतीक भक्त लक्ष्मीक भक्त सँ एको डेग पाछाँ रहयवाला नहि छथिन्ह। लोक चरणमे प्रणाम करैत छैक, पार्वतीक एक भक्त स्तनेमे प्रणाम करैत छथिन्ह!

गिरिजायाः स्तनौ वंदे भवभतिसिताननौ
तपस्वी कां गतोऽवस्थामिति स्मेराननाविव।

दोसर भक्त दूनू उन्मुक्त स्तनक जय-जयकार करैत छथिन्ह!

अंकनिलीनगजाननशंकाकुलबाहुलेयहृतवसनौ
सस्मितंहरकरकलितौ हिमगिरितनयास्तनौ जयतः।

तेसर भक्तक दृष्टिमे पार्वतीक स्तन शीशा जकाँ झलकैत छैन्ह!

वक्राणि पंच कुचयोः प्रतिबिम्बितानि
दृष्ट्वा दशाननसमागमनभ्रमेण
भूयोऽपि शैलपरिवृत्तिभयेन गाढ़
मालिंगितो गिरिजया गिरिशः पुनातु।

पार्वतीक दूनू स्तनमे महादेवक पाँचो मुँह अंकित भेने पार्वती कैं दशमुख रावणक भ्रम भऽ जाइ छैन्ह जे ओ फेर कैलास पर्वत उठाबय आएल अछि। एहि भय सँ ओ शिवजीमे लपटि जाइ छथि।"

हम : "इह! हिनका लोकनिक कल्पना कहाँ सँ कहाँ पहुँचि जाइ छैन्ह?"

खट्टर कका : "तों एतबेमे घबड़ा गेलाह? देखह, एक चारिम भक्त पार्वती कैं की कहैत छथिन्ह?

हरक्रोधज्वालावलिभिरवलीढेन वपुषा
गभीरे ते नाभी सरसिकृतझम्पो मनसिजः
समुत्तस्थौ तस्मादचलतनये धूमलतिका
जनस्तां जानीते तव जननि रोमावलिरिति।

'हे जननी! महादेवक क्रोधज्वाला सँ जरैत कामदेव अहाँक नाभिरूपी सरोवरमे आबि कुदलाह। ताहि सँ जे धुआँ उठि कऽ पसरल, सैह अहाँक रोमावली भऽ गेल'।"

हम कान पर हाथ दैत कहलिऐन्ह, "बाप रे बाप! 'जननी' सम्बोधन कय रोमावलीक वर्णन! हमरा तऽ रोमांच भय रहल अछि।"

खट्टर कका : "तों एकेटा सुनि कऽ घबड़ा गेलाह? हौ, सामान्य भक्तक बात जाय दैह। शंकराचार्य सन संन्यासी 'भवानीभुजंगस्तोत्र' मे भवानीक रोमावलीक स्तुति कैने छथिन्ह!

सुशोणाम्बरावद्धनीवीं विराजन् महारत्नकांचीकलापं नितम्बम्
स्फुरद्दक्षिणावर्त्तनाभिं च तिस्रोवली रम्य ते रोमराजिं भजेऽहम्

हौ, एहने भक्ति यदि केओ तोरा काकी सँ करय लागि जाइन्ह, तऽ हुनका केहन लगतैन्ह?"

हम : "खट्टर कका, अहाँ तऽ तेहन दृष्टान्त दैत छी जे हमर मुँहें बन्द भऽ जाइत अछि। भक्त लोकनि कोनो अंग तऽ छोड़ि दितऽथिन्ह।"

खट्टर कका : "तखन फेर भक्ते की कहबितथि?"

खट्टर ककाक खाट लगिचा गेल छलैन्ह। बजलाह, "देखह, रोमावलीक वर्णनमे एहि ठामक कवि कतबा बुद्धिक चमत्कार देखौने छथि! एगोटा उत्प्रेक्षा करैत छथि,

लिखतः कामदेवस्य शासनं यौवनश्रियः
गलितेव मसीधारा रोमाली नाभिगोलकात्।

अर्थात ई रोमावली की थीक जे कामदेवक दोआति सँ रोशनाइ टघरि कऽ पसरि गेल अछि!

दोसर गोटा कैं ओहिमे चुट्टीक पाँती सुझैत छैन्ह!

पयोधरस्तावदयं समुन्नतो
रसस्य वृष्टिः सविधे भविष्यति
अतः समुद्गच्छति नाभिरंध्रतो
विसारि रोमालि पिपीलिकावलिः।

अर्थात ई रोमावली नहि थीक। ऊपर पयोधर देखि रसवृष्टिक अनुमान कय नाभि रूपी विवर सँ चुट्टीक धारी चलल अछि!

तेसर गोटा कैं ओ लोहक सिक्कड़ बूझि पड़ैत छैन्ह!

तन्वंग्याः गजकुंभपीनकठिनोत्तुङ्गौ वहन्त्याः स्तनौ
मध्यः क्षामतरोऽपि यन्न झटिति प्राप्नोति भंगं द्विधा
तन्मन्ये निपुणेन रोमलतिकोद्भेदापदेशादसौ
निःस्पन्दास्फुटलोहश्रृंखलिकया संधानितो वेधसः।

नायिका कोमलांगी छथि। कटि प्रदेश अत्यन्त कृश छैन्ह। ऊपर पीन पयोधरक भार सँ डाँड़ टूटि कऽ दू खंड नहि भऽ जाइन्ह, तैं बीचमे लोहक सिक्कड़ सँ बान्हि देल गेल छैन्ह!

चारिम गोटा कैं ओ तीर्थस्थान बुझना जाइ छैन्ह!

उत्तुङ्गस्तन पर्वतादवतरद् गंगेव हारावली
रोमाली नवनीलनीरजरुचिः सेयं कलिंदात्मजा
जातं तीर्थमिदं सुपुण्यजनकं यत्रानयोः संगमः
चन्द्रो मज्जति लांछनापहृतये नूनं नखांकच्छलात्।

अर्थात स्तन सँ जे हार नीचा लटकल अछि से पर्वत सँ निकसलि गंगा थीक और नीचा रोमावलीक रेखा यमुनाक धार थीक। जहाँ दूनूक संगम से तीर्थराज प्रयाग थीक।

पाँचम गोटा कैं ओहिमे तर्पणक तिल भेटि जाइत छैन्ह!

गौरमुग्धवनितावरांगके
रेजुरुत्थिततनूरुहांकुराः
तर्पणस्य मदनस्य वेधसा
स्वर्णशुक्तिनिहितास्तिला इव।

अर्थात कामदेवक तर्पणक हेतु जे तिल छिटल गेलैन्ह सैह रोमावली रूपमे प्रकट अछि!

हौ, जतबा बुद्धिविलास ई लोकनि रोमावलीमे लगौने छथि ततबा दोसरा वस्तुमे लगौने रहितथि तऽ देशक बहुत उपकार होइत।"

हम : "खट्टर कका, वास्तवमे एहि ठामक कवि प्रणम्य देवता होइ छथि।"

खट्टर कका : "जौं से नहि रहितथि तऽ स्तोत्रोमे रसिकता देखवितथि? देखह, गौरीक ध्यान कोना होइ छैन्ह!

मुखे ते ताम्बूलं नयनयुगले कज्जलकला
विराजन्मंदार-द्रुम-कुसुमहारः स्तनतटे
स्फुरत् कांचीशाटी पृथुकटितटे हाटकमयी
भजामस्त्वां गौरीं नगपतिकिशोरीमविरतम्।

त्रिपुर-सुन्दरीक स्तुति देखहुन,

स्मरेत् प्रथमपुष्पिणीम्
रुधिर विंदु नीलाम्बराम्
घनस्तन — भरोन्नताम्
त्रिपुर — सुन्दरीमाश्रये।

आजन्म ब्रह्मचारिणी सरस्वती पर्यन्त कैं ई लोकनि नहि छोड़लथिन्ह।

वामकुच — निहितवीणाम्
वरदां संगीत-मातृकां वंदे।

शान्तां मृदुलस्वान्ताम्
कुचभरतान्तां नमामि शिवकान्ताम्।

और कहाँ धरि जे भगवतीओक भजन करताह तऽ,

जय जय हे महिषासुरमर्दिनि!
रम्यकपर्दिनि शैलसुते!
जितकनकाचल मौलिदोर्जित,
निर्झर निर्जर कुंभ-कुचे!

हौ, बिना कुच के ई लोकनि ध्याने नहि कय सकैत छथि!"

हम : "खट्टर कका, देवी लोकनि एहन भक्ति देखि कय मनमे की कहैत होइथिन्ह?"

खट्टर कका : "हौ, जाहिठाम सहोदराक स्तन पर उत्प्रेक्षा कैल जाय जे,

कुच—प्रत्ययासत्या हृदयमपि ते चंडि कठिनम्

ताहिठाम अन्यान्य देवीक कोन धाख? हौ बाबू! तोरो सार कवि छथुन्ह। कनेक बाँचिए कऽ रहिहऽ।"

खट्टर ककाक खाट तैयार भऽ गेल छलैन्ह। ओराँच कसैत बजलाह, "असलमे बूझह तऽ कविक मुँहमे लगाम नहि होइ छैन्ह। हमरा तऽ आश्चर्य होइ अछि जे लगाम कैं 'कविका' किऐक कहैत छैक।"

पुनः बजलाह, "लेकिन हमरा तऽ अपने मुँहमे लगाम नहि अछि। दोसरा कैं की दुसिऔक?"

हम कहलिऐन्ह, "खट्टर कका, भक्तिकाव्यमे सेहो एतबा रसिकता छैक से हमरा नहि बूझल छल।"

खट्टर कका बजलाह, "हौ, भक्तिमार्ग खूब होइ अछि। हलुआ पूड़ी खाउ और रसकीर्तन करू-गोपी-पीन-पयोधर-मर्दन चंचल-कर-युग-शाली! आन मार्गमे लोक सुखा जाइ अछि; भक्तिमार्गमे फूलि कऽ चतरा जाइ अछि। तैं तऽ पुष्टिमार्ग कहल जाइ छैक। शृंगार ओ भक्तिमे कि कोनो तात्त्विक अन्तर छैक? जेना रस सँ छलकैत अंगूर सुखा कऽ मोनक्का भऽ जाइत अछि, तहिना शृंगारो कालक्रमे भक्ति बनि जाइत अछि। 'स्मरणं कीर्तनं केलिः प्रेक्षणं गुह्यभाषणम्'-सभ तरहक आनन्द

एहूमे भेटि जाइत छैक। कतेको भक्त तऽ चारि दिन मासिको धर्म राखि कऽ भगवानक प्रेयसीदलमे सम्मिलित भऽ जाइ छथि।...परन्तु हमरा कोन काज जे सभ सँ लड़ाई-झगड़ा बेसाहने भेल फिरू? जे होइ छैक से होबय दहौक!...खैर, आइ तेहन चर्चा चलल जे ई खाट तैयार भऽ गेल।"

ई कहि खट्टर कका खाट उठा कऽ भीतर नेने गेलाह।

पुराणक चाशनी

खट्टर कका पुराण देखैत रहथि। हमरा देखि पुछलन्हि, "हौ, कोम्हर जाइ छह?"

हम कहलिऐन्ह, "ब्रह्मस्थान पर भागवत भऽ रहल छैक।"

खट्टर कका बजलाह, "तखन महा अनर्थ भऽ रहल छैक।"

हम : "से किऐक, खट्टर कका?"

खट्टर कका : "हौ, भागवत सुनने गामक स्त्रीगण दूरि भऽ जाएत। चीर-हरण ओ रासलीलाक कथा सुनि छौंड़ा-छौंड़ी उमता जाएत। नवयुवक सभ रातिमे सीटी बजबैत चलताह। नवयुवती सभ घाटे बाटे बौआएल भेल फिरतीह। यमुना ओ वृन्दावन नहि छैक तैं की? पोखरि ओ आमक गाछी तऽ छैक। हौ बाबू, हम गाममे भागवत नहि होमय देबौह।"

हम : "खट्टर कका, अहाँ तऽ हँसी करैत छी।"

खट्टर कका : "हँसी की करैत छिऔह? देखह,

ता वार्यमाणाः पितृभिः पतिभिर्भ्राभिस्तथा
कृष्ण गोपांगनाः रात्रौ रमयन्ति रतिप्रियाः।

बाप, भाई, स्वामी, मने करैत रहि जाथिन्ह ता गोपी लोकनि रास करक हेतु बहरा जाथि। कहह, ई कोनो नीक बात थीक? जौं गामक बेटी-पुतोहु एहिना करय लागि जाय, तखन कोन उपाय हैत?"

हम : "खट्टर कका, किछु विद्वानक कथ्य छैन्ह जे चीरहरण ओ रासलीलाक आध्यात्मिक तात्पर्य छैक।"

खट्टर कका भङघोटना पटकैत बजलाह, "हमरा परतारह जुनि। ई केश रौदमे नहि पाकल अछि। हम अठारहो पुराण धाङि गेल छी। एखनो ब्रह्मवैवर्त्तपुराण आगामे राखल अछि।"

हम : "एहिमे तऽ केवल ब्रह्मक चर्चा हैतैन्ह?"

खट्टर कका भभा कऽ हँसि पड़लाह। कृष्ण जन्म-खंड उनटबैत बजलाह, "अगुताइ तऽ ने छौह? तखन बैसि जाह। चीरहरणक वर्णन देखह। गोपी सभ वस्त्र उतारि यमुना-जलमे स्नान कय रहलि छथि। भगवान सभक वस्त्र हरण कय कदम्ब वृक्ष पर सँ कहै छथिन्ह,

भो भो गोपालिका: नग्ना: इदानीं कि करिष्यथ?

ऐ गोपीगण? आब अहाँ लोकनि की करैत जाएब?

तखन राधा सखी सभ कैं आज्ञा दैत छथि जे 'चलू, एहि छैला कैं बान्हि कऽ लऽ अनै जाउ'।

बस,

सर्वा राधाज्ञया तूर्णं समुत्थाय जलात् क्रुधा।
प्रजग्मुर्गोपिका: नग्ना योनिमाच्छाद्य पाणिना॥

युवतीक दल हाथ सँ गुप्तांग कैं झँपने चलल हुनका पकड़य! परन्तु वृन्दावनविहारी तऽ एहि फौजक सामना करय लेल तैयारे छलाह। रभसैत कहलथिन्ह,

युष्माकमीश्वरी राधा किं करिष्यति मेऽधुना।

अहाँ सभक 'लीडरानी' राधारानी हमर की कऽ लैत छथि से देखैत छिऐन्ह!

ई सुनितहि राधाक क्रोध काममे परिणत भऽ गेलैन्ह।

श्रुत्वा जहास सा राधा बभूव कामपीडिता

और तकरा बाद तऽ सभ गोपिका मिलि कय,

नग्ना: क्रीड़ाभिरासक्ता: श्रीकृष्णार्पितमानसा:।

भगवानक इच्छा पूर्ण भेलैन्ह। गोपी सभक इच्छा पूर्ण भेलैन्ह। और कथा सुननिहार युवती लोकनिक इच्छा सेहो पूर्ण होउन्ह, ताहि हेतु पुराणकर्ता आशीर्वाद दैत छथिन्ह,

भक्त्या कुमारी स्तोत्रं च शृणुयात् वत्सरं यदि
श्रीकृष्णसदृशं कान्तं गुणवन्तं लभेत् ध्रुवम्।

अर्थात यदि कुमारी लोकनि भक्तिपूर्वक सालो भरि ई स्तोत्र सुनथि तऽ निश्चय श्रीकृष्ण सन रसिया केओ भेटिए जइथिन्ह!"

हम : "खट्टर कका, रासलीलाक किछु दोसरे अभिप्राय हैतैक।"

खट्टर कका बजलाह, "तखन कनेक ओकरो चाशनी चखि लैह।

पुन: प्रजग्मुस्ता मत्ता: सुन्दरं रासमंडलम्
पूर्णेन्दुचन्द्रिकायुक्तं रतियोग्यं सुनिर्जनम्।
काश्चिदूचुरहो कृष्ण स्वक्रोडेऽस्मांश्च कुर्विति।

गृहीत्वा श्रीहरे: स्कंधमारुरोह च काचन।
काचिज्जग्राह मुरलीं बलादाकृष्य माधवम्।
जहार पीतवसनं कृत्वा नग्नं च कामिनी।
उवाच काचित् प्रेम्णा तं गंडयो: स्तनयोर्मम
नाना-चित्र-विचित्राभ्यां कुरु पत्रावलीमिति।

पूर्णिमाक राति। यमुनाक तीर। एकान्त स्थान। गोपीगण नि:संकोच भय केलि करैत छथि। केओ भगवानक मुरली छीनि लैत छथिन्ह। केओ पीताम्बर फोलि लैत छथिन्ह। केओ फानि कऽ कोरमे चढ़ि जाइत छथिन्ह। केओ छड़पि कऽ कन्हा पर सवार भऽ जाइ छथिन्ह। सभ मिलि कऽ चरोबरो कऽ लैत छथिन्ह। केओ कहै छथिन्ह जे हमरा गालमे दाँत काटू। केओ कहै छथिन्ह जे छाती पर चेन्ह कऽ दिय।...हौ, ई पुराणकार लोकनि रसिक-शिरोमणि छलाह।"

खट्टर कका आगाँ बाँचय लगलाह,

काचित् कामातुरा कृष्णं बलादाकृष्य कौतुकात्।
हस्ताद्वंशीं निजग्राह वसनं च चकर्ष ह।
काचित् कामप्रमत्ता च नग्नं कृत्वा तु माधवम्।
निजग्राह पीतवस्त्रं परिहास्य पुनर्ददौ।
चुचुम्ब गंडे बिम्बोष्ठे समाश्लिष्य पुन: पुन:
सस्मितं सकटाक्षं च मुखचन्द्रं स्तनोन्नतम्
कांचित् कांचित् समाकृष्य नग्नां कृत्वा तु कामत:
काचिच्छ्रोणिं सुललितां दर्शयामास कामत:।

हम : "खट्टर कका, कनेक अर्थ बुझा कऽ कहिऔक।"

खट्टर कका : "हौ, की कहिऔह? युवती-गण कामोन्मत्ता भय लज्जा छोड़ि दैत छथि! केओ भगवान कैं विवस्त्र कय अपना दिस खींचि लैत छथिन्ह। केओ गाल ओ ठोरमे चुम्मा लैत छथिन्ह। केओ अपना छातीमे सटा लैत छथिन्ह। केओ अपना सखी कैं नग्न कय भगवान पर ठेलि दैत छथिन्ह।...हौ, गामक छौंड़ी सभ एहन कथा सुनति तऽ मर्यादाक बन्धन राखति?"

हम : "खट्टर कका, भगवान युवती सभ कैं डँटलथिन्ह किऐक नहि?"

खट्टर कका बजलाह, "हौ, डँटने होइतन्ह की? मदमत्ता युवती ओ नदीक धार जखन एक बेर बाँध तोड़ि दैत अछि तखन ओकर प्रवाह के रोकि सकै अछि! भगवानो तऽ अवग्रहमे पड़ि गेलाह। ई एकसर बालक, ओम्हर ओतेक रासे तरुणी! सभक इच्छा एके बेर कोना पूर्ण होउन्ह! अगत्या भगवान कैं नाना रूप धारण कय सभ सँ मंडलाकार रमण करय पड़लैन्ह।

कामिनीनां मनोहारि नानामूर्तिं विधाय च
रेमे गोपांगनाभिश्च सुरम्ये रासमंडले
अंगैरंगानि प्रत्यंगैः प्रत्यंगानि स्मरातुरः
चकाराश्लेषणं तत्र कामुकीनां सुखावहम्।

हौ, हमरा तऽ बूझि पड़ै अछि जे एही रास-चक्र सँ भैरवी चक्रक उत्पत्ति भेल अछि।"

हम : "खट्टर कका, कतेको सम्प्रदाय रासलीलाक दोसरे व्याख्या करैत छथि।"

खट्टर कका व्यंग्यर्पूक बजलाह, "हँ। जेना वैदिकी हिंसा हिंसा न भवति। तहिना पौराणिको व्यभिचारो व्यभिचारो न भवति। हौ, तोरा बूझि पड़ैत छौह जे रासक्रीड़ामे योगाभ्यास होइत छलैक?"

हम : "परन्तु योगीश्वर कृष्ण स्वयं तऽ अविचलित रहैत छलाह?"

खट्टर कका बजलाह, "तखन देखह जे योगीश्वर केहन भोगीश्वर छलाह!

कृष्णः कररुहाघातं ददौ तासां कुचोपरि।
श्रोणीदेशे सुकठिने नखचित्रं चकार ह॥
आलिंगनं नवविधं चुम्बनाष्टविधं मुदा
शृंगारं षोडशविधं चकार रसिकेश्वरः॥

आव एहि सँ बेसी की होइ छैक?"

हम कहलिऐन्ह, "खट्टर कका, ओ प्रेम शारीरिक नहि छलैन्ह।"

खट्टर कका बजलाह, "तों ओना नहि बुझबह। तखन और खोलि कऽ सुनह,

जगाम राधया सार्द्धं रसिको रतिमन्दिरम
सुष्वाप राधया सार्द्धं रतितल्पे मनोहरे
कृष्णो राधां समाकृष्य वासयामास वक्षसि
श्रोणी-देशे च स्तनयोर्नखच्छिद्रं चकार ह।

आबो मनमे सन्देह छौह?"

हम : "परन्तु..."

खट्टर कका बजलाह, "तोरा एखन धरि मन नहि भरलौह अछि। तखन और सुनह। स्थलक्रीड़ाक बाद कोना जलक्रीड़ा होइ छैन्ह!

स्थले रतिरसं कृत्वा जगाम यमुनाजलम्
वस्त्रं जग्राह तस्याश्च सा च नग्ना बभूव ह
तां च नग्नां समाश्लिष्य निममज्ज जले हरिः
सा वेगेन समुत्थाय बलाज्जग्राह माधवम्
उत्थाय माधवः शीघ्रं तां गृहीत्वा प्रहस्य च
कृत्वा वक्षसि नग्नां च चुचम्ब च पुनः पुनः

हौ, एहन उन्मत्त विहार होइ अछि। और तथापि तोरा होइ छौह जे ओ भोग नहि, योग छल। हाय रे बुद्धि!"

हम : "परन्तु..."

खट्टर कका डँटैत बजलाह, "राउत बुझाबय से मर्द। एतबा रासे कहि गेलिऔह तथापि तों 'परन्तु' लगबितहि छह? तखन और नीक जकाँ कान खोलि कऽ सुनि लैह,

माधवो राधया सार्द्धमन्तर्धानं चकार ह
अतीव निर्जने स्थाने भृशं रे तया सह
विलुप्तवेशां कामार्त्तां नग्नां शिथिल-कुन्तलाम्
गंडयोः स्तनयोश्चित्रं चकार मधुसूदनः
एवं रेमे कौतुकेन कामात् त्रिंशत् दिवानिशि
तथापि मानसं पूर्णं न किंचित् बभूव ह!

लगातार तीस दिन तीस राति धरि रमण होइत रहलैन्ह, तथापि दूनू गोटाक मन नहि भरलैन्ह। ओ दृश्य देखबाक हेतु आकाशमे देवी-देवताक मेला लागि गेलैन्ह। देवता लोकनि मुग्ध भऽ गेलाह। देवी लोकनि सौतिया डाह सँ जरि गेलीह। पुराणकर्त्ता ओहि पर टिप्पणी करैत छथि,

न कामिनीनां कामश्च श्रृंगारेण निवर्त्तते
अधिकं वर्द्धते शश्वत् यथाग्निर्घृत-धारया।

जेना घृतक धार सँ अग्निक ज्वाला शान्त नहि होइ छैन्ह, तहिना संभोग सँ कामिनीक तृप्ति नहि होइ छैन्ह।...आबो तोहर सन्देह दूर भेलौह कि नहि?"

हम कहलिऐन्ह, "खट्टर कका, पुराणकर्त्ता लोकनि राधाकृष्णक एहन नग्न चित्रण किऐक कैने छथिन्ह?"

खट्टर कका बजलाह, "हौ, एहन-एहन वर्णन नहि दितऽथिन्ह तऽ श्रोतागण कैं रस कोना भेटितैन्ह? तैं सभ देवी-देवताक संभोग-वर्णन छैन्ह। चाहे राधाकृष्ण होथि वा शिव-पार्वती। एही द्वारे पुराणक एतेक प्रचार छैक।"

हम कहलिऐन्ह, "खट्टर कका, शिव-पार्वतीक एना वर्णन नहि हैतैन्ह।"

खट्टर कका बिहुँसैत बजलाह, "तखन 'गणपति-खंड' देखह जे कोना वर्णन छैन्ह,

तां गृहीत्वा महादेवो जगाम निर्जनं वनम्
शय्यां रतिकरीं कृत्वा पुष्पचंदन-चर्चिताम्
स रेमे नर्मदा-तीरे पुष्पोद्याने तया सह
सहस्रवर्ष-पर्यन्तं देवमानेन नारद!
तयोर्बभूव श्रृंगारं विपरीतादिकं परम्
रतौ रतश्च निश्चेष्टो न योगी विरराम ह।

देवताक वर्ष सँ सहस्त्र वर्ष धरि लगातर शिव-पार्वतीक रमण होइत रहलैन्ह! तथापि शिवजी स्खलित नहि भेलाह। तखन विष्णु भगवान कैं चिन्ता भेलैन्ह। ओ ब्रह्मा कैं आज्ञा देलथिन्ह,

येनोपायेन तद्वीर्यं भूमौ पतति निश्चितम्
तत् कुरुष्व प्रयत्नेन सार्द्धं देवगणेन च।

'अहाँ देवता सभक संग जाउ और तेहन उपाय करू जाहि सँ शिवजीक धातु स्खलित भऽ जाइन्ह'। तखन इन्द्र, चन्द्र, सूर्य, पवन आदि देवता ओहिठाम जा शिवजीक स्तुति करय लगलथिन्ह। एहि सँ शिवजीक रति समाधि भंग भऽ गेलैन्ह।

विजहौ सुख-संभोगं कंठलग्नां च पार्वतीम्
उत्तिष्ठतो महेशस्य त्रस्तस्य लज्जितस्य च
भूमौ पपात तद्वीर्यं ततः स्कंदो बभूव ह।

'शिवजी लज्जित भय पार्वती कैं छोड़ि देलथिन्ह और जहिना उठय लगलाह कि नीचा भूमि पर धातु खसि पड़लैन्ह। ताही सँ कार्तिकेय प्रकट भऽ गेलाह'।

देवता लोकनि पार्वतीक भय सँ पड़ैलाह तथापि पार्वती शाप दइए देलथिन्ह,

अद्य प्रभूति ते देवा व्यर्थवीर्या भवन्त्वुति

'हे देवतागण! आइ सँ अहाँ लोकनिक वीर्य व्यर्थ भऽ जाएत'।...हौ, स्वाइत देवता लोकनि असुर सभ सँ हारैत छलाह!"

हम पुछलिऐन्ह, "पार्वती रुष्ट किऐक भेलथिन्ह?"

खट्टर कका क्षुब्ध होइत बजलाह, "तोरा सात वर्ष विवाह भेना भेलौह। तथापि एतबा अनुभव नहि भेल छौह? देखह, पार्वती स्वयं ई रहस्य महादेव कैं कहैत छथिन्ह,

रतिभंगो दुःखमेकं द्वितीयं वीर्यपातनम्
रतिभंगेन यद्दुःखं तत्समं नास्ति च स्त्रियाः।

अर्थात 'जौं रति कार्यक बीचेमे बाधा पड़ि जाइक किंवा पुरुष पहिनहि स्खलित भऽ जाइक, त एहि सँ बाढ़ि दुःख स्त्रीक हेतु दोसर नहि भऽ सकैत छैक'।

तखन महादेवजी बहुत तरहें हुनका मनबैत छथिन्ह और पुनः मिलन होइछ।

रहसि स्वामिना सार्द्धं सुष्वाप मरमेश्वरी
कैलासस्यैकदेशे च रम्ये चंदनकानने।

परन्तु,

रेत: पतनकाले च स विष्णुर्विष्णुमायया
विधाय विप्ररूपं तदाजगाम रतेर्गृहम्।

जहाँ द्रवित हैबाक बेर अबै छैन्ह कि विष्णु भगवान् विप्रक रूप धारण कय ओहिठाम पहुँचि जाइ छथिन्ह और कहै छथिन्ह जे 'हम सात साँझक उपासल छी; पारण कराउ'। ई सुनि,

उत्तस्थौ पार्वती त्रस्ता सूक्ष्मवस्त्रं पिधाय च

पार्वती झपट देह पर नूआ रखैत उठि जाइ छथि।
और,

पपात वीर्यं शय्यायां न योनौ प्रकृतेस्तदा

शिवजीक धातु ओछाओन पर चुबि जाइत छैन्ह। ओही सँ गणेशक जन्म छैन्ह।"

हमरा मुँह तकैत देखि खट्टर कका बजलाह, "एहि कथाक तात्पर्य बुझलहौक? जौं संभोगो काल ब्राह्मण आबि जाथि तऽ चटपट उठि कऽ पहिने हुनका भोजन कराबक चाही। धन्य छथि ई पेटू देवता!"

खट्टर कका मुस्कुरा उठलाह। बजलाह, "गणेश कैं लोक विघ्नेश कहौन्ह। परन्तु हुनक अपने जीवन विघ्न सँ भरल छैन्ह। एक तऽ गर्भाधानेमे विघ्न भऽ गेलैन्ह। दोसर जनमितहिं शनिक दृष्टि पड़ि गेलैन्ह। मस्तक कटा गेलैन्ह तऽ गजानन भऽ गेलाह। एकटा दाँट टूटि गेलैन्ह तऽ एकदंत बनि गेलाह।"

हम : "एकटा दाँत कोना टूटि गेलैन्ह?"

खट्टर कका कहय लगलाह, "हौ, एक बेर शिवजी-पार्वती एकान्तमे रहथि। गणेश द्वारपाल भऽ कऽ ठाढ़ रहथिन्ह। ओही बीचमे परशुराम शिव-पार्वती कैं प्रणाम करक हेतु पहुँचि गेलथिन्ह। गणेश रोकि देलथिन्ह जे,

क्षणं तिष्ठाऽधुना भ्रात: ईश्वर: सुरतोन्मुख:।

'औ भाइ! एखन कनेक थम्हि जाउ; ओ लोकनि एकान्त शयनागारमे छथि'।

परन्तु परशुराम कैं एतबा धैर्य कहाँ! ओ फरुसा लऽ कऽ गणेश पर छुटलाह। आब दूनूमे मल्ल-युद्ध होमय लगलैन्ह। गणेशजी हुनका सूँढ़मे लपेटि लेलथिन्ह और लगलथिन्ह घुमाबय। तखन परशुराम खिसिया कऽ एक फरुसा मारलथिन्ह जाहि सँ गणेशक एकटा दाँत टूटि गेलैन्ह। ओ दाँत जे टूटि कऽ खसल तकरा शब्द सँ सम्पूर्ण कैलास डोलि उठल। ताहि सँ शिव-पार्वतीक रतिबंध टूटि गेलैन्ह। पार्वती रोसा कऽ बहरैलीह और परशुराम कैं मारय छुटलीह। ई देखि परशुराम सटक सीताराम भऽ गेलाह, और लगलथिन्ह स्तुति करय जे,

त्रिपुरस्य महायुद्धे सरथे पतिते शिवे
यां तुष्टवुः सुरा सर्वे तां दुर्गा प्रणमाम्यहम्।

अर्थात 'हे दुर्गे! जखन त्रिपुर सँ युद्ध करैत महादेव रथ सहित खसि पड़लाह, तखन देवता सभ अहींक आराधना कैलन्हि'।...हौ, बूझह तऽ ई लोकनि भारी मौगा छलाह।"

हम : "खट्टर कका, पुराणमे एहन-एहन बात हैतैक से हमरा नहि बूझल छल।"

खट्टर कका : "तोरे किऐक? बहुतो गोटा कैं नहि बुझल हैतैन्ह। ब्रह्मा किऐक अपूज्य भेलाह से जनैत छह?"

हम : "नहि।"

खट्टर कका पुराण उनटबैत बजलाह, "तखन सुनह। एक बेर मोहिनी यौवनक मद सँ मत्त भय ब्रह्मा सँ संभोग-याचना कैलथिन्ह। वृद्ध ब्रह्मा अपन असमर्थता प्रकट करैत कहलथिन्ह जे कोनो रसिक युवा कैं पकड़ू। बारम्बार उसकौलो पर ब्रह्मा तैयार नहि भऽ सकलाह। तखन मोहिनी हुनका धिक्कारय लगलथिन्ह जे,

इंगितेनैव नारीणां सद्यो मत्तं भवेन्मनः
करोत्वाकृष्य संभोगं यः स एवोत्तमो विभो।
ज्ञात्वा स्फुटमभिप्रायं नार्या संप्रेषितो हि यः
पश्चात् करोति संभोगं पुरुषः स च मध्यमः।
पुनः पुनः प्रेषितश्च स्त्रिया कामार्त्तया च यः
तथा न लिप्तो रहसि स क्लीवो न पुमानहो।

'अर्थात उत्तम पुरुष ओ थीक जे बिनु कहने, नारीक मन पाबि, अपना लग खींचि, रमण करय। मध्यम पुरुष ओ थीक जे नारीक कहला पर रमण करय। और जे बारम्बार कामातुरा नारी द्वारा उसकौलो पर रमण नहि करय से पुरुष नहि, नपुंसक थीक'।

परन्तु एतेक धुसैलो उत्तर ब्रह्मा कैं उत्तेजना नहि भेलैन्ह। तखन मोहिनी क्रोध सँ उन्मत्त भय शाप देलथिन्ह,

अये ब्रह्मन् जगन्नाथ वेदकर्त्ता त्वमेव च
स्वकन्यायां यत् स्पृहास कथं हससि नर्त्तकीम्
दासीतुल्यां विनीतां च दैवेन शरणागताम्
यतो हससि गर्वेण ततोऽपूज्यो भवाऽचिरम्!

अर्थात 'हे ब्रह्मा! अपना कन्याक संग तऽ विचारे नहि रहल और अहाँ हमरा लग धर्मात्मा बनै छी! जाउ, अहाँ आइ दिन सँ अपूज्य भऽ गेलहुँ'।

आब ब्रह्माक चारू मुँह म्लान भऽ गेलैन्ह। दौड़ल-दौड़ल विष्णुलोक गेलाह! ओतय विष्णुओ डाँटय लगलथिन्ह,

यदि कामवती दैवात् कामिनी समुपस्थिता
स्वयं रहसि कामार्त्ता न सा त्याज्या जितेन्द्रियै:
ध्रुवं भवेत् सोऽपराधी तस्या अद्यावमानतः।

'यदि संयोगवश कामिनी एकान्तमे आबि स्वयं उपस्थित भऽ जाय तऽ ओकरा कथमपि नहि त्याग करी। जे कामार्त्ता नारीक एहन अवज्ञा करैत अछि से निश्चय अपराधी थीक'। लक्ष्मी सेहो ब्रह्मा पर छुटलथिन्ह,

ब्रह्मा कथं न जग्राहं वेश्यां स्वयमुपस्थिताम्
उपस्थितायास्त्यागे च महान् दोषो हि योषितः।

'जखन वेश्या स्वयं मुँह खोलि कऽ संभोगक प्रार्थना कैलकैन्ह तखन ब्रह्मा किऐक ने इच्छा-पूर्ति कैलथिन्ह? ई नारीक भारी अपमान भेल'।

बेचारे ब्रह्मा बहुत कानय-कलपय लगलाह। तखन जा कऽ कोनहुना उद्धार भेलैन्ह जे,

तब मंत्रं न गृह्णन्ति केऽपि वेश्याभिशापतः
त्वदन्य—देव—पूजायां तव पूजा भविष्यति।

'वेश्याक शाप सँ अहाँक मंत्र तऽ केओ नहि लेत। तखन जाउ, आन-आन देवताक पूजाक संग अहूँक पूजा भऽ जाएत'।...तें देखै छह नहि, डाली झाड़ि कऽ ब्रह्माक पूजा होइ छैन्ह!"

हम कहलिऐन्ह, "खट्टर कका, पुराणकर्त्ता लोकनि ब्रह्माक एहन दुर्दशा किऐक कैने छथिन्ह?"

खट्टर कका : "हौ, एहू सँ बेसी दुर्दशा कैने छथिन्ह। स्वयं अपना कन्या सँ अपवाद लगा देने छथिन्ह,

तां संभोक्तुं मनश्चक्रे सा दुद्राव भिया सती।

ब्रह्मा कन्याक पाछाँ दौड़लाह। ओ भयभीत भयऽ पड़ैलीह। तखन ऋषिगण ब्रह्मा कैं गंजन करय लगलथिन्ह,

त्वं स्वयं वेदकर्ता च कन्यां संभोक्तुमिच्छसि
अस्माकं दूरतो दूरं गच्छ कामार्त्तमानस!

ब्रह्म ग्लानि सँ आत्महत्या करऽ लेल उद्यत भऽ गेलाह।

ब्रह्मा शरीरं संत्यक्तुं व्रीडया च समुद्यतः।

आइ-काल्हि ककरो विषयमे एना लिखितऽथिन्ह तऽ तुरन्त मानहानिक मोकदमा चला दितैन्ह। परन्तु देवतागण तऽ मूक छलाह। ब्रह्मा कैं चारिटा मुँहे रहने की हैतैन्ह?"

हम : "खट्टर कका, ब्रह्मवैवर्तपुराणमे ब्रह्माक एहन दुर्दशा?"

खट्टर कका बजलाह, "हौ, तुलसीदल कोन छोट, कोन पैघ? सभ पुराणमे तऽ देवताक तेहने दुर्दशा देखैत छिऐन्ह। ब्रह्मपुराणेमे ब्रह्मा कैं कोन महत्त्व देल गेलैन्ह अछि? बेचारे गौरीक विवाहमे दुर्गति कऽ देल गेल छैन्ह।"

हम : "से की?"

खट्टर कका : "देखह, ब्रह्मा स्वयं अपना मुँह सँ की कहैत छथि!

तामदर्शमहं तत्र होमं कुर्वन् हरान्तिके
दृष्टेऽगुंष्ठे दुष्टबुद्ध्या वीर्यं सुस्राव मे तदा
लज्जया कलुषीभूतः स्कन्नं वीर्यमचूर्णयम्
मद्वीर्यात् चूर्णितात् सूक्ष्मात् वाल्यखिल्यास्तु जज्ञिरे!

भावार्थ ई जे ब्रह्मा महादेवक समीप बैसि होम करैत रहथि। ताही काल गौरी पर दृष्टि पड़ि गेने स्खलन भऽ गेलैन्ह। तखन लाजे कठुआ गेलाह और चुपचाप चुटकी सँ ओकरा मलि देलथिन्ह। ताही वीर्यकण सँ बाल्यखिल्य मुनिक जन्म भेलैन्ह।"

हम क्षुब्ध होइत कहलिऐन्ह, "खट्टर कका, पुराणकर्ता कैं एहन-एहन बात कोना लिखल गेलैन्ह?"

खट्टर कका बजलाह, "हौ, ओ लोकनि निर्लज्ज छलाह। जहाँ देखू, 'स वीर्यं प्रमुमोच ह'। 'तद्वीर्यं निपपात ह'। देवताक वीर्य की भेलैन्ह? शीतल प्रसाद भेलैन्ह। एक चूरू चूआ देलन्हि। से जत्तहि पौलन्हि, तत्तहि। घृत आँच देखि कऽ पिघलैत अछि, ओ आँचर देखि कऽ पिघलि जाइ छलैन्ह। कतहु मोहिनी पर, कतहु वृन्दा पर, कतहु गौरी पर, कतहु हुनका सखी पर!"

हम कहलिऐन्ह, "खट्टर कका, हमरा, नहि बूझल छल जे पुराणमे एतबा अश्लीलता भरल हैतैक।"

खट्टर कका बजलाह, "हौ, अश्लीलता तऽ तेहन-तेहन छैक जे कहबा-सुनबा योग्य नहि। देखह, पद्मपुराणमे केहन वर्णन छैक! जालंधर शंकरक छद्मवेश बना गौरीक समीप जाइ अछि। गौरी अपना सखी कैं सिखा-पढ़ा कऽ ओकरा लग पठबैत छथिन्ह। जालंधर हुनका पकड़ि लैत छैन्ह और लगै छैन्ह भोग करय।

ततो जालन्धरः सद्यो वीर्य स प्रमुमोच ह
अल्पेन्द्रियश्च संयातो वेगतः कुरुनन्दन!
तदा हि प्रोहितो दैत्यः न त्वं रुद्रो भविष्यसि
अल्पवीर्योऽधमाचारो नाहं गौरी हि तत्सखी।

थोड़बे कालमे जालंधर स्खलित भऽ अल्पेन्द्रिय भऽ जाइ अछि। ई देखि सखी कहै छथिन्ह, 'अहाँ महादेव नहि छी, से हम बूझि गेलहुँ। परन्तु हमहूँ अहाँ कैं छका देलहुँ। हम गौरी नहि, हुनकर सखी थिकहुँ'।"

हम : "खट्टर कका, पुराणमे एहन-एहन व्यभिचारक उपाख्यान किऐक भरल छैक?"

खट्टर कका : "हौ, एहन-एहन व्यभिचार-पुराण गढ़ि कय कवि लोकनि अपना मनक विकार बाहर कैने छथि। एही द्वारे एक आलोचक खिसिया कऽ गारि देने छैन्ह,

पौराणिकानां व्यभिचार-दोषो
नाशंकनीयः कृतिभिः कदाचित्
पुराणकर्त्ता व्यभिचारजातः
तस्यापि पुत्रः व्यभिचारजातः।"

हम : "खट्टर कका, ई सभ देखि कऽ तऽ यैह बूझि पड़ैत अछि जे पुराणमे यौन वासनाक समुद्र लहरा रहल अछि।"

खट्टर कका : "ताहिमे कोन सन्देह? तेहन-तेहन विकृत वासनाक उदाहरण छैक जे देखि कऽ गुम्म रहि जैबह। एकटा ब्रह्मपुराणेक उपाख्यान लैह,

सहस्त्र वर्षक वृद्ध गौतम अपनो सँ अधिक वृद्धा तपस्विनीक संग भोग करैत छथि। से देखि गौतमी कहैत छथिन्ह,

अभिषिचस्व भार्यां त्वं वृद्धां विगलितस्तनीम्
नवयौवनसम्पन्ना रम्यरूपा भविष्यति।

ओहि गौतमी-तीर्थमे स्नान करैत देरी गलितस्तनी वृद्धा पुनः नवयौवना सुन्दरी बनि जाइत छथि।

एक मही नामक तरुणी विधवा भेला पर वेश्या बनि जाइ छथि। ओ अपना युवा पुत्र सँ समागम करैत छथि।

मेने न पुत्रमात्मीयं स चापि न मातरम्
तयोः समागमश्चाऽसीद्विधिना मातृपुत्रयोः।

और ई दोष कटैत छैन्ह गौतमी-तीर्थमे स्नान कैला सँ।

सप्तर्षिक पत्नी गंगाजीमे जा कऽ गर्भपात कऽ अबैत छथि। ओ पापप्रक्षालन होइत छैन्ह गौतमी-तीर्थ मे स्नान कैला सँ।

इन्द्र गौतम पत्नी अहल्या मे गमन करैत छथि। गौतम शाप दैत छथिन्ह,

भगभक्त्या कृतं पापं सहस्त्रभगवान् भव।

ओहि शाप सँ हुनका देहमे सहस्र टा छिद्र भऽ जाइ छैन्ह। पाछाँ गौतमी-तीर्थमे स्नान कैने ओ सहस्र टा आँखि बनि जाइ छैन्ह।

चन्द्रमा गुरु-पत्नी तारा मे गमन करैत छथि। जखन ओ तारा अपन पति बृहस्पतिक संग गौतमी-तीर्थमे स्नान करै छथि तखन शुद्ध भऽ जाइ छथि।

तथाऽकरोच्चैव तारा भर्त्रा स्नानं यथाविधि
पुष्पवृष्टिरभूत्तत्र जयशब्दो व्यवर्त्तत।

केवल शुद्धे नहि होइ छथि, हुनकर जयजयकार होइ छैन्ह, देह पर पुष्पवर्षो होइ छैन्ह! हौ, हमरा तऽ बूझि पड़ै अछि जे ई सभ पंडाक प्रॉपगंडा छैक। केहनो घोर पाप करू, अमुक तीर्थमे आबि कऽ स्नान करू, शुद्ध भऽ जाएब। जौं एना माहात्म्य-वर्णन नहि होइतैक तऽ पंडा-पुरोहित कैं आमदनी कोना होइतैन्ह?"

हम कहलिऐन्ह, "खट्टर कका, अहाँ तऽ तेहन पुराण-चर्चा चला देलहुँ जे हमरा एहीठाम भागवतक रस भेटि गेल। आब आज्ञा दियऽ। घड़ी घंटा बाजि रहल छैक। कथा प्रारम्भ हैतैक। कहलकैक अछि,

येषां श्रीकृष्ण-लीला-ललित-रसकथा-सादरौ नैव कर्णौ
धिक् तान् धिक् तान् धिगेतान् कथयति सततं कीर्तनस्थो मृदंगः।

खट्टर कका मुस्कुराइत बजलाह, "हौ, गुरुजनक रस-कथा सुनब कि कोनो नीक बात थिकैक? हम तऽ ई बुझैत छी जे,

येषां श्रीकृष्ण-लीला-ललित-रसकथा— धृष्टकर्णौ
धिक् तान् धिक् तान् धिगेतान् कथयति सततं कीर्तनस्थो मृदंगः।

खैर, तों नव-नौतार छह। जाह। परन्तु तोरा काकी कैं हम ओहि मे नहि जाय देबैन्ह, से कहि दैत छियौह। बूढ़-पुरान कैं भागवत-पुराण सँ कोन प्रयोजन?"

दर्शन शास्त्रक रहस्य

खट्टर कका भाङक नशामे बुत्त रहथि। हमरा हाथमे ग्रन्थ देखि पुछलन्हि, "ई की थिकौह?"

हम कहलिऐन्ह, "दर्शनशास्त्र।"

खट्टर कका मुस्कुरा उठलाह। बजलाह, "आब तोरा पर बतहपन सवार भेलौह अछि।"

हम कहलिऐन्ह, "खट्टर कका, दर्शनकार कैं अहाँ बताह कऽ कऽ बुझैत छिऐन्ह?"

खट्टर कका बजलाह, "हमहीं किऐक? संसारे बुझैत छैन्ह। हिनका लोकनिक बुद्धिए विलक्षण होइ छैन्ह। 'घृताधारं पात्रं वा पात्राधारं घृतम्?'"

हम : "खट्टर कका, कपिल कगाद गौतम आदि..."

खट्टर कका बजलाह, "हौ, ओहो लोकनि अधिकतर हमरे जकाँ फरठिया ब्राह्मण छलाह! फटकनाथ गिरधारी, जिनका लोटा ने थारी। अभावक जतेक अनुभव हुनका लोकनि कैं भेलैन्ह ततेक ककरो हैब कठिन छैक। तैं एतेक रासे दुःखक वर्णन कऽ गेल छथि।"

हमरा चुप्प देखि खट्टर कका कहय लगलाह, "हौ, असलमे बूझह तऽ हुनका लोकनि कैं बड्ड कष्ट होइ छलैन्ह। जाड़मे मृगछाला पर कठुआ कऽ सूतथि। गर्मीमे घामे-पसीने तर भऽ जाथि। स्वाइत तितिक्षाक अभ्यास पर एतेक जोर दऽ गेल छथि! उपाये की रहैन्ह! वर्षामे कुटी चुबैन्ह। साँप-गोजर पैसि जाइन्ह। बहराथि तऽ पैरमे कुश-पाथर गड़ैन्ह। गाछे गाछ फल ताकथि। वानर सँ बचैन्ह तऽ फलाहार, नहि तऽ निराहार! पेट गलि कऽ पीठमे सटि जाइन्ह। ताहि पर बाघ-सिंहक भय! निशाचरक उपद्रव! हुनका लोकनिक दुःखक ओर-छोर नहि रहैन्ह। तखन यदि सर्वं दुःखम् नहि कहितथि तऽ की कहितथि? ओहन पृष्ठभूमिमे दुःखवाद नहि बहराइत तऽ की ब्रह्मराइत? ओ लोकनि तेहन उदासीक सुर उठौलन्हि जे एखन धरि एहि देशक लोक विरहा गबैत अछि। ई बूझह तऽ हुनके लोकनिक कलपना पड़ल छैक।"

हम : "परन्तु ओ लोकनि जे एतेक रासे द्रव्यगुणक विवेचना कऽ गेल छथि?

खट्टर कका बजलाह, "हौ, ओहो लोकनि जनै छलाह जे सभ पदार्थक मूल थीक द्रव्य। गुणी लोकनि धनवानेक आश्रित रहैत ऐलाह अछि। तैं द्रव्याश्रितो गुणः। सभटा कार्य द्रव्येक बल पर होइ छैक। तैं द्रव्याश्रितं कर्म। ई लोकनि द्रव्यक हेतु खेखनिया कटैत छलाह। परन्तु अन्तमे अभाव पर आबि अटकि जाइ छलाह। कामिनी-कांचन बिना जी खङष्टल रहै छलैन्ह। तैं एही दूनू पर सभ सँ अधिक चोट कैने छथि। आन लोक केवल सूत्र पढ़ैत छैन्ह, हम भितरिया मनोविज्ञान पढ़ैत छिऐन्ह।"

हम : "परन्तु ओ लोकनि कर्मफल ओ पूर्वजन्मक जे एतेक विचार कैने छथि?"

खट्टर कका बजलाह, "हौ, धनवान कैं भोग करैत देखि छाती नहि फाटि जाय, तैं पूर्वजन्मक कल्पना कैने छथि। ओ नीक कर्म कैने छल से हलुआ खा रहल अछि, हम अधलाह कर्म कैने छलहुँ, तैं अल्हुआ खा रहल छी। आगाँ नीक कर्म करब तऽ हमरो हलुआ भेटि जाएत। ई सभ मनमोदक थिकैक। परन्तु जनताजनार्दन कैं एहि सँ बहुत आश्वासन भेटय लगलैन्ह, तैं ई दर्शनजाल अमरलती जकाँ पसरि गेल।"

हम : "परंच एतेक रासे ब्रह्मज्ञान ओ वैराग्य..."

खट्टर कका बजलाह, "हौ, दरिद्र ब्राह्मण कैं जखन धनाढ्य कैं देखि संताप होइन्ह तऽ ब्रह्म वा भूमाक कल्पना सँ सन्तोष कऽ लेथि जे ओकरो सँ बाढ़ि केओ छैक। अपन हीनताक अनुभव होइन्ह त सोऽहम् (हमहूँ वैह थिकहुँ) जपय लागि जाथि। यदि कोनो दुःख होइन्ह तऽ श्लोक बनाबथि जे दुःख-सुख दूनू मिथ्या थीक। कतहु स्वाभिमान पर ठेस लगैन्ह तऽ वीतरागक लक्षण गढ़य लागथि।"

हम : "खट्टर कका, महर्षि लोकनि कैं दिव्य दृष्टि रहैन्ह तैं ने वेदान्तक उत्पत्ति भेल।"

खट्टर कका बिहुँसैत बजलाह, "हुनका लोकनि कैं मंद दृष्टि रहैन्ह, तैं वेदान्तक उत्पत्ति भेल।"

हम : "अहाँ कैं त सभ बातमे हँसिए रहैत अछि।"

खट्टर कका : "हौ, हँसी नहि करैत छिऔह। वृद्ध ऋषि लोकनि अन्हरौखे उठि जंगल-मैदान जाइ छलाह। बाटमे जौर वा जुन्ना देखि साँपक भ्रम भऽ जाइन्ह। ताही अनुभव सँ बुझलन्हि जे सम्पूर्ण संसारे भ्रम थीक। 'रज्जौ यथाहेर्भ्रमः'। हुनका लोकनिक दृष्टिदोषें अथवा हमरा लोकनिक अदृष्ट दोषें वैह अदर्शन एहिठामक दर्शन बनि गेल। वैह भ्रम एखन धरि वेदान्तक नाम सँ सभ्रम पाबि रहल अछि।"

हम : "खट्टर कका, अहाँ जे ने सिद्ध कऽ दी! कहाँ रस्सी, कहाँ दर्शनशास्त्र!"

खट्टर कका : "हौ दूनूमे घनिष्ठ सम्बन्ध छैक। रस्सिए देखि कऽ सांख्यवला त्रिगुणक कल्पना कैने छथि, तार्किक लोकनि उभयतः पाशा रज्जु बनौने छथि, आस्तिक लोकनि कर्मबन्धनक जाल रचने छथि..."

हम : "तऽ कि कर्महुक सिद्धान्त मनगढ़न्ते छैक?"

खट्टर कका : "हौ, सामाजिक परिस्थितिएक अनुसार दर्शन बनैत छैक। एहि कृषिप्रधान देशमे रोपनी ओ कटनी देखि कर्मफलक सिद्धान्त निर्मित भेल। ई सभ कल्पना खेतीक अनुभव पर आधारित छैक। तहिना कुम्हार कैं देखि ब्रह्मांड कुलाल (सृष्टिकर्ता)क कल्पना कैल गेल। घुमैत चाक कैं देखि भवचक्रक कल्पना कैल गेल! लोहारक निहाइ देखि कूटस्थ ब्रह्मक कल्पना भेल। कोनो ठग्गिन युवती कैं देखि मायाक कल्पना भेल।"

हम : "परन्तु उपनिषदमे जे एहन गूढ तत्त्व भरल छैक?"

खट्टर कका : "सभ तत्त्वक सार यैह जे संसारमे दुःखे दुःख छैक, तैं संसार छोड़ि दे। हौ, एकटा रहथि निरसन पाठक। हुनका दूध नहि पचैन्ह तऽ बथनिया सभ कैं कहने भेल फिरथिन्ह जे 'मालजाल जबाल थीक, छान-पगहा फोलि कऽ भगा'। आमाशय उखड़ैन्ह तऽ मिरचाइ कैं गारि पढ़य लागथि। एक बेर कोआ दुःख देलकैन्ह त कटहरक गाछे काटय लगलाह। हमरा तऽ बूझि पड़ै अछि जे उपनिषद् बला ऋषि लोकनि निरसन पाठकक प्रपितामह छलाह।"

हम : "खट्टर कका, ओ लोकनि संसार कैं असार बूझि निवृत्तिमार्गक उपदेश कैने छथि।"

खट्टर कका : "हौ, कोनो वस्तुक तत्त्व ओहिमे प्रवेश केला सँ भेटैत छैक। यदि कोनो वर कोबरक रातिमे शीर्षासन लगा लेथि तऽ की अनुभव हैतैन्ह जे सारक बहिनमे की सार होइ छैक! हौ, जहिना बिकौआ सभ पर्याप्त विदाइ नहि भेटने सासुर सँ रुसैत छलाह, तहिना ई लोकनि संसार सँ रुसैत छलाह।"

हम : "हुनका लोकनि कैं अनुभव भऽ गेलैन्ह जे संसारमे केवल क्षणिक आनन्द..."

खट्टर कका : "हौ, क्षणिक आनन्द कैं तुच्छ किऐक बुझैत छहौक? राबड़ी, रसगुल्ला, सभमे तऽ क्षणिके आनन्द छैक। तखन कि सभ मधुर कैं गंगामे विसर्जन कऽ देबक चाही? एखन तोरा लघी लागल छौह। लघी कैने क्षणिक आनन्द भेटतौह। तैं कि लघी कैनाइ छोड़ि देबह?"

हम : "खट्टर कका, हुनका लोकनि कैं बोध भऽ गेलैन्ह जे संसारमे स्थायी तत्त्व नहि, तैं हेय थीक।"

खट्टर कका : "फेर वैह बात? हौ, हम पुछैत छिऔह जे कोन वस्तुमे स्थायी तत्त्व छैक? लोक खाइ अछि, पिबै अछि, जे मलमूत्रमे परिणत भऽ जाइ छैक। माखन-मिश्री सँ पोसल शरीर चिता पर भस्म भऽ जाइ छैक। तखन तऽ भोजन-छाजन, देह-हाथ, सभ हेय थीक? रोगग्रस्त भेला उत्तर दबाइ करबाक प्रयोजन नहि? केओ भूखे पियासे मरथि तऽ मरय दिऐन्ह?"

हम : "हुनका लोकनिक कथ्य ई जे समस्त सांसारिक सुखमे दुःख मिश्रित रहै छैक, तैं ओ त्याज्य।"

खट्टर कका डँटैत बजलाह, "फेर वैह मूर्खता! हौ, तोरा नाक पर माछी बैसतौह तऽ कि नाके काटि कऽ फेकि देबह? माछ खैबा काल काँट छोड़ाबय पड़ैत अछि तऽ की कंठी बान्हि ली? नित्य कोनो ने कोने पाहुन पहुँचिए जाइ छथि तऽ कि भानस छोड़ि दी? भाङ रगड़बामे परिश्रम पड़ैत अछि तऽ कि ठंढइ पिनाइ छोड़ि दी? लिखबोमे तऽ हाथ दुखाइते छैक, तखन ऋषि लोकनि सूत्र किऐक रचैत छलाह?"

हम : "खट्टर कका, ओ लोकनि ब्रह्मोपासनामे लीन रहैत छलाह।"

खट्टर कका भभा कऽ हँसि पड़लाह। बजलाह, "हौ बताह! ब्रह्मोपासनाक अर्थ आत्मोपासना। 'अयमात्मा ब्रह्म'। एकर अर्थ जे यैह आत्मा ब्रह्म थिकाह! 'एकोऽहं द्वितीयो नास्ति'। एकर अभिप्राय जे अपना सँ अतिरिक्त केओ दोसर नहि, अर्थात अनका एको पाइ मोजर नहि करक चाही। 'सर्वं ब्रह्ममयं जगत्'। एकर तात्पर्य जे 'सर्वमात्ममयं जगत्'—अर्थात 'अपने आत्मा वा स्वार्थ लऽ कऽ ई संसार छैक'। याज्ञवल्क्य यैह रहस्य अपना स्त्री कैं बुझौने छथि जे स्त्री पुत्र धन धान्य देवता-सभ किछु अपने खातिर प्रिय होइ छैक।[१] हम यैह बात सोझ भाषामे तोरा काकी कैं कहै छिऐन्ह तऽ नास्तिक कहबैत छी। ओ संस्कृतमे बाजि गेलाह तऽ वेदवाक्य भऽ गेल।"

हम : "खट्टर कका, अहाँ वेदक निन्दा करै छिऐक?"

खट्टर कका सरौता सँ सुपारीक कतरा करैत बजलाह, "हम की करबैक? स्वयं वेदमे वेदक निन्दा छैक। ऋग्वेद वेदपाठ करयबला कैं ढाबुस सँ उपमा दैत छैन्ह।[२] उपनिषद कुकुरक झुण्ड सँ।"[३]

हम : "ऐं! तखन वेद-वेदान्तक, प्रति लोक कैं निष्ठा कोना हैतैक?"

खट्टर कका : "हौ जी, बूझह तऽ वेद-वेदान्त, दूनू तेहने। सभमे स्वार्थेक पूजा चलैत छैक। वेदवला सोझ-सोझ कहै छथि 'यज्ञार्थं पशवः सृष्टाः'। वेदान्तवला पालिश चढ़ा दैत छथिन्ह-अजो नित्यः शाश्वतोऽयं पुराणः न हन्यते हन्यमाने शरीरे। एकर तात्पर्य ई जे छागर कटबामे दोष नहि। देखै छह नहि, खस्सी-बकरी कैं खास कऽ 'अज' नाम देल गेल छैक। वेदवला अनेक देवताक पूजा करैत छलाह। वेदान्तवला सभ सँ बड़का देवता आत्मा (अपना) कैं बूझयं लगलाह। वेदमे जे स्वार्थवाद छलैक तकरा ई लोकनि 'अन्त' पर अर्थात पराकाष्ठा पर पहुँचा देलन्हि। हम तऽ 'वेदान्त'क यैह अर्थ बुझैत छी।"

हम : "परन्तु वेदान्तमे तऽ सत् चित आनन्द..."

खट्टर कका : "हौ, जखन 'स्व' और 'पर' मे कोनो भेदे नहि, तखन स्वपुरुष और परपुरुषमे अन्तर की? वेदान्तमे तऽ परपुरुष और परब्रह्म एके थिकाह। यदि सब स्त्रीगण वेदान्तिनी बनि जाथि तऽ केहन भारी अनर्थ हो!"

---

१. बृ. २।४।१-१४, २. ऋ. ७।१०३, ३. छां. १।१२

हमरा मुँह तकैत देखि खट्टर कका बजलाह, "हौ, बूझह तऽ प्रत्येक दर्शनक मूलमे भोग-भावना छैक। न्याये लैह। गौतम कैं अहल्या सन नारी भेटलथिन्ह। बस, लिंग ओ व्यभिचारक वर्णन सँ अपना दर्शन कैं भरि देलन्हि। कपिल कैं तेहनो नारी नहि भेटलथिन्ह तखन प्रकृतिनटीक कल्पना कय द्वैतवादक सौख पुरौलन्हि। संन्यासी शंकराचार्य कैं अद्वैतवादो मे माया बिना काज नहि चललैन्ह। हौ, यदि हिनका लोकनि कैं नीक जकाँ विवाह-द्विरागमन होइतैन्ह तऽ एना किऐक छिछिऐतथि? वियोग सँ योगक प्रादुर्भाव होइ छैक। कामक बाट बन्द भेने निष्कामक मार्ग सुझैत छैक। रतिक द्वार अवरुद्ध भऽ गेने आत्मरतिक द्वार फुजैत छैक। 'अभावे शालिचूर्णं वा' ई सनातन नियम थिकैक।"

हम : "परन्तु योगदर्शनमे जे एतेक यम-नियम-आसनक विधान छैक?"

खट्टर कका : "हौ, छुच्छ 'यम' तऽ यमक सहोदर थीक। असलमे बूझह तऽ योगसूत्र ओ कामसूत्र, दूनू मसियौते। चौरासी भोगासनक नकल पर चौरासी योगासन बनल अछि। सुरतयोगक अनुकरण पर समाधियोगक कल्पना भेल अछि। परन्तु जकरा असली घृत भेटतैक से डालडाक पाछाँ किऐक दौड़त? जकरा पद्मिनी छैक से पद्मासन किऐक लगाओत? जकरा कामिनीक अष्टांग प्राप्त छैक से योगक अष्टांगमार्ग कैं साष्टांग किऐक नहि करतैन्ह? पतंजलि कैं तिलांजलि किऐक नहि देतैन्ह? जकरा विल्वस्तनी छैक से बेलपात कोन दुःखें खोंटत? यदि सा वनिता हृदये मिलिता क्व जपः क्व तपः क्व समाधिविधिः!"

हम : "खट्टर कका, सांख्य दर्शनमे देखियौक, केहन सूक्ष्म विवेचन भरल छैक!"

खट्टर कका : "देखाबह।"

हम : "सत्कार्यवाद लियऽ। कतेक तथ्यपूर्ण छैक।"

खट्टर कका : "हौ जी, हम छी स्थूलबुद्धि लोक। कनेक फरिछा कऽ कहह।"

हम : "खट्टर कका, अहाँ तऽ सभ टा जनितहि छी। सत्कार्यवादक अर्थ जे कोनो कार्यक उत्पत्ति नहि होइ छैक।"

खट्टर कका : "तखन तोहर उत्पत्ति कोना भेलौह?"

हम : "आशय ई जे प्रत्येक कार्य पूर्वहि सँ कारणमे विद्यमान रहैत अछि।"

खट्टर कका : "तखन तऽ गर्भाधान सँ पहिनहि गर्भ रहैत छैक?"

हम : "खट्टर कका, अहाँ तऽ तेहन ठाँइपटाका कहि दैत छिऐक जे लोकक मुँहे बन्द कऽ दैत छिऐक।"

खट्टर कका : "हौ, एही खातिर तऽ हम बदनाम छी। हमरा अनटोटल गप्प नहि सोहाइत अछि।"

हम : "खट्टर कका, सांख्यक पुरुष..."

खट्टर कका : "हौ, सांख्यक पुरुषक नाम नहि लैह। हमरा तऽ तेहन तामस चढ़ैत अछि जे कसि कऽ एक भंगघोटना लगावी।"

हम : "से किऐक, खट्टर कका?"

खट्टर कका उत्तेजित होइत बजलाह, "हौ, प्रकृति नाच करौ, क्रीड़ा करौ, सभ किछु करौ, और पुरुष चुपचाप पड़ल टुकुर-टुकुर तकैत रहथु। एहनो पुरुष कतहु पुरुष कहावय! माउगि ने मरद, बलिगोबिना! सांख्यक पुरुष सन नपुंसक संसारमे कतहु नहि भेटतौह। यदि समस्त भारतवासी ओहने पुरुष बनि जाथि तऽ देशक की हाल हो!"

हम : "परंच एहन पुरुषक कल्पनामे किछु कारण त अवश्ये हैतैक?"

खट्टर कका : "कारण यैह जे सांख्यकार अपनहुँ द्रष्टे पुरुष टा छलाह। स्त्री तऽ छलथिन्हे नहि। तखन प्रकृति कैं सुन्दरी मानि सन्तोष करैत छलाह 'प्रकृतेः सुकुमारतरं न किंचिदस्तीति मे मतिर्भवति'।"

हम : "परन्तु सांख्यमे प्रकृतिक अर्थ स्त्री तऽ नहि छैक?"

खट्टर कका : "हौ, हमरा तऽ सांख्यक प्रकृति और स्त्री, दूनू एक्के बूझि पड़ैत अछि। दूनू सृष्टिकर्त्री, दूनू पुरुष कैं रिझैबामे प्रवीण, दूनू अनादिकाल सँ पुरुष कैं आकर्षण-पाशमे बन्हने। पुरुषक संयोग भेने दूनूक साम्यावस्था भंग भऽ जाइ छैन्ह।"

हम : "परन्तु प्रकृति तऽ त्रिगुणात्मिका होइ छथि। सत्त्व, रज, तम..."

खट्टर कका : "ई तीनू गुण स्त्रीओमे रहैत छैन्ह। प्रेममे सत्त्वगुण, कलहमे रजोगुण ओ रुसबामे तमोगुण प्रकट होइ छैन्ह। नारीक नेत्रोमे तीनू गुण छैन्ह-अमिय हलाहल मदभरे, श्वेत श्याम रतनार। श्वेत सत्त्वगुण, श्याम तमोगुण, लाल रजोगुण। नारीक ई तीनू गुण-अमृततत्त्व, विषतत्त्व ओ मदतत्त्व, समय-समय पर हर्ष, विषाद ओ मोह उत्पन्न करैत अछि। यैह त्रिगुणात्मिका प्रकृतिक रहस्य थिकैक। बुझलहौक?"

हम : "धन्य छी, खट्टर कका। अहाँ सांख्यक प्रकृति कैं साड़ी पहिरा कऽ स्त्री बना देलिऐन्ह।"

खट्टर कका : "हम किऐक बनैवैन्ह? सांख्यकारिका वला तिरंगी चुनरी पहिरा कऽ नट्टिन बना देलथिन्ह अछि। रंगस्य दर्शयित्वा निवर्त्तते नर्तकी यथा नृत्यात्!"

हम : "परन्तु प्रकृति पुरुषमे तऽ अंध-पंगु बला सम्बन्ध कहल गेल छैन्ह?"

खट्टर कका नहूँ नहूँ बजलाह, "एकर गूढ़ार्थ यैह जे स्त्री कामान्ध होइ छथि और पुरुष पंगु अर्थात लाचार होइ छथि। देखियो कऽ किछु कऽ नहि सकै छथि। ई सभ रूपक थिकैक। द्रष्टा लोकनि कैं जीवनमे जेहन अनुभव होइ छलैन्ह तेहने तेहन दृष्टान्त दऽ गेल छथि।"

हम : "खट्टर कका, अहाँ हँसी करै छी।"

खट्टर कका : "हँसी नहि करै छिऔह। प्रकृति वेश्या जकाँ नव-नव रूप धारण कय छमकैत छथि। पुरुष सफर्दा जकाँ निर्विकार तकैत रहै छथि। चित् स्वरूप। किन्तु जखन प्रकृति ऊपर चढ़ैत छथिन्ह तऽ चित् चित्त भऽ जाइ छथि। हौ, असलमे बूझह तऽ सांख्यमे विपरीत रतिक भावना छैक।"

हम : "ऐं! सांख्यमे विपरीत रति! खट्टर कका, अहाँक सभ टा बात विपरीते होइ अछि।"

खट्टर कका : "तोरा सभक मतिए विपरीत छौह जे सोझ-सोझ बात बुझबामे नहि अबैत छौह। हौ, एहि देशक कवि लोकनि बेसी रसिक होइत ऐलाह अछि। तें काव्यमे विपरीते रति अधिक भेटतौह। सांख्योमे सैह बात बूझह। तैं प्रकृति कैं सक्रिय ओ पुरुष कैं निष्क्रिय कहल गेलैन्ह अछि।"

हम : "परन्तु प्रकृतिक समस्त क्रिया-कलाप तऽ एही द्वारे होइ छैन्ह जे अन्तमे पुरुष कैं मोक्ष भऽ जाइन्ह। 'पुरुषविमोक्षनिमित्तं तथा प्रवृत्तिः प्रधानस्य'।"

खट्टर कका : "से तऽ अन्तमे हैबे करैत छैन्ह। मोक्ष 'मुच्' धातु सँ बनै छैक, जकर अर्थ 'छोड़ब'। जखन प्रकृति देवी सभ कर्म कऽ कऽ छोड़ि दैत छथिन्ह, तखन पुरुष कैं अपना स्खलन पर आत्मग्लानि होइत छैन्ह। एहना स्थितिमे कामराहित्य वा आत्मज्ञान हैब स्वाभाविके। पुरुष पुनः चिन्मात्र भऽ कैवल्यावस्थामे आबि जाइ छथि, अर्थात एसकरे रहि जाइ छथि।"

हम : "खट्टर कका, अहाँ तऽ दोसरे अर्थ लगा दैत छिऐक। सांख्यक पुरुष तऽ निर्विकार थिकाह।"

खट्टर कका मुस्कुरा उठलाह। बजलाह, "तखन तऽ सांख्यमतानुसार व्यभिचारमे कोनो टा दोष नहि?"

हम : "से कोना, खट्टर कका?"

खट्टर कका : "मैथुन शरीर-शरीरमे होइ छैक वा पुरुष-पुरुषमे?"

हम : "शरीर-शरीरमे। पुरुष तऽ निर्लिप्त रहै छथि।"

खट्टर कका : "तखन प्रकृतिक एक परिणाम दोसरा परिणाम सँ मिलिकय तेसर परिणामक सृष्टि करै छथि। एहिमे पुरुषक बाप कैं-बाप तऽ छथिन्हें नहि-पुरुष कैं की लगैत छैन्ह? गहकी कैं घेघ; सौदागर कैं बेत्था?"

हम : "अहाँक बात सुनि तऽ किछु फुरितहि ने अछि!"

खट्टर कका : "फुरतौह की? जेहने सांख्यक पुरुष मौगा, तेहने वेदान्तक ब्रह्म नपुंसक। एक कैं प्रकृति पटकैत छैन्ह, दोसरक माथ पर माया नचैत छैन्ह।"

हम : "खट्टर कका, ऋषि लोकनि इन्द्रियजन्य सुख कैं हेय कऽ कऽ बुझैत छलाह।"

खट्टर कका : "यैह तऽ भ्रम छौह। ओ लोकनि मुँह सँ इन्द्रिय कैं गारि पढ़ैत छलाह। किन्तु मन सँ ओहि पाछाँ व्याकुल रहै छलाह। तखन, वैदिक ऋषि सोझिया छलाह, तैं भोगवादक ढोल पिटैत छलाह। उपनिषदक ऋषि बेसी गँहीर छलाह, तैं डूबि कऽ पानि पिबैत छलाह।"

हम : "उपनिषदक ऋषि तऽ ब्रह्मवादी छलाह?"

खट्टर कका व्यंग्य करैत बजलाह, "हँ, तैं ने उपनिषदमे संभोगक वर्णन भरि देने छथि!"

हम : "ऐं! उपनिषदमे संभोग! खट्टर कका, अहाँ ब्रह्मानन्द कैं विषानन्द सँ मिला रहल छिऐक?"

खट्टर कका : "हम किऐक मिलेबैक? वैह लोकनि मिलौने छथि। हुनका लोकनि कैं ब्रह्मानन्दोमे स्त्री-भोगक आनन्द भेटैत छैन्ह। बृहदारण्यक[1] देखह! ओही प्रकरणमे लिखै छथि जे—'यथा प्रियया स्त्रिया संपरिष्वक्तो न वाह्य किंचन वेद नान्तरमेव...' अर्थात जेना प्रेयसीक आलिंगन-पाशमे भीतर बाहर कथूक बोध नहि रहैत छैक..."

हम : "खट्टर कका, एखन अहाँ तरंगमे छी?"

खट्टर ककाक आँखि लाल भऽ गेलैन्ह। बजलाह, "हौ, तरंगमे तऽ ओ लोकनि रहथि जिनका यज्ञ ओ वेदपाठ-सभमे संभोगे सुझैत छलैन्ह। देखह, यज्ञक उपमा कथी सँ दैत छथि? 'योषा वा अग्निर्गौतमस्तस्य उपस्थ एव समिल्लोमानि धूमयोनिरर्चितर्यदन्तः करोति तेऽङ्गारा अभिनन्दा विस्फुल्लिंगा तस्मिन्नेतस्मिन्नग्नौ देवा रेतो जुह्वति तस्या आहुतेर्गर्भः संभवति'।"[2]

हम : "एकर अर्थ?"

खट्टर कका : "बेसी खोलि कऽ कोना कहिऔह? भातिज थिकाह। भावार्थ ई जे आगि स्त्री थीक! सिल्ला जननेन्द्रिय थीक। धूआँ रोइयाँ थीक। ज्वाला स्त्रीक गुप्तांक थीक। लुत्ती जे झड़ै अछि से आनन्दक कण थीक। आहुति वीर्य थीक। ताहि सँ गर्भ होइत छैक।"

हम : "हद्द भऽ गेल। ई कि सत्ये उपनिषदमे छैक?"

खट्टर कका : "तखन कि हम अमना दिस सँ गढ़ि कऽ कहि रहल छिऔह? उपनिषदमे सभ सँ पैद्य छैक बृहदारण्यक और छांदोग्य। से दूनूमे ई वर्णन भेटि जैतौह।"

हम : "खट्टर कका, एकर कारण की?"

खट्टर कका : "हौ, ऋषि लोकनि पुरान रसिक छलाह। यज्ञक उपमा तऽ देखबे कैलह। आब वेदपाठोक उपमा सुनि लैह। 'उपमंत्रयते स हिंकारः, ज्ञपयते स प्रस्तावः, स्त्रियः सह शेते स उद्गीथः'"[3]

हम : "कनेक बुझा कऽ कहिऔक।"

खट्टर कका : "हिंकार, प्रस्ताव, उद्गीथ-ई सभ सामगानक बिधि थिकैक। ऋषि लोकनि कैं एहूमे संभोगे सुझैत छैन्ह। हिंकार भेल लगमे बजौनाइ, प्रस्ताव भेल खुलि कऽ कहनाइ, उद्गीथ भेल स्त्रीक संग सुतनाइ..."

हम : "खट्टर कका, अहाँ कैं नशा चढ़ल अछि।"

खट्टर ककाक आँखि और बेसी लाल भऽ गेलैन्ह। बजलाह—"नशा तऽ हुनका लोकनि कैं चढ़ल रहैन्ह जे कहि गेल छथि 'प्रति स्त्री सह शैते स प्रतिहारः'। अर्थात प्रत्येक स्त्रीक संग सूती, यैह प्रतिहार व्रत थीक। आब एहि सँ बेसी खुल्लमखुल्ला की हैतैक?"

---

१. बृ. (४।३।२१), २. बृ. ६।२।१३, छां. ५।८।१-२, ३. छां. २।१३

हम : “खट्टर कका, भऽ सकै अछि, एकर किछु दोसरो अर्थ होइक।”

खट्टर कका जोर सँ दमसैत बजलाह, “तखन स्वयं शंकराचार्येक मुँह सँ व्याख्या सुनि लैह। ‘न कांचन कांचिदपि स्त्रियं स्वात्मतल्पप्राप्तां परिहरेत् समागमार्थिनीम्’[१] अर्थात समागम चाहयवाली जे स्त्री शय्या पर आबि जाथि तिनका नहि छोड़क चाही। ...आबो तोरा सन्देहे छौह?”

हमरा स्तब्ध देखि खट्टर कका बजलाह, “हौ, ई लोकनि व्यभिचार कैं खेल कऽ कऽ बुझैत छलाह। यस्य जाया वै जारः स्यात्तं चेद्विष्यादाय पात्रेऽग्निमुपसमाधाय[२] ...ककरो स्त्री रहौक, ककरो संग व्यभिचार होउक, कनेक घृत आगिमे दऽ दैक, खिस्सा खतम। हौ, ई लोकनि पहुँचल छलाह।”

हम : “तखन वाममार्ग सँ अन्तरे की रहलैक?”

खट्टर कका : “किच्छु नहि। वेदे वेदान्त सँ तऽ वाममार्ग बहराएल अछि। बूझह तऽ ‘अहं ब्रह्मास्मि’ यैह वाक्य सभ अनर्थक जड़ि थीक। अद्वैतवादी सजातीय, विजातीय, स्वगत, सभ भेद उठा देलन्हि। एही अभेदक तरंगमे रंग-बिरंगक रंगरभस चलय लागल। ‘अहं भैरवस्त्वं भैरवी’। ‘कृष्णोऽहं भवती राधा चावयोरस्तु संगमः’। एही प्रकारें स्वच्छन्द विहारक बिहाड़ि आबि गेल। बूझह तऽ कतेको भक्ति-सम्प्रदाय एही पर आधारित अछि। कलार्णवतन्त्रमे कहै छथि,

मद्यमांसविहीनेन न कुर्यात् पूजनं शिवे।
न तुष्यामि वरारोहे भगलिंगामृतं विना।

एही प्रकारें जकरा जे मनमे ऐलैक से एकटा मार्ग चला देलक। आनन्दभोगक हेतु। कहाँ धरि कहिऔह? पाप-पुण्य बुड़िबक लेल होइ छैक। जे पारंगत छथि तिनका हेतु धर्म की और अधर्म की? देखै छह नहि, गीता सेहो कहै छथि,

बुद्धियुक्तो जहातीह उभे सुकृतदुष्कृते।[३]

जखन ऊँचका शिखर पर लोक चढ़ि जाइत अछि तखन निचका बन्धन स्वतः फुजि जाइ छैक।

निरस्त्रैगुण्ये पथि विचरतां को विधिः को निषेधः!

जिनका ई बात खचित भऽ गेलैन्ह, सैह द्रष्टा। जीवन्मुक्तक अर्थ निर्बन्ध वा स्वच्छन्द। बूझह तऽ यैह असली रहस्य थिकैक। नहि तऽ ब्रह्म वा मोक्ष कि कतहु आकाशमे लटकल छथि?”

---

१. शांकर भाष्य, छां. २।१३, २. बृ. ६।४।१२, ३. गीता २।५०

वेदक भेद

ओहि दिन फगुआ रहैक। खट्टर कका तीन बेर पीबि चुकल छलाह और चारिम बेर तैयारी कय रहल छलाह।

हम कहलिऐन्ह, "खट्टर कका, ओहि फगुआमे अहाँ कहने रही जे वेदमे श्रृंगार रस भरल छैक।"[1]

खट्टर कका गुलाबी नशामे रहथि। ई सुनितहिं आँखि लाल भऽ गेलैन्ह। बजलाह, "बेजाय कोन कहलिऔह? श्रृंगार कि एहन ओहन? तेहन-तेहन वर्णन छैक जे की कालिदासमे भेटतौह?"

हम : "खट्टर कका, कहाँ वैदिक ऋषि ओ कहाँ रसिक-शिरोमणि कालिदास!"

खट्टर कका हाथमे सोंटा लैत बजलाह, "हौ, वैदिक ऋषि कालिदासक नाना छलाह। तेहन-तेहन अश्लील उपमा दऽ गेल छथि जे धिया-पुताक समक्ष बाजल नहि जा सकैत अछि। तैं हमर विचार जे विद्यार्थी ओ ब्रह्मचारी कैं वेद नहि पढ़य देबक चाही।"

हम : "खट्टर कका, अहाँक तऽ सभटा गप्प अद्‌भुते होइ अछि। वेदमे कतहु अश्लीलता होइक?"

खट्टर कका कुंडीमे भाङक पत्ती कुटैत बजलाह, "तखन सुनि लैह। एहिना ऊखरिमे सोमक पत्ती कुटा रहल अछि। मूसरक चोट पड़ि रहल छैक। से देखि ऋचाकार उत्प्रेक्षा करैत छथि,

यत्र द्वाविव जघनाधिषवरण्या
उलूखल सुतानामवेद्धिनदुजल्गुलः।" ऋ. १।२८।२

हम : "खट्टर कका, एकर अर्थ की भेलैक?"

खट्टर कका बजलाह, "जेना कोनो विवृतजघना युवती अपना दूनू जाँघ फलकौने होथि और ओहिमे...तों भातिज थिकाह। बेसी खोलि कऽ कोना कहिऔह? ई नहि बूझह जे ओ लोकनि शुद्ध वैदिके टा छलाह।"

---

१. देखू, ब्रह्मानंद शीर्षक तरंग।

हम : "खट्टर कका, अहाँ तऽ एहन बात कहि दैत छी जे हमर मुँहे बन्द भऽ जाइ अछि।"

खट्टर कका लोटाक मुँहमे अङपोछा लगा भाङक गोला ओहि पर रखलन्हि और ऊपर सँ जल ढारैत आङुर सँ घोरय लगलाह। पुनः बिहुँसैत बजलाह, "देखह, एहिना आंङुर चलैत देखि एक ऋषि कहै छथि,

अभित्वा योषणो दश, जारं न कन्या नूषत, मृज्यसे सोम सातये।

—ऋ. ९।५६।३

ई मंत्र गायत्री छंदमे छैक। एकर अर्थ बुझलहौक?"

हम : "नहि।"

खट्टर कका : "तखन सुनह। मंत्रकार उत्प्रेक्षा करैत छथि जे कामातुरा कन्या अपना जार (इयार) कैं बजाबक हेतु एहिना दसो आङुर सँ इशारा करैत अछि।"

हम चकित भय पुछलिऐन्ह, "ऐं! वैदिको युगमे व्यभिचार होइत छलैक?"

खट्टर कका मुस्काइत बजलाह, "केवल होइते नहि छलैक। वैदिक ऋषि कैं ओहिमे रसो भेटैत छलैन्ह।"

खट्टर कका कलशीमे भाङ ढारय लगलाह। ढारैत-ढारैत हँसी लागि गेलैन्ह। हम पुछलिऐन्ह, "खट्टर कका, हँसलहुँ किऐक?"

खट्टर कका बजलाह, "देखह, एहिना कलशीमे रस ढराइत देखि एकटा ऋषि लहरमे आबि कऽ की कहैत छथि?

मर्य इव युवतिभिः समर्षति सोमः कलशे शतबाम्ना पथा

—ऋ. ९।८६।१६

अर्थात 'कलशमे अनेक धार सँ रसक फोहारा छूटि रहल अछि जेना युवतीक...'"

हम : "खट्टर कका, ओहन दढ़ियल ऋषि कैं एहन-एहन उपमा कोना देल गेलैन्ह?"

खट्टर कका बजलाह, "ऋषि लोकनि कैं ई उपमा तेहन रसगर लगैत छैन्ह जे बारम्बार दोहरौने छथि। देखह दोसरो मंत्र कहै छिऔह,

सरज्जारो न योषणां, वरो न योनिमासदम् —ऋ. ९।१०१।१४

अर्थात 'ई रस तहिना कलशमे जा रहल अछि जेना युवतीमे जारक...'"

हम : "आश्चर्य! वेदमे कतहु जारक वर्णन हो!"

खट्टर कका बजलाह, "हौ, ताहि दिन जारक कतेक महत्त्व छलैक से एही गायत्री छंद सँ बूझि जाह,

अभिगावो अनूषत, योषा जारमिव प्रियम्, अगन्नाजिं यथाहितम्।

—ऋ. ९।३२।५

अर्थात 'हे सोम! हम ताही प्रकारें अहाँ कैं नेहोरा करैत छी जेना स्त्री अपना जार कैं'। ई जारक चर्चा हजार ठाम भेटतौह। बूझह तऽ वेदमे स्वामी सँ बेसी जारेक चलती छैक।"

हम : "खट्टर कका, एहि सभ मंत्र सँ तऽ यैह सिद्ध होइत छैक जे वैदिक युगमे स्त्री कैं बेसी स्वतंत्रता छलैन्ह।"

खट्टर कका : "ताहिमे कोन सन्देह? वैदिक स्त्री स्वच्छन्द होइत छलीह। कतहु कुमारि जार कैं बजबैत छलीह! कतहु विवाहिता जारक नेहोरा करैत छलीह। जार प्रेयसी सँ कोना रमण करैत छलाह[१] और युवती कैं युवा जार भेटला सँ केहन तृप्ति होइ छलैन्ह[२] तकरो वर्णन वेदमे भेटि जैतौह।"

हम : "तखन तऽ वैदिक समाजमे जारजो संतान होइत छल?"

खट्टर कका : "ताहूमे सन्देहे? व्यभिचार सँ अनेको स्त्री कैं गर्भ रहि जाइ छलैन्ह। उर्वशीक पेट सँ वशिष्ठक जन्म भेलैन्ह[३] दीर्घतमाक गर्भिणीमाता वृहस्पति सँ संभोग कय वर्णसंकर संतान उत्पन्न कैलन्हि।[४] पुरुकुत्सक स्त्री सप्तर्षिक कृपा सँ त्रसदस्यु नामक पुत्र प्राप्त कैलन्हि।[५] कतेको स्त्री गुप्तरूप सँ प्रसव करैत छलीह।[६] कहाँ धरि कहिऔह? जौं सभटा व्यभिचारक प्रसंग गनाबय लगिऔह तऽ पाँचम वेद बनि जाय। एही द्वारे तऽ हम वेदक भाषाटीका घरमे नहि रखैत छी। जौं राखी तऽ स्त्रीगण दूरि भऽ जाथि। हम तऽ बुझैत छी जे एही कारणें स्त्री कैं वेद पढ़वाक अधिकार नहि देल गेलैन्ह अछि।"

हम : "खट्टर कका, ई तऽ मौलिक गप्प कहल। हम बुझैत छलहुँ जे वैदिक युगमे ब्रह्मचर्यक डंका बजैत छल..."

खट्टर कका : "आब तऽ बुझलहक जे कोन डंका पर चोट पड़ैत छलैक!"

हम : "खट्टर कका, मानि लेल जाओ, यैह बात सत्य। तथापि ऋषि लोकनि कैं कि एना खुल्लमखुल्ला 'उघाड़िमहंकरिष्ये' उचित छलैन्ह?"

खट्टर कका : "हौ, जे राति दिन सोमक नशामे बुत्त भेल रहत से और बजबे की करत?"

हम : "परन्तु यदि ओ लोकनि भंगक तरंगमे लिखि गेल छथि तखन ओहन-ओहन गूढ़ बातक विवेचना कोना कैने छथि?"

खट्टर कका एक लोटा भाङ चढ़बैत बजलाह, "हौ, नशामे जेहन-जेहन बात मुँह सँ बहरैबाक चाही तेहन-तेहन तऽ बहरायल छैन्ह। देखह, सोमक तरंगमे एक ऋषि कतेक दूर धरि बहकि जाइ छथि!

शेपो रोमण्वन्तौ भेदौ वारिन्मंडूक इच्छतीन्द्रायेन्दो परिस्रव।

—ऋ. ९।११२।४

आब एहि सँ बेसी गूढ़ बात की हैतैक?"

---

१. ऋ. ९।१०१।१४, २. ऋ. १०।३०।६, ३. ऋ. ७।३३।१२, ४. ऋ. १।१४७।३, ५. ऋ. ४।४२।८, ६. ऋ. २।२९।१।

हम : "खट्टर कका, एकर अर्थ बुझा दियऽ।"

खट्टर कका : "अर्थ यैह जे...ई (कामदण्ड) रोमाच्छदित...(विवर) मे प्रवेश करबाक हेतु इच्छुक छथि। हे सोम! अहाँ चुबि जाउ'।...आब तोंही कहह, एहि सँ बेसी कोनो मदक्की की बाजि सकैत अछि!"

हम क्षुब्ध होइत कहलिऐन्ह, "खट्टर कका, हम तऽ यैह जनैत छलहुँ जे ऋचाकार लोकनि द्रष्टा ओ मनीषी छलाह। ऋषिका लोकनि सेहो आजन्म ब्रह्मचारिणी रहि वेदमंत्रक रचना करैत छलीह।"

खट्टर कका भभा कऽ हँसि पड़लाह। बजलाह, "ऋषिका लोकनि तऽ और जुलुम करैत छलीह। ओ ब्रह्मचारिणी सभ तेहन-तेहन मंत्रक रचना कऽ गेल छथि जे विवाहितोक कान कटने छथि।"

हमरा मुँह तकैत देखि खट्टर कका बजलाह, "देखह, एक घोषा नामक ब्रह्मचारिणी कहै छथि,

को वा शयुत्रा विधवेव देवरं मर्यं न योषा कृणुते। —ऋ. ७।४०।२

अर्थात 'जेना विधवा स्त्री शयनकालमे अपना देवर कैं बजा लैत अछि तहिना हम यज्ञमे अहाँ कैं बजा रहल छी'।"

हम : "बाप रे बाप! कुमारीक मुँह सँ एहन बात?"

खट्टर कका भङघोटना साफ करैत बजलाह, "तों एतबे मे बपहाड़ि तोड़य लगलाह? देखह, अंगिरा ऋषिक कन्या शश्वती देवी एक युवा पुरुष (आसंग)क नग्न अंग देखि कोना उन्मत्त भऽ जाइ छथि,

अन्वस्य स्थुरं ददृशे पुरस्तादनस्थ उरूरवरम्बमाण:
शश्वती नार्यभिचक्ष्याह सुभद्रमर्य भोजनं विभर्षि।" —ऋ. ९।१।३४

हम : "खट्टर कका, एकर अर्थ बुझा कऽ कहू।"

खट्टर ककाक आँखि नशा सँ और बेसी लाल भऽ गेलैन्ह। बजलाह, "दूनू जंघाक मध्यमे लटकल, पुष्ट, लम्बायमान...देखि कऽ शश्वती कहलथिन्ह, 'वाह! ई तऽ खूब सुन्दर भोग करबा योग्य...धारण कैने छी'।"

हम कान मुनैत कहलिऐन्ह, "खट्टर कका, हद्द भऽ गेल। एना तऽ ओ युवती बाजय जे पीबी कऽ उन्मत्त हो।"

खट्टर कका बजलाह, "हौ, ओ सभ मदोन्मत्ता छलीह। सूर्या नाम्नी एक ब्रह्मचारिणी कहैत छथि,

यस्यां बीजं मनुष्या वपन्ति, या न उरू उशती विश्रया,
ते यस्यामुशन्त प्रहराम शेपम्।" —ऋ. १०।८५।३७

हम : "एकर अर्थ नहि बुझलिऐक।"

खट्टर कका : "उरूक अर्थ दूनू जंघा। विश्रयक अर्थ पसारव। शेपक अर्थ जननेन्द्रिय। प्रहरामक अर्थ चोट मारब। आब तों अपने अर्थ लगा लैह। यदि तैयो नहि बूझि पड़ौह तऽ कोनो वैदिक सँ पूछि लहुन।"

हम देखल जे खट्टर कका भंगक तरंगमे बहल जा रहल छथि। भसियाइत भसियाइत कहाँ सँ कहाँ पहुँचि जैताह तकर ठेकान नहि। कहलिऐन्ह, "खट्टर कका, हमरा नहि बूझल छल जे वेदोमे एतेक अश्लीलता हेतैक।"

खट्टर कका बजलाह, "अश्लीलता देखबाक हो तऽ ऋग्वेदक दशम मंडलमे देखह जे इन्द्र ओ इन्द्राणी कोना मत्त भऽ कऽ काम-क्रीड़ा करैत छथि।"

हम कहलिऐन्ह, "खट्टर कका..."

परन्तु खट्टर कका अपना सूरमे बढ़ल गेलाह, "इन्द्राणी ताल ठोकि कऽ कहैत छथिन्ह,

वृषभो न तिग्मश्रृंगोऽन्तर्यूथेषु रोरुवत्। —ऋ. १०।८६।८५

अर्थात 'जेना टेढ़ सिंघ वला साँढ़ मस्त भऽ ढेकरैत रमण करैत अछि तहिना अहूँ हमरा सँ करू'। तकरा बाद जे संभोगक नग्न चित्रण अछि से काश्मीरी कोकशास्त्रक कान कटैत अछि।"

हम पुनः टोकलिऐन्ह, "खट्टर कका..."

परन्तु हुनक प्रवाह रोकब असम्भव छल। ओ अपना धुनमे बढ़ल गेलाह, "युवती लोमशाक संभोग-वर्णन पढ़बह तऽ दंग रहि जैबह। लोमशा यौवनक मद से मत्त भय अपन सभ आवरण उतारि फेकैत छथि और राजा स्वनय कैं कहैत छथिन्ह जे,

उपोप मे परामृश मामेदभ्राणिमन्यथा
सर्वाहमस्मि रोमशा गान्धारीणामवाविका। —ऋ. १।१२६।७

अर्थात 'अहाँ हमरा लगमे आउ और निर्धोख भऽ कऽ खूब धरू। देखू जे हमरा भेड़ीक रोइआँ सन सन कतेक रासे...!' आब एहि सं बाढ़ि निर्लज्जता कोनो युवतीक हेतु की भऽ सकैत छैक? और तकरा बाद जे रति-संग्राम मचैत अछि से कहबा-सुनबा योग्य नहि। लोमशा तेना कऽ आवेष्टित करैत छथिन्ह जे राजा ओहीकाल गदगद भय हुनका रतिमल्लताक सर्टिफिकेट दय दैत छथिन्ह,

अगाधिता परिगाधिता या कशीकेव जंगहे
ददाति मह्यं यादुरी याशनां भोज्या शता। —ऋ. १।१२६।७

अर्थात 'ई युवती सपनौर जकाँ सौंसे देह लपटि कऽ तेना रमण करैत छथि जे रस से सरावोर कय दैत छथि'।"

हम क्षुब्ध होइत कहलिऐन्ह, “खट्टर कका, अहाँ भाङक नशामे तऽ ने ई सभ बाजि रहल छी?”

खट्टर कका बजलाह, “तों एतबेमे घबड़ा गेलाह? कनेक यम-यमीक संभाषण पढ़ह तऽ बुझबहौक जे सहोदर भाइ-बहिनमे कोन तरहक संभोग वार्ता चलैत छैक![१] तेहन-तेहन अश्लील गप्प छैक जे एखन भाङोक नशामे हमरा मुँह सँ नहि बहरा सकैत अछि। विश्वास नहि हो तऽ ऋग्वेदक दशम मंडल उनटा जाह।”

हम : “खट्टर कका, अहाँ वेदक बात कहि रहल छी कि वाममार्गक?”

खट्टर ककाक आखि ओड़हुलक फूल जकाँ लाल भऽ गेलैन्ह। बजलाह, “हमरा वेद ओ वाममार्गमे कोनो भेद नहि बूझि पड़ैत अछि। जखन पिता-पुत्रीक संभोगवर्णन पढ़बह जे प्रजापति कोना युवती कन्यामे सिंचन करैत छथि तऽ रोमांच भऽ जैतौह!”[२]

हम कान पर हाथ रखैत बजलहुँ, “शान्तं पापम्। ई तऽ वाममार्गो सँ टपि गेल।”

खट्टर कका बजलाह, “हमरा जनैत त वेदे सँ वाममार्ग बहराएल अछि। मदिरा, मांस ओ मैथुन-एही सभक वर्णन सँ तऽ वेद भरल अछि। वाममार्गी की पंचमकार कतहु आन ठाम सँ लाएल छथि?”

हम : “खट्टर कका, तखन तऽ ऋषि लोकनि चार्वाकोक कान कटलन्हि?”

खट्टर कका : “हौ, वैदिक ऋषि चार्वाकक गुरु छलाह। देखह, अगस्त्य मुनि खुल्लमखुल्ला लोपामुद्रा कैं उपदेश दैत छथिन्ह जे मनुष्य कैं आजीवन खूब भोग करक चाही।[३] यैह बात चार्वाक बजलाह तऽ नास्तिक भऽ गेलाह। और अगस्त्य मुनि बजलाह तऽ आस्तिक बनल रहलाह। परन्तु हम तऽ हौ बाबू! स्पष्टवक्ता छी। वेदक कर्त्ता लोकनि घोर नास्तिक छलाह। लोक कहै अछि, नास्तिको वेदनिन्दकः। हम कहैत छी नास्तिको वेदलेखकः।”

हम : “खट्टर कका, अहाँ तऽ तेहन-तेहन बात कहै छी जे हमरा किछु फुरितहि नहि अछि। मदिरा, मांस, मैथुन! तखन वेदमे यैह टा छैक कि और किछु?”

खट्टर कका शान्त भाव सँ बजलाह, “और बहुत किछु छैक। जूआ! चोरी! हत्या!”

हम : “ऐं! जूआ, चोरी, हत्या! खट्टर कका, अहाँ होशमे छी ने?”

खट्टर कका बजलाह, “तोरा विश्वास नहि होइ छौह तऽ स्वयं देखि लैह। ऋग्वेदक एक अध्याय[४] केवल जूआ ओ जुआड़ीक वर्णन सँ भरल छैक। ओहि समय तिरपन प्रकारक पासा छल।[५] एक ऋषि कहै छथि, ‘जहिना स्त्री अपना इयारक घर जाइत अछि तहिना हमहूँ जूआक अड्डा पर दौड़ल जाइ छी।[६] कतहु इन्द्र चोरी करैत छथि।[७] कतहु अग्नि चोरी करैत छथि।[८] कतहु पणि गाय चोरबैत छथि।[९] कतहु बड़द लूटल जा रहल अछि।[१०] और हत्याक तऽ कोनो हद्दे हिसाब नहि। कतहु वृत्रक वध[११],

---

१. ऋ. (१०।१०।१), २. ऋ. (१०।६१।५-६), ३. ऋ. (१।१७९।२), ४. ऋ. (१०।३४), ५. ऋ. (१०।३४।८), ६. ऋ. (१०।३४।५), ७. ऋ. (३।४८।४), ८. ऋ. (१।७२।४), ९. ऋ. (१।६।५), १०. ऋ. (१।११।५), ११. ऋ. (१।३३।४)

कतहु नमुचिक वध[१], कतहु शुष्णक वध[२], कतहु कुयवक वध[३]। बूझह तऽ वेदक पात रक्तपात सँ भरल अछि। जखन नरमेधक ई हाल तऽ पशुवधक कोन गणना?"

हम विषण्ण होइत पुछलिऐन्ह, "खट्टर कका, वैदिक युगमे एहन-एहन बात! से किऐक?"

खट्टर कका नोसि लैत बजलाह—"हौ, जे राति-दिन मदिरामे डूबल रहत से और करबे की करत? सभ देवतामे श्रेष्ठ इन्द्रेक चरित्र देखहुन। कोनो कर्म हुनका सँ छूटल अछि? ओ गर्भवती स्त्रीक हत्या पर्यन्त कैने छथि[४] साँढ़क मांस पर्यन्त भक्षण कैने छथि?"[५]

हम : "खट्टर कका, वैदिक युगमे भक्ष्याभक्ष्यक विचार नहि रहैक?"

खट्टर कका : "यदि सैह विचार रहितैक तऽ घोड़ेक मांसक वर्णन अबितैक?[६] और कहाँ धरि जे कुकुरक अँतड़ी पर्यन्त पका कऽ खैबाक वृत्तान्त छैक।"[७]

हम : "राम राम! वीभत्सक पराकाष्ठा भऽ गेल।"

खट्टर कका : "तऽ एहिमे हमर कोन दोष? जे छैक से कहैत छिऔह। मद्य ओ मांसक वर्णन तऽ सुनबे कैलह। ततःपर तऽ मैथुने होइ छैक। से वेद से देखह। कतहु शिश्नदेवक वर्णन[८], कतहु भगदेवताक पूजा[९]। पतहु व्यभिचारिणीक चर्चा[१०]। कतहु कुमारिक संभोग[११]। कतहु गर्भिणी पर बलात्कार[१२]। कतहु गुप्त प्रसवक गप्प[१३]। कतहु भ्राता-भगिनीमे अनुचित प्रस्ताव[१४]। कतहु पिता-पुत्रीमे[१५]। कतहु जारज सन्तानक जन्म[१६]। कतहु अप्राकृतिक व्यभिचार। एक ऋषि कैं नहि किछु भेटलैन्ह तऽ घैलमे रेतः-पात कऽ देलन्हि।"[१७]

हमरा मुँह सँ बहराएल, "हरे राम! हरे राम! हम तऽ बुझैत छलहुँ जे वेदमे केवल धर्मेक बात हैतैक।"

खट्टर कका बजलाह, "हँ, बहुत गोटे एहिना बुझैत छथि। परन्तु हम तऽ टीकाकारक अनुसार अर्थ कहलिऔह अछि। वेदमे नाना प्रकारक वस्तु छैक। एक सँ एक अलबेङल बात! सौतिन के मारबाक उपाय पर्यन्त![१८] कतहु वृद्धक विवाह युवती सँ होइ छैन्ह।[१९] कतहु वृद्धाक विवाह युवा सँ।[२०] कतहु घोड़ी रथमे जोतल जाइ अछि।[२१] कतहु स्त्रीक पलटन पुरुष सँ लड़य जाइ अछि।[२२] कतहु नपुंसकक स्त्री कैं पुत्र होइ छैक।[२३] कतहु गर्भे सँ शिशु झगड़ा करैत छैक जे हम पेट सँ नहि बहराएब।[२४] कतहु घोड़ी सँ गायक जन्म होइ छैक।[२५] कतहु पुत्र अपना माय कैं जन्म दैत अछि।[२६] हौ, तेहन-तेहन उटपटाँग बात भरल छैक जे बुद्धि काज नहि देतौह।"

१. ऋ. (१।५३।७), २. ऋ. (१।६३।३), ३. ऋ. (१।१७४।७), ४. ऋ. (१।१०१।१), ५. ऋ. (१०।८६।४), ६. ऋ. (१।१६२), ७. ऋ. (४।१८।३), ८. ऋ. (७।२१।५), ९. ऋ. (७।३२।४), १०. ऋ. (१०।४०।६), ११. ऋ. (१।६६।४), १२. ऋ. (१।१४७।३), १३. ऋ. (२।२९।१), १४. ऋ. (१०।१०), १५. ऋ. (१०।६१)। १६. ऋ. (४।४२।८), १७. ऋ. (७।३३।१३), १८. ऋ. (१०।१५९), १९. ऋ. (१।५१।१३), २०. ऋ. (१।११७।७), २१. ऋ. (९।८६।३७), २२. ऋ. (५।३०।९), २३. ऋ. (१।११७।२४), २४. ऋ. (४।१८), २५. ऋ. (१।१२१।२), २६. ऋ. (१२।९।४)

हम क्षुब्ध होइत पुछलिऐन्ह, "खट्टर कका, एहन-एहन बात वेदमे कोना ऐलैक? ई सभ क्षेपक तऽ ने थिकैक?"

खट्टर कका आँखि मुनैत बजलाह, "के जानय? सोम-रसक प्रवाहमे जिनका जे फुरलैन्ह से बाजि गेलाह। हम अपना तरंगमे कतेक बात बाजि जाइ छी से केओ मोजरे नहि दैत अछि। और ओ लोकनि जे बाजि गेलाह से वेदवाक्य भऽ गेल!...हौ, किछु अनट-विनट तऽ ने बजना गेल अछि?"

हम कहलिऐन्ह, "खट्टर कका, फगुआक दिन सभ किछु माफ रहैत छैक। ताहूमे अहाँ कैं।"

ताबत काकी एक थार चाशनीदार छेनाक मालपूआ ओ मधुर नेने पहुँचि गेलीह। खट्टर कका उल्लसित भय बजलाह, "देखह, असली यज्ञक सामग्री आबि गेल।"

हमरा मुँह तकैत देखि कहलन्हि, "हौ, वैदिक यज्ञक रहस्य की थिकैक? हवनकुंड थीक उदरकुंडक प्रतीक। हुताशनक ज्वाला जठराग्निक सूचक थीक। समिधाक अर्थ भोज्य पदार्थ। तैं कस्मै देवाय हविषा विधेम[१]-एहि प्रश्नक असली उत्तर हम बुझैत छी 'उदरदेवाय'!"

हम : "परन्तु..."

खट्टर कका : "परन्तु की? वैदिक ऋचाक स्रोत थीक मधुर भोजन। मधुर पर छंद फुरैत छैक। एखनो और ताहू दिन। हमरा लोकनिक पूर्वज कैं कतहु मीठ गुल्लरो भेटि जाइन्ह तऽ गीत उठा देथि,

चरन् वै मधु विन्दति, चरन् स्वादुमुदुम्वरम्।[२]

मधु वा घृत भेटि गेने आनन्द सँ नाचि उठथि,

मधुश्चुतं घृतमिवं सुपूतम्...[३]

गाछ-वृक्ष, जल, स्थल, आकाश, सभमे मधुरे जोहने भेल फिरथि,

मधुमतीरोषधीर्द्याव आपो मधुमन्नो भवन्तु...[४]

सम्पूर्ण विश्वमे हुनका लोकनि कैं मधुरे-मधुर सुझैन्ह। आनन्द सँ मधु-पान कय मधु पाठ करथि,

मधुवाता ऋतायते। मधु क्षरन्ति सिन्धवः।
माध्वीर्नः सन्तु ओषधीः। मधु नक्तमुतोषसो।
मधुमत् पार्थिवं रजः। मधु द्यौरस्तु नः पिता।
मधुमान् नो वनस्पतिः। मधुमान् अस्तु सूर्यः।
माध्वीर्गावो भवन्तु नः।[५]

---

१. ऋग्वेद (१०।२१।५), २. ऐतरेय (३३।३।१५), ३. ऋग्वेद (४।५७।२), ४. ऋग्वेद (४।५७।३), ५. यजुर्वेद १३।२७-२९।

हौ एहि देशमे मुइलो उत्तर पितर कैं ओम् मधु मधु मधु कहि कऽ तृप्त कैल जाइ छैन्ह। एहन मधुर-प्रेमी जाति और के हैत? बेस, आब मधुरेण समापयेत् करह।"

हम कहलिऐन्ह, "खट्टर कका, आइ-काल्हि हमरा मिष्टान्न वर्जित अछि।"

खट्टर कका बजलाह, "मिष्टान्ने तऽ शिष्टान्न थीक। सैह वर्जित, तऽ खैबह की? धृष्टान्न? हौ मधुरेण समापयेत् एकर असली तात्पर्य बुझै छहौक? मधुरे खाइत-खाइत ई जीवन समाप्त कऽ दी। यैह हमरा लोकनिक पूर्वजक मूलमंत्र थीक। बल्कि, हम तऽ एक अक्षर परिष्कारो कऽ दैत छिऐक जे-मधुरे न समापयेत अर्थात मधुर भेटैत जाय तऽ हाथ बारबै नहि करी। ई कहि खट्टर कका सस्वर वेदपाठ करय लगलाह,

जिह्वया अग्रे मधु मे जिह्वामूले मधूलकम्
मधुवन्मे निक्रमणं, मधुमन्मे परायणम्।
वाचा ददामि मधुमद् भूयासं मधुसंदृशम्।"[१]

पुनः बजलाह, "एकर अर्थ बुझलहौक? यावज्जीवन मधुर खाइत रही और मधुर बजैत रही। यैह वेदक सभ सँ मधुर मंत्र थिकैक।...लैह, फगुआक प्रसाद पाबह।"

१. अर्थर्ववेद १।३४।२-३

खट्टर ककाक टटका गप्प

एम्हर एक दिन खट्टर कका सँ भेट भेल छल। पुछलिऐन्ह, "खट्टर कका, प्रसन्न छी?"

बजलाह, "प्रसन्न की रहब? सन्न छी। अपना देशक हालति देखिकऽ। सुजला, सुफला, शस्यश्यामला भूमि कैं हमरा लोकनि अजला, अफला, शून्यश्यामला बना देलिऐन्ह और भिक्षापात्र नेने संसारक आगाँ ठाढ़ छी—अन्नं देहि।"

हम : "खट्टर कका, एना किऐक भेलैक?"

खट्टर कका : "हौ, कारण बड्ड प्राचीन छैक। वैदिके युग सँ हमरा लोकनिक जिह्वा पर 'द' अक्षर बैसल अछि। देहि, देहि, देहि! पहिने इन्द्र वरुण कैं गोहरबैत छलिऐन्ह, आब अमेरिका-रूस कैं। बिना उधारें हमरा लोकनिक उद्धार नहि।"

हम : "परन्तु उपनिषदक शिक्षा..."

खट्टर कका : "हौ, उपनिषदो आएल तऽ वैह अक्षर नेने। द द द! असली अर्थ दया, दान, दमन तऽ कोठीक कान्ह पर गेल। केवल द अक्षर रहि गेल। देखै छह नहि, वेद, उपनिषद-दूनूक अन्तमे कोन अक्षर छैक?"

हम : "परन्तु अपन देश त जगद्गुरु छल?"

खट्टर कका : "तैं हम आइ सभ कैं अपन गुरुमंत्र सुना रहल छिऐक-श्रद्धया देयम्। अश्रद्धया देयम्। श्रिया देयम। ह्रिया देयम्। भिया देयम्। संविदया देयम्।"

हम : "खट्टर कका, हमरा लोकनि एना याचना करी से त उचित नहि।"

खट्टर कका : "हौ, हमरा लोकनि के मँगबामे गौरव बूझि पड़ैत अछि। आदिए सँ भिक्षाक शिक्षा भेटल अछि। की वेदान्ती, की बौद्ध, जे ऐलाह से भिक्षु धर्म कैं कप्पार मे सटने। लोक कर्म कैं तुच्छ बूझि भिक्षा कैं महत्त्व देमय लागल। सम्पूर्ण देशमे भिक्षुकवृत्ति पसरि गेल। वैह संस्कार एखन धरि बनल अछि।"

हम : "खट्टर कका, एहि कृषिप्रधान देशमे..."

खट्टर कका : "हौ, कृषिप्रधान नहि, ऋषिप्रधान कहह। हमरा लोकनि आकाशे दिस तकैत छी। आन-आन देशक लोक पाताल सँ पानि खींचि कऽ पटबैत अछि, तैं बारहो मास आर्द्रा नक्षत्र बनल रहैत छैक। हमरा लोकनि कैं हथिया नहि बरसल तऽ हस्तोदकेक आशा।"

हम : "खट्टर कका, आइ-काल्हि किछु दुबराएल देखैत छी।"

खट्टर कका : "हौ, मोटाएब कथी पर? घृत कोषे टा मे रहि गेल। नाना प्रकारक व्यंजन आब वर्णमाला टा मे भेटैत अछि। तखन ढेकारक स्वर कथी पर बहराएत?"

हम : "आब तऽ निमंत्रणो उठल जाइत अछि।"

खट्टर कका : "निमंत्रण देत के? कोठी ओ कोठा बला आब स्वयं कोटाक पाछाँ दौड़ि रहल छथि। रासन सुख कैं, रासन खा गेल। जे अनन्य मित्र छलाह से अनन्न मित्र भऽ गेलाह। अपने अन्न बिना हकन्न कानि रहल छथि।"

हम : "आब भोजक स्थानमे 'पार्टी' चलि गेल अछि।"

खट्टर कका : "भोजक अंर्थ होइ छल 'भरि पेट'। 'पार्टी'क अर्थ 'भरि प्लेट' अर्थात एक फक्का दालमोट ओ एकटा सिंहारा। ई सिंहारा आबि कऽ सोहारी तरकारीक संहार कऽ देलक। पहिने अढ़ेयामे चरण अखारि कऽ एक अढ़ैया मधुर आगामे राखि दैत छल। आब अढ़ाइ चमच चीनी एक चुकरीमे दय ऊपर सँ गोमूत्र-रंगक काढ़ा चुआ दैत अछि।"

हम : "हँ, आब त सभ ठाम 'टी'..."

खट्टर कका : "हौ, यैह टी तऽ सभक टीक काटि लेलक। पहिने सौजन्यक अर्थ छलैक अट्ठारह टा बाटी। आब केवल 'टी' टा रहि गेलैक। आधुनिक सभ्यतामे ठोर दागि दैत छैक, भफाइत इन्होर लऽ कऽ। आचमनीयम्क स्थानमे चायमानेयम्। पहिने विवाहमे टाका भेटैत छलै। आब भेटै छैक 'टा टा'। टी पिया कऽ टा टा कऽ देतौह। अर्थात टिटकारी दऽ देतौह। आइ-काल्हुक सभ्यता बूझह तऽ ट अक्षर पर चलैत अछि-टोस्ट, टी, टेरेलिन, ट्रैंजिस्टर ओ टा टा। स्वाइत लोक टिटिया रहल अछि।"

हम : "वास्तवमे संस्कृति बदलि गेलैक।"

खट्टर कका : "हौ, 'संस्कृति'क अर्थे बदलि गेलैक। सांस्कृतिक कार्य माने नाच। एहि हिसाबें संस्कृतक पण्डित महा असंस्कृत छथि। जे बेटी-पुतहु घुघरू पहिरि कऽ नचै छथि सैह सुसंस्कृता। 'बेबी' लोकनि माय कैं मम्मी (मामी) कहैत छथि और बाप कैं पापा (पाप?)। ई सभ बात पहिने गारि कहबितैक। आब कलचर कहबै छैक। आब 'चाचा' क 'चा' पिया कऽ 'चा चा चा' डांस देखा देतैन्ह।"

हम : "खट्टर कका, अहाँ तऽ प्राचीन कैं धुसैत छलिऐक। आइ आधुनिक कैं किऐक दुसैत छिऐक?"

खट्टर कका : "हौ, हम कि ककरो नामे 'बहिखत' लिखि देने छिऐक? हमर पित्ती मटर झा कहथिन्ह-जय जगदम्बा, जय जगदीश! जे देत दही-चूड़ा तकरे दीस। 'जकर खैबैक, तकर गैबैक। जतेक खैबैक, ततेक गैबैक। जेहन खैबैक, तेहन गैबैक'। से पुरना कैं आब रहबे नहि कैलइ। नवका सहजें एको नवका पाइ बहारे नहि करत। तखन बजियौ ककरा दिस?"

हम : "हैं, एखन तऽ कठिन समस्या..."

खट्टर कका : "हौ, पहिने लोक फुरा-फुरा कऽ समस्या गढ़ैत छल और पूर्ति

करैत छल। आब तऽ घृत-तैल-तंडुल, जैह वस्तु खोजू, सैह समस्या बनि कऽ ठाढ़ भऽ जाइछ। हल भेटिते नहि अछि। समाधान की करब? सामा, धान सेहो नहि कऽ सकैत छी। कणाद बनि कऽ भाव-अभावक विवेचन करैत रहू। आब तऽ ठंढ़इयो छानब से कठिन।"

हम : "से किऐक, खट्टर कका?"

खट्टर कका : "हौ, चीनी पाताल चलि गेल। मरीच आकाश ठेकि गेल। सेहो मारीच जकाँ छद्मवेष धारण कैने। अर्नेवाक बीया संग मिझराएल। बादाममे बहेड़ाक आँठी मिला दैत अछि। शोधित हरीतकी खैनाइ छोड़ि देलहुँ जे कतहु बकरीक भेराड़ी ने फेटने हो।"

हम : "खट्टर कका, लोक एना ठकपनी किऐक करैत छैक?"

खट्टर कका : "हौ, पहिने सार-सरहोजि एना ठकैत छलैक। आब तऽ सभ सर्वेसर्वा। 'सर्वे भवन्तु सुखिन:' मे सर्वेक स्थानमे सरबे बूझह। शंकराचार्य कैं सारे नहि रहैन्ह। तैं संसार कैं असार कहि गेलाह। हमरा त चारूकात सारे सार सुझैत अछि।"

हम : "खट्टर कका, अहाँ कैं तऽ सभ बातमे परिहासे रहैत अछि। किन्तु ई नाना प्रकारक प्रपंच..."

खट्टर कका : "हौ, वेदान्ती लोकनि तऽ बड्ड प्रयास कैलन्हि जे नाना प्रपंच कैं समाप्त कऽ दी। परन्तु नाना कैं मेटा देताह से किनकर नानाक सक्क छैन्ह? जाबत पंचक अस्तित्व रहतैन्ह, ताबत प्रपंच कोना उठि सकैत अछि? सर्वं मिथ्याक आब यैह अर्थ रहि गेल अछि जे आइ-काल्हि जे वस्तु भेटैत अछि से सभ नकली थीक। जे भाषण होइछ से सभ फूसि थीक।"

हम : "अहाँ कैं लोकतंत्रमे विश्वास नहि अछि? बहुमत तऽ मानहि पड़त।"

खट्टर कका : "हमरा ने लोकमे विश्वास अछि, ने तंत्रमे। पहिने स्वामीक मत चलै छलैक। आब बहुक मत चलै छैक। जेम्हर बेसी हाथ उठल। माथक कोनो मोल नहि। ९९ विद्वान सँ १०० मूर्खक मूल्य बेसी। एक टा सती सँ दू टा कुलटाक महत्त्व अधिक। खुदरा सँ थोकक भाव बेसी। ई लोकतंत्र भेल वा थोकतंत्र? बूझह तऽ ई तंत्र दुइए टा मंत्र पर चलैत अछि। भोट और नोट।"

हम : "खट्टर कका, अहाँ हँसिओ-हँसीमे गम्भीर बात कहि दैत छिऐक। एहि देशक लोक धर्मनीति बिसरि गेल अछि।"

खट्टर कका : "हौ, एहि देशमे उपदेशक कमी नहि छैक। किन्तु अर्थे बदलि गेल छैक।"

हम : "से कोना?"

खट्टर कका : "देखह। चर्पटपंजरिका लैह।

अर्थमनर्थं भावय नित्यम्

एकर अर्थ ई भऽ गेलैक अछि जे 'अर्थ' (धन) ओ तकरा प्राप्त करबाक निमित्त जतबा 'अनर्थ' भऽ सकय तकर भावना नित्य करैत रहू।

यावत् वित्तोपार्जनशक्त:
तावत् निजपरिवारो रक्त:
पश्चात् जर्जरभूते देहे
वार्ता कोऽपि न पृच्छति गेहे।

एकर तात्पर्य ई जे जाबत उपार्जन कऽ सकै छी ताबते धरि परिवारमे आदर हैत। पाछाँ जर्जर भेला पर घरमे केओ बातो नहि पूछत। तैं जतबा टाका कमा सकै छी से एखने कमा लियऽ।

नारीस्तनभर नाभिनिवेशम्
दृष्ट्वा मायामोहावेशम्
एतन्मांसवसादि विकारम्
मनसि विचारय वारंवारम्।
भज गोविन्दं मूढ़मते!

एकर भावार्थ बुझलहौक? युवती नारीक स्तन देखि कऽ पुरुषक मनमे मोहक आवेश आबि जाइत छैक। ओ स्तन मांसक लोइया मात्र थीक। मायाक एहन लीला जे ओही मांस पर रोमांस चलैत छैक। तैं बाल-ब्रह्मचारी शंकरक उपदेश छैन्ह जे ओहि गोलाकार मांसपिंडरूपी स्तनमंडलपर मनमे बारम्बार विचार वा ध्यान करैत रहू (जाहि सँ तत्त्वज्ञानक आनन्द भेटैत रहय)। और जे लोकनि मूढ़मति वा मंदबुद्धि होथि से गोविन्द कैं भजथु।"

हम : "धन्य छी, खट्टर कका। अहाँ कैं तऽ सभ बातमे विनोदे सुझैत अछि। उनटे गंगा बहा दैत छिऐक।"

खट्टर कका : "हम बहबैत छिऐक कि आधुनिक महर्षि फ्रायडक चेला लोकनि बहबैत छथुन्ह? हुनका लोकनिक सिद्धान्त छैन्ह जे चोला छूटय, लेकिन चोली नहि छूटय। कदम्ब सँ कदीमा धरि, सभ प्रतीके सुझैत छैन्ह। इन्द्रियनिरोधक स्थानमे गर्भनिरोध करै छथि। 'मेन लाइन' छोड़ि तेहन 'लूप लाइन' धैलन्हि अछि जे भावी पीढ़ी कूपमे जा रहल अछि।"

हम : "वास्तवमे आब सभ बात उनटि रहल छैक।"

खट्टर कका : "ताहिमे कोन सन्देह। पहिने पुत्रजन्मक उत्सव होइत छलैक, आब जन्मनिरोधक उत्सव होइत अछि। आधुनिक नारी 'पुत्रवती भव' क स्थानमे 'रूपवती भव, लूपवती भव' आशीर्वाद चाहैत छथि। पहिने स्वामी स्त्रीक माँग भरैत छलाह। आब स्त्री स्वामीक माँग पुरैत छथिन्ह। स्वयं कमा कऽ। कतिपय 'पति' मे 'त' अक्षरक योग सेहो भऽ जाइत छन्हि। पहिलुक चेला चैला चिरैत छल, आब छैला बनल फिरैत अछि। छौंड़ा सभ छीट पहिरय लागल अछि, छौंड़ी सभ सूट कसय

लागलि अछि। पहिने ओनामासी सँ शुरू करै छल, आब सिनेमाजासी सँ। चित्त-पट पर चित्रपट अंकित रहैत छैक। रानी सभ लीडरानी बनि गेलीह। राजनेत्री लोकनि अभिनेत्रीक कान काटि रहल छथि। पहिने अप्सरा होइ छलीह, अब अफसरा होइ छथि। 'फैशन' ओ 'पैशन' दिनदिन बढ़ल जाइत अछि। पहिलुक नारी मन्दिरमे माथ नवबैत छलीह, आबक नारी माथे पर मन्दिर उठबैत छथि। हौ, आब एहि युगचक्र कैं के रोकि सकैत अछि?"

हम : "परन्तु बुद्ध, गांधी ओ विनोबा..."

खट्टर कका : "हौ, बुद्ध, गांधी वा विनोबाक साधना कैं लोक दूर सँ प्रणाम करैत छैन्ह। लग सँ आनन्द लेबक हेतु फिल्मक साधना होइ छथि। गीता गेलीह। गीतावाली ऐलीह। दुर्गा गेलीह। दुर्गा खोटे ऐलीह। लोक नूतन दिस दौड़ैत अछि। तुलसीमाला सँ बेसी वैजयन्तीमालाक जप होइ छैन्ह। संगममे त्रिवेणी-संगम सँ अधिक मेला देखल। केहनो अकाल रहौक, सिनेमामे त्रिकाल बसंत भेटतौह। से छोड़ि कऽ कोन अभागल त्रिकाल-संध्या करत गऽ? हौ, युगधर्म बदलि गेलैक। रीतिकालीन (वा ऋतुकालीन?) नायिका अमृतकलश छलकबैत छलीह। एहि अरीतिकालमे नायिकाक शान आलपीनक नोक पर चलैत छैन्ह। विद्यापतिक पद छैन्ह 'पीन पयोधर दूबरि गाता'। आधुनिक फैशन देखितथि तऽ पीन काटि कऽ पिन बना दितऽथिन्ह।"

हम : "खट्टर कका, कतबो युग बदलौक, पैघक महत्त्व रहबे करतैक।"

खट्टर कका : "हौ, कतेक ठाम पैघ सँ छोटक मूल्य बेसी होइ छैक। जेना छोटकी अणाची बड़की सँ तेज होइ अछि। बड़की घड़ी दीवालमे टाङल रहै अछि, छोटकी घड़ी सतत पहुँचे पकड़ने रहै छैक। प्रेयसी प्रायशः श्रेयसीक छाती पर सवार रहै छैन्ह।"

हम : "खट्टर कका, एहि युगमे एतेक भ्रष्टाचार किऐक बढ़ि गेल छैक?"

खट्टर कका : "हौ, शरीरक जे अंग अस्थिरहित (बिना हड्डीक) होइछ, से बड्ड दुनिर्वार। जेना चारि आँगुरक जिह्वा। तैं हमरा लोकनिक पूर्वज लिंग-वचनक अनुशासन सँ क्रिया कैं मर्यादित रखै छलाह। आब तऽ से बात व्याकरणे टा मे रहि गेल अछि। एहि आणविक युगमे, गणतंत्रीय पद्धतिमे उभयलिंगी व्यक्ति कैं समान अधिकार भेटि गेल छैन्ह। तखन स्वच्छंदता ओ भ्रष्टाचारक नग्न नृत्य नहि हो, तऽ हो की?"

हमरा मुँह तकैत देखि खट्टर कका बजलाह, "हौ, 'महाजनो येन गतः स पंथाः'। से हमरा लोकनिक 'महाजन' छथि यूरोप-अमेरिका। हुनका लीक पर चलिए रहल छी। और उपाये की?"

हम : "किछु गोटाक विचार छैन्ह जे प्राच्य ओ पाश्चात्य-दूनूक समन्वय चाही। मध्यम मार्ग उत्तम होइछ।"

खट्टर कका बिहुँसैत बजलाह, "हौ, मध्यम कतहु उत्तम हो! यदि मध्यमे ग्रहण कैल जाय, तखन तऽ युवतीक पति त्रिशंकु जकाँ नाभिएमे अटकल रहि जाथि!

बीचोबीच! ने एक बीत ऊपर, ने नीचा। तखन तऽ माध्यमिक शून्यवादे हाथ लगतैन्ह! ...तों भातिज थिकाह। बेसी खोलि कऽ कोना कहिऔह?"

हम : "खट्टर कका, अहाँ कैं तऽ सदिखन परिहासे रहैत अछि। ई कहू जे सदाचारक रक्षा कोना हैत?"

खट्टर कका : "हौ, एकर ठेका तोरे भेटलौह अछि? खूब झूर कऽ तरल मोदिनीक पलइ जकरा जीभ पर चढ़ि चुकल छैक से उसिनल परोर दिस किऐक तकतौह? हँ, जखन मरचाइ-मसाला खाइत-खाइत सुलबाहि उखड़ि जैतैक तखन अपने पुरान चाउरक मड़गिल जोहने भेल फिरतौह। सैह पथ्य थीक सदाचार। हौ, सदाचार पर तऽ केओ नहिए रहि सकै अछि। जखन लाचार भऽ जाइ अछि, तखन सदाचार पर ऐनहिं कुशल। तों व्यर्थ चिन्ता किऐक करै छह?"

हम कहलिऐन्ह, "खट्टर कका, ई महँगी देखि तऽ किछु फुरितहि ने अछि। प्रत्येक वस्तुक भाव..."

खट्टर कका बजलाह, "हौ, पहिने कवि लोकनि नव-नव भाव दैत छलाह। आब बनियाँ दऽ रहल अछि। नित्य नवीन! आइ रुपैयामे छौ कनमा चाउर तऽ काल्हि पाँच कनमा।"

हम : "खट्टर कका, आब त चाउरक अभावमे अल्हुआक होटल खुलि रहल अछि।"

खट्टर कका : "हौ, आब पार्टिओमे कलाकंदक स्थानमे शकरकंद भेटतौह। तेहन समय आबि रहल अछि, जे वर कैं महुआ लऽ कऽ महुअक हैतैन्ह। चाउरक अभावमे जनेर लऽ कऽ दूर्वाक्षत हैतैन्ह। दहीक बदला पिठार लऽ कऽ चुमाओन हैतन्ह।"

हम : "वास्तवमे जहाँ दूध-दहीक धार बहैत छल, तहाँ..."

खट्टर कका : "तहाँ आब नदिओ सुखाएल जा रहल अछि। मेघो कैं जेना मूत्रावरोध भऽ गेल होइक।"

हम : "खट्टर कका, किछु पण्डितक कथ्य छैन्ह जे पहिने यज्ञक धुआँ उठैत छल, ताहि सँ वर्षा होइत छल।"

खट्टर कका : "हौ, आइ-काल्हि लाखक लाख रेलक इंजिन ओ कारखानाक चिमनी सँ धुआँ उड़ैत रहै छैक। मशीनक कोन कथा जे लोकोक मुँह सँ धुआँ उड़ैत छैक। एतेक धुआँ तऽ कोनो युगमे नहि उड़ैत छलैक। तखन तऽ धुआँधार वर्षा होमक चाही?"

हम : "किछु गोटे कहै छथि जे लोकक पाप सँ मेघ नहि बरसैत अछि।"

खट्टर कका : "हौ, यदि मेघ कैं एतबा बोध रहितैक तऽ चोरबजार पर वज्र खसबैत। से तऽ होइ छै नहि, खट्टर ककाक इनार चटाएल जा रहल छैन्ह! खेत खाय गदहा, मारि खाय जोलहा!"

हम : "खट्टर कका, यैह देश थीक जहाँ ताला लगाएब लोक व्यर्थ बूझैत छल।"

खट्टर कका बिहुँसैत बजलाह, "हौ, ताला लगाएब तऽ आइयो व्यर्थे बूझि

पड़ैत अछि। जैखन मौका भेटतैक, तोड़िए देत। एखन तऽ धातुपाठमे सभ सँ बेसी चुरादिगणक चलती छैक।"

हम : "एखन लोक पाइक हेतु कोन कर्म नहि करै अछि?"

खट्टर कका : "पाइ खातिर एहि 'डालडा-युग' मे घीक कोन कथा जे स्त्री पर्यन्त खाँटी नहि भेटतौह।"

हम : "आइ-काल्हि लोकक मनमे शान्ति नहि छैक। बात-बातमे हड़ताल! खट्टर कका, ई हड़ताल पहिने छलैक?"

खट्टर कका : "हौ, पहिने बनिया अन्याय करैत छलैक तऽ राजाक दिस सँ हट्टताल होइक अर्थात हाटमे ताला लागि जाइक। आब तऽ हर (महादेव)क ताल जकाँ कखन कोन बात पर तांडव मचि जाएत तकर ठेकान नहि। ई हड़ताल बूझह तऽ गीता पर हरताल फेरि देलक।"

हम : "से कोना, खट्टर कका?"

खट्टर कका : "देखह, गीताक मूलमंत्र छैक,

कर्मण्येवाधिकारस्ते मा फलेषु कदाचन।

एहि युगक मंत्र भऽ गेलैक,

फलेष्वेवाधिकारस्तु मा कर्मणि कदाचन।"

हम : "आब त अफसर लोकनि कैं घेराव-पथराव होमय लगलैन्ह अछि। ई सभ पहिने छलैक?"

खट्टर कका : "हौ, एक बेर अक्रूरक घेराव भेल रहैन्ह। गोकुलक ब्रजवाला लोकनि रथ कैं घेरि नेने रहथिन्ह। आब तऽ क्रूर सँ क्रूर हाकिम कैं घेराबक डर सँ पेटमे केराव फूटय लगलैन्ह अछि। एहि देशमे अन्नक भरि ठेहुन पथार लागल रहैत छलैक। तखन लोक लथार किऐक मारितैक? आब पथार उठि गेलैक, पथराव आबि गेलैक। एकरा बाद नहि जानि की सभ आओत-उठाव, पटकाव..."

हम : "खट्टर कका, लोकक पेट भरल रहतैक तऽ एना नहि करत। आब खेती दिस..."

खट्टर कका : "हौ, खेती के करतौह? जे हर जोतैत छल, से शहर दिस मुँह कैलक। बीया वाओग करैत छल से बी.ए. करय लागल। बूट उखाड़ैत छल से बूट लगाबय लागल। बुशशर्ट पहिरि कऽ कुर्सी पर बैसत कि हेंगा पर? ओकर स्त्री आब नायलान-साड़ीमे खेसारी कोना खोंटतैक? कृषक समुदाय कर्षण छोड़ि आकर्षण दिस दौड़ल जा रहल अछि। समाज सँ खेतिहर वर्ग लुप्त भऽ जाएत। रहि जाएत केवल ट्रैक्टर ओ कंट्रैक्टर।"

हम : "खट्टर कका, आब तऽ अपनहि हाथ सँ खेती करय पड़त।"

खट्टर कका : "हौ, हम आब कलम छोड़ि कोदारि धरब, से पार लागत? एक

गाय अछि, से बलाय भेल अछि। चारा बिना लाचार छी। आइ-काल्हि मरद होय से बड़द पोसय। तखन बटाइ नहि लगाबी तऽ उपाये की?"

हम : "परन्तु आब तऽ बटाइ-प्रथा समाप्त भऽ रहल अछि।"

खट्टर कका : "तकर अर्थ जे खट्टर झा स्वयं जा कऽ मट्टर रोपथु गऽ। विद्वान लोकनि खेतमे जा कऽ ढेप फोड़थु, नहि तऽ ढेप लऽ कऽ अपन कपार फोड़थु।"

हम : "सरकारक नीति छैक-जे जोतय, तकरे खेत।"

खट्टर कका : "तखन तऽ जे चराबय, तकरे गाय! जे हाँकय, तकरे गाड़ी! जे बहिंगा उठाबय, तकरे भार। जे महफा ढोबय, तकरे कनियाँ! वाह रे नीति! जकर ठेंगा, तकर महिष!"

हम : "खट्टर कका, एखन सहकारिताक युग छैक।"

खट्टर कका व्यंग्यपूर्वक बजलाह, "तैं बटाइक प्रथा खटाइमे जा रहल अछि! हौ, एक गोटाक भूमि, दोसरक परिश्रम। दूनू पारस्परिक सहयोग सँ बाँटिकऽ खाइत अबैत अछि, एहिमे सरकारक की बिगड़ैत छैन्ह? वर-कनियाँ राजी। बीचमे ददाजी!"

हम : "खट्टर कका, अखबारमे एकटा समाचार पढ़लिऐक अछि? सम्पूर्ण दरभंगा जिला दान भऽ गेल।"

खट्टर कका : "हौ, कनेक बुझा कऽ कहह। के ककरा दान कऽ देलकैक? हम सभ कतय गेलहुँ?"

हमरा मुँह तकैत देखि खट्टर कका बजलाह, "हौ, पहिने ई कहह जे दरभंगा जिला छैन्ह किनकर? और ओ ककरा नामे दानपत्र लिखि देलथिन्ह? कि राजा हरिश्चन्द्र जकाँ हुनको केओ विश्वामित्र भेटि गेलथिन्ह अछि जिनका कुश-तिलगंगाजल लऽ कऽ..."

हम : "से बात नहि छैक।"

खट्टर कका : "तखन दान भेलैक कोना? यदि केवल शब्दे सँ होइक तऽ वचने का दरिद्रता? जाह, हम सम्पूर्ण देश दान कऽ देल।"

हम : "खट्टर कका, किछु गोटाक सिद्धान्त छैन्ह जे व्यक्तिगत सम्पत्ति उठा देल जाय।"

खट्टर कका : "तखन तऽ हमर लोटो छीनि लेल। पानि कथीमे पिउब? जकरा मन हैतैक से उठा कऽ बाह्यभूमि दिस चलि जाएत।"

हम : "अहाँ तऽ सभ बात हँसिएमे उड़ा दैत छिऐक। किछु गोटाक विचार छैन्ह जे सामूहिक रूप सँ खेती हो।"

खट्टर कका : "तखन त साझी पोखरि वला परि भऽ जैतौह। सभ पट्टीदार बुझै छथि जे भसतैन्ह तऽ सभक जैतैन्ह। हमरे कोन गर्ज अछि जे माटि भरू गऽ। हौ, साझीक सुइ साँगि पर चलैत छैक। जाबत धरि अप्पन-अप्पन फुट्ट आश्रम रहतैक, ताबत लोक श्रम करतौह। 'स्व इदम्' हटा दहौक, तखन स्वेद (घाम) किऐक बहैतौह? एखन हम अपना बाड़ीमे खटैत छी जे भाँटा खाएब। यदि ओहि पर सौंसे गामक हक

भऽ जाइक तखन हमरे कोन कुकुर कटने अछि जे माथ पर पथिया उठा कऽ छाउर पटाएब गऽ। आड़ि-धूर मेटा दहौक, लोक देह नरा देतौह।"

हम : "किछु गोटाक मंतव्य छैन्ह जे उत्पादनकें समान रूप सँ वितरण कैल जाय।"

खट्टर कका : "कनेक फरिछा कऽ कहह। हमरा बाड़ीमे एकटा बेदाना बहराएल। गाममे दू सहस्र व्यक्ति छथि। तखन तऽ एको टा दाना हमरा नहि भेटत। गाछमे एकेटा शरबती नेबो फरल अछि। तखन तऽ एकैको बून्द रस किनको मुँहमे नहि जैतैन्ह।"

हम : "जकरा सभ सँ बेसी आवश्यकता हैतैक, तकरा भेटतैक।"

खट्टर कका : "हौ जी,एक अनार, सै बीमार। तखन तऽ फुटय कपार! गाछी झखैला पर ककरो कर्पुरिया आम भेटतैक, ककरो नकभेमहा! तैखन मारि बजरि जैतौह। गाममे मछहर हैत। ककरा रोहु देबहौक, ककरा गरचुन्नी? सीरा-पुच्छी कोना बटबह? 'समान वितरण' सुनबामे बड़ सुन्दर शब्द लगैत अछि, परन्तु करय लगबह तऽ रण मचि जैतौह।"

हम : "किछु गोटाक योजना छैन्ह जे गाम भरिक भोजन एकेठाम बनय।"

खट्टर कका : "तखन तऽ और रंगताल लागत! एखन अपना-अपना घरमे जकरा जे जुड़े छैक से खाइ अछि। केओ खुद्दी, केओ खोआ। केओ नेढ़ा, केओ कोआ। जखन समदरका टोकना चढ़तैक, तखन तऽ सभ बरातीए बनि जैतौह। खुद्दी-नेढ़ा के खैतौह? अल्हुओ कचरयवला हलुएक जोह करतौह! कनेको दू रंग भेलैक कि हुड़दुंग मचा देतौह। जहाँ ककरो आगाँ छाल्ही..."

ताबत दुरुखामे काकी आबि कऽ कहलथिन्ह, "अहाँ बैसल-बैसल छाल्हीक गप्प उड़ा रहल छी, एम्हर घरमे एक दाना चाउर नहि अछि। भानस कथी सँ हैत?"

खट्टर कका हमरा दिस ताकि बजलाह, "देखै छहुन? ई उदयनाचार्यक स्त्री सँ कम्म नहि छथि। रंगमे भंग कऽ देलन्हि। हमर सभ टा तरंग सुखा गेल।"

पुनः काकी दिस ताकि कऽ कहलथिन्ह, "बेस, टाका बहार करू और घैल अजबारिकऽ राखू। भविष्यपुराणमे लिखने छैक जे कलियुगमे घटेश्वर राजा हैत। अर्थात जकरा घरमे एक घैल चाउर रहतैक सैह राजा कहाओत। से आइ हम अहाँ कैं घटेश्वरी रानी बना देब। नहि तऽ बूझब जे आइ एकादशीए थीक।"

हम : "खट्टर कका, अहाँक गप्प सुनक हेतु बहुतो लोक उत्सुक छथि। यदि आज्ञा हो तऽ किछु टटका गप्प छपा दी..."

खट्टर कका : "हौ, ककाक टटका गप्प सभ केओ सुनताह, टका केओ नहि देताह! तखन छुच्छ बकवास कैने कोन फल? एखन तऽ अन्नं ब्रह्मक साक्षात्कार दुर्लभ। मधुरक भोज हो तखन ने मधुर गप्प जमय! हम भोजक आसन पर बैसइ छी तऽ लगै अछि जे सिंहासन वा इन्द्रासन पर बैसल होइ। जखन गप्पगप्प रसगुल्ला ओ सप्पसप्प राबड़ी हो, तखन ने गप्पसप्प सार्थक। कम सँ कम आठ टा रसगुल्ला पर गप्पाष्टक जमै छैक।"

हम : "परन्तु आइ-काल्हि तऽ तेहन अकाल अछि..."

खट्टर कका : "जे सभक हाल बेहाल अछि। जखन माल नहि, तऽ गाल कथी पर बाजत? बैताल सभ तेहन ताल पसारने अछि जे लोक पिसीमाल भऽ रहल अछि। एहि जाल सँ छुटकारा होइक तखन ने तर मालक गप्प हो! नवका नचारी सुनने छह?"

हम : "नहि, खट्टर कका!"

खट्टर कका : "तखन सुनह,

केहन भेल अन्हेर औ बाबा, केहन भेल अन्हेर!!
भात भेल दुर्लभ भारतमे, सपना धानक ढेर।
मकइ मखानक कान कटै अछि, अल्हुआ खाथि कुबेर।
मड़ुआ मिसरिक भाव बिकाइछ, जीरक भाव जनेर।
सभ सँ बुड़िबक अन्न खेसारी, सेहो रुपैये सेर।
टाका भेल टकाही, वस्तुक हेतु मचल अछि रेड़।
धर्मवला धक्का खाइत छथि, पापिक हाथ बटेर।
सहसह अछि करैत साँप सन चोरबा सब केर जेर।
बाबा! अहँक त्रिशूल हाथमे, काज देत कोन बेर?
जनता दुख सँ हहरि रहल अछि, ताकि दियौ कनडेर।
हे हर! अहाँ बहीर भेल छी, आबो सुनियो टेर।
औ बाबा..."

हम कहलिऐन्ह, "खट्टर कका, ई महेशबानी हमरा नोट करा दियऽ। एकदम सटीक अछि।"

खट्टर कका बजलाह, "हौ, तोरा सटीक लगै छौह और हमरा चीनीक अभावमे गौड़ीय सम्प्रदायक शरण लेबय पड़ैत अछि। सेहो गुड़ आब दुर्लभ। वलभाचार्य सन वेदान्ती 'मधुराष्टक' गबैत रहथि,

गीतं मधुरं, पीतं मधुरं, भक्तं मधुरं, सुप्तं मधुरम्
रूपं मधुरं, तिलकं मधुरं मधुराधिपतेरखिलं मधुरम्।

एखन एहि समयमे रहितथि तऽ सभटा 'मधुरम्' बिसरि जइतैन्ह। एखन तऽ चौराधिपतेरखिलं मधुरम्।

भाङ घोरक हेतु ने चीनी अछि, ने गुड़। छुच्छे गोला गिरै छी।"

ई कहि खट्टर कका भाङक गोला उठा कऽ मँहमे रखलन्हि और ऊपर सँ एक लोटा पानि घट्ट-घट्ट पीबि गेलाह।